全国高等院校财经管理类创新规划教材

计量经济学

吕明华　张翼　于建春　主编

中国商业出版社

图书在版编目（CIP）数据

计量经济学 / 吕明华，张翼，于建春主编. ——北京：中国商业出版社，2020.7

ISBN 978-7-5208-1138-5

Ⅰ.①计… Ⅱ.①吕… ②张… ③于… Ⅲ.①计量经济学—高等学校—教材 Ⅳ.①F224.0

中国版本图书馆 CIP 数据核字（2020）第 065590 号

责任编辑：李飞　蔡凯

中国商业出版社出版发行

010－63180647　www.c－cbook.com

（100053　北京广安门内报国寺 1 号）

新华书店经销

北京市京丰印刷厂印刷

*

787 毫米×1092 毫米　16 开　16.25 印张（双色印刷）　350 千字

2020 年 7 月第 1 版　2020 年 7 月第 1 次印刷

定价：78.00 元

*　*　*　*

（如有印装质量问题可更换）

前 言

计量经济学作为以一定的经济理论为指导，对经济理论提出的经济关系，通过建立经济模型，以实际统计资料为依据，运用数学方法和计算机技术，对随机性的经济变量进行定量分析的一门经济学科，自1998年经教育部高等学校经济学学科教学指导委员会决定将计量经济学纳入经济类所有专业必修的八门核心课程以来，日益受到经济学各专业的普遍重视。经过了20多年的教学、科研的发展进步，特别是在该课程的教学中逐渐积累了一定的经验，在教材的选用和编写方面有了很大的提高。目前，国内各高校主要引入和翻译了许多国外的计量经济学初、中、高级教材，也有许多高校根据自己的实际情况以及教学实践编写了不少教材，和二十年前的起步阶段相比已经有了很大的改善。但是，从学生的实际出发，如何合理地组织教学内容，怎样用有限的课时使学生既能掌握一定的计量经济学的基础理论和方法，又能具备运用计量经济学知识分析实际问题并解决问题的能力，同时，为将来更进一步地深入学习和研究打下一个良好的基础，确实是一个需要认真加以研究的重要课题。

本书按照基本课时为50～60学时的教学要求，在学生掌握微积分、线性代数、概率论、宏观经济学、微观经济学和统计学等先修课程的基础上，总结十几年教学经验和体会，又对过去曾经选用的多部教材进行反复思考和研究，并在此基础上取其精华、去其糟粕，提炼出比较适用我们学生的内容编写而成。

本书具有如下几方面的特点：

一、根据学生本科阶段概率论与数理统计课程课时少以及经济类各高校的统计学课程仅强调了社会经济统计学原理而忽视数理统计知识内容的特殊性，在本书开始补充了一章相关统计学基础部分，着重强化了在简单抽样调查和统计推断方面的内容力度，为后续课程内容打下扎实的理论基础。

二、大学本科阶段的计量经济课程一般要求安排本学科入门知识的内容，本书也主要以经典计量经济学的内容为主，适当概要性地介绍了一些非经典计量经济学的内容。但与过分强调应用而忽略理论方法有所不同，本书坚持“重思想、重方法”的原则，在注重基本思想、经济背景的前提下，根据近年来经济类院校对学生数学知识强化训练的要求，在教材中加入了一定量的数学推演过程，以有利于将来进一步在计量经济学知识的积累方面打基础。

三、当然，我们实际并没有忽视对学生在运用计量经济学解决问题的应用能力方面的培养。在本书出版的同时，还编写了计量经济学实验教程。借助计量经济学

EViews 软件，从实验实训角度，将本书中所讲授的所有方法通过 EViews 软件得以实现，这样既强化了学生运用软件解决问题的能力，也能更好地深入消化吸收课程内容，避免了仅仅通过教材各章节最后部分的案例分析进行“蜻蜓点水”式的软件介绍和实际应用说明。

本书适合作为高等院校经济管理类本科各专业计量经济学课程的教材，同时，也可以作为经济管理类专科以及从事经济、工商管理、人力资源管理等工作的人员自学、参考使用。

由于编者水平有限，书中不足之处在所难免，恳请广大读者批评指正。

编　者

2020 年 5 月

目 录

第一章　绪　论

◈ 本章要点

1. 本章简要介绍计量经济学的起源和发展。
2. 初步了解计量经济学的研究对象和主要研究方法。
3. 掌握建立计量经济模型的基本步骤。

第一节　什么是计量经济学

一、计量经济学的定义

1933 年国际计量经济学会在其创办的《计量经济学》（*Econometrica*）杂志创刊号上对什么是计量经济学作了一个较详细的描述："对经济的数量研究有几个方面，其中任何一个就其本身来说都不应该和计量经济学混为一谈，既不能认为计量经济学就是经济统计学，也不能把计量经济学和所谓的一般经济理论等同起来，尽管经济理论大部分具有确定的数量特征；计量经济学也不应该被看作数学应用于经济的同义语。经验证明，要真正了解现代经济生活中的数量关系，经济理论、统计学和数学三个方面观点的每一种都是必要的，然而单独一方面的观点则是不充分的。这三方面观点的结合才是强有力的，正是这种结合才构成了计量经济学。"

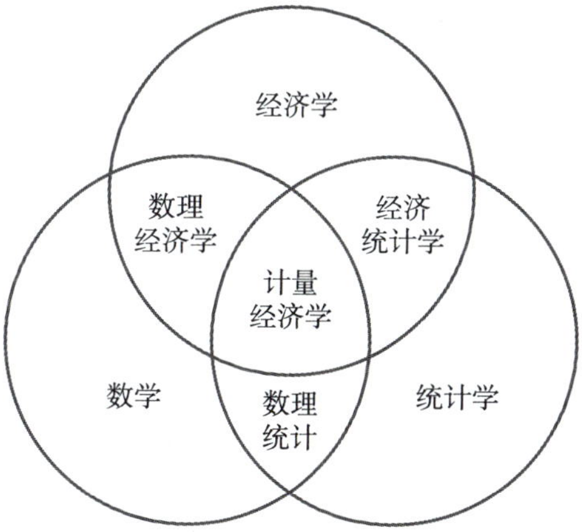

图 1—1

图 1—1 表明经济学、统计学、数学三者形成不同交集的关系，每个交集都是一门特定的学科，彼此不能混淆或替代。计量经济学是经济学、统计学、数学三者的交集，说明它们之间彼此相互联系，相互制约，缺一不可。

作为经济学的一个重要分支，计量经济学（Econometrics）也称经济计量学，是以经济理论为基础，运用数学、统计学的方法，通过建立经济计量模型为主要手段，基于收集到的样本数据信息定量分析研究具有随机性的经济变量之间关系的一门独立经济学科。

二、计量经济学的类型

计量经济学作为经济学科的一个分支，其内容体系广泛，在经济学中居于重要的地位。

一般而言，计量经济学可以分为理论计量经济学（theoretical econometrics）和应用计量经济学（applied econometrics）。前者主要侧重于理论和方法的数学证明和推导，依赖于数理统计，其主要目的是寻找适当的方法去测度由计量经济学模型所设定的经济关系；而后者主要是运用理论计量经济学作为工具去研究经济学、管理学的某些特殊领域的问题。

计量经济学也可以分为微观计量经济学（microeconometrics）和宏观计量经济学（macroeconometrics）。前者是 2000 年诺贝尔奖获得者詹姆斯·赫克曼（James Joseph Heckman）和丹尼尔·麦克法登（Daniel Little Mcfadden）提出来的，其主要是以个人和家庭或企业构成的微观数据（主要是截面数据，也包括面板数据）为基础，研究选择行为和个人的决策问题；而后者的名称由来已久，但目前的文献还没有一个统一的界定。其基于早期的时间序列模型，这就使得早期的宏观计量经济学的基本内容是以时间序列为主，它与宏观经济学理论联系起来，以研究非平稳数据的宏观经济问题为主，方法论主要集中在检验和收敛等问题。

从科学发展角度看，计量经济学可以划分为广义计量经济学和狭义计量经济学。前者是指应用经济理论、数学方法和统计资料研究经济现象的数量方法的总称。它包括回归分析、投入产出分析、数理经济学等；而后者仅指采用回归分析来研究经济变量之间的因果关系的计量经济学，也常称之为经典计量经济学。本教材介绍的主要是狭义计量经济学的内容。

再从程度角度划分，一般在高等学校的课程设置上将计量经济学分为初级计量经济学、中级计量经济学和高级计量经济学。

初级计量经济学一般包括计量经济学所必需的基础数理统计知识和矩阵代数知识，经典的线性计量经济学模型理论与方法。

中级计量经济学以经典的线性计量经济学模型理论与方法及其应用为主要内容，包括单一方程模型和联立方程模型。主要研讨计量经济学模型在生产、需求、消费、投资、货币需求和宏观经济系统等传统领域的应用。

高级计量经济学以扩展的线性模型理论与方法、非线性模型理论与方法和动态模型理论与方法为主要内容。

第二节 计量经济学的起源和发展

一、计量经济学的奠基时代

计量经济学的产生源于对经济问题的定量研究，也是社会经济发展到一定阶段的客观需要。早在17世纪后半期，英国古典经济学家威廉·配第（William Petty）的《政治算数》（1676年）可以说是最早用“数字、重量和尺度”来阐明经济现象的著作，马克思对其高度评价并称之为统计学的创始人。

到了19世纪，法国经济学家古诺（A. A. Cournot）的《财富理论的数学原理》一书，首次用函数形式表达了需求与价格之间的关系，使之成为数理经济学公认的始祖。

1890年马歇尔（A. Marshell）在他的《经济学原理》中用较多篇幅介绍数学方法在经济学中的应用，并提出了“局部均衡理论”。同时代的法国经济学家瓦尔拉斯（Leon Walras）1874年在《纯粹政治经济学纲要》一书中创立了“一般均衡理论”，用数学公式把商品的供给和需求，生产、货币以及商品的价格完全用若干个联立方程表示出来。至此，数学方法已成为当时西方经济理论研究中不可缺少的描述和推理的重要工具。数理经济学进入了新的发展阶段，从而为计量经济学的产生奠定了初步的理论基础。

二、计量经济学的产生和发展

19世纪后期资本主义社会由自由资本主义向垄断资本主义过渡，周期性的经济危机不断深化，20世纪20年代末至30年代初，爆发了世界性的经济大危机，使西方经济学关于资本主义市场经济能够自行调节、保持“均衡”发展的传统理论陷于破产。为摆脱困境，许多国家广泛采用计量经济学理论和方法，进行市场供求研究、商业循环预测和政策分析等，试图从加强政府对经济的干预和宏观管理上来寻求克服危机。同时，社会产品的生产、销售已大部分集中于少数垄断者手中，垄断资本要求对市场需求、产品生产、产品价格等经济数量关系进行具体的研究和计量。

1926年挪威著名经济学家弗里希仿照生物计量学（Biometrics）提出了“计量经济学”（econometrics）一词。紧接着1929年美国经济学家穆尔在《综合经济学》一书中，描述了经济周期、工资率变化和商品需求等经济现象的数量关系，并建立了有关的经济模型。1930年弗里希在《运用完全回归系统的统计合流分析》中进一步深化了计量经济学的定量分析技术，为计量经济学的初步形成和发展奠定了基础。

1930年12月29日，弗里希、丁伯根（J. Tinbergen）和费歇尔（Fisher）等经济学家在美国克利夫兰市成立了“计量经济学会”这一国际性组织，并于1933年以计量经济学会的名义定期出版Econometrica杂志，从而为计量经济学作为一门新兴的独立经济学科确立了一个标志。从此，计量经济学得以广泛传播和应用。

20世纪40年代，计量经济学迈进了新境界，经济理论的模型化和数学化研究进一步深入。1989年诺贝尔经济学奖得主哈维尔莫（Haavelmo）的代表作——1944年出版的《经济计量学的概率论方法》，建立了计量经济学方法论基础。

20世纪50年代，泰尔（H. Theil）提出了二阶段最小二乘法，这个方法成为联立方程模型参数估计的重要方法。而美国著名经济学家克莱恩在理论应用方面也做出了突出的贡献，他首次将凯恩斯的总量分析理论与计量经济方法相结合，相继发表了《美国经济波动（1921—1941）》《美国的一个计量经济模型（1929—1952）》，极大地推动了宏观计量经济模型的应用与发展。

进入60年代，计量经济学进入起飞阶段，阿尔蒙（S. Almon）提出了有关滞后分布新处理方法，同时，有关非一次式模型的许多问题也被解决了，计量经济学理论基础日益巩固。这个时期，计算机技术的快速发展和普及以及计算方法的不断改进和软件的层出不穷，使得数据处理、模型的建立更为方便，进一步促进计量经济学理论与应用的发展。

70年代，计量经济学的一场新方法论变革开始从对模型估计和检验的方法研究转向对模型设定的方法论探讨。英国伦敦经济学院的萨根（D. Sargan）率先将误差修正模型（ECM）形式运用于计量经济模型，萨根所倡导的以从一般到简单为原则的动态模型设定的新方法在20世纪70年代中期迅速发展。

20世纪50年代以来，计量经济理论和技术又进一步得到了长足发展。1983年格兰杰（Clive Granger）提出了协整概念和方法，在此基础之上，牛津大学的韩德瑞（D. F. Hendry）提出并建立了动态计量经济学，使计量经济学形成并发展了一个新的理论体系。随后，金融计量经济学、非参数计量经济学、微观计量经济学、空间计量经济学等的形成和发展，极大地丰富和发展了计量经济学的理论。从方法论看，非线性方法、随机过程方法、对策论方法、贝叶斯方法、最优化方法等现代数学、统计学的新方法相继被引入计量经济分析中，使计量经济学方法得到不断丰富和完善，为现代经济学发展奠定了良好基础。

三、我国计量经济学的起步和发展

我国改革开放以前曾断断续续地开展了一些经济数量方法的研究，20世纪50年代后期，在著名经济学家孙冶方、于光远和著名数学家华罗庚教授等的积极倡导下，经济数学方法的研究和应用得到了一定程度的推进。1960年，中国科学院经济研究所国民经济平衡研究室成立了经济数学方法研究小组，数学研究所运筹学研究室成立了经济组。1961年经济研究所和数学研究所就共同推动经济数学方法的研究和应用签订了合作协议，以华罗庚为首的一大批科学家在全国范围内大力推广优选法、统筹法，取得了巨大的经济效益。

1978 年以后，我国的计量经济学的研究和应用才真正开始起步。1979 年，在科学院和社科院两个经济数学研究小组的基础上成立了数理经济学会。1980 年，应中国社会科学院的邀请，以克莱因为团长的美国经济学家 7 人代表团来到北京，在颐和园举办了为期 7 周的“计量经济学讲习班”，有 100 名学者和经济工作者得到了经济计量学理论和应用方面的培训，对我国计量经济学的研究起到了很大的推动作用。随后，各高校相继开设了计量经济学课程。最初，各高校只是在经济类研究生中开设，到了 90 年代初期许多高校的本科生中也陆续开设了“经济计量学”课程，1995 年国家教委审核通过了计量经济学教学大纲，1998 年 7 月教育部确定了高等学校经济学专业的 8 门共同核心课程，首次将计量经济学列入其中，从此，“计量经济学”也就成了经济学专业的必修课之一。

第三节　计量经济学的研究对象、方法及步骤

一、计量经济学的研究对象

计量经济学是以经济理论为基础，利用数学方法，根据实际观测的统计数据，分析研究经济过程，探讨经济规律的学科，因此，可以说计量经济学的研究对象是经济现象，是研究经济现象中的具体数量规律。也就是说，计量经济学是利用数学方法，根据统计测定的经济数据，对反映经济现象本质的经济数量关系进行研究。

二、计量经济学的研究方法

任何学科都有其研究方法，而计量经济学的独特研究方法可以概括为以下两个方面：一方面是它的方法论，即计量经济学方法或理论计量经济学；另一方面是它的实际应用，即应用计量经济学。

理论计量经济学研究如何建立合适的方法去估计模型所确定的变量之间的关系，目的是为应用计量经济学提供方法。理论计量经济学是以介绍和研究计量经济学的理论、方法为主要内容的。

应用计量经济学则是运用理论计量经济学所提供的工具，以建立计量经济模型为主要内容，侧重于实际经济问题、具体经济现象和经济关系，研究它们在数量上的联系及其变动的规律性。

无论是理论计量经济学，还是应用计量经济学都应包括理论、方法和数据三要素。理论即经济理论，也就是研究对象的行为理论，它是计量经济学的基础；数据即反映研究对象活动的信息，它是计量经济学研究的原料；而方法即模型的建立和计算方法，它是计量经济学研究的工具和手段。

本书立足于传统计量经济学理论，借助于科学的数据来源，着重介绍应用计量经

济学的一些基本研究方法。

三、计量经济模型的研究步骤

应用计量经济学方法，建立计量经济模型并应用于研究客观实际经济现象，一般主要分为以下五步：

（一）理论计量经济模型的建立

计量经济学方法就是定量分析经济现象中各因素之间数量关系的经济计量方法。故首先根据经济理论分析所研究的经济现象，找出经济现象间的因果关系及相互间的联系。把问题作为因变量（或被解释变量），影响问题的主要因素作为自变量（或解释变量），非主要因素归入随机项。其次，按照它们之间的行为关系，选择适当的数学形式描述这些变量之间的关系，以一种模型的形式表达出来。

（二）样本数据的收集

建立了模型之后，应该根据模型中变量的含义、口径，收集并整理样本数据。样本数据质量的好坏直接影响模型的质量，因此，对于计量经济学来说，数据的获得是非常重要的。对数据性质、来源和局限性必须清楚。用于经济分析的数据大体可以分为以下三种类型：

1. 截面数据（cross－section data）

截面数据是对一个变量或多个变量在同一时间（时期或时点）上不同空间的观测数据。“不同空间”可以是不同的地理区域，也可以是不同的行业、部门和个人等。例如：各国国内生产总值等。

2. 时间序列数据（time series data）

时间序列数据是对一个变量在不同时间取值的一组观测结果，这些数据可以在有规则的时间间隔观测和收集，如每日（daily）、每月（monthly）、每季度（quarterly）、每年（annually）、每十年（decennially）等，也可以是非规则的。时间序列数据既可以是时期数据，也可以是时点数据。

3. 面板数据（panal data）

面板数据是指时间序列数据与截面数据相结合的数据。例如：各地区不同年份的经济总量数据等。

（三）模型参数的估计

通过以上两步得到了计量经济模型，并根据数据选择适当的方法对模型中的参数进行估计。

如何通过样本观测数据正确地估计出总体模型的参数，就是计量经济学的核心内容。模型的参数估计过程是一个纯技术的过程，它包括对模型的识别（对联立方程模型而言）、估计方法的选择和参数的具体计算等。

（四）模型的检验

模型的检验就是对估计的模型参数进行检验。所谓检验是对参数估计值加以评定，确定它们在理论上是否有意义，在统计上是否显著。只有通过检验的模型才能用于经济实际，实验模型检验也是模型建立的重要一环。

（五）经济计量模型的应用

某个经济系统的经济计量模型建立并通过检验，一般即可认为该模型就是实际经济系统的缩影，因而对实际问题的分析就转化为对该问题的经济计量模型的研究。经济计量模型的应用一般可以分为经济结构分析、政策评价和经济预测三个方面。

所谓经济结构分析是指已经估计出的模型，对所研究的经济关系进行定量的分析，来说明经济变量之间的数量关系。也就是分析当其他条件不变时，模型体系中的解释变量发生一定的变动，对被解释变量的影响程度。常用的经济结构分析方法有边际分析、弹性分析、乘数分析等。

所谓政策评价是利用计量经济模型对各种可供选择的政策方案的实施后果进行模拟测算，从而对各种政策方案作出评价。在这种情况下，我们是把模型当作经济运行的"实验室"去模拟所研究的经济系统，分析整个经济系统对各种假设的政策条件的反映。在实际的政策评价中，经常把模型中的某些变量或参数作为可用的政策调整的"政策变量"，然后分析"政策变量"的变动对被解释变量的影响。

所谓经济预测是指利用估计了参数的计量经济模型，由已知的或预先测定的解释变量去预测被解释变量在样本范围以外的数值，即点预测。也可以是提供被解释变量在未来取值的一个可能范围，即区间预测。

本章习题

1. 什么是计量经济学？
2. 为什么说计量经济学是一门独立的经济学科？
3. 请举例说明解释变量与被解释变量之间的关系。
4. 数据类型有几种？并举例说明。
5. 请用图示描述一下计量经济模型的研究过程。
6. 简述计量经济学的主要类型。

第二章 相关统计学知识

◈ **本章要点**

1. 理解大数定理和中心极限定理。

2. 掌握数理统计的若干基本概念，如总体、样本、统计模型等。

3. 掌握统计量 χ^2、t、F 正态分布样本均值和样本方差的分布及其简单性质。

4. 理解置信区间、显著性水平等定义，掌握总体分布下参数点估计和区间估计以及显著性检验。

第一节 极限定理

极限定理是概率论的基本理论，在理论研究和应用中起着重要的作用，其中最重要的是称为“大数定理”与“中心极限定理”的一些定理。

一、大数定理

虽然随机事件在某次试验中可能出现也可能不出现，但是在大量重复试验中却呈现出明显的规律性，即一个随机试验出现的频率在某个固定值的附近摆动，这就是所谓的“频率稳定性”。感觉上是当试验次数很大时，频率和概率是非常“接近”的，也就是说它们具有某些极限关系。

用贝努里试验来进行阐明为：在 n 重贝努里试验中，设 $P(A)=p$，如果事件 A 在这 n 次试验中发生了 n_A 次，则事件 A 在 n 次试验中出现的频率就是 $f=\frac{n_A}{n}$。随着 n 增大，频率逐渐“接近”概率，即 $\lim\limits_{n\to\infty}\frac{n_A}{n}=p=P(A)$。

（一）依概率收敛

定义：如果对任何 $\varepsilon>0$，都有 $\lim\limits_{n\to\infty}P(|X_n-A|\geqslant\varepsilon)=0$，那么我们就称随机变量序列 $\{X_n\}$ 依概率收敛于 A，记为：$X_n\xrightarrow{p}p$。

（二）贝努里（Bernoulli）大数定理

定理：设在 n 重贝努里试验中，成功出现的次数为 n_A，每次试验成功出现的概率为 p $(0<p<1)$，则对任意的 $\varepsilon>0$，有 $\lim\limits_{n\to\infty}P\left(\left|\frac{n_A}{n}-p\right|\geqslant\varepsilon\right)=0$ 或 $\lim\limits_{n\to\infty}P$

$\left(\left|\frac{n_A}{n}-p\right|\leqslant\varepsilon\right)=1$。

该定理的证明从略。

这实际告诉我们，当试验次数 n 足够大时，成功的频率与成功的概率之差的绝对值超过任意给定的正数 ε 的概率可以任意地小，即频率稳定性的较确切的解释。

（三）切比雪夫（Chebyshev）大数定理

定理：设 X_1，X_2，…，X_n，…是相互独立，服从同一分布的随机变量序列，且具有有限的数学期望和方差，$E(X_k)=\mu$，$\mathrm{Var}(X_k)=\sigma^2$，$(k=1, 2, \cdots)$，则对任意的 $\varepsilon>0$，有 $\lim\limits_{n\to\infty}P\left(\left|\frac{1}{n}\sum\limits_{k=1}^{n}X_k-\mu\right|\geqslant\varepsilon\right)=0$ 或 $\lim\limits_{n\to\infty}P\left(\left|\frac{1}{n}\sum\limits_{k=1}^{n}X_k-\mu\right|\leqslant\varepsilon\right)=1$。

该定理的证明从略。

（四）辛钦（Khinchin）大数定理

定理：设 X_1，X_2，…，X_n，…是相互独立，服从同一分布的随机变量序列，且具有有限的数学期望和方差，$E(X_k)=\mu$，$(k=1, 2, \cdots)$，则对任意的 $\varepsilon>0$，有 $\lim\limits_{n\to\infty}P\left(\left|\frac{1}{n}\sum\limits_{k=1}^{n}X_k-\mu\right|\geqslant\varepsilon\right)=0$ 或 $\lim\limits_{n\to\infty}P\left(\left|\frac{1}{n}\sum\limits_{k=1}^{n}X_k-\mu\right|\leqslant\varepsilon\right)=1$。

该定理的证明从略。

该定理清楚地告诉我们，当试验次数 n 足够大时，平均值 $\frac{1}{n}\sum\limits_{k=1}^{n}X_k$ 与数学期望 μ 之差的绝对值对于任意给定的正数 ε 的概率可以任意地小，这就是算数平均值稳定性的较确切的解释，换言之，当 n 足够大时算数平均值就不带有随机性了，而是与一个常数很接近。

二、中心极限定理

在随机变量的一切可能分布中，正态分布占有特殊重要的地位，实际生活中遇到的大量随机变量都是服从正态分布的，因此，人们自然地就会提出这样的问题：为什么正态分布如此广泛地存在，从而在概率论中占有如此重要的地位呢？应该如何解释大量随机现象中这一客观规律性呢？概率论中的中心极限定理在一定程度上解释了这种现象。

（一）独立同分布的中心极限定理（林德贝格—勒维中心极限定理）

定理：设 X_1，X_2，…，X_n，…是相互独立，服从同一分布的随机变量序列，且具有有限的数学期望和方差，$E(X_k)=\mu$，$\mathrm{Var}(X_k)=\sigma^2$，$(k=1, 2, \cdots)$，则对任意的 $\varepsilon>0$，有 $\lim\limits_{n\to\infty}P\left(\left|\frac{1}{\sqrt{n}\sigma}\sum\limits_{k=1}^{n}X_k-n\mu\right|\geqslant\varepsilon\right)=0$ 或 $\lim\limits_{n\to\infty}P\left(\left|\frac{1}{\sqrt{n}\sigma}\sum\limits_{k=1}^{n}X_k-n\mu\right|\leqslant\varepsilon\right)=1$。

该定理说明了，不管 X_k，$(k=1, 2, \cdots)$ 服从什么分布，只要 n 充分大，则随机变量$\frac{1}{\sqrt{n}\sigma}$（$\sum_{k=1}^{n}X_k-n\mu$）就近似地服从标准正态分布 N（0，1），从而$\sum_{k=1}^{n}X_k$ 近似地服从N（$n\mu$，$n\sigma^2$）。

（二）德莫佛—拉普拉斯（De Moivre—Laplace）中心极限定理

定理：设在 n 重贝努里试验中，成功出现的次数为 n_A，每次试验成功出现的概率为 $p(0<p<1)$，则对任意的 $\varepsilon>0$，有

$$\lim_{n\to\infty}P\left(\left|\frac{n_A-np}{\sqrt{np(1-p)}}\right|\geqslant\varepsilon\right)=0 \text{ 或} \lim_{n\to\infty}P\left(\left|\frac{n_A-np}{\sqrt{np(1-p)}}\right|\leqslant\varepsilon\right)=1。$$

该定理说明，当 n 充分大时，随机变量$\frac{n_A-np}{\sqrt{np(1-p)}}$近似服从正态分布 $N(0,1)$，从而得到 n_A 近似服从 $N(np,np(1-p))$。

（三）李雅普诺夫（Lyapunov）中心极限定理

定理：设 X_1，X_2，…，X_n，…是相互独立的随机变量序列，且具有有限的数学期望和方差，$E(X_k)=\mu_k$，$\mathrm{Var}(X_k)=\sigma_k^2$，$(k=1,2,\cdots)$，若存在正数 δ，使得当 $n\to\infty$时，$\frac{1}{\sum_{k=1}^{n}\sigma_k^2}\sum_{k=1}^{n}E(|X_k-\mu_k|^{2+\delta})\to 0$，则随机变量之和的标准化变量 $Z_n=\frac{\sum_{k=1}^{n}X_k-E(\sum_{k=1}^{n}X_k)}{\sqrt{Var(\sum_{k=1}^{n}X_k)}}$的分布函数 $F_n(x)$ 对于任意 x，满足：$\lim_{n\to\infty}F_n(x)=$

$$\lim_{n\to\infty}P\left\{\frac{\sum_{k=1}^{n}X_k-E(\sum_{k=1}^{n}X_k)}{\sqrt{Var(\sum_{k=1}^{n}X_k)}}\leqslant x\right\}=\int_{-\infty}^{x}\frac{1}{\sqrt{2\pi}}\mathrm{e}^{-\frac{r^2}{2}}\mathrm{d}t 。$$

中心极限定理表明，在相当一般的条件下，当独立随机变量的个数不断增加时，其和的分布趋于正态分布。这一事实阐明了正态分布的重要性，也揭示了为什么在实际应用中会经常遇到正态分布，也就是揭示了产生正态分布变量的源泉。另外，它提供了独立同分布随机变量之和$\sum_{k=1}^{n}X_k$的近似分布，只要和式中加项的个数充分大，就可以不必考虑和式中的随机变量服从什么分布，都可以用正态分布来近似，这在应用上是有效和重要的。

第二节　统计量与抽样分布

统计学的任务是研究怎样有效地收集、整理和分析带有随机性影响的数据，从而对所考虑的问题作出一定结论的方法。它是一门实用性很强的学科，在人类活动的各

个领域有着广泛的应用，研究统计学方法的理论基础问题的那一部分构成“数理统计”的内容，本节将介绍数理统计的一些基本内容。我们知道，概率论的研究特点是在随机变量的概率分布或密度函数已知的情况下，去研究它的性质、特点和规律性。但是，在实际情况中变量所服从的分布可能完全不知道，或者知道发布类型，但不知道分布中所含的参数，那么怎样才能知道一个随机变量的分布或者参数呢？这就是数理统计所要解决的问题，数理统计的研究特点是以概率论为理论基础，研究如何有效地收集、整理和分析带有随机性的数据，以对所考虑的问题作出推断或预测。数理统计的内容大致包括两大类：一类是试验设计与抽样调查设计，即如何有效地收集数据；另一类是统计推断，即如何整理和分析数据，并作出推论。下面就把这两类问题分别介绍给大家。

一、总体与样本

通过下面的例子说明总体、个体和样本的概念。

假定一批产品有 10000 件，其中有正品也有废品，为估计废品率，我们往往从中抽取一部分，如 100 件进行检查，此时这批 10000 件产品称为总体，其中的每件产品称为个体，而从中抽取的 100 件产品称为样本，样本中个体的数目称为样本的大小，也称为样本容量，而抽取样本的行为称为抽样。

从本例我们可以得到以下定义。

（一）总体、个体

定义：在统计学中，常把研究对象的全体称为总体（population），也称为母体。而把组成总体的每个元素称为个体（individual）。

（二）样本、样本容量

1. 定义

从总体 X 中，随机地抽取 n 个个体，这 n 个个体的指标分别为 X_1，X_2，…，X_n，通常记为（X_1，X_2，…，X_n），称（X_1，X_2，…，X_n）为总体 X 的一个样本（sample），或子样。N 称为样本的容量（sample size）。

2. 简单随机样本

定义：若总体 X 的一个样本（X_1，X_2，…，X_n）满足代表性和独立性，则称（X_1，X_2，…，X_n）为总体 X 的一个简单随机样本（simple random sample）。本书如不作特别说明，之后凡提到样本总是指简单随机样本。

3. 统计量

样本是总体的代表和反映，样本含有总体的信息，但较为分散，为了对总体进行推断，需要将分散在样本中有关总体的信息集中起来以反映总体的各种特征，这就需要对样本进行加工。一种有效的方法是构造样本的函数，不同的样本函数反映总体的不同特征，这种样本函数便是统计量。

定义：设（X_1，X_2，…，X_n）是来自总体 X 的容量为 n 的样本，若样本函数 T

$=T(X_1, X_2, \cdots, X_n)$ 不含有任何未知参数，则称 T 为统计量（statistic）。

对于这一定义在此需要作如下几点说明：

（1）统计量只与样本有关，不能与未知参数有关。例如：$X \sim N(\mu, \sigma^2)$，$(X_1, X_2, \cdots, X_n)$ 是来自于总体 X 的独立同分布（i. i. d）的样本，则 $\sum_{k=1}^{n} X_k$ 和 $\sum_{k=1}^{n} X_k^2$ 都是统计量，当 μ 和 σ^2 未知时，$\sum_{k=1}^{n}(X_k-\mu)$ 和 $\sum_{k=1}^{n} X_k^2 / \sigma^2$ 都不是统计量了。

（2）由于样本具有两重性，即样本既可以看成具体的数又可以看成随机变量，统计量是样本函数，因此，统计量也就具有两重性。正因为统计量可以视为随机变量（随机向量），因此才有概率分布可言，这是我们利用统计量进行统计推断的依据。

在什么问题中选用什么统计量，要看问题的性质。一般来说，所提出的统计量应是集中了样本中与所讨论问题有关的信息，这不是容易做到的。在具体的统计问题中，选用什么样的统计量，要视具体情况与要求而定，统计量的选取既要针对问题的需要，又要具有较好的性质，便于应用。

（三）常用的统计量

1. 样本均值（sample mean）

定义：设 $X_1, X_2, \cdots, X_n$ 是来自总体 X 中抽取的样本，则称 $\bar{X}=\frac{1}{n}\sum_{k=1}^{n} X_k$ 为样本均值，它反映了总体均值（E（X））的信息。

2. 样本方差（sample variance）、样本标准差（standard deviation）和修正样本方差（revised sample variance）、修正样本标准差（revised sample standard deviation）

定义：设 $X_1, X_2, \cdots, X_n$ 是来自总体 X 中抽取的样本，则称 $S^2=\frac{1}{n}\sum_{k=1}^{n}(X_k-\bar{X})^2$ 为样本方差，它反映了总体方差（Var（X））的信息；称 S 为样本标准差，它反映了总体标准差的信息。$S^{*2}=\frac{1}{n-1}\sum_{k=1}^{n}(X_k-\bar{X})^2$ 称为修正样本方差，称 S^* 为修正样本标准差，它们分别反映了总体方差和标准差的信息。

3. 样本协方差（sample covariance）和样本相关系数（sample correlation coefficient）

定义：设 $X_1, X_2, \cdots, X_n$ 是来自总体 X 中抽取的样本，则称 $\mathrm{Cov}(X, Y)=\frac{1}{n-1}\sum_{k=1}^{n}(X_k-\bar{X})(Y_k-\bar{Y})$ 为样本协方差，它反映了总体协方差（Cov（X, Y））的信息。

定义：设 (X_k, Y_k)，$k=1, 2, \cdots, n$ 是来自二维总体（X, Y）的一个样本，则称 $r=\frac{\sum_{k=1}^{n}(X_k-\bar{X})(Y_k-\bar{Y})}{\sqrt{\sum_{k=1}^{n}(X_k-\bar{X})^2\sum_{k=1}^{n}(Y_k-\bar{Y})^2}}$ 为样本相关系数，它反映了二维总体（X, Y）

中 X 和 Y 的相关系数的信息。

4. 样本矩（sample moment）

定义：设 X_1，X_2，…，X_n 是来自总体 X 中抽取的样本，则称 $A_k=\frac{1}{n}\sum_{i=1}^{n}X_i^k$ 为样本的 k 阶原点矩，它反映了总体的 k 阶原点矩 $E(X^k)$ 的信息。$B_k=\frac{1}{n}\sum_{i=1}^{n}(X_i-\bar{X})^k$ 为样本的 k 阶中心距，它反映了总体的 k 阶中心距 $E\{[X-E(X)]^k\}$ 的信息。

我们在此特别指出，若总体 X 的 k 阶原点矩 $E(X^k)$ 记为 μ_k 存在，则当 $n\to\infty$时，$A_k=\frac{1}{n}\sum_{i=1}^{n}X_i^k\xrightarrow{P}\mu_k$，$k=1$，2，… 。

这是因为 X_1，X_2，…，X_n 独立且与 X 同分布，所以 X_1^k，X_2^k，…，X_n^k 独立且与 X^k 同分布，故有 $E(X_1^k)=E(X_2^k)=\cdots=E(X_n^k)=\mu_k$，再由辛钦大数定理可知：$A_k=\frac{1}{n}\sum_{i=1}^{n}X_i^k\xrightarrow{P}\mu_k$，$k=1$，2，… 。

5. 次序统计量及其有关统计量

定义：设 X_1，X_2，…，X_n 是来自总体 X 中抽取的样本，把其按照大小排列为 $X_{(1)}\leqslant X_{(2)}\leqslant\cdots\leqslant X_{(n)}$，则称（$X_{(1)}$，$X_{(2)}$，…，$X_{(n)}$）为次序统计量，（$X_{(1)}$，$X_{(2)}$，…，$X_{(n)}$）的任何一部分也称为次序统计量。

利用次序统计量可以定义下列统计量。

（1）样本中位数（sample median）。

定义：设 X_1，X_2，…，X_n 是来自总体 X 中抽取的样本，由次序统计量（$X_{(1)}$，$X_{(2)}$，…，$X_{(n)}$）可得：$m_{\frac{1}{2}}=\begin{cases}X_{(\frac{n+1}{2})} & \text{当 } n \text{ 为奇数}\\ \frac{1}{2}(X_{(\frac{n}{2})}+X_{(\frac{n}{2}+1)}) & \text{当 } n \text{ 为偶数}\end{cases}$ $m_{\frac{1}{2}}$ 被称为样本中位数，它反映总体中位数的信息。当总体分布关于某点对称时，对称中心既是总体中位数又是总体均值，故此时 $m_{\frac{1}{2}}$ 也反映总体均值的信息。

（2）极值（extremity）。

定义：$X_{(1)}$ 和 $X_{(n)}$ 称为样本的极小值和极大值。极值统计量在关于灾害问题和材料试验的统计分析中是常用的统计量。

二、抽样分布

如前所述，统计量作为样本的函数，具有随机变量和数的二重性。因此，统计量是我们对总体的分布或数字特征进行统计推断的基础，求统计量的分布是数理统计的基本问题之一。

（一）抽样分布（sampling distribution）

定义：我们称统计量的分布为抽样分布。

关于抽样分布，我们关心两类问题：

一是当已知总体 X 的分布类型时，对固定的样本容量 n 推导出统计量的分布，则称这种抽样分布为精确分布，它在小样本问题（n 较小）中特别有用。

二是不对任何个别的 n 求出统计量的分布，而只求出当 $n \to \infty$时统计量的极限分布，则称这种抽样分布为极限分布，它在大样本问题（n 较大）中很有用。

（二）χ^2 分布

1. 定义

设 X_1，X_2，…，X_n 是相互独立且服从于 $N(0，1)$ 的随机变量，则称随机变量 $\chi^2 = \sum_{i=1}^{n} X_i^2$ 服从自由度为 n 的 χ^2 分布，记为 $\chi^2 \sim \chi^2(n)$。

$\chi^2(n)$ 分布的概率密度为 $f(x)=\begin{cases} \dfrac{1}{2^{\frac{n}{2}}\Gamma(\frac{n}{2})}x^{\frac{n}{2}-1}e^{-\frac{x}{2}}, & x \geqslant 0 \\ 0 & ，x < 0 \end{cases}$，其中伽玛函数 $\Gamma(x)=\int_0^{+\infty} e^{-t}t^{x-1}dt$，$x>0$。

$f(x)$ 的图形如图 2—1 所示。

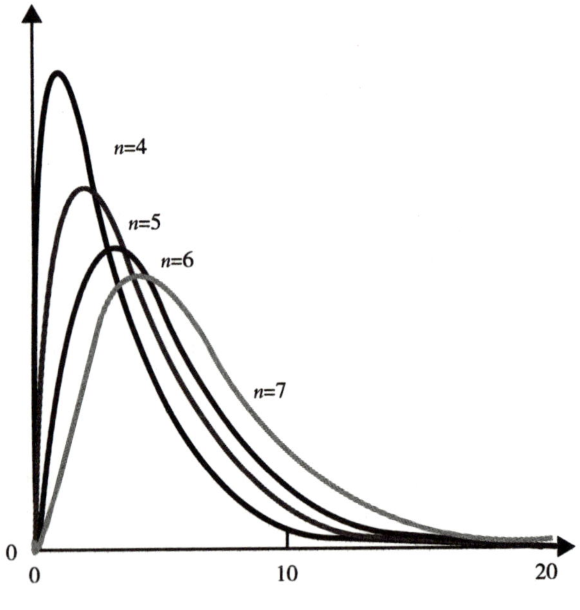

图 2—1

χ^2 分布的分位点：对于给定的正数 α，$(0<\alpha<1)$，则称满足 $P\{\chi^2>\chi_\alpha^2(n)\}=\int_{\chi_\alpha^2(n)}^{+\infty} f(x)dx=\alpha$ 的数值 $\chi_\alpha^2(n)$ 为自由度是 n 的 χ^2 分布 $\chi^2(n)$ 的上侧 α 分位点，或临界

值，以后我们经常用的临界值还有 $\chi^2_{1-\alpha}(n)$ 。如图 2—2 所示。

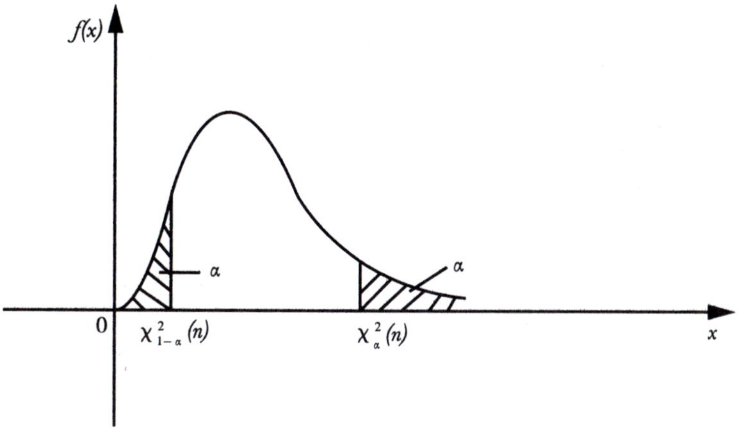

图 2—2

当 α 和 n 给定时可以查表求出 $\chi^2_\alpha(n)$ 之值，如 $\chi^2_{0.01}(10)=23.209$。

2. χ^2 分布的性质

(1) 设 X_1，X_2，…，X_n 是相互独立且服从于 $N(\mu,\sigma^2)$ 的随机变量，则有 $\chi^2=\frac{1}{\sigma^2}\sum_{i=1}^{n}(X_i-\mu)^2\sim\chi^2(n)$ 。

(2) 设 $\chi^2_1\sim\chi^2(n_1)$，$\chi^2_2\sim\chi^2(n_2)$，且 χ^2_1 与 χ^2_2 相互独立，则 $\chi^2_1+\chi^2_2\sim\chi^2(n_1+n_2)$，这一性质称为 χ^2 分布的可加性。

(3) 设 $\chi^2\sim\chi^2(n)$，则 $E(\chi^2)=n$，$\mathrm{Var}(\chi^2)=2n$ 。

(4) 设 $\chi^2\sim\chi^2(n)$，则当 n 充分大时，$\frac{\chi^2-n}{\sqrt{2n}}$ 近似地服从标准正态分布 $N(0,1)$ 。

（三）t 分布

1. 定义

设随机变量 $X\sim N(0,1)$，$Y\sim\chi^2(n)$，且 X 与 Y 相互独立，则称 $T=\frac{X}{\sqrt{\frac{Y}{n}}}$ 为自由度为 n 的 t 变量，其分布称为自由度为 n 的 t 分布，记为 $T\sim t(n)$ 。

设随机变量 $T\sim t(n)$，则其密度函数为

$$t_{n(x)}=\frac{\Gamma(\frac{n+1}{2})}{\Gamma(\frac{n}{2})\sqrt{n\pi}}(1+\frac{x^2}{n})^{-\frac{n+1}{2}},\quad -\infty<x<+\infty$$

$t(n)$ 的图形如图 2—3 所示。

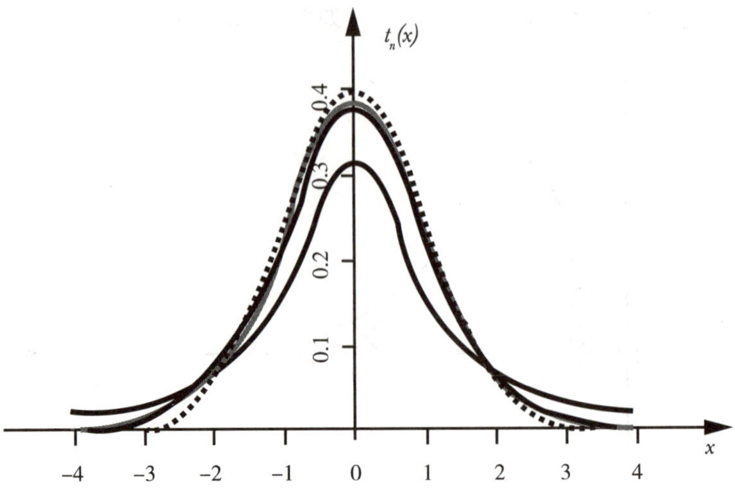

图 2—3

因为 $t_n(x)$ 是偶函数，因此 t 分布是对称分布。当 n 充分大时，t 分布与标准正态分布的概率密度图形非常类似，一般地，当 $n>30$ 时，t 分布与标准正态分布就已经非常接近了，但对于较小的 n，t 分布与标准正态分布之间有较大的差异。

t 分布的分位点：对于给定的正数 α，$(0<\alpha<1)$，则称满足条件 $P\{T>t_\alpha(n)\}=\alpha$ 的数值 $t_\alpha(n)$ 为自由度是 n 的 t 分布的上侧 α 分位点或临界点。今后还经常用 $t_{\frac{\alpha}{2}}(n)$ 为自由度为 n 的 t 分布的双侧 α 分位点。如图 2—4 所示。

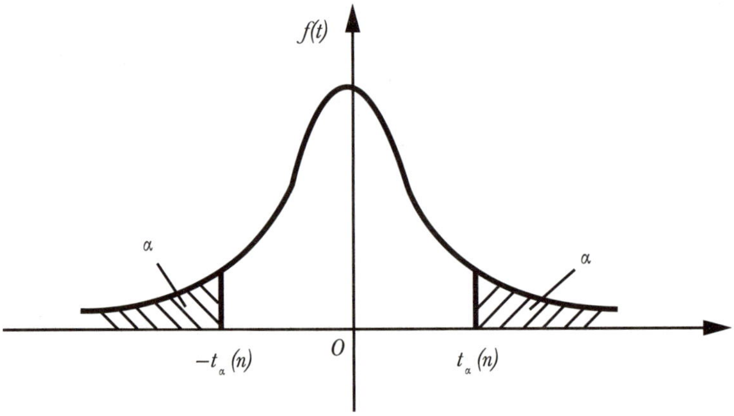

图 2—4

t 分布的上 α 分位点的性质：$t_{1-\alpha}(n)=-t_\alpha(n)$。

当 α 和 n 给定时可以查表求出 $t_\alpha(n)$ 之值，如 $t_{0.05}(12)=1.782$。

2. t 分布的性质

（1）若 $T \sim t(n)$，则 $E(T)=0$，$\mathrm{Var}(T)=\frac{n}{n-2}$，$(n>2)$。

（2）t 分布的密度函数 $t_n(x)$ 关于 $t=0$ 对称，当 n 充分大时，其图形近似于标准正态分布概率密度的图形，$\lim\limits_{n\to\infty} t_n(x)=\frac{1}{\sqrt{2\pi}}e^{-\frac{t2}{2}}$。

（四）F 分布

1. 定义

设 $X \sim \chi^2(n_1)$，$Y \sim \chi^2(n_2)$，且 X 与 Y 相互独立，则称随机变量 $F=\dfrac{\frac{X}{n_1}}{\frac{Y}{n_2}}$ 为服从自由度为 (n_1, n_2) 的 F 分布，记为 $F \sim F(n_1, n_2)$。

显然若 $F \sim F(n_1, n_2)$，则 $\frac{1}{F} \sim F(n_2, n_1)$。

$F(n_1, n_2)$ 分布的概率密度函数为：

$$f(x)=\begin{cases}\dfrac{\Gamma(\frac{n_1+n_2}{2})}{\Gamma(\frac{n_1}{2})\Gamma(\frac{n_2}{2})}(\frac{n_1}{n_2})(\frac{n_1}{n_2}x)^{\frac{n1}{2}-1}(1+\frac{n_1}{n_2}x)^{\frac{n1+n2}{2}}, & x \geqslant 0\\ 0 & ,x<0\end{cases}$$

$f(x)$ 的图形如图 2—5 所示。

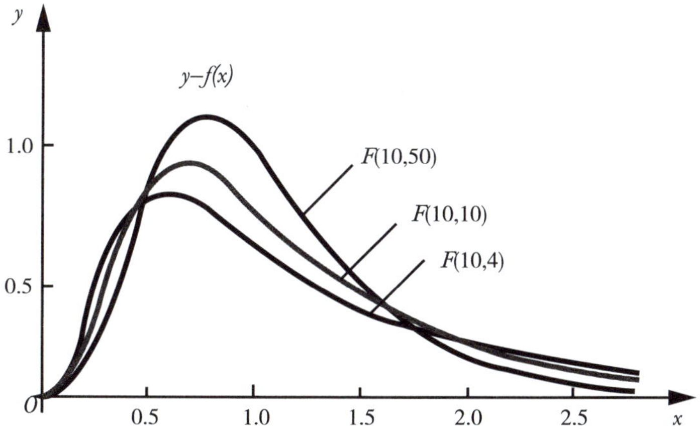

图 2—5

F 分布的分位点：对于给定的正数 $\alpha(0<\alpha<1)$，则称满足条件 $P\{F>F(n_1, n_2)\}=\alpha$ 的数值 $F_\alpha(n_1, n_2)$ 为 $F(n_1, n_2)$ 分布上的 F 分布的上侧 α 分位点或临界点。如图 2—6 所示。

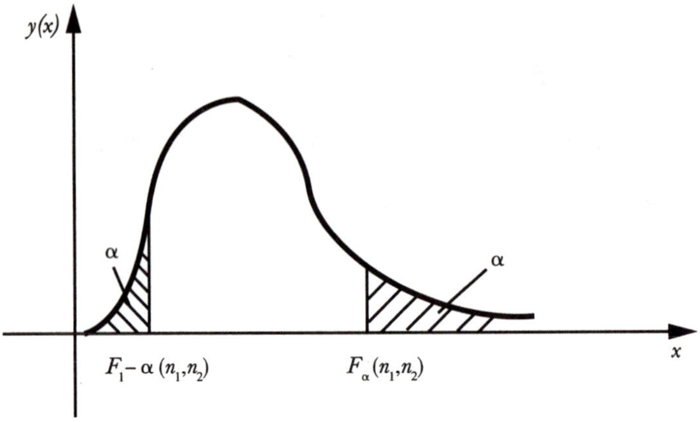

图 2—6

同样地，当 α 和 n_1，n_2 给定时可以查表求出 $F_\alpha(n_1, n_2)$ 之值，如 $F_{0.05}(10, 20) = 2.35$。

2. F 分布的性质

(1) 若 $T \sim t(n)$，则 $T^2 \sim F(1, n)$。

(2) $F_{1-\alpha}(n_1, n_2) = \dfrac{1}{F_\alpha(n_2, n_1)}$。

(3) 若 $F \sim F(n_1, n_2)$，则 $E(F) = \dfrac{n_2}{n_2 - 2}$。

（五）有关正态分布、χ^2 分布、t 分布和 F 分布的几个重要结论

定理　设 $(X_1, X_2, \cdots, X_n)$ 是来自正态总体 $N(\mu, \sigma^2)$ 的一个样本，统计量 U 是样本的任一确定的线性函数，即 $U = \sum\limits_{i=1}^{n} a_i X_i$，则 U 也是正态随机变量，即 $U \sim N(\mu \sum\limits_{i=1}^{n} a_i, \sigma^2 \sum\limits_{i=1}^{n} a_i^2)$。

推论一　设 $(X_1, X_2, \cdots, X_n)$ 是来自正态总体 $N(\mu, \sigma^2)$ 的一个样本，则样本均值 $\bar{X}$ 也是正态随机变量，即 $\bar{X} = \dfrac{1}{n} \sum\limits_{i=1}^{n} X_i \sim N(\mu, \dfrac{\sigma^2}{n})$。

推论二　设 $(X_1, X_2, \cdots, X_n)$ 是来自正态总体 $N(\mu, \sigma^2)$ 的一个样本，则 $\dfrac{\bar{X} - \mu}{\frac{\sigma}{n}} \sim N(0, 1)$。

定理　设 $(X_1, X_2, \cdots, X_n)$ 是来自正态总体 $N(\mu, \sigma^2)$ 的一个样本，且样本均值 $\bar{X} = \dfrac{1}{n} \sum\limits_{i=1}^{n}$，样本方差 $S^2 = \dfrac{1}{n} \sum\limits_{i=1}^{n} (X_i - \bar{X})^2$，样本修正方差 $S^{*2} = \dfrac{1}{n-1} \sum\limits_{i=1}^{n} (X_i - \bar{X})^2$，则

(1) $\frac{nS^2}{\sigma^2}=\frac{(n-1)S^{*2}}{\sigma^2}\sim\chi^2(n-1)$。

(2) $\bar{X}$ 与 S^{*2} 相互独立。

定理 设 $(X_1, X_2, \cdots, X_n)$ 是来自正态总体 $N(\mu, \sigma^2)$ 的一个样本，则 $\frac{\bar{X}-\mu}{\frac{S}{\sqrt{n-1}}}=\frac{\bar{X}-\mu}{\frac{S^*}{\sqrt{n}}}\sim t(n-1)$。

定理 设 $(X_1, X_2, \cdots, X_n)$ 和 $(Y_1, Y_2, \cdots, Y_m)$ 是分别来自正态总体 $N(\mu_1, \sigma_1^2)$ 和 $N(\mu_2, \sigma_2^2)$ 的两个独立样本，且 $\bar{X}=\frac{1}{n}\sum_{i=1}^{n}X_i$，$\bar{Y}=\frac{1}{m}\sum_{j=1}^{m}Y_j$，$S_1^2=\frac{1}{n}\sum_{i=1}^{n}(X_i-\bar{X})^2$，$S_1^{*2}=\frac{1}{n-1}\sum_{i=1}^{n}(X_i-\bar{X})^2$，$S_2^2=\frac{1}{m}\sum_{j=1}^{m}(Y_i-\bar{Y})^2$，$S_2^{*2}=\frac{1}{m-1}\sum_{j=1}^{m}(Y_i-\bar{Y})^2$，则

(1) $T=\frac{(\bar{X}-\bar{Y})-(\mu_1-\mu_2)}{\sqrt{\frac{nS_1^2+mS_2^2}{n+m-2}(\frac{1}{n}+\frac{1}{m})}}\sim t(n+m-2)$ 或

$$T=\frac{(\bar{X}-\bar{Y})-(\mu_1-\mu_2)}{\sqrt{\frac{(n-1)S_1^{*2}+(m-1)S_2^{*2}}{n+m-2}(\frac{1}{n}+\frac{1}{m})}}\sim t(n+m-2) \qquad (\sigma_1^2=\sigma_2^2)。$$

(2) $F=\frac{S_1^{*2}}{S_2^{*2}}/\frac{\sigma_1^2}{\sigma_2^2}\sim F(n-1, m-1)$ 或 $F=\frac{nS_1^2}{mS_2^2}/\frac{(m-1)\sigma_2^2}{(n-1)\sigma_1^2}\sim F(n-1, m-1)$。

第三节 统计推断

我们已经知道数理统计就是根据样本的信息对总体的分布以及分布的数字特征等作出统计推断，统计推断包括参数估计和假设检验两部分。在实际问题中，当所研究的总体分布类型已知，但总体分布的参数是未知的，如何通过样本来估计未知参数，这就是参数估计问题。与参数估计相同的假设检验也是人们在科学研究和生产、生活实践中提出的一类非常重要的统计推断问题，假设检验问题关心总体是否具有某种特征，对总体的分布类型或分布参数作出某些假定，并根据抽取的样本观察值，运用数理统计的分析方法，检验这种假设是否正确，从而决定接受假设或者拒绝假设，这就是假设检验问题。本节将首先介绍参数的点估计和区间估计，然后介绍正态总体的参数假设检验问题。

一、参数估计

（一）点估计

设总体 X 的分布函数为 $F(x, \theta)$，这里 x 是变量，若分布函数的形式为已知，θ 是未知参数，这里 θ 可以是一个数也可以是一个向量，由总体 X 的一个样本去估计未知参数 θ 的值的问题就是参数的点估计问题。

1. 定义

设总体 X 的分布函数为 $F(x, \theta)$，θ 是一个未知参数或多个未知参数构成的向量，θ 的可能取值范围记为 Θ。$X_1, X_2, \cdots, X_n$ 是来自总体 X 的一个样本，$x_1, x_2, \cdots, x_n$ 是样本观测值，选取一个统计量 $\hat{\theta}=\hat{\theta}(X_1, X_2, \cdots, X_n)$，以数值 $(x_1, x_2, \cdots, x_n)$ 估计 θ 的真值，则称 $\hat{\theta}(X_1, X_2, \cdots, X_n)$ 是 θ 的估计量，称 $(x_1, x_2, \cdots, x_n)$ 是 θ 的估计值。这里，估计量与估计值统称为点估计，简称为估计，构造估计的方法很多，本节介绍两种常见的方法：矩估计法（moment method）和极大似然估计法（maximum likelihood method）。

2. 矩估计法

这是 K. 皮尔逊（K. Pearson）1894 年提出来的估计方法。

其基本思想是以样本矩来替代总体矩，用样本矩的函数去替代总体矩的函数。其理论基础是若总体 X 的 k 阶原点矩 $E(X^k)=\mu_k$ 存在，$X_1, X_2, \cdots, X_n$ 是来自总体 X 的一个样本，则由大数定理可得，k 阶样本原点矩 $A_k=\frac{1}{n}\sum_{i=1}^{k}X_i$ 依概率收敛于 k 阶总体原点矩 $E(X^k)=\mu_k$，即 $A_k \xrightarrow{P} \mu_k$。

矩估计法的具体步骤：

设总体 X 的分布函数 $F(x, \theta_1, \theta_2, \cdots, \theta_k)$ 的形式为已知，$\theta_1, \theta_2, \cdots, \theta_k$ 为 k 个未知参数，且 X 的 i 阶原点矩 $E(X^i)=\mu_i$ 存在。

（1）计算出各阶原点矩 $E(X^k)=\mu_k$（$i=1, 2, \cdots, k$），它们是未知参数 $\theta_1, \theta_2, \cdots, \theta_k$ 的函数，分别记为：

$$\begin{cases} E(X)=\Theta_1(\theta_1, \theta_2, \cdots, \theta_k) \\ E(X^2)=\Theta_2(\theta_1, \theta_2, \cdots, \theta_k) \\ \cdots\cdots \\ E(X^k)=\Theta_k(\theta_1, \theta_2, \cdots, \theta_k) \end{cases}。$$

（2）用样本矩来代替总体矩，即得到

$$\begin{cases} A_1=\Theta_1(\theta_1, \theta_2, \cdots, \theta_k) \\ A_2=\Theta_2(\theta_1, \theta_2, \cdots, \theta_k) \\ \cdots\cdots \\ A_K=\Theta_k(\theta_1, \theta_2, \cdots, \theta_k) \end{cases}。$$

（3）解方程组，即可得到未知参数 $\theta_1, \theta_2, \cdots, \theta_k$。它们都是样本的函数，记为

$\dot\theta_i = \dot\theta_i(X_1, X_2, \cdots, X_k)$ $(i=1, 2, \cdots, k)$，$\dot\theta_i$ 是参数 θ_i 的估计量。对于一次具体抽样的样本值 $x_1, x_2, \cdots, x_n$，$\dot\theta_i(x_1, x_2, \cdots, x_n)$ 是矩估计值。

例 设总体 $X \sim N(\mu, \sigma^2)$，μ, σ^2 是未知参数，$x_1, x_2, \cdots, x_n$ 是来自总体 X 的一个简单随机样本，求 μ, σ^2 的矩估计。

解：易知 $A_1 = \bar{X} = E(X) = \mu$，

$$A_2 = \frac{1}{n}\sum_{i=1}^{n} X_i^2 = E(X^2)\sigma^2 = \mathrm{Var}(X) + (E(X))^2 = \sigma^2 + \mu^2$$

解方程组，得 $\dot\mu = \bar{X}$，$\sigma^2 = \frac{1}{n}\sum_{i=1}^{n} X_i^2 - \bar{X}^2$。

3. 极大似然估计法

极大似然估计法最早是由高斯（C. Gauss）提出，后来由费歇（R. A. Fisher）于 1912 年重新提出，并证明了这一方法的性质。极大似然估计法在理论上有优良的性质。

极大似然估计法的基本思想：在已经得到实验结果的情况下，应该寻找使得这个结果出现的可能性最大的那个 θ 值作为参数 θ 的估计 $\dot\theta$。

下面分别就离散型总体和连续型总体介绍极大似然估计法。

(1) 离散型总体的情形：

设总体 X 的概率分布为 $P\{X=x\} = p(x, \theta)$（θ 为参数）

设 $X_1, X_2, \cdots, X_n$ 是来自总体 X 的一个样本。样本观测值为 $x_1, x_2, \cdots, x_n$，则样本的联合分布律

$$P\{X_1=x_1, X_2=x_2, \cdots X_n=x_n\} = \prod_{i=1}^{n} p(x_i, \theta)$$

将上述函数记为 $L(\theta) = L(x_1, x_2, \cdots, x_n) = \prod_{i=1}^{n} p(x_i, \theta)$，并称之为似然函数。

(2) 连续型总体的情形：

设总体 X 的概率密度函数为 $f(x, \theta)$（θ 为参数）

设 $X_1, X_2, \cdots, X_n$ 是来自总体 X 的一个样本。样本观测值为 $x_1, x_2, \cdots, x_n$，则样本的联合密度函数

$$f(x_1, x_2, \cdots, x_n) = \prod_{i=1}^{n} f(x_i, \theta)$$

同样，将上述函数记为 $L(\theta) = L(x_1, x_2, \cdots, x_n) = \prod_{i=1}^{n} f(x_x, \theta)$，并称之为似然函数。

似然函数 $L(\theta)$ 的值的大小意味着该样本值出现的可能性的大小，根据极大似然估计法的基本思想，既然样本值 $x_1, x_2, \cdots, x_n$ 已经出现，它们出现的概率应该最大，从而应该选择这样的 θ，使这组样本值的出现具有最大的概率，即似然函数 $L(\theta)$ 达到最大值，以 $L(\theta)$ 取得最大值时的参数 $\dot\theta$ 去估计真值 θ。这种求点估计的方法称为极大似然估计法。

这样一来，极大似然估计法的具体步骤可以归纳为

(1) 求极大似然函数 $L(\theta)$ 。

(2) 求使 $L(\theta)$ 达到最大值的点，$L(\hat{\theta})=\lim\limits_{\theta\in\Theta}L(\theta)$ 。

根据微积分的知识，若 $L(\hat{\theta})=\max\limits_{\theta\in\Theta}L(\theta)$ ，必然满足 $\dfrac{\mathrm{d}L(\theta)}{\mathrm{d}\theta}=0$，由此解出的 θ 即为 $\hat{\theta}$ 。在这里，θ 既可以是单个参数，也可以是多个参数（向量形式）。

又因为 $\ln L(\theta)$ 是单调函数，在 $\ln L(\theta)$ 取到极值的条件下，$L(\theta)$ 与 $\ln L(\theta)$ 有相同的极值点，因此极大似然估计 $\hat{\theta}$ 可由方程

$$\frac{\mathrm{d}\ln L(\theta)}{\mathrm{d}\theta}=0$$

求出。

具体就是解方程 $\dfrac{\mathrm{d}\ln L(\theta_1,\ \theta_2,\ \cdots,\ \theta_n)}{\mathrm{d}\theta_i}=0,\ i=1,\ 2,\ \cdots,\ n$

解出的 θ ，即为 $\hat{\theta}$ 。

例　设总体 X 服从参数为 m，p 的二项分布：$P\{X=x\}=C_m^k p^k\ (1-p)^{m-k}$，$x=1,\ 2,\ \cdots,\ m$，$0<p<1$，$p$ 为未知参数，X_1，X_2，…，X_n 是来自总体 X 的一个样本，求 p 的极大似然估计量。

解：设 x_1，x_2，…，x_n 是 X_1，X_2，…，X_n 的样本观察值，似然函数为 $L(p)=\prod\limits_{i=1}^{n}P\{X=x_i\}=p^{\sum\limits_{i=1}^{n}x_i}\ (1-p)^{nm-\sum\limits_{i=1}^{n}x_i}\prod\limits_{i=1}^{n}C_m^{x_i}$

$\dfrac{\mathrm{d}\ln L(p)}{\mathrm{d}p}=0$，得到 p 的极大似然估计量为 $\hat{p}=\dfrac{1}{nm}\sum\limits_{i=1}^{n}x_i=\dfrac{1}{m}\bar{x}$ 。

（二）区间估计

用点估计 $\hat{\theta}=\hat{\theta}(X_1,\ X_2,\ \cdots,\ X_n)$ 来估计总体的未知参数 θ ，一旦我们获得了样本观察值 $(x_1,\ x_2,\ \cdots,\ x_n)$ ，将它代入 $\hat{\theta}(x_1,\ x_2,\ \cdots,\ x_n)$ ，即可得到 θ 的一个估计值，这很直观，也很便于使用。但是，点估计值只提供了 θ 的一个近似值，并没有反映这种近似的精确度。同时，由于 θ 本身是未知的，我们也无从知道这种估计的误差大小，因此，我们希望估计出一个真实参数所在的范围，并希望知道这个范围以多大的概率包含参数真值，这就是参数的区间估计问题。

1. 定义

设 X_1，X_2，…，X_k 是来自总体 X 的一个样本，θ 为总体分布中的未知参数，$\hat{\theta}_1(X_1,\ X_2,\ \cdots,\ X_n)$ 和 $\hat{\theta}_2(X_1,\ X_2,\ \cdots,\ X_n)$ 为两个统计量，对给定的 $\alpha(0<\alpha<1)$，若 $P(\hat{\theta}_1<\theta<\hat{\theta}_2)=1-\alpha$，则称 $(\hat{\theta}_1,\ \hat{\theta}_2)$ 为 θ 的置信度为 $1-\alpha$ 的置信区间（confidence interval），$\hat{\theta}_1$ 称为置信下限，$\hat{\theta}_2$ 称为置信上限，α 一般取较小的值，称为显著性水平（significant level）。

2. 单正态总体参数的区间估计

设总体 $X\sim N(\mu,\ \sigma^2)$ ，X_1，X_2，…，X_n 为来自总体 X 的样本。

(1) σ^2 已知，求 μ 的置信区间。

取 $\overline{X}$ 为 μ 的点估计，构建随机变量 $U=\frac{\overline{X}-\mu}{\sigma/\sqrt{n}}\sim N(0,1)$，对于给定的显著性水平 α，于是，$P(|U|<U_{\frac{\alpha}{2}})=1-\alpha$，即 $P\{\left|\frac{\overline{X}-\mu}{\sigma/\sqrt{n}}\right|<U_{\frac{\alpha}{2}}\}=1-\alpha$。

因此，μ 的置信度为 $1-\alpha$ 的置信区间为 $(\overline{X}-U_{\frac{\alpha}{2}}\frac{\sigma}{\sqrt{n}}<\mu<\overline{X}+U_{\frac{\alpha}{2}}\frac{\sigma}{\sqrt{n}})$。

(2) σ^2 未知，求 μ 的置信区间。

取 $\overline{X}$ 为 μ 的点估计，构建随机变量 $t=\frac{\overline{X}-\mu}{S^*/\sqrt{n}}\sim t(n-1)$，对于给定的显著性水平 α，于是，$P(|t|<t_{\frac{\alpha}{2}(n-1)})=1-\alpha$，即 $P\{\left|\frac{\overline{X}-\mu}{S^*/\sqrt{n}}\right|<t_{\frac{\alpha}{2}(n-1)}\}=1-\alpha$。

因此，μ 的置信度为 $1-\alpha$ 的置信区间为 $(\overline{X}-t_{\frac{\alpha}{2}(n-1)}\frac{\sigma}{\sqrt{n}}<\mu<\overline{X}+t_{\frac{\alpha}{2}(n-1)}\frac{\sigma}{\sqrt{n}})$。

(3) 求的 σ^2 置信区间。

取统计量 S^* 为 σ^2 的点估计，构建随机变量 $\chi^2=\frac{(n-1)S^*}{\sigma^2}\sim\chi^2_{(n-1)}$，对于给定的显著性水平 α，于是 $P\{\chi^2_{1-\frac{\alpha}{2}(n-1)}<\chi^2<\chi^2_{\frac{\alpha}{2}(n-1)}\}=1-\alpha$，即 $P\{\chi^2_{1-\frac{\alpha}{2}(n-1)}<\frac{(n-1)S^*}{\sigma^2}<\chi^2_{\frac{\alpha}{2}(n-1)}\}=1-\alpha$。

因此，σ^2 的置信度为 $1-\alpha$ 的置信区间为 $(\frac{(n-1)S^*}{\chi^2_{\frac{\alpha}{2}(n-1)}}<\sigma^2<\frac{(n-1)S^*}{\chi^2_{1-\frac{\alpha}{2}(n-1)}})$。

3. 两个正态总体参数的区间估计

设总体 $X\sim N(\mu_1,\sigma_1^2)$，$Y\sim N(\mu_2,\sigma_2^2)$，$(X_1, X_2, \cdots, X_n)$ 和 $(Y_1, Y_2, \cdots, Y_m)$ 分别为来自 X 和 Y 的相互独立的样本，记

$$\overline{X}=\frac{1}{n}\sum_{i=1}^{n}X_i \qquad \overline{Y}=\frac{1}{m}\sum_{j=1}^{n}Y_j$$

$$S_1^{*2}=\frac{1}{n-1}\sum_{i=1}^{n}(X_i-\overline{X})^2 \qquad S_2^{*2}=\frac{1}{m-1}\sum_{j=1}^{m}(Y_j-\overline{Y})^2$$

(1) 当 σ_1^2 和 σ_2^2 已知，求 $\mu_1-\mu_2$ 的置信区间。

因为 $\overline{X}-\overline{Y}\sim(\mu_1-\mu_2, \frac{\sigma_1^2}{n}+\frac{\sigma_2^2}{m})$，标准化后得到欲构建的随机变量

$$U=\frac{(\overline{X}-\overline{Y})-(\mu_1-\mu_2)}{\sqrt{\frac{\sigma_1^2}{n}+\frac{\sigma_2^2}{m}}}\sim N(0,1)$$

对于给定的显著性水平 α，于是 $P\{|U|<U_{\frac{\alpha}{2}}\}=1-\alpha$。

由此可得到 $\mu_1-\mu_2$ 的置信度为 $1-\alpha$ 的置信区间为

$$\left(\bar{X}-\bar{Y}-U_{\frac{\alpha}{2}}\sqrt{\frac{\sigma_1^2}{n}+\frac{\sigma_2^2}{m}},\ \bar{X}-\bar{Y}+U_{\frac{\alpha}{2}}\sqrt{\frac{\sigma_1^2}{n}+\frac{\sigma_2^2}{m}}\right)。$$

（2）当 $\sigma_1^2=\sigma_2^2=\sigma^2$，但 σ^2 未知，求 $\mu_1-\mu_2$ 的置信区间。

由定理知：$T=\dfrac{(\bar{X}-\bar{Y})-(\mu_1-\mu_2)}{\sqrt{\dfrac{(n-1)S_1^{*2}+(m-1)S_2^{*2}}{n+m-2}\left(\dfrac{1}{n}+\dfrac{1}{m}\right)}}\sim t(n+m-2)$。

对于给定的显著性水平 α，于是 $P\{|T|<t_{\frac{\alpha}{2}(c+m-2)}\}=1-\alpha$。

由此可得到 $\mu_1-\mu_2$ 的置信度为 $1-\alpha$ 的置信区间为

$$\left(\bar{X}-\bar{Y}-t_{\frac{\alpha}{2}(n+m-2)}\sqrt{\frac{(n-1)S_1^{*2}+(m-2)S_2^{*2}}{n+m-2}\left(\frac{n+m}{nm}\right)},\right.$$

$$\left.\bar{X}-\bar{Y}+t_{\frac{\alpha}{2}(n+m-2)}\sqrt{\frac{(n-1)S_1^{*2}+(m-2)S_2^{*2}}{n+m-2}\left(\frac{n+m}{nm}\right)}\right)。$$

（3）求 $\dfrac{\sigma_1^2}{\sigma_2^2}$ 的置信区间。

由定理知：$F=\dfrac{S_1^{*2}}{S_2^{*2}}\Big/\dfrac{\sigma_1^2}{\sigma_2^2}\sim F(n-1,\ m-1)$。

对于给定的显著性水平 α，于是 $P\{F_{1-\frac{\alpha}{2}(n-1,\ m-1)}<F<F_{\frac{\alpha}{2}(n-1,\ m-1)}\}=1-\alpha$。

由此可得到 $\dfrac{\sigma_1^2}{\sigma_2^2}$ 的置信度为 $1-\alpha$ 的置信区间为 $\left(\dfrac{1}{F_{\frac{\alpha}{2}(n+m-2)}}\dfrac{S_1^{*2}}{S_2^{*2}},\ \dfrac{1}{F_{1-\frac{\alpha}{2}(n+m-2)}}\dfrac{S_1^{*2}}{S_2^{*2}}\right)$。

二、假设检验

假设检验是统计推断的另一个基本问题。假设检验是根据样本提供的信息来检验总体的参数或者分布的形式具有指定的特征。如果总体分布已知，检验问题仅涉及总体分布的未知参数，这就是参数假设检验问题。若总体分布函数的类型未知，检验是对总体分布函数的类型或者它的某些特征进行的，则称为非参数假设检验。本部分只在介绍假设检验基本思想和基本概念的基础上，着重介绍正态总体的参数假设检验问题。

（一）假设检验的基本概念

1. 基本思想

下面通过实例来说明假设检验的有关基本概念和基本思想。

例：衣服包装机在正常工作时，每袋包装量，现调节控制开关，使每袋包装量 500 克，然后抽查 10 袋，测得每袋重量为：499 克，501 克，520 克，507 克，498 克，512 克，509 克，496 克，513 克，504 克。问：机器调节后，能否认为这台装包机的装包量为 500 克?

根据题意，该问题实际就是要求依据样本进行假设检验：

$\mu=500$，还是 $\mu\neq 500$

在数理统计中，关于总体分布的概率性质的假设称为统计假设（statistical hypothesis），简称为假设。如上例中，我们有假设 $\begin{matrix} H_0: \mu=500 \\ H_1: \mu\neq 500 \end{matrix}$。

一般地，我们把 H_0：$\mu=500$ 称为原假设或零假设（null hypothesis），记为 H_0，把 H_1：$\mu\neq 500$ 称为对立假设或备择假设（alternative hypothesis），记为 H_1。

另外，在给定了总体分布形式下，仅涉及总体分布所包含的未知参数的统计假设称为参数假设。而不知道分布函数的数学形式，直接给未知分布函数的形式上或它的某些数字特征上的统计假设称为非参数假设。

对于一个假设检验问题，首先要根据实际问题提出统计假设，而提出统计假设的目的是通过已经得到的样本，在原假设和对立假设两者之间做出选择或者判断，称这类问题为假设检验问题。

说起来假设检验的基本原理也是十分简单的。它运用小概率原理，即：小概率事件在一次试验中，实际不会发生，并且若小概率事件在一次试验中发生了，就被认为不合理。

基于这一原理，假设检验的基本思想是：先对总体的参数或者分布作出某种假设，然后找出一个在假设成立条件下出现可能性非常小的小概率事件，如果试验或抽样的结果使该小概率事件发生了，与小概率原理相违背，表明该假设有问题，予以否定，即拒绝原假设；如果小概率事件在一次试验或抽样中没有发生，就没有理由否定原假设，此时称假设与试验相容，因此，可以接受原假设。

2. 显著性水平与拒绝域

假设检验所采用的是一种反证法的思想，即先假定这个结论成立，然后在这一条件下进行推断或演算，若结果与假设矛盾，则拒绝原假设 H_0；若没有矛盾，则接受原假设 H_0。

注意：这里的矛盾并不是纯逻辑形式上的矛盾，或者说不是绝对成立的矛盾，而只是与人们普遍的经验相违背。在假设检验中，我们依据的是“小概率事件在一次试验中几乎不可能发生”的实际推断原理，那么，概率小到什么程度才能认为是小概率事件，这一般要视具体问题而定。因此，在假设检验之前，必须根据具体情况，给定一个合理的数值 $\alpha(0<\alpha<1)$ 作为小概率事件的标准，把概率不大于 α 的事件称为小概率事件，而 α 称为显著性水平。

在假设检验中，使得小概率事件发生的统计量的取值范围称为该假设检验的拒绝域，拒绝域的端点称为该假设检验的临界值。

在检验过程中，确定了拒绝域后，由取得的样本得到统计量的观察值，当观察值落入拒绝域内就拒绝 H_0，接受 H_1；否则，就接受 H_0。但是，由于样本取值的随机性，当 H_0 为真时，统计量的观察值也会落入拒绝域，这将导致我们做出拒绝 H_0 的错误决策，这种错误称为第一类错误。

一般地，犯第一类错误的概率就是经验的显著性水平 α ，即

P {犯第一类错误} $=P$ {拒绝 H_0 / H_0 为真} $=\alpha$

另一方面，当 H_0 为不真时，检验统计量的观察值反而没有落入拒绝域，此时会导致我们作出接受 H_0 的错误决策，这种错误称为第二类错误，犯第二类错误的概率记为 β ，即

P {犯第二类错误} $=P$ {接受 H_0 / H_0 为不真} $=\beta$

由上述分析可知，在假设检验中，犯两类错误是不可避免的，我们当然希望出现它们的概率 α 与 β 都很小，但是研究得到：当样本容量 n 取定时，若减小 α 则必然会增大 β ，反之亦然。只有增加样本容量 n ，α 与 β 才能同时减少，显然样本容量 n 不能无休止增大，这样 α 与 β 也不能同时无限减小。

在参数显著性水平检验中，显著性水平 α 是事先选定的，因而我们可以控制犯第一类错误的概率，这种只考虑控制犯第一类错误的概率，而不考虑犯第二类错误概率的检验方法称为显著性检验。

3. 显著性假设检验的基本步骤

由上述分析，我们得到作显著性假设检验的一般步骤：

(1) 根据已知条件和问题的要求提出原假设 H_0 与备择假设 H_1。

(2) 确定检验统计量，并在 H_0 成立的条件下，给出检验统计量的分布，要求其分布不依赖于任何未知参数。

(3) 确定拒绝域，由检验统计量的分布和事先给定的显著性水平，分析备择假设 H_1，直观合理地确定拒绝域。

(4) 作一次具体的抽样，根据样本值计算检验统计量的观察值，判定它是否属于拒绝域，从而做出拒绝或接受 H_0 的决策。

(二) 单正态总体的假设检验

设总体 $X \sim N(\mu, \sigma^2)$，X_1，X_2，…，X_n 为来自总体 X 的样本。

1. 方差 σ^2 已知，求期望 μ 的假设检验

对于原假设 H_0：$\mu=\mu_0$，可提出三个假设检验：

(1) H_0：$\mu=\mu_0$，H_1：$\mu \neq \mu_0$。

(2) H_0：$\mu=\mu_0$，H_1：$\mu > \mu_0$。

(3) H_0：$\mu=\mu_0$，H_1：$\mu < \mu_0$。

因为 σ^2 已知，构建统计量 $U=\dfrac{\bar{X}-\mu_0}{\sigma/\sqrt{n}} \sim N(0, 1)$

在 H_0 成立的条件下，$U \sim N(0, 1)$

对于给定的显著性水平 $\alpha(0<\alpha<1)$ ，查正态分布表，确定临界值 $U_{\frac{\alpha}{2}}$ ，得拒绝域 $|U|>U_{\frac{\alpha}{2}}$ ，即 $\left|\dfrac{\bar{X}-\mu_0}{\sigma/\sqrt{n}}\right|>U_{\frac{\alpha}{2}}$ 。

对于给定的样本观测值 x_1，x_2，…，x_n，计算统计量的观测值 U。

比较 U 和 $U_{\frac{\alpha}{2}}$ 的大小，从而可以得到以下结论：

若 $|U| > U_{\frac{\alpha}{2}}$，则拒绝原假设 H_0，即认为总体真实值与 H_0 给定的 μ_0 间有显著差异；

若 $|U| < U_{\frac{\alpha}{2}}$，则接受原假设 H_0，即认为总体真实值与 H_0 给定的 μ_0 间无明显差异；

若 $|U| = U_{\frac{\alpha}{2}}$，一般不能先下结论，还需要再进行一次抽样检验。

U 对于假设（2）和假设（3）的临界值分别为 U_α 和 $-U_\alpha$，拒绝域分别为 $\{U > U_\alpha\}$ 和 $\{U < U_\alpha\}$。

例：在某砖厂生产的一批砖中，随机地抽测 6 块，其抗断强度为：32.66kg/cm²，70.06kg/cm²，31.64kg/cm²，30.22kg/cm²，31.67kg/cm²，31.05kg/cm²，设砖的抗断强度 $X \sim N(\mu，1.1^2)$，问是否认为这批砖的抗断强度是 32.50kg/cm²？（$\alpha = 0.01$）

解：按照题意 H_1：$\mu = 32.50$

H_2：$\mu \neq 32.50$

构建统计量 $U = \dfrac{\overline{X} - 32.50}{\sigma / \sqrt{n}} = \dfrac{\overline{X} - 32.50}{1.1 / \sqrt{6}}$

查表知 $U_{\frac{\alpha}{2}} = U_{0.005} = 2.58$，而计算统计量 $\overline{x} = 31.25$ $|U| = 2.78 > 2.58$

故否定 H_0，即不能认为这批砖的抗断强度为 32.50kg/cm²。

2. 方差 σ^2 未知，求期望 μ 的假设检验

对于原假设 H_0：$\mu = \mu_0$，可提出三个假设检验：

(1) H_0：$\mu = \mu_0$，H_1：$\mu \neq \mu_0$。

(2) H_0：$\mu = \mu_0$，H_1：$\mu > \mu_0$。

(3) H_0：$\mu = \mu_0$，H_1：$\mu < \mu_0$。

因为 σ^2 未知，建造统计量 $T = \dfrac{\overline{X} - \mu_0}{S^* / \sqrt{n}} \sim N(n-1)$

在 H_0 成立的条件下，$T \sim t(n-1)$

对于给定的显著性水平 $\alpha(0 < \alpha < 1)$，查正态分布表，确定临界值 $t_{\frac{\alpha}{2}(n-1)}$，得拒绝域 $|T| > t_{\frac{\alpha}{2}(n-1)}$ 即 $\left|\dfrac{\overline{X} - \mu_0}{S^* / \sqrt{n}}\right| > t_{\frac{\alpha}{2}(n-1)}$。

对于给定的样本观测值 x_1，x_2，…，x_n，计算统计量的观测值 t。

比较 t 和 $t_{\frac{\alpha}{2}(n-1)}$ 的大小，从而可以得到以下结论：

若 $|t| > t_{\frac{\alpha}{2}(n-1)}$，则拒绝原假设 H_0，即认为总体真实值与 H_0 给定的 μ_0 间有显著差异；

若 $|t| < t_{\frac{\alpha}{2}(n-1)}$，则接受原假设 H_0，即认为总体真实值与 H_0 给定的 μ_0 间无明显差异；

若 $|t|=t_{\frac{\alpha}{2}(n-1)}$，一般不能先下结论，还需要再进行一次抽样检验。

对于假设（2）和假设（3）的临界值分别为 $t_{\alpha(n-1)}$ 和 $-t_{\alpha(n-1)}$，拒绝域分别为 $\{t>t_{\alpha(n-1)}\}$ 和 $\{t<t_{\alpha(n-1)}\}$。

3. 均值 μ 未知，求方差 σ^2 的假设检验

对于原假设 H_0：$\sigma^2=\sigma_0^2$，可提出三个假设检验：

(1) H_0：$\sigma^2=\sigma_0^2$，H_1：$\sigma^2\neq\sigma_0^2$。

(2) H_0：$\sigma^2\leqslant\sigma_0^2$，$H_1$：$\sigma^2>\sigma_0^2$。

(3) H_0：$\sigma^2\geqslant\sigma_0^2$，$H_1$：$\sigma^2<\sigma_0^2$。

因为均值 μ 未知，构建统计量 $\chi^2=\dfrac{(n-1)S^{*2}}{\sigma_0^2}\sim\chi^2(n-1)$

在 H_0 成立的条件下，$\chi^2\sim\chi^2(n-1)$

对于给定的显著性水平 $\alpha(0<\alpha<1)$，查正态分布表，确定临界值 $\chi^2_{\frac{\alpha}{2}(n-1)}$，$\chi^2_{1-\frac{\alpha}{2}(n-1)}$，得拒绝域 $\{\chi^2<\chi^2_{1-\frac{\alpha}{2}(n-1)}$ 或 $\chi^2>\chi^2_{\frac{\alpha}{2}(n-1)}\}$。

对于给定的样本观测值 x_1，x_2，…，x_n，计算统计量的观测值 $\chi^2_{\frac{\alpha}{2}(n-1)}$ 和 $\chi^2_{1-\frac{\alpha}{2}(n-1)}$。

比较构建的统计量 χ^2 和 $\chi^2_{\frac{\alpha}{2}(n-1)}$ 和 $\chi^2_{1-\frac{\alpha}{2}(n-1)}$ 的大小，从而可以得到以下结论：

若 $\chi^2<\chi^2_{1-\frac{\alpha}{2}(n-1)}$ 或 $\chi^2>\chi^2_{\frac{\alpha}{2}(n-1)}$，则拒绝原假设 H_0，即认为总体真实值与 H_0 给定的 σ_0^2 间有显著差异；

若 $\chi^2_{1-\frac{\alpha}{2}(n-1)}<\chi^2<\chi^2_{\frac{\alpha}{2}}$，则接受原假设 H_0，即认为总体真实值与 H_0 给定的 σ_0^2 间无明显差异；

若 $\chi^2=\chi^2_{1-\frac{\alpha}{2}(n-1)}$ 或 $\chi^2=\chi^2_{\frac{\alpha}{2}(n-1)}$，一般不能先下结论，还需要再进行一次抽样检验。

对于假设（2）和假设（3）的临界值分别为 $\{\chi^2_{\alpha(n-1)}\}$ 和 $\{\chi^2_{1-\alpha(n-1)}\}$，拒绝域分别为 $\{\chi^2>\chi^2_{\alpha(n-1)}\}$ 和 $\{\chi^2<\chi^2_{1-\alpha(n-1)}\}$。

（三）两个正态总体的假设检验

设总体 $X\sim N(\mu_1,\ \sigma_1^2)$，$Y\sim N(\mu_2,\ \sigma_2^2)$，$(X_1,\ X_2,\ \cdots,\ X_n)$ 和 $(Y_1,\ Y_2,\ \cdots,\ Y_m)$ 分别为来自 X 和 Y 的相互独立的样本，记

$$\bar{X}=\frac{1}{n}\sum_{i=1}^{n}X_i \qquad \bar{Y}=\frac{1}{m}\sum_{j=1}^{n}Y_j$$

$$S_1^{*2}=\frac{1}{n-1}\sum_{i=1}^{n}(X_i-\bar{X})^2 \qquad S_2^{*2}=\frac{1}{m-1}\sum_{j=1}^{m}(Y_j-\bar{Y})^2$$

1. 当 σ_1^2 和 σ_2^2 已知，求假设检验

(1) H_0：$\mu_1=\mu_2$，H_1：$\mu_1\neq\mu_2$。

(2) H_0：$\mu_1\leqslant\mu_2$，H_1：$\mu_1>\mu_2$。

(3) H_0：$\mu_1\geqslant\mu_2$，H_1：$\mu_1<\mu_2$。

构建统计量 $U=\dfrac{\bar{X}-\bar{Y}-(\mu_1-\mu_2)}{\sqrt{\dfrac{\sigma_1^2}{n}+\dfrac{\sigma_2^2}{m}}}\sim N(0,\ 1)$

对于给定的显著性水平 $\alpha(0<\alpha<1)$，查正态分布表，确定临界值 $U_{\frac{\alpha}{2}}$，得拒绝域 $|U|>U_{\frac{\alpha}{2}}$，即 $\left|\dfrac{\bar{X}-\bar{Y}-(\mu_1-\mu_2)}{\sqrt{\dfrac{\sigma_1^2}{n}+\dfrac{\sigma_2^2}{m}}}\right|>U_{\frac{\alpha}{2}}$。

对于给定的样本观测值 x_1，x_2，…，x_n，计算统计量的观测值 U。

比较 U 和 $U_{\frac{\alpha}{2}}$ 的大小，从而可以得到以下结论：

若 $|U|>U_{\frac{\alpha}{2}}$，则拒绝原假设 H_0，即认为总体真实值与 H_0 给定的 $\mu_1=\mu_2$ 间有显著差异；

若 $|U|<U_{\frac{\alpha}{2}}$，则接受原假设 H_0，即认为总体真实值与 H_0 给定的 $\mu_1=\mu_2$ 间无明显差异；

若 $|U|=U_{\frac{\alpha}{2}}$，一般不能先下结论，还需要再进行一次抽样检验。

对于假设（2）和假设（3）的临界值分别为 U_α 和 $-U_\alpha$，拒绝域分别为 $\{U>U_\alpha\}$ 和 $\{U<-U_\alpha\}$。

2. 方差 $\sigma_1^2=\sigma_2^2=\sigma^2$ 未知，求假设检验

(1) H_0：$\mu_1=\mu_2$，H_1：$\mu_1\neq\mu_2$。

(2) H_0：$\mu_1\leqslant\mu_2$，H_1：$\mu_1>\mu_2$。

(3) H_0：$\mu_1\geqslant\mu_2$，H_1：$\mu_1<\mu_2$。

构建统计量 $T=\dfrac{(\bar{X}-\bar{Y})-(\mu_1-\mu_2)}{\sqrt{\dfrac{(n-1)S_1^{*2}+(m-1)S_2^{*2}}{n+m-2}(\dfrac{1}{n}+\dfrac{1}{m})}}\sim t(n+m-2)$

在 H_0 成立的条件下，$T\sim t(n-1)$

对于给定的显著性水平 $\alpha(0<\alpha<1)$，查表，确定临界值 $t_{\frac{\alpha}{2}(n-1)}$，得拒绝域 $|T|>t_{\frac{\alpha}{2}(n-1)}$ 即 $\left|\dfrac{(\bar{X}-\bar{Y})-(\mu_1-\mu_2)}{\sqrt{\dfrac{(n-1)S_1^{*2}+(m-1)S_2^{*2}}{n+m-2}(\dfrac{1}{n}+\dfrac{1}{m})}}\right|>t(n+m-2)$。

对于给定的样本观测值 x_1，x_2，…，x_n，计算统计量的观测值 t。

比较 t 和 $t_{\frac{\alpha}{2}(n-1)}$ 的大小，从而可以得到以下结论：

若 $|T|>t_{\frac{\alpha}{2}(n-1)}$，则拒绝原假设 H_0，即认为总体真实值与 H_0 给定的 $\mu_1=\mu_2$ 间有显著差异；

若 $|T|<t_{\frac{\alpha}{2}(n-1)}$，则接受原假设 H_0，即认为总体真实值与 H_0 给定的 $\mu_1=\mu_2$ 间无明显差异；

若 $|T|=t_{\frac{\alpha}{2}(n-1)}$，一般不能先下结论，还需要再进行一次抽样检验。

对于假设（2）和假设（3）的临界值分别为 $t_{\alpha(n-1)}$ 和 $-t_{\alpha(n-1)}$，拒绝域分别为 $\{t>t_{\alpha(n-1)}\}$ 和 $\{t<-t_{\alpha(n-1)}\}$。

3. 求假设检验

(1) H_0：$\sigma_1^2=\sigma_2^2$，H_1：$\sigma_1^2\neq\sigma_2^2$。

(2) H_0：$\sigma_1^2\leqslant\sigma_2^2$，$H_1$：$\sigma_1^2>\sigma_2^2$。

(3) H_0：$\sigma_1^2\geqslant\sigma_2^2$，$H_1$：$\sigma_1^2<\sigma_2^2$。

构建统计量 $F=\dfrac{S_1^{*2}}{S_2^{*2}}\Big/\dfrac{\sigma_1^2}{\sigma_2^2}\sim F(n-1,\ m-1)$

对于给定的显著性水平 α，查表得：$F_{1-\frac{\alpha}{2}(n-1,\ m-1)}$，$F_{\frac{\alpha}{2}(n-1,\ m-1)}$，由此得拒绝域 $F_{1-\frac{\alpha}{2}(n-1,\ m-1)}>F$ 或 $F>F_{\frac{\alpha}{2}(n-1,\ m-1)}$。

对于给定的样本观测值 x_1，x_2，…，x_n，计算统计量的观测值 F。

比较 F 和 $F_{1-\frac{\alpha}{2}(n-1,\ m-1)}$，$F_{\frac{\alpha}{2}(n-1,\ m-1)}$ 的大小，从而可以得到以下结论：

若 $F_{1-\frac{\alpha}{2}(n-1,\ m-1)}>F$ 或 $F>F_{\frac{\alpha}{2}(n-1,\ m-1)}$，则拒绝原假设 H_0，即认为总体真实值与 H_0 给定的 $\sigma_1^2=\sigma_2^2$ 间有显著差异；

若 $F_{1-\frac{\alpha}{2}(n-1,\ m-1)}<F$ 或 $F<F_{\frac{\alpha}{2}(n-1,\ m-1)}$，则接受原假设 H_0，即认为总体真实值与 H_0 给定的 $\sigma_1^2=\sigma_2^2$ 间无明显差异；

若 $F_{1-\frac{\alpha}{2}(n-1,\ m-1)}=F$ 或 $F=F_{\frac{\alpha}{2}(n-1,\ m-1)}$，一般不能先下结论，还需要再进行一次抽样检验。

对于假设（2）和假设（3）的临界值分别为 $F_{1-\alpha(n-1,\ m-1)}$ 和 $F_{\alpha(n-1,\ m-1)}$，拒绝域分别为 $F>F_{\alpha(n-1,\ m-1)}$ 和 $F_{1-\alpha(n-1,\ m-1)}>F$。

本章习题

1. 设总体 $X\sim N(\mu,\ \sigma^2)$，其中 μ 为已知，而 σ^2 未知，(X_1，X_2，…，X_n) 是总体 X 的一个样本，试问：X_1+X_2，$X_3+3\mu$，$\max\{X_1,\ X_2,\ \cdots,\ X_n\}$，$\dfrac{\sum_{i=1}^{n}X_i}{\sigma^2}$ 之中哪些是统计量，哪些不是统计量？为什么？

2. 已知总体 X 的概率密度函数为 $f(x,\ \theta)=\begin{cases}\theta x^{\theta-1}, & 0<x<1\\ 0, & \text{其他}\end{cases}$ $\theta>0$ 为未知参数，X_1，X_2，…，X_n 为简单随机样本，试求 θ 的矩估计量和极大似然估计量。

3. 在针织品的漂白工艺过程中，要考查温度对针织品断裂强力（主要质量指标）的影响，为了比较 70℃与 80℃的影响有无差别，在这两种温度下，分别重复做了八次试验，得到数据为：(单位：kg)

70℃时的强力：20.5，18.5，19.8，20.9，21.5，19.5，21.6，21.2；

80℃时的强力：17.7，20.3，20.0，18.8，19.0，20.1，20.2，19.1。

假定强力分别服从正态分布 $N(\mu_1,\ \sigma^2)$ 和 $N(\mu_2,\ \sigma^2)$。试问两种温度下的强力是否有差异？(取 $\alpha=0.05$)

第三章　一元线性回归模型

◈ **本章要点**

1. 熟悉回归分析的相关知识。

2. 理解总体回归模型、样本回归模型、随机扰动项和样本残差项等相关概念。

3. 掌握一元线性回归模型参数估计的基本方法，如普通最小二乘法、极大似然估计法。熟悉最小二乘估计的相关性质，高斯—马尔科夫定理。

4. 掌握一元线性回归模型的显著性检验区间估计、拟合优度检验。

5. 熟悉一元线性回归模型的预测。

第一节　经济变量之间的关系

在日常生活中，我们经常会接触到许多变量，这些变量一般可以分为两类：一类变量之间的关系是确定的，称为函数关系（funtional relation）；另一类变量之间的关系是不确定的，称为统计关系（statistical relation）或相关关系。

一、确定性函数关系和非确定性统计关系

变量之间的函数关系表达的是变量之间在数量上的确定性关系，即一个或几个变量在数量上的变动就会引起另一个变量在数量上的确定性变动，它们之间的关系可以用函数关系 $Y=f(X)$ 准确地加以描述，这里 X 可以是一个标量（数量），也可以是一个向量。当知道了变量 X 的值，就可以计算出一个确定的 Y 值了。

例如：一种蔬菜的价格是每公斤 5 元，则购买该蔬菜的支出额 Y 元与购买该蔬菜的数量之间的关系即可以用函数表达式：$Y=5X$ 。

若购买 10 公斤，则此蔬菜的花费应该是 $Y=5\times10=50$（元）。

变量之间的统计关系（相关关系）是指一个或几个变量在数量上的变动会引起另一个变量数量上发生变动，但变动的结果不是唯一确定的，即变量之间的关系不是一一对应的，因而不能用函数关系进行表达。

例如：家庭食品消费支出与收入之间的关系。即使家庭收入相同，其用于食品的消费支出往往会不同，这是因为影响家庭食物支出的因素除了家庭收入以外，还会受到商品价格、家庭人口、年龄、生活习惯等诸多因素的影响，因此，家庭食物支出 Y 与家庭收入水平 X 之间的关系是统计关系。它们之间的关系可以用以下表达式：$Y=$

$f(X)+\varepsilon$ 。

其中，ε 表示除收入水平外其他因素对食品消费支出的影响，称为随机误差。

这样，我们也就可以得到，统计关系可以通过函数关系加上一个随机变量予以描述。

当然，函数关系与统计关系（相关关系）虽然有明显区别，但两者之间也可以说并无严格的界限。由于存在测量误差等原因，函数关系在实际中往往通过相关关系表现出来，而在研究相关关系时，若要找出现象之间数量的内在联系和表现形式，往往又需要借助函数关系的形式来加以描述。

二、相关分析和回归分析

在介绍本内容之前，先来说明回归（regression）一词的由来以及基本意思。

“回归”一词最先是由英国生物学家和统计学家高尔登（Francis Galton）于 1889 年在研究“子女身高”问题时提出的。

高尔登在利用统计方法研究子女身高时发现，父母高，子女也高；父母矮，子女也矮；但是给定父母的身高，子女的平均身高却趋于或者“回归”到全体人口的平均身高，即“回归于平均值”(regression toward the mean)。另一位英国数理统计学家卡尔·皮尔逊（Karl Pearson）同样也发现，对于父亲高的群体，儿子辈的平均身高低于父辈的身高，而对于父亲矮的群体，儿子辈的平均身高则高于父辈的身高。就把高和矮的儿子辈的身高“回归”到男子的平均身高。由此在学界就逐渐流行起“回归”这一名词了。

（一）相关分析

1. 定义

相关分析是研究一个变量与另一个（组）变量之间相关形式和相关程度的一种统计分析方法。其目的在于明确变量之间有无关系，确定相关关系的表现形式（曲线与直线)，判定相关关系的方向和测定相关关系的密切程度等。

2. 相关关系的类型

对于变量之间的相关关系的分类，按照不同的标准一般可以分为：

(1) 从变量之间相关关系的方向，可以分为正相关与负相关。两个相关变量之间，当一个变量的数量由小变大时，另一个变量的数量也相应地由小变大，这种相关关系称为正相关；反之，一个变量由小变大，而另一个变量却由大变小，则称为负相关。

(2) 按相关关系涉及的变量的多少，可以分为单相关、复相关及偏相关。单相关也称为一元相关，是指两个变量之间的相关关系，即一个变量与另一个变量之间的依存关系；复相关是指三个或三个以上变量之间的相关关系，即一个因变量与两个及两个以上自变量的复杂的依存关系，所以复相关又称多元相关；在某一变量与多个变量相关时，若假定其他变量不变，其中两个变量的相关关系称为偏相关。

(3) 按变量之间相关关系的表现形式，可以分为直线相关和曲线相关。当一个变量变动时，另一个变量也相应地发生大致均等的变动，这种相关关系称为线性相关，用相关系数来表示；当一个变量变动时，另一个变量也相应地发生变动，但这种变动是不均等的，这种相关关系就称为曲线相关，用相关指数表示。

（4）按相关的程度，可以分为完全相关、不完全相关和不相关。当变量之间完全不存在任何依存关系，即彼此独立，则变量之间没有相关关系，即不相关或零相关；若一个变量的数量变化由另一个或一组变量变化唯一确定，则变量之间的相关关系表现为完全相关。完全相关也就是变量之间实际上是一种确定的函数关系，因此函数关系是相关关系的一种特殊情况；如果一个变量的值不但与另一个或一组变量的值有关，而且受随机因素的影响，则变量之间的相关关系表现为不完全相关，即不完全相关是介于不相关和完全相关之间的关系。

3. 相关关系的度量

相关分析中，通过相关图和相关表可以对现象之间存在的相关关系的方向、形式和密切程度作直观的、大致的判断，也可以用各种相关系数的具体数值来表示。

（1）相关表。将现象之间的相关关系用表格来反映，这种表称为相关表。

例如：表3—1是中国的收入与消费的总量数据，通过此相关表描述收入与消费之间的相关关系。

表 3—1

年份	X（GDP）	Y（Cons）
1990	18319.5	11365.2
1991	21280.4	13145.9
1992	25863.7	15952.1
1993	34500.7	20182.1
1994	46690.7	26796
1995	58510.5	33635
1996	68330.4	40003.9
1997	74894.2	43579.4
1998	79003.3	46405.9
1999	82673.2	49722.8
2000	89112.5	54617.2
2001	98592.9	58927.4
2002	107897.6	62798.5
2003	121730.3	67493.5
2004	142394.2	75439.7

数据来源：2004年中国统计年鉴，中国统计出版社。

(2) 相关图。将变量之间的关系通过图形来表示，这种图形称为相关图。相关图常用散点图。表 3－1 可以通过散点图 3－1 来表示。

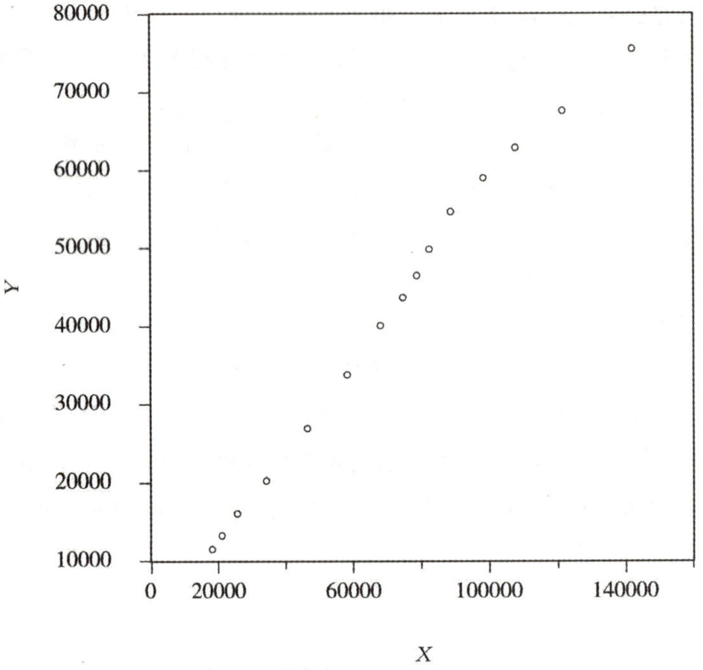

图 3－1

(3) 相关系数。为了更加确切地表明变量之间的相关关系，统计学家们设计了多种测定变量之间相关关系的统计指标。其中，最常用的是 1890 年英国著名统计学家卡尔·皮尔逊（Karl Pearson）设计的用于测定两个变量之间线性相关程度的指标，即简单相关系数，也称为皮尔逊相关系数或积差相关系数。其计算公式为：

$$r=\frac{\sum_{k=1}^{n}(X_k-\bar{X})(Y_k-\bar{Y})}{\sqrt{\sum_{k=1}^{n}(X_k-\bar{X})^2\sum_{k=1}^{n}(Y_k-\bar{Y})^2}} \qquad -1\leqslant r\leqslant 1$$

$r=1$ 表示 X 与 Y 之间完全线性正相关；$r=-1$ 表示 X 与 Y 之间完全线性负相关；$r=0$ 表示 X 与 Y 之间没有线性关系。$|r|$ 越大，越接近于 1，则表示 X 与 Y 的线性相关程度就越高；反之，$|r|$ 越小，越接近于 0，则表示 X 与 Y 的线性相关程度越低。通常的判断标准是：$|r|<0.3$ 称为微弱相关，$0.3\leqslant|r|<0.5$ 称为低度相关，$0.5\leqslant|r|<0.8$ 称为显著相关，$0.8\leqslant|r|<1$ 称为高度相关。

另外，等级相关系数也称为斯皮尔曼（Spearman）等级相关系数，可以用来度量定序变量之间的线性相关关系。也就是把有联系的数量标志或品质标志的具体表现按照等级次序排列，形成两个序数数列，再测定标志等级与标志等级间的相关程度的一种方法。等级相关法又称为顺位相关法，从等级相关法所计算出来的相关指标叫作等级相关系数或等级系数。其计算公式为：

$$r = 1 - \frac{6\sum_{i=1}^{n} d_i^2}{n(n^2 - 1)}$$

其中 d 为对应的一对 X 和 Y 之间的等级之差，即，$d = X(等级) - Y(等级)$，n 为观测值的数目。根据某种标准对某项成绩所评定的等级，或某种指标的优劣程度排列的名次等均属于等级序列分数，因此 Spearman 等级相关系数的适用范围较 Pearson 相关系数要广得多。但是，若两个变量的原始资料都是较精确的度量资料，则不必化成较粗略的等级资料，否则会失掉很多信息。

（二）回归分析

1. 定义

所谓回归分析就是研究一个变量（解释变量或因变量）对一个或多个其他变量（解释变量或自变量）的依赖关系，其目的在于根据已知的或固定解释变量的数值，来估计或预测被解释变量的总体平均值。也就是说，回归分析是指对具有相关关系的变量，依据其关系的形态，选择一个合适的数学模型（回归方程），用来近似地表示变量间数量平均变化关系的一种统计方法。

按分析变量的多少，可以分为一元回归分析与多元回归分析，按分析变量之间的表现形式，可以分为线性回归分析与非线性回归分析等。

2. 回归分析的特点

（1）两个变量之间不是对等关系。必须根据研究目的，确定其中一个是自变量，另一个是因变量，即为单向关系。

（2）回归方程反映的是变量间的具体的变动关系，不是抽象系数，在 X、Y 两个变量中，从方程式看，存在着两个回归式，从两个回归方程的图像看，是两条斜率不同的回归直线，其意义是不同的。其回归系数有正负号，表示两个变量变动的方向，大小表示在单位一定的情况下意义是明确的。

（3）回归分析对资料的要求是，因变量是随机变量，而自变量是可控制的变量，是给定的数值。

3. 相关分析与回归分析的联系

（1）相关分析是回归分析的基础和前提，如果缺少相关关系，没有从定性上说明现象是否具有相关关系，没有对相关关系的密切程度作出判断，就不能进行回归分析，即使勉强进行了回归分析，也没有实际意义。

（2）回归分析是相关分析的深入和继续，仅仅说明现象之间具有密切的相关关系是不够的，只有进行了回归分析，拟合了回归方程，才可能进行有关分析的回归预测，相关分析才有实际的意义。因此，如果仅有回归分析而缺乏相关分析，将会因为缺乏必要的基础和前提而影响回归分析的可靠性，如果仅有相关分析而缺少回归分析，就会降低相关分析的意义。只有把二者结合起来，才能达到统计分析的目的。

(3) 回归分析是在相关分析和因果关系分析的基础上，去研究解释变量对应变量（被解释变量）的影响。因果关系是指两个或两个以上变量在行为机制上的依赖性，即指一个（或一组）变量直接影响、决定另一个变量的水平，因果关系确立的前提是必须对经济行为进行定性分析和理论上的思考。具有因果关系的变量之间一定具有数学上的相关关系，有相关关系的变量之间并不一定具有因果关系，因此，回归分析正是研究具有因果关系的相关关系。

三、总体回归函数和总体回归模型

回归分析是研究一个变量（被解释变量）对一个或多个其他变量（解释变量）的依存关系，怎样去分析具有相关关系经济变量之间的协变规律？下面通过一个例子来说明回归分析是如何进行的。

(一) 总体回归函数

例　假设 60 户家庭组成一个总体，现研究每一个月的家庭消费支出 Y 与每一个月家庭可支配收入 X 之间的关系，以及如何估计对应于某一特定家庭收入水平的平均家庭消费支出。为此，可将 60 户家庭按照大致相同的收入水平划分为 10 组，再观察每组的家庭消费支出。下面将观测数据列成表 3－2。

表 3－2　　60 户家庭可支配收入和消费支出情况

	家庭每月可支配收入 X/元									
	800	1000	1200	1400	1600	1800	2000	2200	2400	2600
每月家庭消费支出 Y/元	550	650	790	800	1020	1100	1200	1350	1370	1500
	600	700	840	930	1070	1150	1350	1470	1450	1520
	650	740	900	950	1100	1200	1400	1400	1550	1750
	700	800	940	1030	1160	1300	1440	1520	1650	1780
		850	980	1080	1180	1350	1450	1570	1750	1800
		880		1130	1250	1400		1600	1890	1850
				1150				1620		1910
Y 的条件均值 $E(Y\mid X)$	650	770	890	1010	1130	1250	1370	1490	1610	1730

下面需要研究的问题是平均家庭消费支出对家庭收入的依赖性，即前者如何随着后者的变化而变化。换句话说，研究的不是单个家庭消费支出的变化情况，而是对应于每个收入水平的平均消费支出的变化情况，用数学术语来说，就是条件均值 $E(Y\mid X_i)$ 对于 X_i 的变化情况。

由表 3－2 可以看出，对于可支配收入的每一个固定水平，家庭消费支出并不都相同。在给定家庭可支配收入 X 的条件下，家庭消费支出 Y 有一个分布，这种分布称为在 X 取某一特定值时 Y 的条件分布。当 X 取一特定值时，Y 取各种值的概率，称为 Y 的条件概率。例如，X 取某一特定值 800 元时，有 5 个 Y 值，每个 Y 值出现的概率均为 1/5＝0.2，所以这时 Y 的条件均值为：$E(Y \mid X_i = 800) = 550 \times 0.2 + 600 \times 0.2 + 650 \times 0.2 + 700 \times 0.2 + 750 \times 0.2 = 650$（元），即收入水平为 800 元时的 5 个家庭的平均消费支出为 650 元。同样，可以计算出其他收入水平下各个家庭的平均消费支出。于是根据表 3－2 中的数据，可以求出各条件均值 $E(Y \mid X_i)$。为了直观显示消费支出 Y 的变化情况，根据表 3－2 的数据，在直角坐标系中可以做出散点图，如图 3－2 所示。

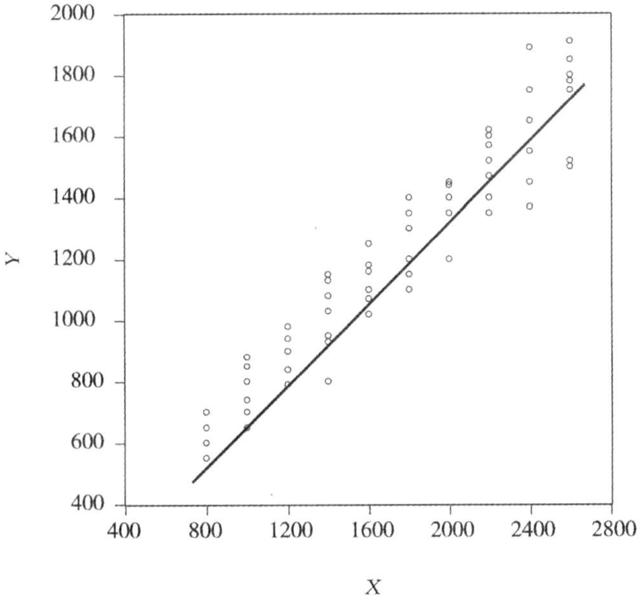

图 3－2

从散点图可以看出，对应于 X 的 Y 的散点分布在一条带状范围内。总的趋势为 Y 随 X 的增加而增加。但要研究的是家庭消费支出对家庭收入的依赖性，即对应于每月收入水平的平均消费支出的变化情况。根据表 3－2 中的数据，可以将条件均值 $E(Y \mid X_i)$ 绘制在散点图中，可以看出这些均值点（X，$E(Y \mid X_i)$）恰好都落在一条直线上，这条描述条件均值 $E(Y \mid X_i)$ 的变化的直线称为总体回归直线 PRL（Population Regression Line）。用函数形式表示为：$E(Y \mid X_i) = \beta_0 + \beta_1 X_i$，称之为状态回归直线。一般地，对应于每个解释变量 X，若都可以得到一个 Y 的条件均值 $E(Y \mid X_i)$，这说明 $E(Y \mid X_i)$ 是 X_i 的一个函数，用公式表达为：$E(Y \mid X_i) = f(X_i)$，称之为总体回归曲线 PRC（Population Regression Curve）。以上所陈述的函数形式统称为总体回归函数，记为 PRF（Population Regression Function），它描述了总体中 Y 的条件均值与 X 的依赖关系。至于总体回归函数具体取什么函数形式，需要根据实践经验和经济理论来确定。

若 PRF 是一个线性函数，$E(Y \mid X_i)=\beta_0+\beta_1 X_i$，称之为线性总体回归函数。其中 β_0 和 β_1 是未知参数，称之为回归参数或回归系数。更具体地，β_0 称为截距系数，β_1 称为斜率系数，是 Y 的均值对 X 的变化率，经济学中常称为边际值，即消费支出均值对于收入的边际变化率。若知道了参数 β_0，β_1 的值，则可以确定出总体回归函数，即确定了总体中家庭消费支出对家庭收入的平均依赖程度，进而可以根据这个总体回归函数，预测出对应于某一特定收入水平的平均消费支出。

在计量经济学中我们常常把总体回归函数设定为线性函数，这是因为线性函数是最简单的函数形式，其中参数的估计与检验相对容易，而多数非线性函数可转换为线性函数。

同时，还要特别注意，“线性”包含两个方面的含义：其一是指对模型中的参数而言，数学表达式为：$\frac{\partial Y}{\partial \beta_i}=C$，$\frac{\partial^2 Y}{\partial \beta_i^2}=0$（$C$ 为常数）；其二是指模型中的变量是否为“线性”，数学表达式为：$\frac{\partial Y}{\partial X_i}=C$，$\frac{\partial^2 Y}{\partial X_i^2}=0$。

（二）随机扰动项

总体回归函数 $E(Y \mid X_i)$ 只是反映了总体的平均变化规律，也就是说，回归直线只是在其他条件保持不变的情况下，代表平均消费水平和收入之间的精确关系——函数关系。但就个别家庭来说，其消费支出就不全在这条直线上，而是围绕着这条直线上下波动，个别家庭的消费支出 Y_i 与平均消费支出 $E(Y \mid X_i)$ 之间存在着一定的离差。为了更完善地描述个别家庭消费支出的变化情况，特引入一个变量 $\mu_i=Y_i-E(Y \mid X_i)$，此偏差是一个不可观测的、可正可负的随机变量，我们称之为随机扰动项或随机干扰项（stochastic disturbance）或随机误差项（stochastic error)，用它来代表所有影响 Y 的未包含在函数中的其他因素的影响。

（三）总体回归模型

引入随机干扰项之后，对应每一个可支配收入 X_i 值就有多个家庭的消费支出 Y_i 值，亦即 Y_i 的值有一个概率分布，而不是一个确定的单一值，所以，个别家庭的消费支出 Y_i 与收入 X_i 之间的关系就表示成以下形式：$Y_i=E(Y \mid X_i)+\mu_i$。

其线性表达式为：$Y_i=\beta_0+\beta_1 X_i+\mu_i$，称之为总体回归模型，记为 PRM（Population Regression Model）或总体线性回归模型（Population Linear Regression Model)。它反映了总体中每个家庭的可支配收入 X_i 与消费支出 Y_i 的关系，同时还表明，给定可支配收入水平 X_i，个别家庭的消费支出 Y_i 由两部分组成：一部分是 $E(Y \mid X_i)=\beta_0+\beta_1 X_i$，即由 X 的变化所引起的 Y 变化部分，也就是在某收入水平下总体回归直线上相对应的点；另一部分来自未包括在模型中的诸多随机性因素的综合影响部分。

在计量经济学中，可以这样来解释变量之间联系的真实关系，如果其他条件都保持不变，则 Y 的变化完全可以由 X 的变化来解释。因此，X 也就被称为自变量或解释变量，而 Y 被称为因变量或被解释变量。

在实际经济现象中，其他因素不能保持不变，因此在函数中引进随机干扰项，用来说明未明显包括在函数中的其他变量的变化。那么，随机扰动项究竟包括哪些因素呢？概括地说，主要有以下几个方面：

（1）人类行为的随机性。计量经济模型引入随机项，从根本上看，是由于经济活动是人类参与的活动，经济行为不像科学实验那样完全处在可控状态下，人的行为的随机性，社会环境与自然环境影响的随机性决定了经济问题的随机性。

（2）模型省略变量。研究某一经济现象时，影响某一经济变量的因素很多，在建立模型时，只能包括我们要研究的几个重要因素（解释变量），其他被省略的因素的影响都归于随机项之中。

（3）测量与归并误差。在收集、处理统计数据中，总要产生某些主观或客观上的测量误差、登记误差，致使有些变量的观测值并不精确等于实际值，尤其在综合资料过程中可能产生归并误差。在模型估计时，测量误差与归并误差都归入随机扰动项。

（4）模型数学形式的误差。经济现象是很复杂的，被解释变量与解释变量之间的真实关系可能是非线性的，我们或者对此认识不足，或者为了简单起见往往用线性形式来表示，因此而形成的误差也包括在随机扰动项中，或者略去模型中的某些方程，即由于方程个数不足，而不能真实反映经济现象而产生误差。

四、样本回归函数和样本回归模型

（一）样本回归函数

为了求出总体回归函数的未知参数，我们除了通过对 60 户家庭进行全面调查，得到总体消费与收入的全部数据外，还可以通过抽样调查的方式，获得总体的一个样本资料，透过对样本观察值的数据信息去估计总体回归函数的方法。

对于实际的社会经济问题的研究，通常总体包含的单位数量很多，而且，在许多情况下，总体所有单位的全部数据根本不可能甚至是没必要得知的，所以，采用抽样调查的方式更加合理和可行。

例　对于每一个 X_i，随机抽取一个样本值 Y_i，可得到 n 对样本值（X_i，Y_i）观察值（$i=1, 2, \cdots, n$），见表 3－3。

表 3－3

消费支出 Y/元	700	650	900	950	1100	1150	1200	1400	1550	1500
可支配收入 X/元	800	1000	1200	1400	1600	1800	2000	2200	2400	2600

将表 3－3 的样本数据绘制出散点图，见图 3－3。

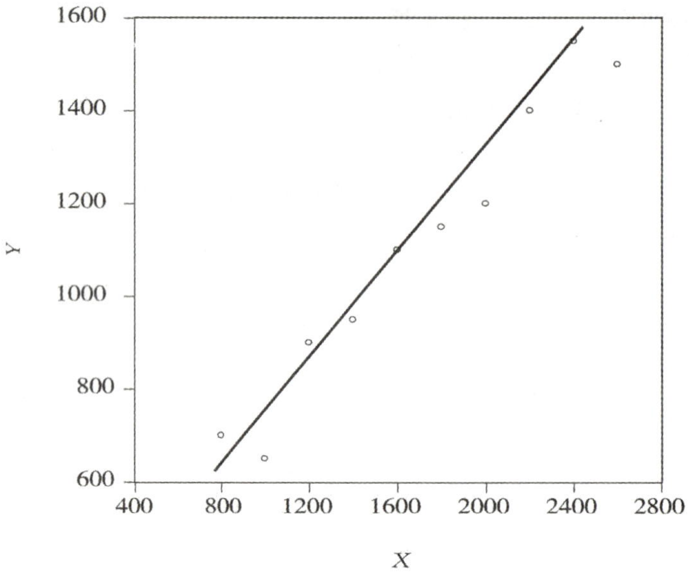

图 3—3

从散点图可以看出，虽然由 X 和 Y 组成的 10 对样本点并没有完全落在一条直线上，但样本是从总体中随机抽取的，必然包含总体的信息，散点分布仍然呈现出明显的线性趋势。现设法确定一条直线来较好地拟合这些样本观察值，称这条直线为样本回归直线 SRL（Sample Regression Line），其对应的函数形式为：$\hat{Y}_i=\hat{\beta}_0+\hat{\beta}_1X_i$ ，此函数称为样本回归函数，简记为 SRF（Sample Regression Function），也可称其为一元线性样本回归函数。上式中的 $\hat{\beta}_0$，$\hat{\beta}_1$ 为样本回归参数，分别是样本回归函数的截距系数和斜率系数，可作为总体参数 β_0，β_1 的估计，这样，$\hat{Y}_i$ 可看作是总体条件均值 $E(Y|X_i)$ 的估计值。

一般地，用以估计总体回归函数的函数，就称为样本回归函数，记为：$\hat{Y}=\hat{f}(X)$ ，因此，样本回归函数的函数形式应与设定的总体回归函数的函数形式一致，如果所拟合的是一条曲线，就称为样本回归曲线 SRC（Sample Regresssion Curve）。

（二）样本回归模型

由于随机性，对于确定的解释变量，由样本回归函数所得到的理论值与实际观察值之间的偏差，即散点图中样本点与其样本回归直线之间的距离，叫作样本残差项或剩余项（Residual），记为 $e_i(e_i=Y_i-\hat{Y}_i)$ 。

由此可得：$Y_i=\hat{Y}_i+e_i$ ，将一元线性样本回归函数 $Y_i=\hat{\beta}_0+\hat{\beta}_1X_i$ 代入，即 $Y_i=\hat{\beta}_0+\hat{\beta}_1X_i+e_i$ ，称之为一元线性样本回归模型，简记为 SRM（Sample Regression Model），它反映了样本中每个家庭的可支配收入 X_i 与消费支出 Y_i 的关系。

一般地，$Y_i=\hat{Y}_i+e_i=\hat{f}(X)+e_i$ 称为样本回归模型。

第二节 一元线性回归模型的参数估计

一元线性回归模型是最简单的计量经济学模型，在模型中只有一个解释变量，其一般形式是：$Y_i = \beta_0 + \beta_1 X_i + \mu_i \quad i = 1,2,\cdots,n$

其中，Y_i 为被解释变量，X_i 为解释变量，β_0 和 β_1 为待估参数，μ_i 为随机扰动项。

一、经典一元线性回归模型的假定条件

一般地，我们总是希望回归模型能够满足以下几个假定条件。

假定 1：解释变量 X_i 不是随机变量，且假定其取值已知，亦即 X_i 给定。

通常我们总是假定自变量的样本观测值是自回归模型以外的渠道获得的已知信息。

假定 2：解释变量 X_i 与随机扰动项 μ_i 之间不相关。亦即 $\mathrm{Cov}(X_i, \mu_i) = 0, i = 1, 2, \cdots, n$ 。

由于我们总是把自变量视为非随机变量，所以这一假定自然成立。

从另一个方面来看，设置此假定的目的就是要将随机扰动项与解释变量隔离开来，从而突出 X 对因变量 Y 的影响。其所强调的是，因变量的期望值与自变量之间应有如下形式的线性关系：$E(Y \mid X_i) = \beta_0 + \beta_1 X_i$ 。

然而，当自变量与随机误差项相关时，则不会满足上式的条件。

若自变量与随机扰动项之间正相关，此时，较大的自变量值将与较大的随机误差相对应，而较小的自变量值则与较小的随机误差相对应。由于随机误差的期望值等于零，所以较大的自变量值将伴随着正的随机误差，而较小的自变量值将伴随着负的随机误差。这样一来，与假定 2 获得满足的情景相比较，自变量与随机误差正相关的结果将会产生一个较大斜率的回归直线。

假定 3：随机扰动项 μ_i 的条件期望值为零。亦即 $E(\mu_i) = 0, i = 1, 2, \cdots, n$ 。

这一假定实质上就是要求随机误差项不能对因变量 Y 产生系统性的影响。这就意味着，所有能对因变量产生系统性影响的因素都已经被筛选出来了，且都被设定为自变量。于是剩下的因素仅能对因变量产生临时性的、偶然性的、随机性的、非系统性的影响，从而长期来看，剩下的这些因素对因变量的影响可以互相抵消。

不过，若那些能对因变量产生系统性影响的因素并未全部筛选出来，或者其中的一些因素最终并未被设定为自变量，这一假定也能强制成立。只是这时，参数 β_0 的估计值 $\hat{\beta}_0$ 不再具有本来的经济含义。

例如，假设回归模型 $Y_i = \beta_0 + \beta_1 X_i + \mu_i$ 中的 μ_i 实际上并不满足假定 3：$E(\mu_i) = 0$，而是满足 $E(\mu_i) = C$ ，其中 C 是一个非零常数。这时，我们可强制性地假定随机误差项的期望值等于零。这相当于将随机误差项的取值扣减 C 数量，并将 C 转而归并到常数项 β_0 中去。于是，我们所设置的回归模型实际上是：$Y_i = \beta_0^* + \beta_1 X_i + \mu_i^*$ ，其中：$\beta_0^* = \beta_0 + C$ ，$\mu_i^* = \mu_i - C$ 。

这样一来，我们估计出来的常数项实际上是 β_0^* 的估计值，而不是 β_0 的估计值。

假定 4：任意两个样本点的随机扰动项不相关，亦即 $Cov(\mu_i, \mu_j)=0, i \neq j=1, 2, \cdots, n$。

该假定实际意味着只有当期的自变量才能对因变量产生系统性的影响。

若任意两个样本点使得随机扰动项相关，则特定样本点上因变量 Y 的取值不仅受到相应自变量 X 的系统性影响，而且还受到经由相应随机误差项造成的其他样本点上的因变量的系统性影响。

例如，假定 μ_i 和 μ_{i-1} 相关，则此时 Y_i 不仅与 X_i 有关，而且还与 μ_{i-1} 有关，而 μ_{i-1} 又经由 $Y_{i-1}=\beta_0+\beta_1 X_{i-1}+\mu_{i-1}$ 与 Y_{i-1} 相关，所以实际上，Y_i 不仅承受着 X_i 的系统性影响，而且还承受着 Y_{i-1} 的系统性影响。

假定 5：随机扰动项 μ_i 的方差是一个常数。称为随机误差项的同方差。亦即 $Var(\mu_i | X_i)=\sigma^2, i=1, 2, \cdots, n$。

这个假定要求，回归模型当中的随机扰动项对因变量的扰动应当均匀、随机，力度应大致相当。既不存在突发的、一次性的强力扰动，也不存在扰动的突发性收缩或虚弱。

假定 6：随机扰动项服从期望值为零、方差为 σ^2 的正态分布。亦即 $\mu_i \sim N(0, \sigma^2), i=1, 2, \cdots, n$。

这一假定意味着，随机扰动项中所包含的扰动因素数目很多，且每一个扰动因素对因变量的影响都很微弱，不存在能对因变量产生系统性、持续性影响的扰动因素。

本假定也表明被解释变量 Y_i 服从均值为 $\beta_0+\beta_1 X_i$，方差为 σ^2 的正态分布，即 $Y_i \sim N(\beta_0+\beta_1 X_i, \sigma^2)$。

如果只利用最小二乘法进行参数估计，不需要假定 6 这一条件，如果对于回归参数置信区间的估计以及对这些参数的假设检验来说，假定 6 是必需的。不过，若要使用极大似然估计法来求得参数的点估计，假定 6 仍然是必需的。

以上这些基本假定是德国数学家高斯在 1921 年首次提出的，也称为高斯假定或经典假定。而满足这些假定的线性回归模型称为经典线性回归模型，记为 CLRM (Classic Linear Regression Model)。

这些假定的作用是便于分离回归模型中每个因素的单独影响，在回归分析的参数估计和假设检验理论中，许多结论都以这些经典假定为基础，换句话说，这些假定的成立与否将直接影响回归分析中统计推断的结论。

二、普通最小二乘法 (Ordinary Least Squares, OLS)

(一) 普通最小二乘估计的基本思想

对线性回归模型的参数估计方法有许多种，比较常用的有最小二乘法和极大似然估计法，而最简单且最有效的莫过于高斯提出的普通最小二乘法了。其基本思想就是让估计值尽可能地接近真实值，这样一来就是以样本残差项（或样本剩余项）的平方和为最小，以此为准则来确定模型参数，建立样本回归函数。

（二）普通最小二乘估计

如图 3—4 所示，假定我们获得了变量 X 和 Y 的一个容量为 n 的样本（X_i，Y_i），$i=1$，2，…，n，并且估计出了参数 β_0，β_1，则可在直角坐标系中画出样本回归直线 SRF。为了使得 SRF 尽可能地接近 PRF，一个很自然的想法就是使每一个 Y 的估计值 $\hat{Y}_i$ 都接近真实值 Y_i。因为样本残差项（或样本剩余项）$e_i=Y_i-\hat{Y}_i$，所以使每一个 Y 的估计值都接近真实值就是使所有的 e_i 越小越好。考虑到 n 个点的拟合误差有正有负，因此，为保证所有的 e_i 都尽可能小，一个自然的想法就是使 $\sum_{i=1}^{n}e_i^2$ 最小。

从几何学上理解最小二乘法的基本思想就是，在来自总体的 n 个观测点中，找到一条直线，使得这些点到这条直线的垂直距离的平方和最小。

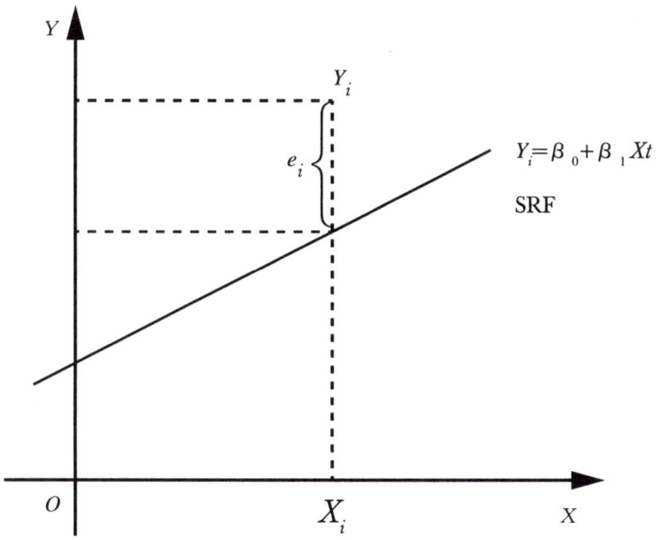

图 3—4

由样本残差 $e_i=Y_i-\hat{Y}_i=Y_i-\hat{\beta}_0-\hat{\beta}_1X_i$，得到样本残差平方和

$$\sum e_i^2=\sum(Y_i-\hat{\beta}_0-\hat{\beta}_1X_i)^2$$

使得

$$\min\sum e_i^2=\min\sum(Y_i-\hat{\beta}_0-\hat{\beta}_1X_i)^2$$

再由极值的必要条件可得：

$$\begin{cases}\dfrac{\partial \sum e_i^2}{\partial \hat{\beta}_0} = -2\sum(Y_i - \hat{\beta}_0 - \hat{\beta}_1 X_i) = 0 \\ \dfrac{\partial \sum e_i^2}{\partial \hat{\beta}_1} = -2\sum(Y_i - \hat{\beta}_0 - \hat{\beta}_1 X_i)X_i = 0\end{cases} \quad 或 \begin{cases}\sum e_i = 0 \\ \sum e_i X_i = 0\end{cases}$$

整理得到正规方程组（normal equations）

$$\begin{cases}\sum Y_i = n\hat{\beta}_0 + \hat{\beta}_1 \sum X_i \\ \sum X_i Y_i = \hat{\beta}_0 \sum X_i + \hat{\beta}_1 \sum X_i^2\end{cases} \quad 或 \begin{cases}\sum e_i = 0 \\ \sum e_i X_i = 0\end{cases}$$

解正规方程组，得到：

$$\hat{\beta}_1 = \frac{\sum(X_i - \bar{X})(Y_i - \bar{Y})}{\sum(X_i - \bar{X})^2} = \frac{n\sum X_i Y_i - \sum X_i \sum Y_i}{n\sum X_i^2 - (\sum X_i)^2}$$

$$\hat{\beta}_0 = \bar{Y} - \hat{\beta}_1 \bar{X}$$

令 $x_i = X_i - \bar{X}$，$y_i = Y_i - \bar{Y}$，$\hat{y}_i = \hat{Y}_i - \bar{Y}$，则 x_i，y_i 和 $\hat{y}_i$ 分别称为对应的样本与其平均值的离差（deviation）。

再令 $k_i = \dfrac{x_i}{\sum x_i^2}$，那么，$k_i$ 具有如下性质：

（1）k_i 是确定性的，是非随机的。

（2）$\sum x_i = 0$，$\sum k_i = 0$

（3）$\sum k_i^2 = \dfrac{1}{\sum x_i^2}$

（4）$\sum k_i x_i = 1$

由此，可以得到 $\hat{\beta}_0$，$\hat{\beta}_1$ 的其他表达式：

$$\hat{\beta}_i = \frac{\sum x_i y_i}{\sum x_i^2} = \sum k_i y_i = \sum k_i Y_i$$

$$\hat{\beta}_0 = \sum\left(\frac{1}{n} - k_i \bar{X}\right)Y_i$$

（三）样本回归模型的性质

普通最小二乘法（OLS）拟合的样本回归直线具有以下性质：

1. 样本回归直线经过样本均值点（$\bar{X}$，$\bar{Y}$）。即 $\bar{Y} = \hat{\beta}_0 + \hat{\beta}_1 \bar{X}$

由 $\hat{\beta}_0 = \bar{Y} - \hat{\beta}_1 \bar{X}$ 可得：

$$\bar{Y} = \hat{\beta}_0 + \hat{\beta}_1 \bar{X}$$

故样本均值 $\bar{X}$，$\bar{Y}$ 满足样本回归函数，因而样本回归直线经过样本均值点（$\bar{X}$，$\bar{Y}$）。

2. 样本残差项的均值为 0，即 $\bar{e}=0$ 或 $\sum e_i=0$

由最小二乘法得到的正规方程组即可得此结果。

3. 估计量的平均值等于样本平均值，即 $\bar{\hat{Y}}=\bar{Y}$

由 $\hat{Y}_i=\hat{\beta}_0+\hat{\beta}_1X_i=\bar{Y}-\hat{\beta}_1\bar{X}+\hat{\beta}_1X_i=\bar{Y}+\hat{\beta}_1(X_i-\bar{X})$

上式两边加总，再除以样本容量 n，得到：

$$\frac{\sum\hat{Y}_i}{n}=\bar{\hat{Y}}=\frac{\sum[\bar{Y}-\hat{\beta}_1(X_i-\bar{X})]}{n}=\bar{Y}+\hat{\beta}_1\frac{\sum(X_i-\bar{X})}{n}=\bar{Y}+\hat{\beta}_1\frac{\sum x_i}{n}=\bar{Y}$$

这说明，对解释变量的每一个预测值都可估计出 $\hat{Y}_i$，由各个样本观测值所估计的 $\hat{Y}_i$ 的均值与实际样本观测值 Y_i 的均值 $\bar{Y}$ 相等。

4. 解释变量与样本剩余项不相关。即 $\mathrm{Cov}(X_i,e_i)=0$

$$\mathrm{Cov}(X_i,e_i)=\frac{\sum(X_i-\bar{X})(e_i-\bar{e})}{n}=\frac{\sum(X_i-\bar{X})e_i}{n}=\frac{\sum X_ie_i-\bar{X}\sum e_i}{n}=\frac{\sum X_ie_i}{n}$$

由最小二乘法得到的正规方程组即可得 $\mathrm{Cov}(X_i,e_i)=\frac{\sum X_ie_i}{n}=0$。

5. 估计量与样本残差项不相关。即 $\mathrm{Cov}(\hat{Y}_i,e_i)=0$

$$\mathrm{Cov}(\hat{Y}_i,e_i)=\frac{\sum(\hat{Y}_i-\bar{\hat{Y}})(e_i-\bar{e})}{n}=\frac{\sum(\hat{Y}_i-\bar{Y})e_i}{n}=\frac{1}{n}\sum[\hat{\beta}_1(X_i-\bar{X})]e_i$$

$$=\hat{\beta}_1\frac{\sum X_ie_i-\bar{X}\sum e_i}{n}=\hat{\beta}_1\frac{\sum X_ie_i}{n}=0$$

三、极大似然估计法（Maximum Likelihood，ML）

（一）极大似然估计的基本思想

极大似然估计法，又称最大似然估计，是从模型随机扰动项的概率分布来估计参数的一种方法。其基本思想是从模型总体随机抽取 n 组样本观测值，使得从总体中抽取的该 n 组样本观测值的概率最大。

（二）极大似然估计

极大似然估计的基本做法是：一个总体中如有 N 个可能的个体，若在一次抽样中抽中了由 n 个个体组成的样本，则一般认为这个样本出现的概率最大，也就是说，既然所抽取的样本是在一次观测中得到的，表明该样本在总体中是一个比较容易发生的大概率事件，因此，所选择的参数估计值应该使这一事件的概率达到最大，这就涉及总体的概率分布。

对于一元线性总体回归模型：$Y_i=\beta_0+\beta_1X_i+\mu_i$，由经典线性回归模型的假定可知：$Y_i \sim N(\beta_0+\beta_1 X_i, \sigma^2)$，设随机抽取 n 组观测数据（X_i，Y_i），则（Y_1，Y_2，…，Y_n）的联合密度函数为：

$$L=f(Y_1, Y_2, \cdots, Y_n)=f(Y_1)f(Y_2)\cdots f(Y_n)$$

$$=\prod_{i=1}^{n}\frac{1}{\sqrt{2\pi}\sigma}\exp[-\frac{1}{2\sigma^2}(Y_i-\beta_0-\beta_1 X)^2]$$

$$=\frac{1}{(\sqrt{2\pi}\sigma)^n}\exp[-\frac{1}{2\sigma^2}\sum(Y_i-\beta_0-\beta_1 X)^2] \qquad (Y_i \text{ 相互独立})$$

这是关于参数 β_0，β_1，σ^2 的函数，称之为参数的似然函数。

由于连续随机变量在某一点周围取值的概率主要由联合密度函数决定，而联合密度函数中的样本数据（X_i，Y_i）已经是观测到的已知值，所以一元回归模型的极大似然估计就是选择参数 $\hat{\beta}_0$，$\hat{\beta}_1$，$\hat{\sigma}^2$，使似然函数 $L(\hat{\beta}_0, \hat{\beta}_1, \hat{\sigma}^2)$ 取得最大值，即 $\max L(\hat{\beta}_0, \hat{\beta}_1, \hat{\sigma}^2)$。

另外，对数函数是单调增函数，因此，似然函数的极大化与似然函数的对数的极大化是等价的，为便于求解极值，对似然函数取对数得：

$$\ln L(\hat{\beta}_0, \hat{\beta}_1, \hat{\sigma}_i^2)=-n\ln\sqrt{2\pi\hat{\sigma}^2}-\frac{1}{2\hat{\sigma}^2}\sum(Y_i-\hat{\beta}_0-\hat{\beta}_1 X_i)^2$$

由于（X_i，Y_i）（$i=1, 2, \cdots, n$）为已知样本观测值，要使似然函数为最大，根据极值原理，把待估参数 β_0，β_1，σ^2 看成似然函数的未知数，然后分别对其求偏导数，并使偏导数等于零。即可得到：

$$\begin{cases}\dfrac{\partial \ln L}{\partial \hat{\beta}_0}=\dfrac{1}{\hat{\sigma}^2}\sum(Y_i-\hat{\beta}_0-\hat{\beta}_1 X_i)=0\\ \dfrac{\partial \ln L}{\partial \hat{\beta}_1}=\dfrac{1}{\hat{\sigma}^2}\sum(Y_i-\hat{\beta}_0-\hat{\beta}_1 X_i)X_i=0\\ \dfrac{\partial \ln L}{\partial \hat{\sigma}^2}=\dfrac{1}{n}\sum(Y_i-\hat{\beta}_0-\hat{\beta}_1 X_i)^2=0\end{cases}$$

整理后得到：$\begin{cases}\sum Y_i=n\hat{\beta}_0+\hat{\beta}_1\sum X_i\\ \sum X_i Y_i=\hat{\beta}_0\sum X_i+\hat{\beta}_1\sum X_i^2\end{cases}$ 和 $\hat{\sigma}^2=\dfrac{1}{n}\sum(Y_i-\beta_0+\beta_1 X_i)^2=\dfrac{\sum e_i^2}{n}$

由此可见，在正态分布假定条件下，一元线性回归模型的回归系数 β_0，β_1 的极大似然估计与最小二乘估计的估计量完全相同。在小样本中的 $\hat{\sigma}^2=\dfrac{\sum e_i^2}{n}$ 极大似然估计量是一个有偏而一致的估计量，$\hat{\sigma}^2=\dfrac{\sum e_i^2}{n-2}$ 则是无偏且一致的估计量。但在大样本条件下，当样本容量无限增大时，$\hat{\sigma}^2=\dfrac{\sum e_i^2}{n}$ 是无偏的。也就是说 $\hat{\sigma}^2=\dfrac{\sum e_i^2}{n}$ 具有渐近无偏性。

四、最小二乘估计量的统计性质

（一）估计量的评选标准

对于同一个未知参数，不同的点估计得出来的估计值常常会是不同的。在众多的估计中，我们自然希望挑出最“优”的估计，因此，我们在此首先复习数理统计中有关估计量的评选标准问题。

如果我们用 $\hat{\theta}$ 来估计未知参数 θ，那么，$\hat{\theta}-\theta$ 便反映了估计的误差，由于 $\hat{\theta}=\hat{\theta}(X_1, X_2, \cdots, X_n)$ 是一个随机变量，它随着样本观测值的不同而可能取不同的值，因此，要求 $\hat{\theta}-\theta=0$ 是没有意义的，如果我们要求 $E(\hat{\theta}-\theta)=0$，效果才是比较好的，由此便引入了无偏性的概念。

1. 无偏性和渐近无偏性

（1）无偏性。

定义：设 $X_1, X_2, \cdots, X_n$ 是总体 X 的一个样本，$\theta\in\Theta$ 是包含在总体的分布中的待估参数，这里 Θ 是 θ 的范围。若估计量 $\hat{\theta}=\hat{\theta}(X_1, X_2, \cdots, X_n)$ 的数学期望 $E(\hat{\theta})$ 存在，并且对于任意的 $\theta\in\Theta$ 都有 $E(\hat{\theta})=\theta$，则称 $\hat{\theta}$ 是 θ 的无偏估计量。

（2）渐近无偏性。

定义：设 $X_1, X_2, \cdots, X_n$ 是总体 X 的一个样本，$\theta\in\Theta$ 是包含在总体的分布中的待估参数，这里 Θ 是 θ 的范围。若估计量 $\hat{\theta}=\hat{\theta}(X_1, X_2, \cdots, X_n)$ 的数学期望 $E(\hat{\theta})$ 存在，如果满足 $\lim\limits_{n\to\infty}E(\hat{\theta})=\theta$，则称 $\hat{\theta}$ 是 θ 的渐近无偏估计量。

由数理统计中所学过的知识可知：样本均值 $\bar{X}$ 是总体 X 均值的无偏估计量，而样本修正方差 $S^{*2}=\dfrac{1}{n-1}\sum(X_i-\bar{X})^2$ 是总体 X 的方差的无偏估计量，但样本方差 $S^2=\dfrac{1}{n}\sum(X_i-\bar{X})^2$ 却不是总体 X 的方差的无偏估计量，而是一个渐近无偏估计量。

估计量的无偏性是说对于某些样本值，由这一估计量得到的估计值相对于真值来说有些偏大，有些偏小，反复将这一估计量使用多次，就“平均”来说其偏差为零。这虽是无偏估计的一个特点，但不很合理，因为总误差应该累积计算，而不能互相抵消来度量，这就是说，较合理的估计量评选标准应该是“$E(\hat{\theta}-\theta)^2$ 越小越优”，当 $\hat{\theta}$ 是 θ 的无偏估计时，$E(\hat{\theta}-\theta)^2=\mathrm{Var}(\hat{\theta})$ 越小越优。说白了就是无偏估计量只说明估计量的取值在真值周围摆动，但这个“周围”究竟有多大？我们自然希望摆动范围越小越好，即估计量的取值的集中程度要尽可能地高，这就引出有效性的概念。

2. 有效性和渐近有效性

（1）定义：设 $\hat{\theta}_1$，$\hat{\theta}_2$ 都是 θ 的无偏估计。如果 $\mathrm{Var}(\hat{\theta}_1)<\mathrm{Var}(\hat{\theta}_2)$，则称 $\hat{\theta}_1$ 较 $\hat{\theta}_2$ 有效。

（2）定义：设 $\hat{\theta}_1$，$\hat{\theta}_2$ 都是 θ 的无偏估计。如果 $\lim\limits_{n\to\infty}\mathrm{Var}(\hat{\theta}_1)<\lim\limits_{n\to\infty}\mathrm{Var}(\hat{\theta}_2)$，则称 $\hat{\theta}_1$

较 $\hat{\theta}_2$ 渐近有效。

3. 相合性（一致性）

无偏性和有效性都是在样本容量固定的前提下提出的，随着样本容量的增大，一个估计量的值是否稳定于待估参数的真值呢？这就需要对估计量提出相合性（一致性）的要求。

定义：设 $\hat{\theta}=\hat{\theta}(X_1, X_2, \cdots, X_n)$ 为参数 θ 的估计量，若对于任意的 $\theta \in \Theta$，当 $n \to \infty$ 时，$\hat{\theta}$ 依概率收敛于 θ，则称 $\hat{\theta}$ 是 θ 的相合估计量，也称 $\hat{\theta}$ 是 θ 的一致性估计量。

下面给出了判断一个无偏估计具有相合性的充分条件。

定理：设 $\hat{\theta}=\hat{\theta}(X_1, X_2, \cdots, X_n)$ 为参数 θ 的一个无偏估计量，如果 $\lim\limits_{n\to\infty}\mathrm{Var}[\hat{\theta}(X_1, X_2, \cdots, X_n)]=0$，那么，$\hat{\theta}$ 是 θ 的相合估计量。

证明：由于 $E(\hat{\theta})=\theta$，故由切比雪夫不等式可得，对于任意一个 $\varepsilon>0$，有

$$P(|\hat{\theta}-\theta|>\varepsilon) \leqslant \frac{\mathrm{Var}(\hat{\theta})}{\varepsilon^2}$$

因为 $\mathrm{Var}(\hat{\theta}) \to 0$ 得到 $\hat{\theta} \xrightarrow{P} \theta$。

（二）最小二乘估计量的统计性质

现在已经估计出了模型参数，那么也就要研究参数估计值的精确度了，即参数的估计值是否能代表总体参数的真值。

经典的线性回归模型给出了一系列的假定，满足了这些假定，用最小二乘法 OLS 估计具有哪些良好的性质呢？著名的高斯—马尔科夫定理给出了答案：

在经典假定成立的情况下，最小二乘法估计量是最佳线性无偏估计量（Best Linear Unbiased Estimator，BLUE）。下面就一元线性回归模型给出高斯—马尔科夫定理的证明。

1. 线性性

线性性是指参数估计值均是被解释变量的线性函数，即 $\hat{\beta}_0$，$\hat{\beta}_1$ 可以表示为 Y_i 的线性组合。亦即存在着不全为零的 C_i，使得 $\hat{\beta}_j=\sum C_i Y_i$，$j=0, 1$。

证明：由前述知 $\hat{\beta}_1=\dfrac{\sum x_i y_i}{\sum x_i^2}=\sum k_i y_i=\sum k_i Y_i$ $\quad \hat{\beta}_0=\sum\left(\dfrac{1}{n}-k_i\bar{X}\right)Y_i$

分别令 $C_i=k_i$ 或 $C_i=\dfrac{1}{n}-k_i\bar{X}$

显然，$\hat{\beta}_j=\sum C_i Y_i$，故线性性得证。

2. 无偏性

无偏性实际就是指参数估计量使得数学期望值分别等于总体回归系数的值。即 $E(\hat{\beta}_j)=\beta_j$，$j=0, 1$。

证明：$\hat{\beta}_1=\dfrac{\sum x_i y_i}{\sum x_i^2}=\sum k_i y_i=\sum k_i Y_i$

$$E(\hat{\beta}_1)=E(\sum k_iY_i)=E[\sum k_i(\beta_0+\beta_1X_i+\mu_i)]=\beta_0\sum k_i+\beta_1\sum k_iX_i+E(\sum k_i\mu_i)$$

$$=\beta_1$$

$$\hat{\beta}_0=\sum(\frac{1}{n}-k_i\bar{X})Y_i$$

$$E(\hat{\beta}_0)=E[\sum(\frac{1}{n}-k_i\bar{X})Y_i]=E[\sum(\frac{1}{n}-k_i\bar{X})(\beta_0+\beta_1X_i+\mu_i)]$$

$$=n\frac{1}{n}\beta_0-\beta_0\bar{X}\sum k_i+\beta_1\frac{1}{n}\sum X_i-\beta_1\bar{X}\sum k_iX_i+E[\sum(\frac{1}{n}-k_i\bar{X})\mu_i]$$

$$=\beta_0$$

故无偏性得证。

3. 最小方差性

最小方差性是指参数估计量具有最小方差的性质，即在所有用计量经济学方法得到的线性无偏估计量中，最小二乘法估计量的方差最小。

证明：我们可以分两步走，即先求出未知参数的方差，然后，再证明用 OLS 得到的估计量的方差是最小的。

(1) $\mathrm{Var}(\hat{\beta}_1)=\mathrm{Var}(\sum k_iY_i)=\sum k_i^2\mathrm{Var}(Y_i)=\sum k_i^2\sigma^2=\frac{1}{\sum x_i^2}\sigma^2$。

$$\mathrm{Var}(\hat{\beta}_0)=\mathrm{Var}[\sum(\frac{1}{n}-k_i\bar{X})Y_i]=\sum(\frac{1}{n}-k_i\bar{X})^2\mathrm{Var}(Y_i)$$

$$=\sum(\frac{1}{n^2}-2\frac{1}{n}k_i\bar{X}+k_i^2\bar{X}^2)\sigma^2=\sigma^2(\frac{1}{n}+\frac{\bar{X}^2}{\sum x_i^2})=\sigma^2(\frac{\sum x_i^2+n\bar{X}^2}{n\sum x_i^2})$$

$$=\sigma^2\frac{\sum(X_i-\bar{X})^2+n\bar{X}^2}{n\sum x_i^2}=\sigma^2\frac{\sum X_i^2-2\bar{X}\sum X_i+2n\bar{X}^2}{n\sum x_i^2}$$

$$=\sigma^2\frac{\sum X_i^2-2n\bar{X}^2+2n\bar{X}^2}{n\sum x_i^2}=\frac{\sum X_i^2}{n\sum x_i^2}\sigma^2$$

(2) 最小二乘估计量 $\hat{\beta}_1$，$\hat{\beta}_0$ 具有最小方差。

假定 $\tilde{\beta}_1$ 为上面所述一元线性回归模型 $Y_i=\beta_0+\beta_1X_i+\mu_i$ 中解释变量 X_i 的任意线性无偏估计量。

令 $\tilde{\beta}_1=\sum\alpha_iY_i$

不失一般性，令 $\alpha_i=k_i+d_i$，其中 $k_i=\frac{x_i}{\sum x_i^2}$（如前所述）

由于 $\tilde{\beta}_1$ 是一元线性回归模型的线性无偏估计量，故：$E(\tilde{\beta}_1)=\beta_1$。

$$E(\tilde{\beta}_1)=E(\sum \alpha_i Y_i)=E[\sum \alpha_i(\beta_0+\beta_1 X_i+\mu_i)]$$
$$=E(\beta_0\sum \alpha_i+\beta_1\sum \alpha_i X_i+\sum \alpha_i\mu_i)$$
$$=\beta_0\sum \alpha_i+\beta_1\sum \alpha_i X_i$$
$$=\beta_1$$

由此可以得到：

$$\sum \alpha_i=0,\ \sum \alpha_i X_i=1$$
$$\sum \alpha_i=\sum (k_i+d_i)=\sum k_i+\sum d_i=\sum d_i=0$$
$$\sum \alpha_i X_i=\sum k_i X_i+\sum d_i X_i=1+\sum d_i X_i=1,\ \sum d_i X_i=0$$

因为：$\tilde{\beta}_1=\sum \alpha_i Y_i=\beta_0\sum \alpha_i+\beta_1\sum \alpha_i X_i+\sum \alpha_i\mu_i=\beta_1+\sum \alpha_i\mu_i$

故：$\mathrm{Var}(\tilde{\beta}_1)=\mathrm{Var}(\beta_1+\sum \alpha_i\mu_i)=\sigma^2\sum \alpha_i^2$

$$\sum \alpha_i^2=\sum (k_i+d_i)^2=\sum k_i^2+\sum d_i^2+2\sum k_i d_i$$
$$=\sum k_i^2+\sum d_i^2+2\sum \frac{x_i}{\sum x_i^2}d_i=\sum k_i^2+\sum d_i^2+2\sum \frac{(X_i-\bar{X})}{\sum x_i^2}d_i$$
$$=\sum k_i^2+\sum d_i^2+2\frac{\sum d_i X_i-\bar{X}\sum d_i}{\sum x_i^2}=\sum k_i^2+\sum d_i^2$$

所以：$\mathrm{Var}(\tilde{\beta}_1)=\sigma^2\sum \alpha_i^2=\sigma^2(\sum k_i^2+\sum d_i^2)=\mathrm{Var}(\hat{\beta}_1)+\sigma^2\sum d_i^2>\mathrm{Var}(\hat{\beta}_1)$

同样地，也可以证明 $\mathrm{Var}(\tilde{\beta}_0)>\mathrm{Var}(\hat{\beta}_0)$ 。

即在一元线性回归模型的各种线性无偏估计量中，最小二乘估计是最好的。正是因为最小二乘法具有如此优良的性质，所以它被广泛应用于计量经济模型的估计中。

由以上证明得到最小二乘估计量 $\hat{\beta}_0$，$\hat{\beta}_1$ 具有线性性、无偏性和最小方差性。我们称之为最佳线性无偏估计量（the best linear unbiased estimator），简称为 BLUE。

第三节　一元线性回归模型的统计检验和区间估计

回归模型的参数估计出来以后，并不能将所得到的回归模型直接应用，还必须了解所得的回归模型是否足够正确。换句话说，就是所估计的参数是否可以比较好地代替总体的真实参数。因此必须对所得到的参数估计值进行检验，了解它与总体真值的差异到底有多大，是否显著。

一、对模型的经济意义检验

对模型的经济意义检验，主要检验模型参数估计量在经济意义上的合理性。主要方法是将模型参数的估计量与预先拟定的理论期望值进行比较，包括参数估计量的符号、大小、相互关系等以判断其合理性。如果估计值的这两个方面明显与常识检验或经济学理论等相背离，就说明它不能很好地解释客观事实。对模型参数估计量的经济意义检验是回归检验的第一步，也是非常重要的一步。如果估计值出现不合理的情况，可能是样本容量过小，没有足够的代表性，也可能是模型的设定出现了错误等。

二、拟合优度检验

我们已经知道，样本回归线是对样本数据的一种拟合。对于同一组样本数据，不同的方法可得出不同的参数估计值，继而得出不同的样本回归线。为了分析所得出的样本回归线是否很好地拟合了样本数据，可以考察回归线的拟合优度（goodness of fit）。判断样本回归模型拟合程度优劣常用的指标是可决系数（coefficient of determination），用 R^2 表示。

为什么我们使用了最小二乘法估计后还需要考察回归线的拟合优度呢？实际上，对拟合优度的检验是为了了解解释变量 X_i 对被解释变量 Y_i 的解释程度的，解释变量 X_i 对被解释变量 Y_i 的解释程度越好，则回归线对数据点的拟合就越好，残差 e_i 就越小。但是是否残差平方和最小时，拟合程度一定好呢？如图 3－5 所示，两条样本回归线都是通过两个样本进行 OLS 估计的结果，所以都具有残差平方和最小的性质。但是仅通过图 3－5 即可知，图 3－5（1）所代表的样本回归线对观测值的拟合是好于图 3－5（2）的，所以我们说图 3－5（1）的拟合程度更好。

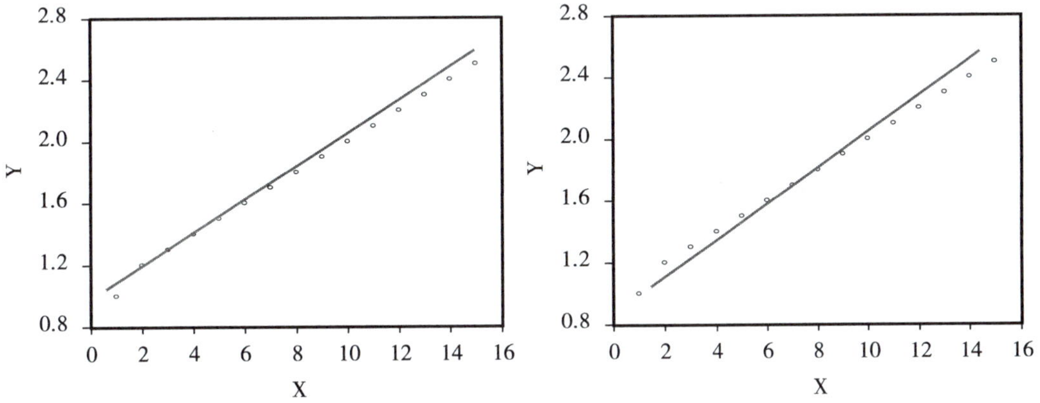

（1）　　　　（2）

图 3－5

由样本回归函数和样本回归模型的离差形式

$\hat{y}_i = \hat{\beta}_1 x_i$

$y_i = \hat{\beta}_1 x_i + e_i$

得：$y_i = \hat{y}_i + e_i$

两边平方并求和，得：$\sum y_i^2=\sum \hat{y}_i^2+\sum e_i^2+2\sum \hat{y}_i e_i$

$\because \sum \hat{y}_i e_i=\sum \hat{\beta}_1 x_i e_i=\hat{\beta}_1 \sum x_i e_i=0$

$\therefore \sum y_i^2=\sum \hat{y}_i^2+\sum e_i^2$

下面将各项平方和定义如下：

$\sum y_i^2=\sum (Y_i-\bar{Y})^2=TSS$，即实际观测值 Y_i 围绕其均值 $\bar{Y}$ 的总体离差平方和，称为总离差平方和（Total Sum of Squares），简记为 TSS。

$\sum \hat{y}_i^2=\sum (\hat{Y}_i-\bar{Y})^2=ESS$ 即被解释变量的估计值 $\hat{Y}_i$ 围绕其均值 $\bar{\hat{Y}}=\bar{Y}$ 的离差平方和，称为回归平方和（Explained Sum of Squares），简记为 ESS。

$\sum e_i^2=\sum (Y_i-\hat{Y}_i)^2=RSS$，即未被解释的因素导致回归线的变异，称为残差平方和（Residual Sum of Squares），简记为 RSS。

这样我们可以得到：$TSS=ESS+RSS$

也就是：总体离差平方和可以分解为两部分：一部分来自回归线，另一部分来自残差所代表的随机因素。可以用来自回归线的回归平方和与总离差平方和的比例来判断观测点是否都很好地被样本回归线拟合。

由此，我们可以定义判断样本回归模型拟合程度优劣的可决系数 R^2 为：

$$R^2=\frac{ESS}{TSS}=1-\frac{RSS}{TSS}$$

可决系数也称为决定系数或判定系数。它测度了总体离差中由回归模型解释那部分所占的比例。这部分比例越大，来自残差那部分占总体离差的比例就越小，那么样本点就越靠近回归线，回归线对样本点就拟合得越好。所以 R^2 越大，模型的拟合优度就越高。

注意：(1) 可决系数 R^2 是一个非负的系数，它是一个大于等于 0、小于等于 1 的系数，即 $0\leqslant R^2\leqslant 1$，它是样本函数，也是一个统计量。

另外，请记住可决系数 R^2 的一些变形形式：

$$R^2=\frac{ESS}{TSS}=1-\frac{RSS}{TSS}=\frac{\sum \hat{y}_i^2}{\sum y_i^2}=\frac{\hat{\beta}_1^2\sum x_i^2}{\sum y_i^2}$$

(2) 样本相关系数与可决系数的区别。

样本相关系数是变量 X 与 Y 之间线性相关程度的度量指标。定义为：

$$r=\frac{\sum x_i y_i}{\sqrt{\sum x_i^2}\sqrt{\sum y_i^2}}$$

$$-1\leqslant r\leqslant 1$$

当 $r=-1$ 时，X 与 Y 完全负线性相关；当 $r=1$ 时，X 与 Y 完全正线性相关；当 $r=0$ 时，X 与 Y 无线性相关关系。一般地，$-1<r<1$，$|r|$ 越接近 1，说明 X 与 Y 有越强

的线性相关关系。

$$\hat{\beta}_1=\frac{\sum x_i y_i}{\sum x_i^2}=\frac{\sum x_i y_i\sqrt{\sum y_i^2}}{\sqrt{\sum x_i^2}\sqrt{\sum x_i^2}\sqrt{\sum y_i^2}}=r\frac{\sqrt{\sum y_i^2}}{\sqrt{\sum x_i^2}}$$

可知，r 的符号与 $\hat{\beta}_1$ 的符号相同。

样本相关系数与样本可决系数在概念上有明显的区别。样本相关系数 r 建立在相关分析的理论基础上，研究两个随机变量 X 与 Y 之间的线性相关关系；而可决系数 R^2 是建立在回归分析的理论基础之上，研究非随机变量 X 对随机变量 Y 的解释程度。

样本相关系数 r 是由 X、Y 的一组样本计算得到的，总体 X 与 Y 之间是否有显著线性相关关系，还要通过样本相关系数进行检验。

提出原假设　H_0：$r=0$（r 是 X 与 Y 之间的总体相关系数）

备择假设 H_1：$r\neq 0$

构造 t 统计量　$t=\frac{r\sqrt{n-2}}{\sqrt{1-r^2}}\sim t_{(n-2)}$

给出显著性水平 α，查自由度为 $n-2$ 的 t 分布表，得临界值 $t_{\frac{\alpha}{2}(n-2)}$。

当 $|t|>t_{\frac{\alpha}{2}(n-2)}$ 时，拒绝 H_0：$r=0$ 接受 H_1：$r\neq 0$，X 与 Y 之间具有显著的线性相关关系。

当 $|t|<t_{\frac{\alpha}{2}(n-2)}$ 时，接受 H_0：$r=0$ 拒绝 H_1：$r\neq 0$，X 与 Y 之间没有显著的线性相关关系。

三、回归系数估计值的显著性检验

研究了拟合优度检验，还需要对回归模型中解释变量与被解释变量之间的线性关系是否显著成立进行检验，即检验所选择的解释变量与截距项是否对被解释变量有显著的线性影响。

由于 $\hat{\beta}_0$、$\hat{\beta}_1$ 是总体回归系数 β_0、β_1 的样本估计值，必须检验它们的统计可靠性。为此，首先要看看 $\hat{\beta}_0$、$\hat{\beta}_1$ 的概率分布。

我们假定随机扰动项 μ_i 服从正态分布，被解释变量 Y_i 也服从正态分布，而 $\hat{\beta}_0$、$\hat{\beta}_1$ 都是被解释变量 Y_i 的线性组合，故也服从正态分布。而前述中我们已经知道了 $\hat{\beta}_0$、$\hat{\beta}_1$ 的均值和方差，$\hat{\beta}_0$、$\hat{\beta}_1$ 的概率分布可以表示为：

$$\hat{\beta}_0\sim N(\beta_0,\ \frac{\sum X_i^2}{n\sum x_i^2}\sigma^2)$$

$$\hat{\beta}_1\sim N(\beta_1,\ \frac{1}{\sum x_i^2}\sigma^2)$$

在参数估计量 $\hat{\beta}_0$、$\hat{\beta}_1$ 的方差中均含有随机扰动项 μ_i 的方差 σ^2。由于 μ_i 是一个无法测量的量，因而也不可能计算出 μ_i 的方差，我们只能用它的估计值 e_i 的方差，作为它的方差估计值。即 $\hat{\sigma}^2 = \dfrac{\sum e_i^2}{n-2}$ 。

令 $\hat{\beta}_0$、$\hat{\beta}_1$ 的标准差估计值分别记为 $Se(\hat{\beta}_0)$、$Se(\hat{\beta}_1)$ ，即：

$$Se(\hat{\beta}_0) = \sqrt{\frac{\sum e_i^2 \sum X_i^2}{n(n-2)\sum x_i^2}}$$

$$Se(\hat{\beta}_1) = \sqrt{\frac{\sum e_i^2}{(n-2)\sum x_i^2}}$$

最小二乘估计值 $\hat{\beta}_0$、$\hat{\beta}_1$ 是由 X 和 Y 的样本观测值求出的，为了确定它们的可靠程度，有必要进行显著性检验。这种检验是确定 $\hat{\beta}_0$、$\hat{\beta}_1$ 是否显著地不等于零，亦即检验样本是否取自其真实参数为零的总体。

对回归系数估计值的显著性检验用 t 检验。根据数理统计知识，来自单一样本的估计值 $\hat{\beta}_0$、$\hat{\beta}_1$ 的 t 统计量为：

$$t = \frac{\hat{\beta}_i - \beta_i}{Se(\hat{\beta}_i)} \sim t(n-2) \qquad i = 0，1$$

现在按照假设检验步骤，设定一个原假设，目的是考察解释变量是否显著或者常数项是否应当出现在模型中。如果解释变量 X 是显著的，那么参数 β_1 就应该显著的不为 0，所以显著性检验中的原假设和备择假设可以分别为：

提出原假设　H_0：$\beta_1 = 0$

备择假设　H_1：$\beta_1 \neq 0$

这样构造 β_1 的统计量　$t = \dfrac{\hat{\beta}_1 - \beta_1}{Se(\hat{\beta}_1)} = \dfrac{\hat{\beta}_1}{Se(\hat{\beta}_1)} \sim t(n-2)$

给定一个显著性水平 α ，可以查表得到一个临界值 $t_{\frac{\alpha}{2}(n-2)}$ 。

当 $|t| > t_{\frac{\alpha}{2}(n-2)}$ 时，拒绝 H_0：$\beta_1 = 0$ 接受 H_1：$\beta_1 \neq 0$，表明 X 对 Y 有显著影响。

当 $|t| < t_{\frac{\alpha}{2}(n-2)}$ 时，接受 H_0：$\beta_1 = 0$ 拒绝 H_1：$\beta_1 \neq 0$，X 对 Y 没有显著影响。

同样地，对常数项 $\hat{\beta}_0$ 的显著性检验与此类似。

提出原假设　H_0：$\beta_0 = 0$

备择假设　H_1：$\beta_0 \neq 0$

这样构造 β_0 的统计量　$t = \dfrac{\hat{\beta}_0 - \beta_0}{Se(\hat{\beta}_0)} = \dfrac{\hat{\beta}_0}{Se(\hat{\beta}_0)} \sim t(n-2)$

给定一个显著性水平 α ，可以查表得到一个临界值 $t_{\frac{\alpha}{2}(n-2)}$ 。

当 $|t| > t_{\frac{\alpha}{2}(n-2)}$ 时，拒绝 H_0：$\beta_0 = 0$ 接受 H_1：$\beta_0 \neq 0$，表明常数项应该出现在模型中。

当 $|t| < t_{\frac{\alpha}{2}(n-2)}$ 时，接受 H_0：$\beta_0 = 0$ 拒绝 H_1：$\beta_0 \neq 0$，表明常数项不应出现在模型中。

四、回归系数估计值的置信区间

前述中我们已经用普通最小二乘法估计得到了回归方程参数估计值，但是此参数估计值只是一个点估计，虽然根据 OLS 的无偏性可知，在重复抽样中参数估计值的期望会等于参数的真实值，但不能说明这个参数估计是一个可靠的估计。尽管已经确定了 $\hat{\beta}_0$、$\hat{\beta}_1$ 的方差，可是方差只能说明估计值和其均值的离散程度，并不能说明参数真实值的分布范围。所以须确定一个区间，使得在 $\hat{\beta}_0$、$\hat{\beta}_1$ 左右的这个区间范围内可能包含了 β_0、β_1，并且确定这样的范围包含参数真实值的概率，即作回归系数估计值的置信区间估计。

由上面我们也已经知道了估计值 $\hat{\beta}_0$、$\hat{\beta}_1$ 的 t 统计量为：

$$t=\frac{\hat{\beta}_i-\beta_i}{Se(\hat{\beta}_i)}\sim t(n-2) \quad i=0,1$$

下面选择一个置信度（置信水平）为 $1-\alpha$，总体参数 β_i 以置信度 $1-\alpha$ 的概率落在 $\hat{\beta}_i$ 的置信区间内，置信区间越小，说明估计值 $\hat{\beta}_i$ 越接近于总体参数 β_i。

根据第二章所复习的数理统计知识可得：

给出置信度 $1-\alpha$，查自由度为 $n-2$ 的 t 分布表，得到临界值 $t_{\frac{\alpha}{2}(n-2)}$，$t$ 值落在 $(-t_{\frac{\alpha}{2}}, t_{\frac{\alpha}{2}})$ 的概率是 $1-\alpha$，即

$$P\{-t_{\frac{\alpha}{2}}<t<t_{\frac{\alpha}{2}}\}=1-\alpha$$

也就是：$$P\{-t_{\frac{\alpha}{2}(n-2)}<\frac{\hat{\beta}_i-\beta_i}{Se(\hat{\beta}_i)}<t_{\frac{\alpha}{2}(n-2)}\}=1-\alpha \quad i=0,1$$

于是，可得到回归参数 β_i 的置信度为 $1-\alpha$ 的置信区间为：$(\hat{\beta}_i-t_{\frac{\alpha}{2}(n-2)}Se(\hat{\beta}_i), \hat{\beta}_i+t_{\frac{\alpha}{2}(n-2)}Se(\hat{\beta}_i))$。

第四节　一元线性回归模型的预测

我们用样本观测值及最小二乘法得到了一元线性总体回归模型参数的估计值，并且也通过了样本回归方程的拟合优度检验和显著性检验。接下来的工作就是要用样本回归方程进行预测了。

预测分为点预测和区间预测。所谓点预测就是将解释变量 X 的一个特定值 X_0 代入到样本回归方程 $\hat{Y}_i=\hat{\beta}_0+\hat{\beta}_1X_i$ 中，计算出被解释变量 Y 在该特定点 X_0 的预测值 $\hat{Y}_0=\hat{\beta}_0+\hat{\beta}_1X_0$。而所谓区间预测就是在求被解释变量 Y 在该特定点 X_0 的预测值 $\hat{Y}_0$ 之后，在一定的置信度下，求 Y_0 落在以 $\hat{Y}_0$ 为中心的一个区间，从而可以分析 Y_0 与 $\hat{Y}_0$ 的接近程度，分析预测结果的可靠性。

一、点预测

给定解释变量 X 的一个特定值 X_0 代入到样本回归方程 $\hat{Y}_i=\hat{\beta}_0+\hat{\beta}_1X_i$ 中，得到 Y_0

的估计值 $\hat{Y}_0=\hat{\beta}_0+\hat{\beta}_1X_0$。

这样 $\hat{Y}_0$ 就是 Y_0 的点预测值。

二、区间预测

（一）均值预测

设一元线性总体回归函数为 $E(Y\mid X_i)=\beta_0+\beta_1X_i$，$Y$ 在 $X=X_0$ 时的条件均值为 $E(Y\mid X_0)=\beta_0+\beta_1X_0$

通过样本回归函数 $\hat{Y}_i=\hat{\beta}_0+\hat{\beta}_1X_i$ 得到在 $X=X_0$ 时

$\hat{Y}_0=\hat{\beta}_0+\hat{\beta}_1X_0$

这时 $\hat{Y}_0$ 就是 Y_0 的点预测值，它并不能等同于真值，真值与估计值之间必定存在某种误差。为了评估这个误差，我们必须了解 $\hat{Y}_0$ 的分布，又因为 $\hat{\beta}_0$、$\hat{\beta}_1$ 都服从正态分布，所以 $\hat{Y}_0$ 也服从正态分布。

$\hat{Y}_0\sim N(E(\hat{Y}_0),\ \mathrm{Var}(\hat{Y}_0))$

$E(\hat{Y}_0)=E(\hat{\beta}_0+\hat{\beta}_1X_0)=\beta_0+\beta_1X_0=E(Y\mid X_0)$

$\mathrm{Var}(\hat{Y}_0)=\mathrm{Var}(\hat{\beta}_0+\hat{\beta}_1X_0)=\mathrm{Var}(\hat{\beta}_0)+X_0^2\mathrm{Var}(\hat{\beta}_1)+2X_0\mathrm{Cov}(\hat{\beta}_0,\ \hat{\beta}_1)$

$\because \mathrm{Cov}(\hat{\beta}_0,\ \hat{\beta}_1)=E[(\hat{\beta}_0-\beta_0)(\hat{\beta}_1-\beta_1)]$

而 $\hat{\beta}_0-\beta_0=\sum(\frac{1}{n}-\bar{X}k_i)Y_i-\beta_0=\sum(\frac{1}{n}-\bar{X}k_i)(\beta_0+\beta_1X_i+\mu_i)-\beta_0$

$=\sum[(\frac{1}{n}-\bar{X}k_i)\beta_0+(\frac{1}{n}-\bar{X}k_i)\beta_1X_i+(\frac{1}{n}-\bar{X}k_i)\mu_i]-\beta_0$

$=\sum\frac{1}{n}\beta_0-\beta_0\bar{X}\sum k_i+\frac{1}{n}\beta_1\sum X_i-\beta_1\bar{X}\sum k_iX_i+\frac{1}{n}\sum\mu_i-\bar{X}\sum k_i\mu_i-\beta_0$

$=\frac{1}{n}\sum\mu_i-\bar{X}\sum k_i\mu_i$

$\hat{\beta}_1-\beta_1=\sum k_iY_i-\beta_1=\sum k_i(\beta_0+\beta_1X_i+\mu_i)-\beta_1$

$=\beta_0\sum k_i+\beta_1\sum k_iX_i+\sum k_i\mu_i-\beta_1=\sum k_i\mu_i$

$\therefore \mathrm{Cov}(\hat{\beta}_0,\ \hat{\beta}_1)=E[(\hat{\beta}_0-\beta_0)(\hat{\beta}_1-\beta_1)]=E[(\frac{1}{n}\sum\mu_i-\bar{X}\sum k_i\mu_i)\sum k_i\mu_i]$

$=E[(\frac{1}{n}\sum k_i-\bar{X}\sum k_i^2)\mu_i^2]=-\bar{X}\sum k_i^2E(\mu_i^2)=-\bar{X}\frac{\sigma^2}{\sum x_i^2}$

故：$\mathrm{Var}(\hat{Y}_0)=\mathrm{Var}(\hat{\beta}_0)+X_0^2\mathrm{Var}(\hat{\beta}_1)+2X_0\mathrm{Cov}(\hat{\beta}_0,\ \hat{\beta}_1)$

$=\frac{\sum X_i^2}{n\sum x_i^2}\sigma^2+\frac{X_0^2}{\sum x_i^2}\sigma^2-2X_0\bar{X}\frac{1}{\sum x_i^2}\sigma^2=\frac{\sigma^2}{\sum x_i^2}[\frac{\sum(x_i+\bar{X})^2}{n}+X_0^2-2X_0\bar{X}]$

$$=\frac{\sigma^2}{\sum x_i^2}[\frac{\sum x_i^2}{n}+\bar{X}^2+X_0^2-2X_0\bar{X}]$$

$$=\sigma^2[\frac{1}{n}+\frac{(X_0-\bar{X})^2}{\sum x_i^2}]$$

这样就得到：$\hat{Y}_0\sim N(\beta_0+\beta_1X_0,\ \sigma^2[\frac{1}{n}+\frac{(X_0-\bar{X})^2}{\sum x_i^2}])$

令 $Se(\hat{Y}_0)=\sqrt{\hat{\sigma}^2[\frac{1}{n}+\frac{(X_0-\bar{X})^2}{\sum x_i^2}]}$　　其中 $\hat{\sigma}^2=\frac{\sum e_i^2}{n-2}$

构建 t 统计量：$t=\frac{\hat{Y}_0-E(Y_0)}{Se(\hat{Y}_0)}\sim t(n-2)$

给出置信度 $1-\alpha$，查自由度为 $n-2$ 的 t 分布表，得临界值 $t_{\frac{\alpha}{2}(n-2)}$，值落在 $(-t_{\frac{\alpha}{2}},\ t_{\frac{\alpha}{2}})$ 的概率是 $1-\alpha$，即

$P\{-t_{\frac{\alpha}{2}}<t<t_{\frac{\alpha}{2}}\}=1-\alpha$

也就是：$P\{-t_{\frac{\alpha}{2}(n-2)}<\frac{\hat{Y}_0-E(Y_0)}{Se(\hat{Y}_0)}<t_{\frac{\alpha}{2}(n-2)}\}=1-\alpha\quad i=0,1$

于是，可得到回归参数 β_i 的置信度为 $1-\alpha$ 的置信区间为：$(\hat{Y}_0-t_{\frac{\alpha}{2}(n-2)}Se(\hat{Y}_0),\ \hat{Y}_0+t_{\frac{\alpha}{2}(n-2)}Se(\hat{Y}_0))$。

也就得到了均值预测区间为：（$\hat{Y}_0-t_{\frac{\alpha}{2}(n-2)}\sqrt{\hat{\sigma}^2[\frac{1}{n}+\frac{(X_0-\bar{X})^2}{\sum x_i^2}]}$，$\hat{Y}_0+t_{\frac{\alpha}{2}(n-2)}\sqrt{\hat{\sigma}^2[\frac{1}{n}+\frac{(X_0-\bar{X})^2}{\sum x_i^2}]}$）。

（二）个值预测

如果我们不是要预测 Y 在 $X=X_0$ 时的条件均值，而是想要预测对于给定的 X 值时的 Y 值，则要做个值预测。

由一元线性总体回归模型的假定我们知道：$Y_0=\beta_0+\beta_1X_0+\mu_i$

$Y_0\sim N(\beta_0+\beta_1X_0,\ \sigma^2)$

又 $\hat{Y}_0\sim N(\beta_0+\beta_1X_0,\ \sigma^2[\frac{1}{n}+\frac{(X_0-\bar{X})^2}{\sum x_i^2}])$

$\hat{Y}_0-Y_0\sim N(,\ \sigma^2[1+\frac{1}{n}+\frac{(X_0-\bar{X})^2}{\sum x_i^2}])$

与均值预测相似，先令 $Se(\hat{Y}_0-Y_0)=\sqrt{\hat{\sigma}^2[1+\frac{1}{n}+\frac{(X_0-\bar{X})^2}{\sum x_i^2}]}$

构建 t 统计量：$t=\frac{\hat{Y}_0-Y_0}{Se(\hat{Y}_0-Y_0)}\sim t(n-2)$

给出置信度 $1-\alpha$，查自由度为 $n-2$ 的 t 分布表，得临界值 $t_{\frac{\alpha}{2}(n-2)}$，值落在 $(-t_{\frac{\alpha}{2}}, t_{\frac{\alpha}{2}})$ 的概率是 $1-\alpha$，即

$P\{-t_{\frac{\alpha}{2}}<t<t_{\frac{\alpha}{2}}\}=1-\alpha$

也就是：$P\{-t_{\frac{\alpha}{2}(n-2)}<\frac{\hat{Y}_0-Y_0}{Se(\hat{Y}_0-Y_0)}<t_{\frac{\alpha}{2}(n-20}\}=1-\alpha \quad i=0,1$

于是，即可得到回归参数 β_i 的置信度为 $1-\alpha$ 的置信区间为：$(\hat{Y}_0-t_{\frac{\alpha}{2}(n-2)}Se(\hat{Y}_0-Y_0), \hat{Y}_0+t_{\frac{\alpha}{2}(n-2)}Se(\hat{Y}_0-Y_0))$。

也就得到了均值预测区间为：$(\hat{Y}_0-t_{\frac{\alpha}{2}(n-2)}\sqrt{\hat{\sigma}^2[1+\frac{1}{n}+\frac{(X_0-\bar{X})^2}{\sum x_i^2}]}, \hat{Y}_0+t_{\frac{\alpha}{2}(n-2)}\sqrt{\hat{\sigma}^2[1+\frac{1}{n}+\frac{(X_0-\bar{X})^2}{\sum x_i^2}]})$。

本章习题

1. 为什么计量经济学模型的理论方程中必须包含随机扰动项？

2. 一元线性回归模型的基本假设主要有哪些？违背基本假设的计量经济学模型是否就不可以估计？

3. 假使在回归模型 $Y_i=\beta_0+\beta_1X_i+\mu_i$ 中，用不为零的常数 δ 去乘每一个解释变量 X 值，这会不会改变被解释变量 Y 的拟合值及残差？如果对每一个解释变量 X 都加大一个非零常数 δ 又会怎么样？

4. 假设有人做了如下的回归 $y_i=\hat{\beta}_0+\hat{\beta}_1x_i+e_i$，其中 y_i，x_i 分别是被解释变量和解释变量的离差，问 $\hat{\beta}_0$，$\hat{\beta}_1$ 将分别取何值？

5. 下面数据是依据 10 组 X，Y 的观察值得到的：

$\sum Y_i=1110$，$\sum X_i=1680$，$\sum X_iY_i=204200$

$\sum X_i^2=315400$，$\sum Y_i^2=133300$

假定满足所有的经典线性回归模型的假设。求：

(1) β_0，β_1 的估计值及其标准差；

(2) 可决系数。

(3) 对 β_0，β_1 分别建立 95%的置信区间，并检验 H_0：$\beta_1=0$。

6. 请查阅中国 1978—2017 年的财政收入 Y 和国内生产总值 GDP 的统计资料。要求：

（1）作出散点图，建立财政收入随国内生产总值变化的一元线性回归方程，并解释斜率的经济意义。

（2）对所建立的回归方程进行检验。

（3）根据 2018 年的财政收入和国内生产总值给出 2020 年财政收入的预测值及预测区间。

7. 假设某国的货币数量与国民收入的历史数据如下表所示：

年份	货币数量（y）	国民收入（x）
1985	2.0	5.0.
1986	2.5	5.5
1987	3.2	6.0
1988	3.6	7.0
1989	3.3	7.2
1990	4.0	7.7
1991	4.2	8.4
1992	4.6	9.0
1993	4.8	9.7
1994	5.0	10.0
1995	5.2	11.2
1996	5.8	12.4

请回答以下问题：

（1）作出散点图，然后估计货币数量 y 对国民收入 x 的回归方程，并把回归直线画在散点图上。

（2）如何解释回归系数的含义？

（3）如果希望 1997 年国民收入达到 15.0，那么应该把货币供应量定在什么水平上？

第四章　多元线性回归模型

◈ 本章要点

1. 掌握多元线性回归模型的概念和模型经典假定。

2. 掌握多元线性回归模型参数估计的基本方法，如普通最小二乘法、极大似然估计法。熟悉最小二乘估计的相关性质和高斯—马尔科夫定理。

3. 掌握多元线性回归模型的统计检验。

4. 熟悉多元线性回归模型的预测。

5. 掌握非线性回归模型的线性化基本方法。

第一节　多元线性回归模型的参数估计

第三章已经介绍了一元线性回归模型所研究的问题，然而，在大量的实际经济问题中，所涉及、研究的经济变量往往受多个因素的影响。这就要求我们在一元线性回归模型的基础上，进一步研究多元线性回归模型。多元线性回归模型与一元线性回归模型基本类似，只是在具体计算上稍显复杂一点。

一、多元线性回归模型及其假定条件

（一）多元线性回归模型的基本概念

假定被解释变量 Y 与解释变量 X_1，X_2，…，X_n 具有线性关系，它们之间的线性关系，可用线性回归模型表示为：

$$Y_i=\beta_0+\beta_1X_{1i}+\beta_2X_{2i}+\cdots+\beta_kX_{ki}+\mu_i \quad (i=1,\ 2,\ \cdots,\ n)$$

称之为多元总体线性回归模型（PRM）。

下标 i 表示第 i 个观察值（Y_i，X_{1i}，X_{2i}，…，X_{ki}），μ_i 为对应的随机扰动项或随机干扰项、或随机误差项（stochastic disturbance，stochastic error），$i=1$，2，…，n。

描述被解释变量 Y 的期望值与解释变量 X_{1i}，X_{2i}，…，X_{ki} 线性关系的方程为：

$$E(Y)=\beta_0+\beta_1X_{1i}+\beta_2X_{2i}+\cdots+\beta_kX_{ki} \quad (i=1,\ 2,\ \cdots,\ n)$$

称之为多元总体线性回归方程，简称总体回归方程（PRF）。

多元总体线性回归模型实际上构成包含 i 个方程的方程组：

$$\begin{cases} Y_1 = \beta_0 + \beta_1 X_{11} + \beta_2 X_{21} + \cdots + \beta_k X_{k1} + \mu_1 \\ Y_2 = \beta_0 + \beta_1 X_{12} + \beta_2 X_{22} + \cdots + \beta_k X_{k2} + \mu_2 \\ \qquad \cdots \quad \cdots \quad \cdots \quad \cdots \quad \cdots \\ Y_n = \beta_0 + \beta_1 X_{1n} + \beta_2 X_{2n} + \cdots + \beta_k X_{kn} + \mu_n \end{cases}$$

将其表示为矩阵形式：

$$\begin{pmatrix} Y_1 \\ Y_2 \\ \cdots \\ Y_n \end{pmatrix} = \begin{pmatrix} 1 & X_{11} & X_{21} & \cdots & X_{k1} \\ 1 & X_{12} & X_{22} & \cdots & X_{k2} \\ \cdots & \cdots & \cdots & \cdots & \cdots \\ 1 & X_{1n} & X_{2n} & \cdots & X_{kn} \end{pmatrix} \begin{pmatrix} \beta_0 \\ \beta_1 \\ \cdots \\ \beta_k \end{pmatrix} + \begin{pmatrix} \mu_1 \\ \mu_2 \\ \cdots \\ \mu_n \end{pmatrix}$$

简化为：$\boldsymbol{Y} = \boldsymbol{X\beta} + \boldsymbol{\mu}$

其中：$\boldsymbol{Y} = \begin{pmatrix} Y_1 \\ Y_2 \\ \cdots \\ Y_n \end{pmatrix}_{n\times 1}$，$\boldsymbol{X} = \begin{pmatrix} 1 & X_{11} & X_{21} & \cdots & X_{k1} \\ 1 & X_{12} & X_{22} & \cdots & X_{k2} \\ \cdots & \cdots & \cdots & \cdots & \cdots \\ 1 & X_{1n} & X_{2n} & \cdots & X_{kn} \end{pmatrix}_{n\times(k+1)}$，$\boldsymbol{\beta} = \begin{pmatrix} \beta_0 \\ \beta_1 \\ \cdots \\ \beta_k \end{pmatrix}_{(k+1)\times 1}$，

$$\boldsymbol{\mu} = \begin{pmatrix} \mu_1 \\ \mu_2 \\ \cdots \\ \mu_n \end{pmatrix}_{n\times 1}$$

多元总体回归线性方程也可以表示为如下矩阵形式：

$$E(\boldsymbol{Y}) = \boldsymbol{X\beta} \qquad E(\boldsymbol{Y}) = \begin{pmatrix} E(Y_1) \\ E(Y_2) \\ \cdots \\ E(Y_n) \end{pmatrix}_{n\times 1}$$

这里：

$\boldsymbol{Y}$ 是被解释变量样本观测值的 $n\times 1$ 列向量。

$\boldsymbol{X}$ 是解释变量样本观测值的 $n\times(k+1)$ 阶矩阵，它的每个元素 X_{ji} 都有两个下标，第一个下标 j 表示相应的列（第 j 个变量），第二个下标 i 表示相应的行（第 i 个观测值），矩阵 $\boldsymbol{X}$ 的每一列表示一个解释变量的 n 个观测值向量，截距项 β_0 对应的观测值等于 1。

$\boldsymbol{\beta}$ 是未知参数的 $(k+1)\times 1$ 阶列向量。

$\boldsymbol{U}$ 为随机扰动项的 $n\times 1$ 阶列向量。

由于参数 β_0，β_1，…，β_k 都是未知的，我们可以利用样本观测值（Y_i，X_{1i}，X_{2i}，…，X_{ki}）对它们进行估计，假定计算得到的样本统计量为 $\hat{\beta}_0$，$\hat{\beta}_1$，…，$\hat{\beta}_k$，它们是相应的未知参数 β_0，β_1，…，β_k 的估计值，于是得到了与多元总体线性回归方程相对应的估计的回归方程

$$\hat{Y}_i=\hat{\beta}_0+\hat{\beta}_1X_{1i}+\hat{\beta}_2X_{2i}+\cdots+\hat{\beta}_kX_{ki}$$

称之为多元样本线性回归方程，简称样本回归方程或者经验回归方程（SRF），称 $\hat{Y}_i$ 为 Y_i 的样本回归值或者样本拟合值、样本估计值。

样本回归方程的矩阵表达形式为：$\hat{\boldsymbol{Y}}=\boldsymbol{X}\hat{\boldsymbol{\beta}}$

其中：$\hat{\boldsymbol{Y}}=\begin{pmatrix}\hat{Y}_1\\ \hat{Y}_2\\ \cdots\\ \hat{Y}_n\end{pmatrix}_{n\times1}$，$\hat{\boldsymbol{\beta}}=\begin{pmatrix}\hat{\beta}_0\\ \hat{\beta}_1\\ \cdots\\ \hat{\beta}_k\end{pmatrix}_{(k+1)\times1}$

这里 $\hat{\boldsymbol{Y}}$ 为被解释变量样本观测值的阶拟合值列向量，$\hat{\boldsymbol{\beta}}$ 为未知参数的阶估计值列向量。

相应地，我们引入样本残差项 $e_i=Y_i-\hat{Y}_i$，我们可以得到：

$$Y_i=\hat{Y}_i+e_i=\hat{\beta}_0+\hat{\beta}_1X_{1i}+\hat{\beta}_2X_{2i}+\cdots+\hat{\beta}_kX_{ki}+e_i$$

称其为多元线性样本回归模型，简称样本回归模型（SRM）。

样本回归模型的矩阵形式为：$\boldsymbol{Y}=\boldsymbol{X}\hat{\boldsymbol{\beta}}+\boldsymbol{e}$

其中：$\boldsymbol{e}=\begin{pmatrix}e_1\\ e_2\\ \cdots\\ e_n\end{pmatrix}$

e 为样本残差项列向量，它不仅包含随机误差项的影响，还包含抽样误差。

（二）多元线性回归模型的经典假定

假定 1：解释变量是非随机的，预先给定的量。同时，各解释变量之间不存在线性关系，亦即无多重共线性。对于 k 个解释变量间线性无关，亦即观测值矩阵的秩等于 $k+1$，也就是说方阵 $\boldsymbol{X}^T\boldsymbol{X}$ 是满秩的。

Rank（$\boldsymbol{X}^T\boldsymbol{X}$）$=k+1$，或 det（$\boldsymbol{X}^T\boldsymbol{X}$）$\neq0$ 或（$\boldsymbol{X}^T\boldsymbol{X}$）$^{-1}$存在

假定 2：随机误差项具有零期望值、同方差及序列不相关的特性。

$$E(\boldsymbol{U})=E\begin{pmatrix}\mu_1\\ \mu_2\\ \cdots\\ \mu_n\end{pmatrix}=\begin{pmatrix}E(\mu_1)\\ E(\mu_2)\\ \cdots\\ E(\mu_n)\end{pmatrix}=\begin{pmatrix}0\\ 0\\ \cdots\\ 0\end{pmatrix}=0 \quad 或 \quad E(\mu_i)=0(i=1,2,\cdots,n)$$

从而也可得被解释变量 Y_i 期望值或平均值为：$E(\boldsymbol{Y})=\boldsymbol{X\beta}$ 或 $E(Y_i)=\beta_0+\beta_1X_{1i}+\cdots+\beta_kX_{ki}$

$$Var(\boldsymbol{\mu})=E[(\boldsymbol{\mu}-E(\boldsymbol{\mu}))(\boldsymbol{\mu}-E(\boldsymbol{\mu}))^T]=E(\boldsymbol{\mu}\boldsymbol{\mu}^T)=\begin{pmatrix}\sigma^2&0&\cdots&0\\ 0&\sigma^2&\cdots&0\\ \cdots&\cdots&\cdots&\cdots\\ 0&0&\cdots&\sigma^2\end{pmatrix}=\sigma^2\boldsymbol{I}$$

称 Var($\boldsymbol{\mu}$) 为随机扰动项的方差—协方差矩阵。

$\mathrm{Var}(\mu_i)=\sigma^2 \quad \mathrm{Cov}(\mu_i, \mu_j)=E(\mu_i\mu_j)=0 \quad i\neq j, i, j=1, 2, \cdots, n$

同样可得被解释变量 Y_i 的方差也等于 σ^2，即 $\mathrm{Var}(Y_i)=\sigma^2$。

假定 3：解释变量与随机误差项彼此之间不相关。

$E(\boldsymbol{X}^T\boldsymbol{\mu})=0$ 　或　 $\mathrm{Cov}(X_{ji}, \mu_i)=0$

假定 4：随机误差项服从正态分布。

$\boldsymbol{\mu}\sim N(0, \sigma^2\boldsymbol{I})$ 　或　 $\mu_i\sim N(0, \sigma^2)$

我们也可以得到被解释变量也服从正态分布，即：

$\boldsymbol{Y}\sim N(\boldsymbol{X\beta}, \sigma^2\boldsymbol{I})$ 　或　 $Y_i\sim N(\beta_0+\beta_1X_{1i}+\cdots+\beta_kX_{ki}, \sigma^2)$

满足上述假定的多元线性回归也称为经典多元线性回归模型（CLRM）。

二、多元线性回归模型参数的最小二乘估计

（一）参数的最小二乘估计

对于多元线性回归模型：$Y_i=\beta_0+\beta_1X_{1i}+\cdots+\beta_kX_{ki}+\mu_i$，其相对应的多元线性样本回归模型：$\boldsymbol{X}^T\boldsymbol{Y}=\boldsymbol{X}^T\boldsymbol{X}\hat{\boldsymbol{\beta}}$。

与一元线性回归模型一样，根据最小二乘估计的基本准则，就是使得样本残差项平方和为最小，即：

$$\min\sum e_i^2=\min\sum(Y_i-\hat{Y}_i)^2=\min\sum(Y_i-\hat{\beta}_0-\hat{\beta}_1X_{1i}-\hat{\beta}_2X_{2i}+\cdots-\hat{\beta}_kX_{ki})^2$$

再由多元函数求极值的必要条件 $\hat{\beta}_0, \hat{\beta}_1, \cdots, \hat{\beta}_k$ 应满足 $\dfrac{\partial\sum e_i^2}{\partial\hat{\beta}_j}=0, j=0, 1, \cdots, k$，从而得到如下正规方程组（Normal Equations）：

$$\begin{cases}\sum Y_i=n\hat{\beta}_0+\hat{\beta}_1\sum X_{1i}+\hat{\beta}_2\sum X_{2i}+\cdots+\hat{\beta}_k\sum X_{ki}\\ \sum X_{1i}Y_i=\hat{\beta}_0\sum X_{1i}+\hat{\beta}_1\sum X_{1i}^2+\hat{\beta}_2\sum X_{1i}X_{2i}+\cdots+\hat{\beta}_k\sum X_{1i}X_{ki}\\ \qquad\cdots\quad\cdots\quad\cdots\quad\cdots\quad\cdots\\ \sum X_{ki}Y_i=\hat{\beta}_0\sum X_{ki}+\hat{\beta}_1\sum X_{ki}X_{1i}+\hat{\beta}_2\sum X_{ki}X_{2i}+\cdots+\hat{\beta}_k\sum X_{ki}^2\end{cases}$$

或
$$\begin{cases}\sum e_i=0 \quad 或 \quad \bar{e}=0\\ \sum X_{1i}e_i=0 \quad 或 \quad \sum X_{ji}e_i=0\\ \vdots\\ \sum X_{ki}e_i=0\end{cases}$$

用矩阵形式表示为：$\boldsymbol{X}^T\boldsymbol{Y}=\boldsymbol{X}^T\boldsymbol{X}\hat{\boldsymbol{\beta}}$ 　或　 $\boldsymbol{X}^T\boldsymbol{e}=0$

由经典线性回归模型假定 1 知：观测值矩阵的秩等于 $k+1$，也就是说方阵 $\boldsymbol{X}^T\boldsymbol{X}$ 是满秩的，即 $\mathrm{Rank}(\boldsymbol{X}^T\boldsymbol{X})=k+1$，或 $\det(\boldsymbol{X}^T\boldsymbol{X})\neq 0$ 或 $(\boldsymbol{X}^T\boldsymbol{X})^{-1}$ 存在。所以，可以得到：

$\hat{\boldsymbol{\beta}}=(\boldsymbol{X}^T\boldsymbol{X})^{-1}\boldsymbol{X}^T\boldsymbol{Y}$

这就是多元线性回归模型参数的最小二乘估计量。

当然，我们也可以直接利用矩阵的微分运算法则求出上述结果。但在此需要引入如下定理。

定理：假定列向量$\boldsymbol{\alpha}=(a_1,\ a_2,\ \cdots,\ a_n)^T$，$\hat{\boldsymbol{\beta}}=(\hat{\beta}_1,\ \hat{\beta}_2,\ \cdots,\ \hat{\beta}_n)^T$，则$\dfrac{\partial\ \boldsymbol{\alpha}^T\hat{\boldsymbol{\beta}}}{\partial\ \hat{\boldsymbol{\beta}}}=\left(\dfrac{\partial\sum a_i\hat{\beta}_i}{\partial\ \hat{\boldsymbol{\beta}}_1},\ \dfrac{\partial\sum a_i\hat{\beta}_i}{\partial\ \hat{\boldsymbol{\beta}}_2},\ \cdots,\ \dfrac{\partial\sum a_i\hat{\beta}_i}{\partial\ \hat{\boldsymbol{\beta}}_n}\right)^T=\boldsymbol{\alpha}$。

定理：若$\boldsymbol{A}$为n阶对称矩阵，即$\boldsymbol{A}=\begin{pmatrix}a_{11} & a_{21} & \cdots & a_{n1}\\ a_{12} & a_{22} & \cdots & a_{n2}\\ \cdots & \cdots & \cdots & \cdots\\ a_{n1} & a_{n2} & \cdots & a_{nn}\end{pmatrix}$，$\hat{\boldsymbol{\beta}}=(\hat{\beta}_1,\ \hat{\beta}_2,\ \cdots,\ \hat{\beta}_n)^T$，则$\dfrac{\partial(\hat{\boldsymbol{\beta}}^T\boldsymbol{A}\hat{\boldsymbol{\beta}})}{\partial\ \hat{\boldsymbol{\beta}}}=2\boldsymbol{A}\hat{\boldsymbol{\beta}}$。（证明略去）

对于总体回归模型：$\boldsymbol{Y}=\boldsymbol{X\beta}+\boldsymbol{\mu}$，它所对应的样本回归函数：$\hat{\boldsymbol{Y}}=\boldsymbol{X}\hat{\boldsymbol{\beta}}$。

由普通最小二乘估计的基本原理可知：

$$\min(\boldsymbol{e}^T\boldsymbol{e})=\min(\boldsymbol{Y}-\hat{\boldsymbol{Y}})^T(\boldsymbol{Y}-\hat{\boldsymbol{Y}})=\min(\boldsymbol{Y}-\boldsymbol{X}\hat{\boldsymbol{\beta}})^T(\boldsymbol{Y}-\boldsymbol{X}\hat{\boldsymbol{\beta}})$$
$$=\min(\boldsymbol{Y}^T\boldsymbol{Y}-\hat{\boldsymbol{\beta}}^T\boldsymbol{X}^T\boldsymbol{Y}-\boldsymbol{Y}^T\boldsymbol{X}\hat{\boldsymbol{\beta}}+\hat{\boldsymbol{\beta}}^T\boldsymbol{X}^T\boldsymbol{X}\hat{\boldsymbol{\beta}})=\min(\boldsymbol{Y}^T\boldsymbol{Y}-2\hat{\boldsymbol{\beta}}^T\boldsymbol{X}^T\boldsymbol{Y}+\hat{\boldsymbol{\beta}}^T\boldsymbol{X}^T\boldsymbol{X}\hat{\boldsymbol{\beta}})$$

由极值必要条件：$\dfrac{\partial(\boldsymbol{e}^T\boldsymbol{e})}{\partial\hat{\boldsymbol{\beta}}}=0$，即$\dfrac{\partial}{\partial\hat{\boldsymbol{\beta}}}(\boldsymbol{Y}^T\boldsymbol{Y}-2\hat{\boldsymbol{\beta}}^T\boldsymbol{X}^T\boldsymbol{Y}+\hat{\boldsymbol{\beta}}^T\boldsymbol{X}^T\boldsymbol{X}\hat{\boldsymbol{\beta}})=\boldsymbol{0}$，故可得：

$$-2\boldsymbol{X}^T\boldsymbol{Y}+2\boldsymbol{X}^T\boldsymbol{X}\hat{\boldsymbol{\beta}}=\boldsymbol{0}$$

整理后即可得到正规方程组：$\boldsymbol{X}^T\boldsymbol{Y}=\boldsymbol{X}^T\boldsymbol{X}\hat{\boldsymbol{\beta}}$

于是有：$\hat{\boldsymbol{\beta}}=(\boldsymbol{X}^T\boldsymbol{X})^{-1}\boldsymbol{X}^T\boldsymbol{Y}$

（二）离差形式的最小二乘估计量

我们还可以采用离差形式的样本观测值，这样将大大简化最小二乘估计量的计算。

对于多元线性回归模型：$Y_i=\beta_0+\beta_1X_{1i}+\cdots+\beta_kX_{ki}+\mu_i \quad i=1,\ 2,\ \cdots,\ n$

可以得到：$\bar{Y}=\beta_0+\beta_1\bar{X}_1+\cdots+\beta_k\bar{X}_k+\bar{\mu}$

其中：$\bar{X}_j=\dfrac{1}{n}\sum X_{ji}$，$i=1,\ 2,\ \cdots,\ n$，$j=1,\ 2,\ \cdots,\ k$

$\bar{Y}=\dfrac{1}{n}\sum Y_i$，$\bar{\mu}=\dfrac{1}{n}\sum\mu_i$

将上述两式相减，我们可以得到：$y_i=\beta_1x_{1i}+\beta_2x_{2i}+\cdots+\beta_kx_{ki}+\mu_i-\bar{\mu}$

这里：$y_i=Y_i-\bar{Y}$，$x_{ji}=X_{ji}-\bar{X}_j \quad j=1,\ 2,\ \cdots,\ k \quad i=1,\ 2,\ \cdots,\ n$

矩阵表达式：$\boldsymbol{y}=\boldsymbol{x}\tilde{\boldsymbol{\beta}}+\boldsymbol{v}$

其中：$\boldsymbol{y}=(y_1,\ y_2,\ \cdots,\ y_n)^T_{n\times1}$，$\tilde{\boldsymbol{\beta}}=(\beta_1,\ \beta_2,\ \cdots,\ \beta_k)^T_{k\times1}$

$\boldsymbol{v}=\boldsymbol{\mu}-\bar{\boldsymbol{\mu}}=(\mu_1-\bar{\mu},\ \mu_2-\bar{\mu},\ \cdots,\ \mu_n-\bar{\mu})^T_{n\times1}$

$$\boldsymbol{x}=\begin{pmatrix} x_{11} & x_{21} & \cdots & x_{k1} \\ x_{12} & x_{22} & \cdots & x_{k2} \\ \cdots & \cdots & \cdots & \cdots \\ x_{1n} & x_{2n} & \cdots & x_{kn} \end{pmatrix}_{n\times k}$$

这里

$\boldsymbol{y}$：被解释变量样本观测值离差形式的 $n\times1$ 阶列向量；

$\boldsymbol{x}$：解释变量样本观测值离差形式的 $n\times k$ 阶矩阵；

$\tilde{\boldsymbol{\beta}}$：未知参数的 $k\times1$ 阶列向量，由于是离差形式，它已不再包含模型的截距项 β_0；

$\boldsymbol{v}$：随机扰动项的 $n\times1$ 阶列向量。

相应的估计的样本回归方程为：$\hat{\boldsymbol{y}}=\boldsymbol{x}\hat{\tilde{\boldsymbol{\beta}}}$

其中：$\hat{\boldsymbol{y}}=(\hat{y}_1,\ \hat{y}_2,\ \cdots,\ \hat{y}_n)^T_{n\times1}$，$\hat{\tilde{\boldsymbol{\beta}}}=(\hat{\beta}_1,\ \hat{\beta}_2,\ \cdots,\ \hat{\beta}_k)^T_{k\times1}$

这里

$\hat{\boldsymbol{y}}$：被解释变量样本观测值离差形式的 $n\times1$ 阶拟合值列向量；

$\hat{\tilde{\boldsymbol{\beta}}}$：未知参数的 $k\times1$ 阶估计值列向量。

正规方程组：$\boldsymbol{x}^T\boldsymbol{y}=\boldsymbol{x}^T\boldsymbol{x}\hat{\tilde{\boldsymbol{\beta}}}$

则：$\hat{\tilde{\boldsymbol{\beta}}}=(\boldsymbol{x}^T\boldsymbol{x})^{-1}\boldsymbol{x}^T\boldsymbol{y}$

其中：
$$\boldsymbol{x}^T\boldsymbol{x}=\begin{pmatrix} \sum x_{1i}^2 & \sum x_{1i}x_{2i} & \cdots & \sum x_{1i}x_{ki} \\ \sum x_{2i}x_{1i} & \sum x_{2i}^2 & \cdots & \sum x_{2i}x_{ki} \\ \cdots & \cdots & \cdots & \cdots \\ \sum x_{ki}x_{1i} & \sum x_{ki}x_{2i} & \cdots & \sum x_{ki}^2 \end{pmatrix}_{k\times k}$$

$$\boldsymbol{x}^T\boldsymbol{y}=\left(\sum x_{1i}y_i,\ \sum x_{2i}y_i,\ \cdots,\ \sum x_{ki}y_i\right)^T_{n\times1}$$

另外，$\hat{\beta}_0=\bar{Y}-\hat{\beta}_1\bar{X}_1-\hat{\beta}_2\bar{X}_2-\cdots-\hat{\beta}_k\bar{X}_k$

（三）随机扰动项的方差估计量

被解释变量的实际观测值与回归值之间的残差为：

$$\begin{aligned}\boldsymbol{e}&=\boldsymbol{Y}-\hat{\boldsymbol{Y}}=\boldsymbol{Y}-\boldsymbol{X}\hat{\boldsymbol{\beta}}=(\boldsymbol{X\beta}+\boldsymbol{\mu})-\boldsymbol{X}(\boldsymbol{X}^T\boldsymbol{X})^{-1}\boldsymbol{X}^T\boldsymbol{Y}\\ &=(\boldsymbol{X\beta}+\boldsymbol{\mu})-\boldsymbol{X}(\boldsymbol{X}^T\boldsymbol{X})^{-1}\boldsymbol{X}^T(\boldsymbol{X\beta}+\boldsymbol{\mu})=\boldsymbol{X\beta}+\boldsymbol{\mu}-\boldsymbol{X\beta}+\boldsymbol{X}(\boldsymbol{X}^T\boldsymbol{X})^{-1}\boldsymbol{X}^T\boldsymbol{\mu}\\ &=\boldsymbol{\mu}-\boldsymbol{X}(\boldsymbol{X}^T\boldsymbol{X})^{-1}\boldsymbol{X}^T\boldsymbol{\mu}=[\boldsymbol{I}-\boldsymbol{X}(\boldsymbol{X}^T\boldsymbol{X})^{-1}\boldsymbol{X}^T]\boldsymbol{\mu}=\boldsymbol{M\mu}\end{aligned}$$

这里：$\boldsymbol{M}=\boldsymbol{I}-\boldsymbol{X}(\boldsymbol{X}^T\boldsymbol{X})^{-1}\boldsymbol{X}^T$

$\boldsymbol{M}$ 是 n 阶对称幂等矩阵，即 $\boldsymbol{M}^T=\boldsymbol{M}$，$\boldsymbol{M}^2=\boldsymbol{M}$

于是，残差平方和为：

$$\boldsymbol{e}^T\boldsymbol{e}=\boldsymbol{\mu}^T\boldsymbol{M}^T\boldsymbol{M\mu}=\boldsymbol{\mu}^T\boldsymbol{M\mu}=\boldsymbol{\mu}^T[\boldsymbol{I}-\boldsymbol{X}(\boldsymbol{X}^T\boldsymbol{X})^{-1}\boldsymbol{X}^T]\boldsymbol{\mu}$$

$$E(e^Te)=E\{\mu^T[I-X(X^TX)^{-1}X^T]\mu\}=\sigma^2 trace(I-X(X^TX)^{-1}X^T)$$
$$=\sigma^2\{[trace(I)-trace[(X(X^TX)^{-1}X^T]\}=\sigma^2[n-(k+1)]$$

$$\sigma^2=\frac{E(e^Te)}{n-(k+1)}$$

令 $\hat{\sigma}^2=\frac{E(e^Te)}{n-(k+1)}$，即可得到随机扰动项 σ^2 的非常的无偏估计量为：

$$\hat{\sigma}^2=\frac{E(e^Te)}{n-(k+1)}$$

也称为回归标准差或残差标准差。

$$e^Te=(Y-X\hat{\beta})^T(Y-X\hat{\beta})=Y^TY-2\hat{\beta}^TX^TY+\hat{\beta}^TX^TX\hat{\beta}$$
$$=Y^TY-2\hat{\beta}X^TY+\hat{\beta}X^TX(X^TX)^{-1}X^TY=Y^TY-\hat{\beta}X^TY$$

同样，也可以用离差形式表示为：

$$e^Te=y^Ty-\tilde{\beta}^Tx^Ty$$

三、多元线性回归模型参数的极大似然估计

对于多元线性回归模型：$Y=X\beta+\mu$

由经典线性回归模型假定 4 可知被解释变量也服从正态分布，即：

$Y\sim N(X\beta,\sigma^2 I)$ 或 $Y_i\sim N(\beta_0+\beta_1X_{1i}+\cdots\beta_kX_{ki},\sigma^2)$

对于解释变量 X 的每一次观测值，被解释变量 Y 的所有组样本观测值的联合概率为：

$L(Y,\beta,\sigma^2)=f(Y,\beta,\sigma^2)=(2\pi)^{-\frac{n}{2}}[\det(\sigma^2 I)]^{-\frac{1}{2}}\exp[(Y-X\beta)^T(\sigma^2 I)^{-1}(Y-X\beta)]$

两边取对数，并对未知参数求偏导得正规方程组：$X^TY=X^TX\hat{\beta}$

从而得到最大似然估计量：$\hat{\beta}=(X^TX)^{-1}X^TY$

可以清楚地看到 OLS 与 ML 估计量是等价的。

四、矩估计法（Moment Method，MM）

普通最小二乘法是通过得到有关参数估计值的正规方程组并对它进行求解而完成的。我们也可以换一种思路来导出：

对总体多元线性回归模型 $Y=X\beta+\mu$ 的两边分别左乘 X^T，即得到：

$X^TY=X^TX\beta+X^T\mu$ 或 $X^T(Y-X\beta)=X^T\mu$

对上述方程的两边求期望，有：

$E[X^T(Y-X\beta)]=E(X^T\mu)=0$

这里用到了解释变量与随机扰动项不相关的基本假设。

$E(X^T\mu)=0$ 称为原总体回归模型的一组矩条件（Moment Condition），表明了原总体回归模型所具有的内在特征。如果随机抽出原总体的一个样本，由该样本估计出

的样本回归方程 $\hat{\boldsymbol{Y}}=\boldsymbol{X}\hat{\boldsymbol{\beta}}$ 能够近似代表总体回归方程，则 $\frac{1}{n}\boldsymbol{X}^T(\boldsymbol{Y}-\boldsymbol{X}\hat{\boldsymbol{\beta}})=0$ 应成立。由此得到正规方程组：

$$\boldsymbol{X}^T\boldsymbol{Y}=\boldsymbol{X}^T\boldsymbol{X}\hat{\boldsymbol{\beta}}$$

解此正规方程组即可得到样本估计参数。这种估计样本回归方程的方法称为矩估计法（Moment Method，MM），其参数估计结果与普通最小二乘法（OLS）和最大似然估计法（ML）一致。

矩估计法是工具变量法（Instrumental Variables，IV）和广义矩估计法（Generalized Moment Method，GMM）的基础。

五、最小二乘估计量的特性

（一）线性性

所谓线性性是指最小二乘估计量 $\hat{\boldsymbol{\beta}}$ 是被解释变量 $\boldsymbol{Y}$ 的观测值的线性表达式。

由最小二乘估计 $\hat{\boldsymbol{\beta}}=(\boldsymbol{X}^T\boldsymbol{X})^{-1}\boldsymbol{X}^T\boldsymbol{Y}$，在此令 $\boldsymbol{A}=(\boldsymbol{X}^T\boldsymbol{X})^{-1}\boldsymbol{X}^T$，故：

$$\hat{\boldsymbol{\beta}}=(\boldsymbol{X}^T\boldsymbol{X})^{-1}\boldsymbol{X}^T\boldsymbol{Y}=\boldsymbol{A}\boldsymbol{Y}$$

可以清楚地看到其线性性。

（二）无偏性

$$\hat{\boldsymbol{\beta}}=(\boldsymbol{X}^T\boldsymbol{X})^{-1}\boldsymbol{X}^T\boldsymbol{Y}=(\boldsymbol{X}^T\boldsymbol{X})^{-1}\boldsymbol{X}^T(\boldsymbol{X}\boldsymbol{\beta}+\boldsymbol{\mu})=\boldsymbol{\beta}+(\boldsymbol{X}^T\boldsymbol{X})^{-1}\boldsymbol{X}^T\boldsymbol{\mu}$$

两边取期望，得：$E(\hat{\boldsymbol{\beta}})=E[\boldsymbol{\beta}+(\boldsymbol{X}^T\boldsymbol{X})^{-1}\boldsymbol{X}^T\boldsymbol{\mu}]=\boldsymbol{\beta}+\boldsymbol{E}[(\boldsymbol{X}^T\boldsymbol{X})^{-1}\boldsymbol{X}^T\boldsymbol{\mu}]=\boldsymbol{\beta}$

所以：$\hat{\boldsymbol{\beta}}$ 是 $\boldsymbol{\beta}$ 的无偏估计量。

（三）最小方差性

第一步，我们可以先求出未知参数的方差—协方差矩阵。

$$\mathrm{Var}(\hat{\boldsymbol{\beta}})=\mathrm{Cov}(\hat{\boldsymbol{\beta}})=E\{[\hat{\boldsymbol{\beta}}-E(\hat{\boldsymbol{\beta}})][\hat{\boldsymbol{\beta}}-E(\hat{\boldsymbol{\beta}})]^T\}=E[(\hat{\boldsymbol{\beta}}-\boldsymbol{\beta})(\hat{\boldsymbol{\beta}}-\boldsymbol{\beta})^T]$$

$$=\left(\begin{bmatrix}\hat{\beta}_0-\beta_0\\ \hat{\beta}_1-\beta_1\\ \cdots\cdots\\ \hat{\beta}_k-\beta_k\end{bmatrix}[\hat{\beta}_0-\beta_0,\ \hat{\beta}_1-\beta_1,\ \cdots,\ \hat{\beta}_k-\beta_k]\right)$$

$$=\begin{pmatrix}\mathrm{Var}(\hat{\beta}_0) & \mathrm{Cov}(\hat{\beta}_0,\ \hat{\beta}_1) & \cdots & \mathrm{Cov}(\hat{\beta}_0,\ \hat{\beta}_k)\\ \mathrm{Cov}(\hat{\beta}_1,\ \hat{\beta}_0) & \mathrm{Var}(\hat{\beta}_1) & \cdots & \mathrm{Cov}(\hat{\beta}_1,\ \hat{\beta}_k)\\ \cdots & \cdots & \cdots & \cdots\\ \mathrm{Cov}(\hat{\beta}_k,\ \hat{\beta}_0) & \mathrm{Cov}(\hat{\beta}_k,\ \hat{\beta}_1) & \cdots & \mathrm{Var}(\hat{\beta}_k,\ \hat{\beta}_k)\end{pmatrix}_{k\times k}$$

又已知 $\hat{\boldsymbol{\beta}}-\boldsymbol{\beta}=(\boldsymbol{X}^T\boldsymbol{X})^{-1}\boldsymbol{X}^T\boldsymbol{\mu}$

故 $\mathrm{Var}(\hat{\boldsymbol{\beta}})=\mathrm{Cov}(\hat{\boldsymbol{\beta}})=E\{[\hat{\boldsymbol{\beta}}-E(\hat{\boldsymbol{\beta}})][\hat{\boldsymbol{\beta}}-E(\hat{\boldsymbol{\beta}})]^T\}=E[(\hat{\boldsymbol{\beta}}-\boldsymbol{\beta})(\hat{\boldsymbol{\beta}}-\boldsymbol{\beta})^T]$

$$=E\{[(\boldsymbol{X}^T\boldsymbol{X})^{-1}\boldsymbol{X}^T\boldsymbol{\mu}][(\boldsymbol{X}^T\boldsymbol{X})^{-1}\boldsymbol{X}^T\boldsymbol{\mu}]^T\}=E[(\boldsymbol{X}^T\boldsymbol{X})^{-1}\boldsymbol{X}^T\boldsymbol{\mu}\boldsymbol{\mu}^T\boldsymbol{X}(\boldsymbol{X}^T\boldsymbol{X})^{-1}]$$

$$=(\boldsymbol{X}^T\boldsymbol{X})^{-1}\boldsymbol{X}^T\boldsymbol{E}(\boldsymbol{\mu}\boldsymbol{\mu}^T)\boldsymbol{X}(\boldsymbol{X}^T\boldsymbol{X})^{-1}]=(\boldsymbol{X}^T\boldsymbol{X})^{-1}\boldsymbol{X}^T\boldsymbol{\sigma}^2\boldsymbol{I}\boldsymbol{X}(\boldsymbol{X}^T\boldsymbol{X})^{-1}$$

$$=\sigma^2(\boldsymbol{X}^T\boldsymbol{X})^{-1}$$

令 $C=(\boldsymbol{X}^T\boldsymbol{X})^{-1}=(C_{i,j})$

这里，$C=(\boldsymbol{X}^T\boldsymbol{X})^{-1}=(C_{i,j})$ 是一个 $(k+1)$ 阶的方阵，而 $C_{i,j}$ 是位于矩阵 $\boldsymbol{C}=(\boldsymbol{X}^T\boldsymbol{X})^{-1}=(C_{i,j})$ 的第 i 行，第 j 列处的元素。

$$\mathrm{Var}(\hat{\boldsymbol{\beta}})=\sigma^2(\boldsymbol{X}^T\boldsymbol{X})^{-1}=\sigma^2\boldsymbol{C}=\sigma^2(C_{i,j})$$

第二步，证明 $\hat{\boldsymbol{\beta}}$ 的最小方差性，也就是要证明 $\boldsymbol{\beta}$ 的任一线性无偏估计量 $\boldsymbol{b}$ 的方差都不小于 $\hat{\boldsymbol{\beta}}$ 的方差。

不失一般性，假定 $\boldsymbol{\beta}$ 的任一线性无偏估计量 b 表示为：$\boldsymbol{b}=(\boldsymbol{A}+\boldsymbol{P})\boldsymbol{Y}$

其中：$\hat{\boldsymbol{\beta}}=(\boldsymbol{X}^T\boldsymbol{X})^{-1}\boldsymbol{X}^T\boldsymbol{Y}=\boldsymbol{A}\boldsymbol{Y}$　　$\boldsymbol{P}$ 是一非随机的 $(k+1)\times n$ 阶常数矩阵。

$\boldsymbol{b}=(\boldsymbol{A}+\boldsymbol{P})\boldsymbol{Y}=\boldsymbol{A}\boldsymbol{Y}+\boldsymbol{P}\boldsymbol{Y}=\hat{\boldsymbol{\beta}}+\boldsymbol{P}\boldsymbol{Y}$，对其两边取期望，得：

$$E(\boldsymbol{b})=E[(\boldsymbol{A}+\boldsymbol{P})\boldsymbol{Y}]=E[\hat{\boldsymbol{\beta}}+\boldsymbol{P}\boldsymbol{Y}]=E(\hat{\boldsymbol{\beta}})+E(\boldsymbol{P}\boldsymbol{Y})=\boldsymbol{\beta}+E[\boldsymbol{P}(\boldsymbol{X}\boldsymbol{\beta}+\boldsymbol{\mu})]$$
$$=\boldsymbol{\beta}+\boldsymbol{P}\boldsymbol{X}\boldsymbol{\beta}+\boldsymbol{P}E(\boldsymbol{\mu})=\boldsymbol{\beta}+\boldsymbol{P}\boldsymbol{X}\boldsymbol{\beta}$$

∵ $\boldsymbol{b}$ 是 $\boldsymbol{\beta}$ 的无偏估计量，故 $E(\boldsymbol{b})=\boldsymbol{\beta}$

这样就有，矩阵 $\boldsymbol{P}$ 满足条件：$\boldsymbol{P}\boldsymbol{X}=0$

$$\boldsymbol{b}-\boldsymbol{\beta}=(\boldsymbol{A}+\boldsymbol{P})\boldsymbol{Y}-\boldsymbol{\beta}=\boldsymbol{A}\boldsymbol{Y}+\boldsymbol{P}\boldsymbol{Y}-\boldsymbol{\beta}=\boldsymbol{A}(\boldsymbol{X}\boldsymbol{\beta}+\boldsymbol{\mu})+\boldsymbol{P}(\boldsymbol{X}\boldsymbol{\beta}+\boldsymbol{\mu})-\boldsymbol{\beta}$$
$$=\boldsymbol{A}\boldsymbol{X}\boldsymbol{\beta}+\boldsymbol{P}\boldsymbol{X}\boldsymbol{\beta}+(\boldsymbol{A}+\boldsymbol{P})\boldsymbol{\mu}-\boldsymbol{\beta}$$
$$=(\boldsymbol{X}^T\boldsymbol{X})^{-1}\boldsymbol{X}^T\boldsymbol{X}\boldsymbol{\beta}+(\boldsymbol{A}+\boldsymbol{P})\boldsymbol{\mu}-\boldsymbol{\beta}=(\boldsymbol{A}+\boldsymbol{P})\boldsymbol{\mu}$$

于是，$\boldsymbol{b}$ 的方差—协方差矩阵为：

$$\mathrm{Var}(\boldsymbol{b})=E[(\boldsymbol{b}-\boldsymbol{E}(\boldsymbol{b})][\boldsymbol{b}-\boldsymbol{E}(\boldsymbol{b})]^T=E(\boldsymbol{b}-\boldsymbol{\beta})(\boldsymbol{b}-\boldsymbol{\beta})^T$$
$$=E[(\boldsymbol{A}+\boldsymbol{P})\boldsymbol{\mu}][(\boldsymbol{A}+\boldsymbol{P})\boldsymbol{\mu}]^T=(\boldsymbol{A}+\boldsymbol{P})E(\boldsymbol{\mu}\boldsymbol{\mu}^T)(\boldsymbol{A}+\boldsymbol{P})^T$$
$$=\sigma^2(\boldsymbol{A}+\boldsymbol{P})(\boldsymbol{A}+\boldsymbol{P})^T$$

又因为：$(\boldsymbol{A}+\boldsymbol{P})(\boldsymbol{A}+\boldsymbol{P})^T=\boldsymbol{A}\boldsymbol{A}^T+\boldsymbol{P}\boldsymbol{A}^T+\boldsymbol{A}\boldsymbol{P}^T+\boldsymbol{P}\boldsymbol{P}^T$

$$=(\boldsymbol{X}^T\boldsymbol{X})^{-1}\boldsymbol{X}^T\boldsymbol{X}(\boldsymbol{X}^T\boldsymbol{X})^{-1}+\boldsymbol{P}\boldsymbol{X}(\boldsymbol{X}^T\boldsymbol{X})^{-1}+(\boldsymbol{X}^T\boldsymbol{X})^{-1}\boldsymbol{X}^T\boldsymbol{P}^T+\boldsymbol{P}\boldsymbol{P}^T$$
$$=(\boldsymbol{X}^T\boldsymbol{X})^{-1}+\boldsymbol{P}\boldsymbol{P}^T$$

$$\mathrm{Var}(\boldsymbol{b})=\sigma^2[(\boldsymbol{X}^T\boldsymbol{X})^{-1}+\boldsymbol{P}\boldsymbol{P}^T]=\sigma^2(\boldsymbol{X}^T\boldsymbol{X})^{-1}+\sigma^2\boldsymbol{P}\boldsymbol{P}^T=\mathrm{Var}(\hat{\boldsymbol{\beta}})+\sigma^2\boldsymbol{P}\boldsymbol{P}^T$$

上式右边第一项是最小二乘估计量 $\hat{\boldsymbol{\beta}}$ 的方差—协方差矩阵，第二项是由任一非随机常数项矩阵 $\boldsymbol{P}$ 产生的附加项，由于矩阵 $\boldsymbol{P}\boldsymbol{P}^T$ 的主对角线上的所有元素都是非负的，所以 $\mathrm{Var}(\boldsymbol{b})$ 的主对角线上的所有元素都不可能比 $\mathrm{Var}(\hat{\boldsymbol{\beta}})$ 的相应的主对角线上的元素小，即 $\mathrm{Var}(b_i)\geqslant\mathrm{Var}(\hat{\beta}_i)$，$i=0,1,\cdots,k$。

至此，最小二乘估计量 $\hat{\beta}$ 的最小方差性得证。

高斯—马尔科夫（Gauss—Markov）定理：对于经典线性回归模型（CLRM），其最小二乘估计量 $\hat{\boldsymbol{\beta}}$ 是 $\boldsymbol{\beta}$ 的最优线性无偏估计量（Best Linear Unbiased Estimate，简记为 BLUE），也就是说在 $\boldsymbol{\beta}$ 的所有线性无偏估计量中，$\hat{\boldsymbol{\beta}}$ 具有最小方差性。

另外，在证明最小方差性的过程中，我们得到了 $\hat{\beta}_i$ 方差的表达式：

$$\mathrm{Var}(\hat{\beta}_i)=\sigma^2(\boldsymbol{X}^T\boldsymbol{X})^{-1}_{i+1,\,i+1}=\sigma^2C_{i+1,\,i+1}\qquad 其中，i=0,1,\cdots,k$$

我们在此令 $Se^2_{(\hat{\beta}_i)}=\hat{\sigma}^2 C_{i+1,\ i+1}$（$i=0,\ 1,\ \cdots,\ k$）为 $\hat{\beta}_i$ 方差的估计量。

其中：$\hat{\sigma}^2=\dfrac{\boldsymbol{e}^T\boldsymbol{e}}{n-(k+1)}$

同时，可得：$Se_{(\hat{\beta}_i)}=\hat{\sigma}\sqrt{C_{i+1,\ i+1}}$（$i=0,\ 1,\ \cdots,\ k$）为 $\hat{\beta}_i$ 标准差的估计量。

第二节　多元线性回归模型的统计检验和区间估计

多元线性回归模型的参数估计出来以后，即求出样本回归函数后，需要进一步对该样本回归函数进行统计检验，以判断估计的可靠程度。这里包括拟合优度检验、方程总体线性的显著性检验、变量的显著性检验。

一、拟合优度检验

（一）可决系数和修正可决系数检验

并非每一个值 Y 都正确地落在估计的总体回归线上，即并非所有的 $e_i=Y_i-\hat{Y}_i$ 都是0，有些 e_i 值为正，有些为负。在多元线性回归模型中，也可以用可决系数来衡量样本回归线对样本观测值的拟合程度，度量各解释变量 X_{ji} 对被解释变量 Y_i 变动的联合解释比例。

1. 总离差平方和的分解

对于有 k 个解释变量的多元线性回归模型：

$$Y_i=\beta_0+\beta_1X_{1i}+\beta_2X_{2i}+\cdots+\beta_kX_{ki}+\mu_i \qquad (i=1,\ 2,\ \cdots,\ n)$$

其对应的回归方程为：$\hat{Y}_i=\hat{\beta}_0+\hat{\beta}_1X_{1i}+\hat{\beta}_2X_{2i}+\cdots+\hat{\beta}_kX_{ki}$

将 Y_i 与其平均值 $\overline{Y}$ 之间的离差分解，即：

$$Y_i-\overline{Y}=(\hat{Y}_i-\overline{Y})+(Y_i-\hat{Y}_i)$$

令 $TSS=\sum(Y_i-\overline{Y})^2$ 为总离差平方和（Total Sum of Square），$ESS=\sum(\hat{Y}_i-\overline{Y})^2$ 为回归平方和（Explained Sum of Square），$RSS=\sum(Y_i-\hat{Y}_i)^2=\sum e_i^2$ 为残差平方和（Residual Sum of Square）。则有：

$$\begin{aligned}
TSS&=\sum(Y_i-\overline{Y})^2=\sum[(Y_i-\hat{Y}_i)+(\hat{Y}_i-\overline{Y})]^2\\
&=\sum(Y_i-\hat{Y}_i)^2+2\sum(Y_i-\hat{Y}_i)(\hat{Y}_i-\overline{Y})+\sum(\hat{Y}_i-\overline{Y})^2\\
&=\sum(Y_i-\hat{Y}_i)^2+2\sum e_i(\hat{Y}_i-\overline{Y})+\sum(\hat{Y}_i-\overline{Y})^2\\
&=\sum(Y_i-\hat{Y}_i)^2+\sum(\hat{Y}_i-\overline{Y})^2\\
&=ESS+RSS
\end{aligned}$$

即总离差平方和被分解为回归平方和和残差平方和。

另外，还可以得到：

$$TSS = \sum (Y_i - \bar{Y})^2 = \sum Y_i^2 - n\bar{Y}^2 = \boldsymbol{Y}^T\boldsymbol{Y} - n\bar{\boldsymbol{Y}}^2$$

$$RSS = \sum e_i^2 = \boldsymbol{e}^T\boldsymbol{e} = \boldsymbol{Y}^T\boldsymbol{Y} - \hat{\boldsymbol{\beta}}^T\boldsymbol{X}^T\boldsymbol{Y}$$

$$ESS = TSS - RSS = (\boldsymbol{Y}^T\boldsymbol{Y} - n\bar{\boldsymbol{Y}}^2) - (\boldsymbol{Y}^T\boldsymbol{Y} - \hat{\boldsymbol{\beta}}^T\boldsymbol{X}^T\boldsymbol{Y}) = \hat{\boldsymbol{\beta}}^T\boldsymbol{X}^T\boldsymbol{Y} - n\bar{\boldsymbol{Y}}^2$$

如果采用离差形式的样本数据，则可得：

$$TSS = \sum (Y_i - \bar{Y})^2 = \sum y_i^2 = \boldsymbol{y}^T\boldsymbol{y}$$

$$RSS = \sum e_i^2 = \boldsymbol{e}^T\boldsymbol{e} = \boldsymbol{y}^T\boldsymbol{y} - \tilde{\boldsymbol{\beta}}^T\boldsymbol{x}^T\boldsymbol{y}$$

$$ESS = TSS - RSS = \sum \hat{y}_i^2 = \boldsymbol{y}^T\boldsymbol{y} - (\boldsymbol{y}^T\boldsymbol{y} - \tilde{\boldsymbol{\beta}}^T\boldsymbol{x}^T\boldsymbol{y}) = \tilde{\boldsymbol{\beta}}^T\boldsymbol{x}^T\boldsymbol{y}$$

2. 多元样本可决系数

所谓多元样本可决系数 R^2，也称为多元样本判断系数或多元样本决定系数，是指被解释变量 $\boldsymbol{Y}$ 中的变异性能被估计的多元回归方程解释的比例。即：

$$R^2 = \frac{ESS}{TSS} = 1 - \frac{RSS}{TSS} = \frac{\sum \hat{y}_i^2}{\sum y_i^2} = \frac{\hat{\boldsymbol{\beta}}^T\boldsymbol{X}^T\boldsymbol{Y} - n\bar{\boldsymbol{Y}}^2}{\boldsymbol{Y}^T\boldsymbol{Y} - n\bar{\boldsymbol{Y}}^2} = \frac{\tilde{\boldsymbol{\beta}}^T\boldsymbol{x}^T\boldsymbol{y}}{\boldsymbol{y}^T\boldsymbol{y}}$$

$0 \leqslant R^2 \leqslant 1$，$R^2$ 的数值越接近于 1，表示解释变量 $\boldsymbol{Y}$ 中的变异性能被估计的回归方程解释的部分越多，估计的回归方程对样本观测值就拟合得越好；反之，R^2 的数值越接近于 0，表示解释变量 $\boldsymbol{Y}$ 中的变异性能被估计的回归方程解释的部分越少，估计的回归方程对样本观测值就拟合得越差。R^2 作为度量回归值 $\hat{Y}_i$ 对样本观测值 Y_i 拟合优度的指标，显然，R^2 的数值越大越好。

3. 修正可决系数

R^2 有一个重要的性质，它是解释变量个数的递增函数。也就是说，在样本容量不变时，如果在回归模型中增加新的解释变量，并不会改变总离差平方和 TSS，但可能增加回归平方和 ESS（或是可能减少残差平方和 RSS），从而可能改善模型的解释功能。所以，增加新的解释变量，不会减少 R^2 的数值，只有可能增加 R^2 的数值。这样一来，在应用过程中就容易引起一种错觉，即要想使模型拟合得好，只要在回归模型中增加新的解释变量就可以了。因此，R^2 并不能真实反映回归模型对观测数据的拟合优度。

之所以出现这个问题，其主要原因是没有考虑三个平方和的自由度。因此，一个自然的解决方法是用平方和的自由度进行修正，以消除 R^2 对解释变量个数的依赖。这样我们便可得到修正可决系数：

$$\bar{R}^2 = 1 - \frac{RSS/(n-k-1)}{TSS/(n-1)}$$

其中：$\dfrac{RSS}{n-k-1} = \dfrac{\sum e_i^2}{n-k-1}$ 是随机误差项 μ_i 的样本方差，即 μ_i 的方差的无偏估计量。

$\frac{TSS}{n-1}=\frac{\sum(Y_i-\bar{Y})^2}{n-1}$ 不能解释变量 Y 的样本方差。

因为在样本容量一定的情况下，增加模型中解释变量的个数时，总离差平方和 TSS 仍保持不变，只是残差平方和 RSS 有可能减少，所以，$\frac{TSS}{n-1}$ 是一个常数，而 $\frac{RSS}{n-k-1}$ 将发生变化，既可能变大，也可能变小，从而引起的减少或增大，达到对修正的目的。

可决系数与修正可决系数有如下关系：

$\bar{R}^2=1-(1-R^2)\frac{n-1}{n-k-1}$

在样本容量一定的情况下，可以看到：

（1）若 $k\geqslant 1$，则：$\bar{R}^2\leqslant R^2$。

$\bar{R}^2$ 可能出现负值，显然，负的拟合优度没有任何意义，在这种情况下，我们取修正可决系数 $\bar{R}^2=0$。

（2）在实际应用时，一般来说，可决系数 R^2 和修正可决系数 $\bar{R}^2$ 越大，模型拟合得越好。但是，可决系数 R^2 和修正可决系数 $\bar{R}^2$ 大到什么程度才算模型拟合得好，并没有一个绝对的数量标准。另外，可决系数 R^2 和修正可决系数 $\bar{R}^2$ 仅仅说明了在给定的样本条件下，估计的回归方程对于样本观测值拟合的优度，拟合优度并不是评价模型优劣的唯一标准，我们不能仅以可决系数 R^2 和修正可决系数 $\bar{R}^2$ 的大小来选择模型，有时为了使有重要经济意义的解释变量保留在模型中，宁可牺牲一点拟合优度。

4. 偏相关系数

在多元线性回归模型中，很自然地会将简单相关系数的概念加以引申。由于多元线性回归模型中的变量有很多，所以任何两个变量之间的相关关系都可能受到其余变量的影响，所以变量之间的简单相关系数反映的就可能不会是变量之间的纯粹的相关关系，而更倾向于是受到其余变量影响的相关关系。为了看一看在排除了模型中其他解释变量的作用之后，被解释变量和某一个解释变量之间的相关程度，我们引入了偏相关系数的概念。

一般而言，在多个变量之间，如果只考虑任意两个变量 Y 与 X_i（$i=1, 2, \cdots, k$）之间的相关关系，而清除掉其他变量对它们的影响，这种相关就叫作偏相关，用来衡量偏相关程度的数量指标叫作偏相关系数。

例如有两个解释变量的线性回归模型：

$Y_i=\beta_0+\beta_1X_{1i}+\beta_2X_{2i}+\mu_i$

Y 和 X_1 之间的偏相关系数就是定义为在消除了模型中其他变量 X_2 对 Y 的线性影

响之后，来衡量 X_1 对 Y 单独影响的数量指标。

Y 和 X_1 之间的偏相关系数求法的步骤一般为：

（1）将 Y 对 X_2 进行回归，得到拟合值 $\hat{Y}_i = \hat{\alpha}_0 + \hat{\alpha}_1 X_{2i}$ 。

（2）将 X_1 对 X_2 进行回归，得到拟合值 $\hat{X}_{1i} = \hat{\gamma}_0 + \hat{\gamma}_1 X_{2i}$ 。

（3）去掉 X_2 对 Y 和 X_1 的影响，$Y_i' = Y_i - \hat{Y}_i$ ，$X_{1i}' = X_{1i} - \hat{X}_{1i}$ 。

（4）则 Y 和 X_1 之间的偏相关系数就是 Y_i' 和 X_{1i}' 之间的简单相关系数。

注意：Y_i' 和 X_{1i}' 的构成，它们都与 X_2 不相关，则 Y_i' 和 X_{1i}' 的回归是 Y 和 X_2 不相关的部分对 X_1 和 X_2 不相关部分的回归，如果把偏相关系数和简单相关系数记为：

$r_{YX_1X_2}$ ：Y_i 与 X_{1i} 之间的偏相关系数

r_{YX_1} ：Y_i 与 X_{1i} 之间的简单相关系数

$r_{X_1X_2}$ ：X_{1i} 与 X_{2i} 之间的简单相关系数

那么，偏相关系数与简单相关系数之间的关系为：

$$r_{YX_1X_2} = \frac{r_{YX_1} - r_{YX_2} r_{X_1X_2}}{\sqrt{1 - r_{X_1X_2}^2}\sqrt{1 - r_{YX_2}^2}}$$

$$r_{YX_2X_1} = \frac{r_{YX_2} - r_{YX_1} r_{X_1X_2}}{\sqrt{1 - r_{X_1X_2}^2}\sqrt{1 - r_{YX_1}^2}}$$

从公式可知，偏相关系数的值必然位于 0 和 1 之间，这和简单相关系数是一样的，如果 Y_i 与 X_{1i} 之间的偏相关系数为 0，说明在考虑了 X_{2i} 对每个变量的线性作用之后，Y_i 与 X_{1i} 之间没有线性关系，即我们可以作出 X_{1i} 在模型中对 Y_i 没有直接影响的结论。事实上，偏相关系数常常被用于确定不同变量在回归模型中的相对重要性。

现在我们看看偏相关系数和可决系数 R^2 之间的关系，首先，从上一章公式推导中我们已经知道了在一元线性回归模型中，可决系数 R^2 是被解释变量与解释变量之间的简单相关系数的平方，这样我们也可以将 Y_i 与 X_{1i} 之间的偏相关系数解释为 Y_i 的方差中不能被 X_{2i} 解释，但能被 X_{1i} 中与 X_{2i} 不相关部分解释的百分比的平方根。基于这个事实，我们可以推导出以下关系：

$$r_{YX_1X_2}^2 = \frac{R^2 - r_{YX_2}^2}{1 - r_{YX_2}^2}$$

偏相关系数剔除了其他的影响，反映的是变量之间真实而又比较纯粹的相关关系。

（二）赤池信息准则和施瓦茨准则

为了比较所含解释变量个数不同的多元回归模型的拟合优度，常用的标准还有以下两种。

1. 赤池信息准则（Akaike Information Criterion，AIC）

$$AIC = \ln[\frac{\sum e_i^2}{n}] + \frac{2(k+1)}{n}$$

其中：e_i 是残差，n 是观测值数目，k 是被解释变量的个数。

AIC 准则要求 AIC 取值越小越好。容易看出，AIC 的大小取决于 $\sum e_i^2$ 和 k，k 值小意味着模型简洁，$\sum e_i^2$ 值大意味着模型精确。因此，AIC 和修正可决系数 $\bar{R}^2$ 类似，在评价模型优劣时兼顾了简洁性和准确性。

2. 施瓦茨准则（Schwarz Criterion，SC）

$$SC = \ln[\frac{\sum e_i^2}{n}] + \frac{k}{n}\ln n$$

其中：e_i 是残差，n 是观测值数目，k 是被解释变量的个数。

可以看出，SC 的用法和特点与 AIC 十分相似。在使用时，也要求 SC 值越小越好。这两个准则均要求，仅当所增加的解释变量能够减少 SC 值或 AIC 值时，才在原模型中增加该解释变量。

二、显著性检验

（一）回归方程的显著性检验（F 检验）

回归方程的显著性检验是指在一定的显著性水平下，从总体上对模型中被解释变量与解释变量之间的线性关系是否显著成立进行的一种统计检验。

对于多元线性回归模型

$$Y_i = \beta_0 + \beta_1 X_{1i} + \beta_2 X_{2i} + \cdots + \beta_k X_{ki} + \mu_i \quad (i = 1, 2, \cdots, n)$$

要检验模型中被解释变量与解释变量之间线性关系的显著性，检验的原假设和备择假设应为：

H_0：$\beta_1 = \beta_2 = \cdots = \beta_k = 0$

H_1：至少有一个 β_j 不等于零　$(j = 1, 2, \cdots, n)$

在 H_0：$\beta_1 = \beta_2 = \cdots = \beta_k = 0$ 成立的条件下，检验的统计量：

$$F = \frac{ESS/k}{RSS/(n-k-1)} \sim F(k, n-k-1)$$

对于给定的显著性水平 α，可以查 F 分布表得到相应的第一自由度为 k，第二自由度为 $n-k-1$ 的 α 水平上侧分位点 $F_{\alpha(k, n-k-1)}$，将样本观测值和估计值代入 $F = \frac{ESS/k}{RSS/(n-k-1)}$，若计算出的结果有 $F > F_{\alpha(k, n-k-1)}$，则否定原假设 H_0，即认为总体回归方程存在显著的线性关系；否则，不否定原假设 H_0，即认为总体回归方程不存在显著的线性关系。

对于 $F = \frac{ESS/k}{RSS/(n-k-1)}$ 和可决系数 R^2 之间存在的关系，可以推出：

$$F = \frac{R^2/k}{(1-R^2)/(n-k-1)}$$

我们也可以给出多元回归问题的方差分析表：

表 4—1　　多元回归方差分析表

平方和名称	表达式	自由度	均方
回归平方和	$ESS=\hat{\boldsymbol{\beta}}\boldsymbol{X}^T\boldsymbol{Y}-n\bar{\boldsymbol{Y}}^2=\tilde{\boldsymbol{\beta}}^T\boldsymbol{x}^T\boldsymbol{y}$	k	ESS/k
残差平方和	$RSS=\boldsymbol{Y}^T\boldsymbol{Y}-\hat{\boldsymbol{\beta}}\boldsymbol{X}^T\boldsymbol{Y}=\boldsymbol{y}^T\boldsymbol{y}-\tilde{\boldsymbol{\beta}}^T\boldsymbol{x}^T\boldsymbol{y}$	$n-k-1$	$RSS/(n-k-1)$
总离差平方和	$TSS=\boldsymbol{Y}^T\boldsymbol{Y}-\boldsymbol{n}\bar{\boldsymbol{Y}}^2=\boldsymbol{y}^T\boldsymbol{y}$	$n-1$	

（二）解释变量的显著性检验（t 检验）

解释变量的显著性检验，是指在一定的显著性水平下，检验模型的解释变量是否对被解释变量有显著影响的一种统计检验。

在上面，我们已经讨论了回归方程总体的显著性检验。对于多元线性回归模型，总体回归方程的显著性并不意味着每个解释变量 X_1，X_2，…，X_n 对被解释变量 Y 的影响都是显著的。因此，我们有必要对每个解释变量进行显著性检验，这样就能把对被解释变量 Y 影响不显著的解释变量从模型中剔除，而只在模型中保留那些对被解释变量 Y 影响显著的解释变量，以建立更为简单合理的多元线性回归模型。不难想象，在多元线性回归模型中，如果某个解释变量 X_i 对被解释变量 Y 的影响不显著，那么对应于该解释变量的回归系数的值应等于零，因此，对第 i 个解释变量 X_i 进行显著性检验，等价于检验它的系数 β_i 的值是否为零。

因此，检验的原假设为：

H_0：$\beta_i=0$　　$(i=1,2,\cdots,k)$

备择假设为：

H_1：$\beta_i\neq 0$　$(i=1,2,\cdots,k)$

也就是说，如果接受原假设 H_0，则 X_i 不显著；如果拒绝原假设 H_0，则 X_i 是显著的。

由上面高斯—马尔科夫定理我们已经知道：$\hat{\beta}_i\sim N(E(\hat{\beta}_i),\ \mathrm{Var}(\hat{\beta}_i))$

而 $E(\hat{\beta}_i)=\beta_i$，$\mathrm{Var}(\hat{\beta}_i)=\sigma^2(\boldsymbol{X}^T\boldsymbol{X})^{-1}_{i+1,i+1}=\sigma^2C_{i+1,i+1}$

从而得到

$$\hat{\beta}_i\sim N(\beta_i,\ \sigma^2C_{i+1,i+1})$$

$$\frac{\hat{\beta}_i-\beta_i}{\sqrt{\sigma^2C_{i+1,i+1}}}\sim N(0,1)$$

又由于随机扰动项 σ^2 的无偏估计量为

$$\hat{\sigma}^2=\frac{\boldsymbol{e}^T\boldsymbol{e}}{n-(k+1)}$$

记 $\hat{\beta}_i$ 的方差 $\mathrm{Var}(\hat{\beta}_i)$ 的估计量为

$$Se^2(\hat{\beta}_i)=\hat{\sigma}_iC_{i+1,i+1}$$

可以证明：$t=\frac{\hat{\beta}_i-\beta_i}{Se(\hat{\beta}_i)}=\frac{\hat{\beta}_i-\beta_i}{\sqrt{\sigma^2 C_{i+1,\ i+1}}}\sim t(n-k-1)$

于是，在 H_0 成立的条件下，检验的统计量为

$$t=\frac{\hat{\beta}_i}{Se(\hat{\beta}_i)}=\frac{\hat{\beta}_i}{\sqrt{\sigma^2 C_{i+1,\ i+1}}}\sim t(n-k-1)$$

对于预先给定的显著性水平 α，可从 t 分布表中查出相应的自由度为 $n-k-1$，α 水平的双侧分位点 $t_{\frac{\alpha}{2}(n-k-1)}$，将样本观测值和估计值代入上式，如果计算出的结果有 $|t|>t_{\frac{\alpha}{2}(n-k-1)}$，则否定原假设 H_0：$\beta=0$，接受 H_1：$\beta\neq 0$，即认为解释变量 X_i 对被解释变量 Y 存在显著的影响；否则不否定原假设 H_0：$\beta=0$，即认为解释变量 X_i 对被解释变量 Y 不存在显著的影响。

（三）受约束回归*

在建立回归模型时，有时根据经济理论需要会对模型中变量的参数施加一定的约束条件。例如：根据柯布—道格拉斯生产函数（Cobb－Douglas Production Function）$Y_i=\beta_0 L_i^{\beta_1}K_i^{\beta_2}e^{\mu_i}$（$\beta_1$，$\beta_2$ 分别为劳动和资本的产出弹性），如果规模报酬不变，即每一同比例的投入变化有同比例的产出变化，则柯布—道格拉斯（C－D）生产函数有 $\beta_1+\beta_2=1$ 的约束。同样地，需求函数 $Q_i=f(I,\ P_1,\ P_2,\ \cdots P_n)$ 满足零阶齐次性条件，即 $f(\lambda I,\ \lambda P_1,\ \lambda P_2,\ \cdots,\ \lambda P_n)=\lambda f(I,\ P_1,\ P_2,\ \cdots,\ P_n)$，也就是说当收入、价格和其他商品的价格等都增长 λ 倍时，对商品的需求量没有影响。

模型施加约束条件后进行回归，称受约束回归（Restricted Regression），而不加任何约束条件的回归，称为无约束回归（Unstricted Regression）。

1. 模型参数的线性约束

对下列模型 $Y_i=\beta_0+\beta_1 X_{1i}+\beta_2 X_{2i}+\cdots+\beta_k X_{ki}+\mu_i$

假设有如下约束：$\beta_1+\beta_2=1$，$\beta_{k-1}=\beta_k$

这可以得到：$Y_i=\beta_0+\beta_1 X_{1i}+(1-\beta)X_{2i}+\cdots+\beta_{k-1}X_{k-1i}+\beta_{k-1}X_k+\mu_i$

或　$Y_i^*=\beta_0+\beta_1 X_1^*+\beta_3 X_{3i}+\cdots+\beta_{k-1}X_{k-1}^*+\mu_i$

对上式进行 OLS 估计，得到参数的估计结果 $\hat{\beta}_0$，$\hat{\beta}_1$，$\hat{\beta}_3$，…，$\hat{\beta}_{k-1}$，再通过约束条件得到：$\hat{\beta}_2=1-\hat{\beta}_1$；$\hat{\beta}_k=\hat{\beta}_{k-1}$

同时，对所考查的具体问题能否施加约束条件，须进一步做相应的检验。常用的检验有 F 检验、χ^2 检验与 t 检验。

在同一样本数据下，记无约束样本回归模型为 $\boldsymbol{Y}=\boldsymbol{X}\hat{\boldsymbol{\beta}}+\boldsymbol{e}$，而受约束样本回归模型为 $\boldsymbol{Y}=\boldsymbol{X}\hat{\boldsymbol{\beta}}^*+\boldsymbol{e}^*$。

$$\boldsymbol{e}^*=\boldsymbol{Y}-\boldsymbol{X}\hat{\boldsymbol{\beta}}^*=\boldsymbol{X}\hat{\boldsymbol{\beta}}+\boldsymbol{e}-\boldsymbol{X}\hat{\boldsymbol{\beta}}^*=\boldsymbol{e}-\boldsymbol{X}(\hat{\boldsymbol{\beta}}-\hat{\boldsymbol{\beta}}^*)$$

可以得到受约束样本回归模型的残差平方和 RSS^* 为

$$\boldsymbol{e}^{*T}\boldsymbol{e}^*=\boldsymbol{e}^T\boldsymbol{e}+(\hat{\boldsymbol{\beta}}^*-\hat{\boldsymbol{\beta}})^T\boldsymbol{X}^t\boldsymbol{X}(\hat{\boldsymbol{\beta}}^*-\hat{\boldsymbol{\beta}})$$

显然，$\boldsymbol{e}^{*T}\boldsymbol{e}^*\geqslant\boldsymbol{e}^T\boldsymbol{e}$，其中，$\boldsymbol{e}^T\boldsymbol{e}$ 为无约束样本回归模型的残差平方和 RSS。

受约束与无约束模型都有相同的 TSS，而受约束样本回归模型的残差平方和大于或等于无约束样本回归模型的残差平方和。于是，受约束样本回归模型的回归平方和就小于或等于无约束样本回归模型的回归平方和。这也意味着，在通常情况下，对模型施加约束条件会降低模型的解释能力。也就是说，可否施加约束条件等价于约束条件是否施加得恰当，模型在约束条件施加前后的解释能力是否有变化，即 RSS^* 和 RSS 在统计意义上是否显著相等。也就是说，H_0：$RSS = RSS^*$ 即约束条件为真，H_1：$RSS \neq RSS^*$ 即不可施加约束条件。换句话说，就是如果约束条件为真，则受约束回归模型与无约束回归模型具有相同的解释能力，RSS^* 与 RSS 的变异变小，于是，应用 RSS^* 与 RSS 的差的大小来检验约束的真实性。

我们已知：

$$\frac{RSS}{\sigma^2} \sim \chi^2(n-k-1)$$

$$\frac{RSS^*}{\sigma^2} \sim \chi^2(n-k^*-1)$$

其中，k，k^* 分别为无约束与受约束回归模型的解释变量的个数。

$$\frac{RSS^* - RSS}{\sigma^2} \sim \chi^2(k-k^*)$$

于是，$F = \dfrac{(RSS^* - RSS)/(k-k^*)}{RSS/(n-k-1)} \sim F(k-k^*,\ n-k-1)$

这样，如果约束条件无效，RSS^* 与 RSS 的差异较大，计算的 F 值也较大。于是，可以计算的 F 统计量的值与所给定的显著性水平下的临界值作比较，对约束条件的真实性进行检验。

2. 对回归模型增加或减少解释变量

上面对每个解释变量进行显著性检验的 t 检验，把对被解释变量影响不显著的解释变量从模型中剔除，而 F 检验除对单个变量的取舍进行判断外，还可以对多个变量的同时取舍进行判断。

考虑如下两个回归模型：

$$Y_i = \beta_0 + \beta_1 X_{1i} + \beta_2 X_{2i} + \cdots + \beta_k X_{ki} + \mu_i$$

$$Y_i = \beta_0 + \beta_1 X_{1i} + \beta_2 X_{2i} + \cdots + \beta_k X_{ki} + \beta_{k+1} X_{k+1i} \cdots + \beta_{k+p} X_{k+pi} + \mu_i$$

上面的模型一可以看成是模型二的受约束回归，即

$$H_0: \beta_{k+1} = \beta_{k+2} = \cdots = \beta_{k+p} = 0$$

相应的 F 统计量为

$$F = \frac{(RSS^* - RSS)/p}{RSS/(n-k-p-1)} \sim F(p,\ n-k-p-1)$$

F 统计量的另一个等价式为

$$F = \frac{(R^2 - R^{*2})/p}{(1-R^2)/(n-k-p-1)} \sim F(p,\ n-k-p-1)$$

其中，R^2，R^{*2} 分别为无约束回归和受约束回归方程的可决系数。

如果约束条件为真，即额外的变量 X_{k+1i}，X_{k+2i}，…，X_{k+pi} 对 Y_i 没有解释能力，则 F 统计量较小，否则，约束条件为假，意味着额外的变量对 Y_i 有较强的解释能力，则 F 统计量较大。因此，可通过 F 的计算值与临界值的比较，来判断额外变量是否应包括在模型中。

3. 参数的稳定性

对于时间序列数据，因变量和解释变量之间的关系可能会发生结构变化，这可能是由于经济系统的需求或供给冲击带来的，也可能是体制转变的结果。例如，我国改革开放后经济关系的方方面面都逐渐发生了改变，市场经济体制的逐步建立也使得经济关系不断调整。因此建立模型时，往往希望模型的参数和设定关系是稳定的，即所谓的结构不变，那么如何检验结构变化呢？

（1）邹氏参数稳定性检验。

假设需要建立的模型为：$Y_i=\beta_0+\beta_1X_{1i}+\beta_2X_{2i}+\cdots+\beta_kX_{ki}+\mu_i$

在两个连续的时间序列（1，2，…，n_1）与（n_1+1，n_1+2，…，n_1+n_2）中，相应的模型分别为：

$$Y_i=\beta_0+\beta_1X_{1i}+\beta_2X_{2i}+\cdots+\beta_kX_{ki}+\mu_{1i}$$

$$Y_i=\alpha_0+\alpha_1X_{1i}+\alpha_2X_{2i}+\cdots+\alpha_kX_{ki}+\mu_{2i}$$

合并两个时间序列为（1，2，…，n_1，n_1+1，n_1+2，…，n_1+n_2），则可写出无约束回归模型，即

$$\begin{pmatrix}Y_1\\Y_2\end{pmatrix}=\begin{pmatrix}X_1&0\\0&X_2\end{pmatrix}\begin{pmatrix}\beta\\\alpha\end{pmatrix}+\begin{pmatrix}\mu_1\\\mu_2\end{pmatrix}$$

如果 $\alpha=\beta$，表示没有发生结构变化，因此可针对如下假设进行检验。由 H_0：$\alpha=\beta$

对 $\begin{pmatrix}Y_1\\Y_2\end{pmatrix}=\begin{pmatrix}X_1&0\\0&X_2\end{pmatrix}\begin{pmatrix}\beta\\\alpha\end{pmatrix}+\begin{pmatrix}\mu_1\\\mu_2\end{pmatrix}$ 施加约束后，变换成受约束回归模型为：

$$\begin{pmatrix}Y_1\\Y_2\end{pmatrix}=\begin{pmatrix}X_1\\X_2\end{pmatrix}\beta+\begin{pmatrix}\mu_1\\\mu_2\end{pmatrix}$$

因此，检验 F 统计量为：

$$F=\frac{(RSS^*-RSS)/(k+1)}{RSS/[n_1+n_2-2(k+1)]}\sim F[k+1,\ n_1+n_2-2(k+1)]$$

记 RSS_1，RSS_2 为在两时间段上分别回归后所得的残差平方和，容易验证：

$$RSS=RSS_1+RSS_2$$

则有 $F=\dfrac{[RSS^*-(RSS_1+RSS_2)]/(k+1)}{(RSS_1+RSS_2)/[n_1+n_2-2(k+1)]}\sim F[k+1,\ n_1+n_2-2(k+1)]$

参数稳定性的检验有如下步骤：

第一步，分别以两个连续时间序列作为两个样本进行回归，得到相应的残差平方

和—— RSS_1，RSS_2。

第二步，将两个序列并为一个大样本后进行回归，得到大样本下的残差平方和 RSS^* 。

第三步，计算 F 统计量的值

$$F=\frac{[RSS^*-(RSS_1+RSS_2)]/(k+1)}{(RSS_1+RSS_2)/[n_1+n_2-2(k+1)]}\sim F[k+1,\ n_1+n_2-2(k+1)]$$

再和临界值比较，若 F 值大于临界值 $F_\alpha[k+1,\ n_1+n_2-2(k+1)]$，则拒绝原假设，认为发生了结构变化，参数是非稳定的。该检验也称为邹氏参数稳定性检验（Chow test for parameter stability）。

（2）邹氏预测检验。

上述参数稳定性检验要求 $n_2>k$，如果出现 $n_2<k$，则往往进行如下的邹氏预测检验（Chow test for predictive failure）。

邹氏预测检验的基本思想如下：先用前一时间段 n_1 个样本估计原模型，再用估计出的参数进行后一时间段 n_2 个样本的预测。如果预测误差较大，则说明参数发生了变化，否则，说明参数是稳定的。

分别以 β，α 表示第一与第二时间段的参数，则

$$\begin{cases}Y_1=X_1\beta+\mu_1\\ Y_2=X_2\alpha+\mu_2=X_2\beta+X_2(\alpha-\beta)+\mu_2\end{cases}$$

其中，$\gamma=(\alpha-\beta)$，如果 $\gamma=0$，则 $\alpha=\beta$，表明参数在估计期与预测期相同。上面方程组可以用矩阵形式表示为：

$$\begin{pmatrix}Y_1\\Y_2\end{pmatrix}=\begin{pmatrix}X_1 & 0\\X_2 & I_{n2}\end{pmatrix}\begin{pmatrix}\beta\\\gamma\end{pmatrix}+\begin{pmatrix}\mu_1\\\mu_2\end{pmatrix}$$

可见，用前 n_1 个样本估计可得前 k 个参数 β 的估计，而 γ 不外是用后 n_2 个样本测算的预测误差 $X_2(\alpha-\beta)$。如果参数没有发生变化，则 $\gamma=0$，矩阵形式简化为：

$$\begin{pmatrix}Y_1\\Y_2\end{pmatrix}=\begin{pmatrix}X_1\\X_2\end{pmatrix}\beta+\begin{pmatrix}\mu_1\\\mu_2\end{pmatrix}$$

这样一来，$\begin{pmatrix}Y_1\\Y_2\end{pmatrix}=\begin{pmatrix}X_1 & 0\\X_2 & I_{n2}\end{pmatrix}\begin{pmatrix}\beta\\\gamma\end{pmatrix}+\begin{pmatrix}\mu_1\\\mu_2\end{pmatrix}$ 与 $\begin{pmatrix}Y_1\\Y_2\end{pmatrix}=\begin{pmatrix}X_1\\X_2\end{pmatrix}\beta+\begin{pmatrix}\mu_1\\\mu_2\end{pmatrix}$ 分别可以看成是受约束与无约束回归模型，于是有如下 F 检验。

$$F=\frac{(RSS^*-RSS)/(k-k^*)}{RSS/(n-k-1)}=\frac{(RSS^*-RSS_1)/n_2}{RSS_1/(n_1-k-1)}$$

这里，$k-k^*=n_2$，$RSS=RSS_1$

邹氏预测检验的步骤如下：

第一步，在两时间段的合成大样本下做 OLS 回归，得受约束模型的残差平方和 RSS^* 。

第二步，对前一时间段的 n_1 个子样本做回归，得到残差平方和 RSS_1。

第三步，计算检验的 F 统计量，作出判断。给定显著性水平 α，查 F 分布表，得临界值 $F_\alpha(n_2, n_1-k-1)$，如果 $F > F_\alpha(n_2, n_1-k-1)$，则拒绝原假设，认为预测期发生了结构变化。

4. 三大经典的非线性约束检验

估计线性模型时，也可对模型参数施加非线性约束。如对模型

$$Y_i = \beta_0 + \beta_1 X_{1i} + \beta_2 X_{2i} + \cdots + \beta_k X_{ki} + \mu_{1i}$$

施加非线性约束 $\beta_1\beta_2 = 1$，得到受约束回归模型为

$$Y_i = \beta_0 + \beta_1 X_{1i} + \frac{1}{\beta_1} X_{2i} + \cdots + \beta_k X_{ki} + \mu_{1i}$$

该模型是无法运用普通最小二乘法进行估计的，必须采用非线性最小二乘法进行估计。非线性约束检验是建立在最大似然估计原理基础上的，有最大似然比检验（likelihood ratio test，LR）、沃尔德检验（Wald test）与拉格朗日乘数检验（Lagrange multiplier test，LM）。

（1）最大似然比检验（LR）。

最大似然比检验需要估计无约束回归模型与受约束回归模型，运用最大似然估计法，检验两个似然函数的值的差异是否“足够大”。记 $L(\beta, \sigma^2)$ 为一似然函数，无约束回归就是求一组参数 $\hat{\beta}$，$\hat{\sigma}^2$，使得 $\max L(\hat{\beta}, \hat{\sigma}^2)$。约束回归就是给定约束条件 $g(\beta)=0$，求另一组参数 $\tilde{\beta}$，$\tilde{\sigma}^2$，使得 $\max L(\tilde{\beta}, \tilde{\sigma}^2)$。就是求拉格朗日函数 $\Phi = L(\beta, \sigma^2) - \lambda g(\beta)$ 的极值。其中 $g(\beta)$ 是以各约束条件为元素的列向量，λ 是以相应的拉格朗日乘数为元素的行向量。受约束的函数值不会超过无约束的函数值，但如果约束条件为真，则两个函数值就非常“接近”。由此，定义似然比（likelihood ratio）为 $\dfrac{L(\tilde{\beta}, \tilde{\sigma}^2)}{L(\hat{\beta}, \hat{\sigma}^2)}$。

如果比值很小，说明两似然函数值差距较大，则应拒绝约束条件为真的假设；如果比值接近于 1，说明两似然函数值很接近，应接受约束条件为真的假设。在具体检验时，由于大样本下，$LR = -2[\ln L(\tilde{\beta}, \tilde{\sigma}^2) - \ln L(\hat{\beta}, \hat{\sigma}^2)] \sim \chi^2(h)$。

其中，h 是约束条件的个数。因此，应通过 LR 统计量的 χ^2 分布特性来进行判断。

（2）沃尔德检验（WD）。

在沃尔德检验中，只需估计无约束模型。如对

$$Y_i = \beta_0 + \beta_1 X_{1i} + \beta_2 X_{2i} + \cdots + \beta_k X_{ki} + \mu_{1i}$$

要检验约束 $\beta_1 + \beta_2 = 1$，只需对该模型进行回归，并判断 $\hat{\beta}_1 + \hat{\beta}_2$ 与 1 的差距是否足够大。在所有经典假设都成立的条件下，容易证明：

$$\hat{\beta}_1 + \hat{\beta}_2 \sim N(\beta_1 + \beta_2, \sigma^2_{\hat{\beta}_1 + \hat{\beta}_2})$$

因此，在 $\beta_1 + \beta_2 = 1$ 的约束条件下

$$U = \frac{\hat{\beta}_2 + \hat{\beta}_3 - 1}{\sigma^2_{\hat{\beta}_2 + \hat{\beta}_2}} \sim N(0, 1)$$

其中，$\sigma^2_{\hat{\beta}_1+\hat{\beta}_2}$ 是 $\hat{\beta}_1+\hat{\beta}_2$ 的方差，可记为 $\sigma^2_{\hat{\beta}_1+\hat{\beta}_2}=\sigma^2 f(X)$，以 σ^2 的极大似然估计量 $\hat{\sigma}^2=\frac{\boldsymbol{e}^T\boldsymbol{e}}{n}$ 代替 $\sigma^2_{\hat{\beta}_1+\hat{\beta}_2}$，记为 $\sigma^2_{\hat{\beta}_1+\hat{\beta}_2}=\hat{\sigma}^2 f(X)$，可建立沃尔德统计量

$$W=\frac{(\hat{\beta}_2+\hat{\beta}_3-1)}{\sigma^2_{\hat{\beta}_1+\hat{\beta}_2}}\sim\chi^2_{(1)}$$

如果有 h 个约束条件，可以得到 h 个统计量 u_1，u_2，…，u_h，约束条件为真时，可建立大样本下的服从自由度为 h 的渐近 χ^2 分布统计量

$$W=U^T C^{-1}U\sim\chi^2(h)$$

其中 $\boldsymbol{U}$ 是以 u_i 为元素的列向量，C 是 $\boldsymbol{U}$ 方差—协方差矩阵。因此，W 从总体上测量了无约束回归不满足约束条件的程度。对非线性约束，沃尔德统计量 W 的算法描述要复杂得多。

（3）拉格朗日乘数检验（LM）。

运用拉格朗日乘数检验，则只需估计受约束模型。受约束模型是求最大似然法的极值问题，即 $\Phi=L(\boldsymbol{\beta},\boldsymbol{\sigma^2})-\boldsymbol{\lambda}g(\boldsymbol{\beta})$。

其中，λ 是拉格朗日乘数行向量，衡量各约束条件对最大似然函数值的影响程度。如果某一约束为真，则该约束条件对最大似然函数值的影响很小，于是，相应的拉格朗日乘数的值应接近于零。因此，拉格朗日乘数检验就是检验某些拉格朗日乘数的值是否“足够大”，如果“足够大”，则拒绝约束条件为真的假设。拉格朗日统计量 LM 本身是一个关于拉格朗日乘数的复杂的函数，在各约束条件为真的情况下，服从一自由度恰为约束条件个数的渐近 χ^2 分布。同样地，如果为线性约束，LM 服从一精确的 χ^2 分布，即 $LM=nR^2$。

其中，n 为样本容量，R^2 为如下辅助回归（auxiliary regression）的可决系数。$\hat{e}_i^*=\hat{\delta}_0+\hat{\delta}_1X_{1i}+\cdots+\hat{\delta}_kX_{ki}$，式中，$\hat{e}_i^*$ 是受约束回归模型的残差序列。

如果约束是非线性的，辅助回归方程的估计比较复杂，当然可以按 $LM=nR^2$ 计算 LM 统计量的值。最后，一般地有：$LM\leqslant LR\leqslant W$。

三、回归系数估计值的置信区间

在数理统计学中我们已经学习了有关参数的区间估计，所谓区间估计就是研究未知参数的点估计值作为近似值的精确程度和误差范围。

假设检验通过一次抽样的结果来检验总体参数可能值的范围，但它并没有指出在一次抽样中样本参数值到底距离总体参数的真值有多近。要判断样本参数的估计值在多大程度上可以近似地替代总体参数的真值，往往需要通过构造一个以样本参数的估计值（也就是点估计值）为中心的区间，来考察它以多大的概率包含着真实的参数值。这种估计方法就是下面所介绍的参数估计量的置信区间估计。

在变量的显著性检验中，我们已经知道

$$t=\frac{\hat{\beta}_i-\beta_i}{Se(\hat{\beta}_i)}=\frac{\hat{\beta}_i-\beta_i}{\sqrt{\hat{\sigma}^2C_{i+1,\ i+1}}}\sim t(n-k-1)$$

因此，在给定的置信水平 $1-\alpha$ 下，我们选取对称于原点的区间（$-t_{\frac{\alpha}{2}(n-k-1)}$，$t_{\frac{\alpha}{2}(n-k-1)}$），使得 $P(|t|<t_{\frac{\alpha}{2}(n-k-1)})=1-\alpha$ 。

于是得到：参数 β_i 的置信度或置信水平为 $1-\alpha$ 的置信区间为 $(\hat{\beta}_i-t_{\frac{\alpha}{2}(n-k-1)}Se(\hat{\beta}_i)，\hat{\beta}_i+t_{\frac{\alpha}{2}(n-k-1)}Se(\hat{\beta}_i))$ 。

第三节 多元线性回归模型的预测

建立计量经济模型的一个重要目的就是利用估计的回归方程进行预测。而预测又分为点预测和区间预测两种。

一、点预测

设多元总体线性回归模型

$Y_i=\beta_0+\beta_1X_{1i}+\cdots+\beta_kX_{ki}+\mu_i=X_i\beta+\mu_i \quad (i=1，2，\cdots，n)$

其中 $\boldsymbol{X_i}=(1，X_{1i}，X_{2i}，\cdots，X_{ki})$

$\boldsymbol{\beta}=(\beta_0，\beta_1，\cdots，\beta_k)^T$

我们可以用 OLS 估计得到

$\hat{Y}_i=\hat{\beta}_0+\hat{\beta}_1X_{1i}+\cdots+\hat{\beta}_kX_{ki}=X_i\hat{\beta}$

其中 $\hat{\boldsymbol{\beta}}=(\hat{\beta}_0，\hat{\beta}_1，\cdots，\hat{\beta}_k)^T$

而点预测就是将被解释变量 X_1，X_2，…，X_k 的一组特定值 $\boldsymbol{X_0}=(1，X_{10}，X_{20}，\cdots，X_{k0})$ 代入估计的回归方程 $\hat{Y}_i=\hat{\beta}_0+\hat{\beta}_1X_{1i}+\cdots+\hat{\beta}_kX_{ki}=\boldsymbol{X_i\hat{\beta}}$ 中，从而算出被解释变量 Y_0 的点预测值 $\hat{Y}_0=\hat{\beta}_0+\hat{\beta}_1X_{10}+\cdots+\hat{\beta}_kX_{k0}=X_0\hat{\beta}$ 。

二、区间预测

在实际应用中，人们不仅关心被解释变量 Y 的估计值，而且希望能够得到估计值所处的大致范围，也就是说，人们希望得到一个以相当大的可能性包含被解释变量 Y 的真值的区间，这个区间就是数理统计中的置信区间，我们称为预测区间。对于 $\hat{Y}_0$ 有两种解释，所以就有两种预测区间，即关于 Y 的条件期望 $E(Y_0|X_0)$ 的预测区间和关于 Y 的个别值 Y_0 的预测区间。

（一）关于 Y 的条件期望 $E(\boldsymbol{Y_0}|\boldsymbol{X_0})$ 的预测区间

$\because E(\hat{\boldsymbol{Y}}_0)=E(\hat{\beta}_0+\hat{\beta}_1X_{10}+\cdots+\hat{\beta}_kX_{k0})=E(\boldsymbol{X_0\hat{\beta}})=\boldsymbol{X_0\beta}$

又 $\boldsymbol{X_0}$ 是非随机的解释变量 X_1，X_2，…，X_k 的一组特定值组成的行向量，$E(\hat{\boldsymbol{\beta}})=\boldsymbol{\beta}$，所以有

$E(\hat{\boldsymbol{Y}}_0)=\boldsymbol{X_0E(\hat{\beta})}=\boldsymbol{X_0\beta}=E(\boldsymbol{Y_0}|\boldsymbol{X_0})$

所以，$\hat{\boldsymbol{Y}}_0$ 是 $E(\boldsymbol{Y_0}|\boldsymbol{X_0})$ 的无偏估计量。接着，我们考察 $\hat{\boldsymbol{Y}}_0$ 的方差

$\mathrm{Var}(\hat{\boldsymbol{Y}}_0)=\mathrm{Var}(\boldsymbol{X_0\hat{\beta}})=E[\boldsymbol{X_0\hat{\beta}}-E(\boldsymbol{X_0\hat{\beta}})]^2$

$$= E[\mathbf{X}_0\hat{\boldsymbol{\beta}} - \mathbf{X}_0\boldsymbol{\beta}]^2 = E[\mathbf{X}(\hat{\boldsymbol{\beta}} - \boldsymbol{\beta})]^2 = E[\mathbf{X}_0(\mathbf{X}^T\mathbf{X})^{-1}\mathbf{X}^T\mathbf{U}]^2$$
$$= E[\mathbf{X}_0(\mathbf{X}^T\mathbf{X})^{-1}\mathbf{X}^T\mathbf{U}\mathbf{U}^T\mathbf{X}(\mathbf{X}^T\mathbf{X})^{-1}\mathbf{X}^T]$$
$$= \mathbf{X}_0(\mathbf{X}^T\mathbf{X})^{-1}\mathbf{X}[\mathbf{E}(\mathbf{U}\mathbf{U}^T)]\mathbf{X}(\mathbf{X}^T\mathbf{X})^{-1}\mathbf{X}_0^T$$
$$= \sigma^2\mathbf{X}_0(\mathbf{X}^T\mathbf{X})^{-1}\mathbf{X}_0^T$$

于是，$\hat{\mathbf{Y}}_0$ 方差的估计量为 $Se(\hat{\mathbf{Y}}_0)^2 = \hat{\sigma}^2\mathbf{X}_0(\mathbf{X}^T\mathbf{X})^{-1}\mathbf{X}_0^T$

从而有：$\hat{\mathbf{Y}}_0 \sim N[E(\mathbf{Y}_0 \mid \mathbf{X}_0), \sigma^2\mathbf{X}_0(\mathbf{X}^T\mathbf{X})^{-1}\mathbf{X}_0^T]$

标准化得：$\dfrac{\hat{\mathbf{Y}}_0 - \mathbf{E}(\mathbf{Y}_0 \mid \mathbf{X}_0)}{\sqrt{\sigma^2\mathbf{X}_0(\mathbf{X}^T\mathbf{X})^{-1}\mathbf{X}_0^T}} \sim N(0, I)$

因为 σ^2 是未知的，无偏估计量 $\hat{\sigma}^2 = \dfrac{\mathbf{e}^T\mathbf{e}}{n-(k+1)} = \dfrac{\sum e_i^2}{n-(k+1)}$

从而得到：$t = \dfrac{\hat{\mathbf{Y}}_0 - E(\mathbf{Y}_0 \mid \mathbf{X}_0)}{\sqrt{\hat{\sigma}^2\mathbf{X}_0(\mathbf{X}^T\mathbf{X})^{-1}\mathbf{X}_0^T}} = \dfrac{\hat{\mathbf{Y}}_0 - E(\mathbf{Y}_0 \mid \mathbf{X}_0)}{Se(\hat{\mathbf{Y}}_0)} \sim t(n-k-1)$

对于给定的显著性水平 α，由 t 分布表可查得 $t_{\frac{\alpha}{2}(n-k-1)}$，使

$P\{|t| < t_{\frac{\alpha}{2}(n-k-1)}\} = 1-\alpha$

最后，得到 $E(\mathbf{Y}_0 \mid \mathbf{X}_0)$ 的置信度为 $1-\alpha$ 的预测区间为

$(\hat{Y}_0 - t_{\frac{\alpha}{2}(n-k-1)}Se(\hat{Y}_0), \hat{Y}_0 + t_{\frac{\alpha}{2}(n-k-1)}Se(\hat{Y}_0))$

（二）$\mathbf{Y}_0$ 的预测区间

对于给定的非随机的解释变量 X_1，X_2，…，X_k 的一组特定值 $\mathbf{X}_0 = (1, X_{10}, X_{20}, \cdots, X_{k0})$，有 $Y_0 = \beta_0 + \beta_1 X_{10} + \cdots + \beta_k X_{k0} + \mu_0 = \mathbf{X}_0\boldsymbol{\beta} + \boldsymbol{\mu}_0$

而 $\hat{Y}_0 = \hat{\beta}_0 + \hat{\beta}_1 X_{10} + \cdots + \hat{\beta}_k X_{k0} = \mathbf{X}_0\hat{\boldsymbol{\beta}}$

将 $\hat{\mathbf{Y}}_0$ 看作 $\mathbf{Y}$ 个别值 $\mathbf{Y}_0$ 的点估计值时，它们的预测误差记为 $e_0 = Y_0 - \hat{Y}_0$

于是有：$E(\mathbf{e}_0) = E(\mathbf{Y}_0 - \hat{\mathbf{Y}}_0) = E(\mathbf{X}_0\boldsymbol{\beta} + \boldsymbol{\mu} - \mathbf{X}_0\hat{\boldsymbol{\beta}}) = 0$

接下来，$\mathrm{Var}(\mathbf{e}_0) = \mathrm{Var}(\mathbf{Y}_0 - \hat{\mathbf{Y}}_0) = \mathrm{Var}(\mathbf{Y}_0) + \mathrm{Var}(\hat{\mathbf{Y}}_0) = \sigma^2 + \sigma^2\mathbf{X}_0(\mathbf{X}^T\mathbf{X})^{-1}\mathbf{X}_0^T$

$$= \sigma^2[\mathbf{I} + \mathbf{X}_0(\mathbf{X}^T\mathbf{X})^{-1}\mathbf{X}_0^T]$$

于是，$\mathbf{e}_0$ 方差的估计量为 $Se(e_0)^2 = \hat{\sigma}^2[\mathbf{I} + \mathbf{X}_0(\mathbf{X}^T\mathbf{X})^{-1}\mathbf{X}_0^T]$

$\mathbf{e}_0 \sim N(0, \sigma^2[\mathbf{I} + \mathbf{X}_0(\mathbf{X}^T\mathbf{X})^{-1}\mathbf{X}_0^T])$

标准化得：$\dfrac{\mathbf{e}_0}{\sqrt{\sigma^2[\mathbf{I} + \mathbf{X}_0(\mathbf{X}^T\mathbf{X})^{-1}\mathbf{X}_0^T]}} \sim N(0, 1)$

因为 σ^2 是未知的，无偏估计量 $\hat{\sigma}^2 = \dfrac{\mathbf{e}^T\mathbf{e}}{n-(k+1)} = \dfrac{\sum e_i^2}{n-(k+1)}$

从而得到：$t = \dfrac{\mathbf{e}_0}{\sqrt{\hat{\sigma}^2[\mathbf{I} + \mathbf{X}_0(\mathbf{X}^T\mathbf{X})^{-1}\mathbf{X}_0^T]}} = \dfrac{\mathbf{e}_0}{\mathbf{Se}(\mathbf{e}_0)} \sim t(n-k-1)$

对于给定的显著性水平 α，由 t 分布表可查得 $t_{\frac{\alpha}{2}(n-k-1)}$，使

$P\{|t| < t_{\frac{\alpha}{2}(n-k-1)}\} = 1-\alpha$

最后，得到 Y_0 的置信度为 $1-\alpha$ 的预测区间为

$$(\hat{\boldsymbol{Y}}_0 - t_{\frac{\alpha}{2}(n-k-1)} Se(\boldsymbol{e_0}),\ \hat{\boldsymbol{Y}}_0 + t_{\frac{\alpha}{2}(n-k-1)} Se(\boldsymbol{e_0}))$$

第四节　非线性回归模型的线性化

前面所讨论的都是线性回归模型，其结构特点一方面是被解释变量 Y 是解释变量 X 的线性函数，即解释变量线性模型；另一方面是被解释变量 Y 也是相应未知参数 β 的线性函数，即参数线性模型。但是在现实经济问题的研究中，经济变量之间大多是非线性关系，而需要通过变量代换或函数变换方式将非线性函数关系转化成线性关系，从而得以应用线性回归模型的分析方法予以解决。这种对非线性模型进行线性化的处理方法基本可以概括为如下几种。

一、直接代换法

若变量之间关系虽然是非线性的，但被解释变量与参数之间的关系却是线性关系，我们可以直接利用变量代换的方法将模型线性化，从而将非线性回归模型的参数估计问题转换成线性回归模型的参数估计。

其基本形式为：

$$Y_i = \beta_0 + \beta_1 f_1(X_{1i}, X_{2i}, \cdots, X_{ki}) + \cdots + \beta_p f_p(X_{1i}, X_{2i}, \cdots, X_{ki}) + \mu_i$$

其中，f_1，f_2，…，f_p 是关于 X_1，X_2，…，X_k 的 p 个已知的非线性函数，β_0，β_1，…，β_p 是 $p+1$ 个未知参数。对于这种类型的模型，我们可以采用适当的变量替代，如令

$$\begin{cases} Z_1 = f_1(X_1, X_2, \cdots, X_k) \\ Z_2 = f_2(X_1, X_2, \cdots, X_k) \\ \cdots \\ Z_p = f_p(X_1, X_2, \cdots, X_k) \end{cases}$$

就可将原模型化为一个标准的多元线性回归模型：

$$Y_i = \beta_0 + \beta_1 Z_{1i} + \cdots + \beta_p Z_{pi} + \mu_i$$

常见的模型主要有如下几种：

（一）双对数线性模型

模型 $\ln Y_i = \beta_0 + \beta_1 \ln X_i + \mu_i$ 称为双对数线性模型。若满足经典回归模型的假定条件，则可作如下变量代换

$$\ln Y_i = Y_i^*,\ \ln X_i = X_i^*$$

则原模型便可转化为线性回归模型：

$$Y_i^* = \beta_0 + \beta_1 X_i^* + \mu_i$$

双对数线性模型的特点：其中的回归系数 β_1 恰好是被解释变量 Y_i 关于解释变量 X_i 的弹性。即给解释变量一个百分之一的变动所引起的被解释变量变动的百分比，它

是一个不变量，因此，又称双对数线性模型为不变弹性模型。

由于弹性是经济分析中的一个十分重要的指标，如需求的价格弹性、收入弹性以及生产函数中的资本弹性、劳动弹性等，若所研究的经济关系可以用双对数线性模型描述，那么估计模型之后，就可以直接利用回归系数 β_i 进行弹性分析了。

（二）半对数线性模型

模型 $Y_i=\beta_0+\beta_1\ln X_i+\mu_i$ 或 $\ln Y_i=\beta_0+\beta_1 X_i+\mu_i$ 也就是标准线性回归模型中只有被解释变量 Y 或者只有解释变量 X 用对数形式表示，则称为半对数回归模型。

1. 线性—对数模型

$$Y_i=\beta_0+\beta_1\ln X_i+\mu_i$$

两边求微分得：$\mathrm{d}Y_i=\beta_1\mathrm{d}(\ln X_i)=\beta_1\dfrac{\mathrm{d}X_i}{X_i}$

从而：$\beta_1=\dfrac{\mathrm{d}Y_i}{\mathrm{d}X_i\ /\ X_i}=\dfrac{Y\text{ 的绝对变化量（幅度）}}{X\text{ 的相对变化量（速度）}}$

该式表明：当 X 发生一定的相对变动时，引起变量 Y 平均值的绝对变动是一个常数，即 X 增长 1%时，Y 将增长 $0.01\beta_1$ 个单位。

2. 对数—线性模型

$$\ln Y_i=\beta_0+\beta_1 X_i+\mu_i$$

两边求微分得：$\dfrac{\mathrm{d}Y_i}{Y_i}=\beta_1\mathrm{d}X_i$

从而：$\beta_1=\dfrac{\mathrm{d}Y_i/Y_i}{\mathrm{d}X_i}=\dfrac{Y\text{ 的相对变化率（速度）}}{X\text{ 的绝对变化量（幅度）}}$

该式表明：当变量 X 的绝对量发生一个单位变化时，引起变量 Y 平均值的相对变化率（即增长率）是一个常数，即 X 增加 1 个单位时，Y 将增长 $100\beta_1\%$。特别地，若 X 为时间变量（如年份），则 $\ln Y_i=\beta_0+\beta_1 X_i+\mu_i$ 的系数 β_1 衡量了 Y 的年均增长速度，这比用 $\beta=\sqrt[n]{\dfrac{Y_n}{Y_0}}\times 100\%-1$ 求年均增长速度要科学得多，因此，对数—线性模型也称为不变增长模型。利用不变增长模型可以测量趋势变量所引起的该时期中的不变增长率。例如，就业、消费品价格、货物进出口额、劳动生产率等变量在一定期间的常数增长率方面的问题。

令 $\ln X_i=X_i^*$ ，则线性—对数模型 $Y_i=\beta_0+\beta_1\ln X_i+\mu_i$ 可转化为：

$$Y_i=\beta_0+\beta_1 X_i^*+\mu_i$$

令 $\ln Y_i=Y_i^*$ ，则对数—线性模型 $\ln Y_i=\beta_0+\beta_1 X_i+\mu_i$ 可转化为：

$$Y_i^*=\beta_0+\beta_1 X_i+\mu_i$$

（三）倒数变换模型（又称双曲线模型）

模型 $Y_i=\beta_0+\beta_1\dfrac{1}{X_i}+\mu_i$ 或 $\dfrac{1}{Y_i}=\beta_0+\beta_1 X_i+\mu_i$ 称为倒数变换模型。

令 $X_i^* = \frac{1}{X_i}$，则模型 $Y_i = \beta_0 + \beta_1 \frac{1}{X_i} + \mu_i$ 转换为：

$$Y_i = \beta_0 + \beta_1 X_i^* + \mu_i$$

令 $Y_i^* = \frac{1}{Y_i}$，则模型 $\frac{1}{Y_i} = \beta_0 + \beta_1 X_i + \mu_i$ 转换为：

$$Y_i^* = \beta_0 + \beta_1 X_i + \mu_i$$

即对倒数变换模型进行变量的倒数变换，就可以将其转换成线性回归模型，所以称该模型为倒数变换模型。变换后的两个模型都可以用简单线性回归模型参数估计的方法对其中的参数进行估计，进而进行检验及应用。

倒数变换模型的特点是：随着 X 的无限增大，Y 将非线性递减，逐渐接近极限值 β_0，即有一个渐近下限或渐近上限。

由于这种模型的曲线形状呈现双曲线的变化规律，又称其为双曲线函数模型。在现实中，平均固定成本曲线、恩格尔消费曲线、菲利普斯曲线恰好有类似的变动规律，因此，可以用倒数变换模型进行拟合。

（四）多项式回归模型

模型 $Y_i = \beta_0 + \beta_1 X_i + \beta_2 X_i^2 + \cdots + \beta_k X_i^k + \mu_i$ 称为多项式回归模型。其特点是在等式的右边只有一个解释变量，但却以解释变量不同次幂出现。令

$$X_{ji} = X_i^j \quad (j = 1, 2, \cdots, k, i = 1, 2, \cdots, n)$$

则模型可以转化成多元线性回归模型：

$$Y_i = \beta_0 + \beta_1 X_{1i} + \cdots + \beta_k X_{ki} + \mu_i = \boldsymbol{X_i \beta} + \mu_i$$

这个模型在生产与成本函数中被广泛使用。

二、间接代换法

在某些经济问题中，经济变量之间的非线性关系不能通过直接代换转化为线性形式，而需要先通过函数变换（通常是对方程两边取对数），然后进行变量代换，使其转化为线性形式。常见的模型有：

（一）幂函数模型

若被解释变量 Y 和解释变量 X 之间的关系呈现幂函数形式 $Y_i = AX_i^{\beta_1}$

该模型中变量 Y_i 关于 X_i 和参数 β_1 都是非线性的，对于这类问题的线性化方法是将两边取对数，做恒等变换：$\ln Y_i = \ln A + \beta_1 \ln X_i$

令 $\beta_0 = \ln A$，引入随机扰动项，得到 $\ln Y_i = \ln A + \beta_1 \ln X_i + \mu_i$，此时模型成为双对数模型。因此，对于实际观测的经济数据，只要令 $Y_i^* = \ln Y_i$，$X_i^* = \ln X_i$，即可得到

$$Y_i^* = \beta_0 + \beta_1 X_i^* + \mu_i$$

柯布—道格拉斯生产函数就将产出量和投入因素劳动力和资本之间的关系描述为幂函数形式的模型 $Y = AL^{\alpha} K^{\beta} e^{\mu}$。

（二）指数函数模型

若被解释变量 Y 和解释变量 X 之间的关系呈现指数函数形式 $Y = Ae^{\beta_1 X}$

该模型中变量 Y_i 关于 X_i 和参数 β_1 都是非线性的，对于这类问题的线性化方法是将两边取对数，即得：$\ln Y_i = \ln A + \beta_1 X_i$

令 $\beta_0 = \ln A$ ，引入随机扰动项，得到 $\ln Y_i = \ln A + \beta_1 X_i + \mu_i$ ，此时模型成为对数—线性模型。因此，对于实际观测的经济数据，只要令 $Y_i^* = \ln Y_i$ ，即可得到：

$Y_i^* = \beta_0 + \beta_1 X_i + \mu_i$

一定时期未偿付消费者信贷（即银行国内债务）与在此期间未偿付消费者信贷的增长率（复利率）之间的关系可用指数函数形式反映：

$Y_t = Y_0 (1 + r)^t$

其中，Y_0 表示消费信贷的初始值（即消费者在银行的初期存款额），Y_t 表示第 t 年消费信贷值。

三、级数展开法（迭代线性化法）

在实际问题中，有时所建立的非线性模型无法利用直接或间接的代换法进行线性化时，模型参数的估计，可以借助泰勒级数展开式进行逐次的、线性的近似估计。

这种方法的基本思想是：通过泰勒级数展开法，先使非线性模型在某一初始参数估计值附近线性化，然后对这一线性模型应用最小二乘法估计，得出一组新的参数估计值，接着使原非线性的模型在新参数估计值附近线性化，对新的线性化模型再应用最小二乘法估计，又得出一组新的参数估计值。不断重复上述过程，直至参数估计值收敛时为止，其具体步骤如下。

设模型：$Y_i = f(X_{1i}, X_{2i}, \cdots, X_{ki}, \beta_1, \beta_2, \cdots, \beta_p) + \mu_i$

其中，k 为解释变量个数，p 为未知参数的个数，$f(\cdot)$ 为非线性函数，且 $f(\cdot)$ 是 $\beta_j (j = 1, 2, \cdots, p)$ 的连续可导函数。

第一步，选定一组参数初始估计值（$\dot{\beta}_{10}, \dot{\beta}_{20}, \cdots, \dot{\beta}_{p0}$），将函数 $f(\cdot)$ 在初始值处用泰勒级数展开：

$$Y_i = f(X_{1i}, X_{2i}, \cdots, X_{ki}, \dot{\beta}_{10}, \dot{\beta}_{20}, \cdots, \dot{\beta}_{p0}) + \frac{\partial f}{\partial \beta_1}(\beta_1 - \dot{\beta}_{10}) + \cdots + \frac{\partial f}{\partial \beta_p}(\beta_p - \dot{\beta}_{p0}) + \mu$$

第二步，作变量代换，令

$$Y_i^* = Y_i - f(X_{1i}, X_{2i}, \cdots, X_{ki}, \dot{\beta}_{10}, \dot{\beta}_{20}, \cdots, \dot{\beta}_{p0}) - \sum_{j=1}^{p} \frac{\partial f}{\partial \beta_j} \dot{\beta}_{j0}$$

$$Z_{ji} = \frac{\partial f}{\partial \beta_j} \quad (j = 1, 2, \cdots, p)$$

则上式可变为：$Y_i^* = \beta_1 Z_{1i} + \beta_2 Z_{2i} + \cdots + \beta_p Z_{pi} + \mu_i$

第三步，因为 $Y_i^* = \beta_1 Z_{1i} + \beta_2 Z_{2i} + \cdots + \beta_p Z_{pi} + \mu_i$ 是一个多元线性回归模型，可以

用 OLS 估计，得出一组参数 $\hat{\beta}_{11}$，$\hat{\beta}_{21}$，…，$\hat{\beta}_{p1}$ 。

第四步，重复第一步，对 $\hat{\beta}_{11}$，$\hat{\beta}_{21}$，…，$\hat{\beta}_{p1}$ 作另一次泰勒级数展开，得：

$$Y_i = f(X_{1i},\ X_{2i},\ \cdots,\ X_{ki},\ \hat{\beta}_{10},\ \hat{\beta}_{20},\ \cdots,\ \hat{\beta}_{p0}) + \sum_{j=1}^{p} \frac{\partial f}{\partial \beta_j}\hat{\beta}_{j1} + \sum_{j=1}^{p} \frac{\partial f}{\partial \beta_j}\beta_j + \mu_i$$

代换后得到新的线性回归模型，再应用 OLS，再一次得出一组参数估计值 $\hat{\beta}_{12}$，$\hat{\beta}_{22}$，…，$\hat{\beta}_{p2}$ 。

第五步，如此反复，得到一系列 $\hat{\beta}_{1n}$，$\hat{\beta}_{2n}$，…，$\hat{\beta}_{pn}$ ，直到参数估计值收敛或第 $k+1$ 次估计值的估计误差小于事先取定的误差精度时为止，即满足如下条件时为止：

$$\left| \frac{\hat{\beta}_{jk+1} - \hat{\beta}_{jk}}{\hat{\beta}_{jk}} \right| < \delta \qquad (j = 1,\ 2,\ \cdots,\ p)$$

并以第 $k+1$ 次的计算结果作为 $\hat{\beta}_{1n}$，$\hat{\beta}_{2n}$，…，$\hat{\beta}_{pn}$ 的估计值。其中 δ 是根据计算精度要求事先选定的任意小正数。

从上述估计过程可以看出，迭代估计过程的收敛性及收敛速度与参数初始值的选取密切相关。若选取的初始值与参数真值比较接近，则收敛速度较快；反之，则收敛缓慢甚至发散。因此，估计模型时最好依据参数的经济意义和有关先验信息，设定好参数的初始值。这种方法计算量较大，而且迭代过程可能不收敛，这时应选一组新的初始参数值，重新作逐次线性的近似估计。

需要指出的是，首先，由于非线性模型中的参数估计量同随机扰动项不成线性关系，所以它们不服从正态分布，也不能从回归残差中得出随机扰动项的方差的无偏估计量，其结果使得 t 检验和 F 检验都不适用，但拟合优度检验仍然适用。其次，用上面方法得出的样本回归函数，可用来预测未来某个时期 $f(\cdot)$ 的被解释变量的值，其计算公式如下：

$$\hat{Y}_f = f(X_{1f},\ X_{2f},\ \cdots,\ X_{kf},\ \hat{\beta}_1,\ \hat{\beta}_2,\ \cdots,\ \hat{\beta}_p)$$

但由于 $\hat{Y}_f$ 已不再是随机扰动项的线性函数，因此，$\hat{Y}_f$ 已经不具备线性回归中估计值的最佳、线性和无偏的性质，其置信区间也无法构造出来。

本章习题

1. 某地区通过一个样本容量为 722 的调查数据得到劳动力受教育的一个回归方程为：

$$Y = 10.36 - 0.094X_1 + 0.131X_2 + 0.210X_3$$

$$R^2 = 0.214$$

这里，Y 是劳动力受教育年数，X_1 为该劳动力家庭中兄弟姐妹的人数，X_2、X_3 分别是母亲与父亲受教育的年数。问：

(1) X_1 是否具有预期的影响？为什么？若 X_2、X_3 保持不变，为了使预测的受教育水平减少一年，需要 X_1 增加多少？

(2) 请对 X_2 的系数给出适当的解释。

(3) 如果两个劳动力都没有兄弟姐妹，但其中一个的父母受教育的年数为 12 年，另一个的父母受教育的年数为 16 年，则两个人受教育的年数预期相差多少？

2. 以企业研发支出（R&D）占销售额的比重为被解释变量 Y，以企业销售额 X_1 与利润占销售额的比重 X_2 为解释变量，一个容量为 32 的样本企业的估计结果为：

$$Y = 0.472 + 0.32\log X_1 + 0.05X_2$$

$$(1.37) \quad (0.22) \quad (0.046)$$

$$R^2 = 0.099$$

(1) 解释 $\log X_1$ 的系数。如果 X_1 增加 10%，估计 Y 会变化多少个百分点？这在经济上是一个很大的影响吗？

(2) 针对 R&D 强度随销售额的增加而提高这一备择假设，检验它不随 X_1 而变化的假设，分别在 5% 和 10% 的显著性水平上进行这个检验。

(3) 利润占销售额的比重 X_2 对 R&D 强度 Y 是否在统计上有显著的影响？

3. 对于涉及三个变量 Y，X_1，X_2 的数据做以下回归：

$$Y_i = \alpha_0 + \alpha_1 X_{1i} + \mu_{1i}$$

$$Y_i = \beta_0 + \beta_1 X_{2i} + \mu_{2i}$$

$$Y_i = \gamma_0 + \gamma_1 X_{1i} + \gamma_2 X_{2i} + \mu_{3i}$$

问：在什么条件下才能有 $\hat{\alpha}_1 = \hat{\gamma}_1$ 及 $\hat{\beta}_1 = \hat{\gamma}_2$，即多元回归与各自的一元回归所得的参数估计值相同？

4. 在多元线性回归分析中，t 检验与 F 检验有何不同？在一元线性回归分析中二者是否有等价的作用？

5. 为什么说对模型参数施加约束条件后，其回归的残差平方和一定不比未施加约束的残差平方和小？在什么样的条件下，受约束回归与无约束回归的结果相同？

6. 下表中给出了三个变量模型的回归结果：

方差来源	平方和	自由度	平方和的均值
ESS	65.965		
RSS			
TSS	66.042	14	

(1) 求样本容量 n，残差平方和 RSS、回归平方和 ESS 及残差平方和 RSS 的自由度。

(2) 求拟合优度 R^2 和修正可决系数 $\bar{R}^2$。

(3) 检验假设：X_1，X_2 对 Y 无影响，应采用什么假设检验？为什么？

(4) 根据以上信息，你能否确定 X_1，X_2 各自对 Y 的影响？

7. 试将 CES 生产函数的非线性模型 $Q_i = A\left[\alpha K_i^{-\rho} + (1-\alpha)L_i^{-\rho}\right]^{-\frac{m}{\rho}} e^{\mu_i}$（$A>0$，$m>0$，$0<\alpha<1$，$\rho\geqslant -1$）线性化。这里 Q、K、L 分别为产量、资本投入量和劳动投入量。K 和 L 是非随机的，或独立于 μ 。A 称为“效率参数”，α 称为“分布参数”，m 称为“规模报酬参数”，ρ 称为“替代参数”。

8. 下表给出 1990—2011 年中国货币供应量和国民总收入的数据。

1990—2011 年中国货币供应量和国民总收入　　单位：亿元

年度	M2	M1	M0	国民总收入 GNP
1990	15293.4	6950.7	2644.4	18718.3
1991	19349	8633.3	3177.8	21826.2
1992	25402.2	11731.5	4336.0	26937.3
1993	34879.8	16280.4	5864.7	35260.0
1994	46923.5	20540.7	7288.6	48108.5
1995	60750.5	23987.1	7885.3	59810.5
1996	76094.9	28514.8	8802.0	70142.5
1997	90995.3	34826.3	10177.6	78060.9
1998	104498.5	38953.7	11204.2	83024.3
1999	119897.9	45837.3	13455.5	88479.2
2000	134610.3	53147.2	14652.7	98000.5
2001	158301.9	59871.6	15688.8	108068.2
2002	185007.0	70881.8	17278.0	119095.7
2003	221222.8	84118.6	19745.9	134977.0
2004	254107.0	95969.7	21467.3	159453.6
2005	298755.7	107278.8	24031.7	183617.4
2006	345603.6	126035.1	27072.6	215904.4
2007	403442.2	152560.1	30375.2	266422.0
2008	475166.6	166217.1	34219.0	316030.3
2009	606225.0	220001.5	38246.0	340320.0
2010	725851.8	266621.5	44628.2	399759.5
2011	851590.9	289847.7	50748.5	472115.0

续表

资料来源：中国统计年鉴 2011。

要求：

(1) 请利用 EViews 软件分别建立国民总收入 GNP 对货币供应 M2、M1 和 M0 的回归模型。

(2) 给定显著性水平 5%的条件下，对模型进行检验，并说明斜率系数的经济意义是什么。

(3) 分析哪个模型能更好地解释国民总收入？

9. 设中国 1990—2011 年货币需求函数为：

$M_t = AY_t^{\beta_2} r_t^{\beta_3} e^{\mu t}$

其中 M=货币供应量 M2（亿元），Y=国内生产总值 GDP（亿元），r=利率。取一年期法定存款利率的年内每次调整利率的简单算术平均数，由各年度统计数据计算获得。(见下表)

1990—2011 年中国货币需求函数相关数据

年度	M	GDP/Y	r
1990	15293.4	18667.8	8.640
1991	19349.9	21781.5	7.560
1992	25402.2	26923.5	7.560
1993	34879.8	35333.9	10.080
1994	46923.5.	48197.9	10.980
1995	60750.5	60793.7	10.980
1996	76094.9	71176.6	8.325
1997	90995.3	78973.0	5.670
1998	104498.5	84402.3	4.590
1999	119897.9	89677.1	2.250
2000	134610.3	99214.6	2.250
2001	158301.9	109655.2	2.250
2002	185007.0	120332.7	1.980
2003	221222.8	135822.8	1.980
2004	254107.0	159878.3	2.250
2005	298755.7	184937.4	2.250
2006	345603.6	216314.4	3.060
2007	403442.2	265810.3	3.465
2008	475166.6	314045.4	3.060
2009	606225.0	340902.8	2.250
2010	725851.8	401512.8	2.625
2011	851590.9	472881.6	3.250

资料来源：《中国统计年鉴》，利率 r 是一年期存款利率年内调整利率的简单算术平均值，基于各年数据计算

获得。http：//www. stats. gov. cn/tjsj/ndsj/2012/indexch. htm.

现建立计量经济学模型为：

$$\ln M_t = \beta_0 + \beta_1 \ln Y_t + \beta_2 \ln r_t + \mu_t$$

其中 $\beta_0 = \ln A$ 。

利用 EViews 软件得到回归分析结果为：

$$\ln \hat{M}_t = -1.521165 + 1.74571 \ln Y_t - 0.165528 \ln r_t$$

$$(0.165833)\quad(0.012626)\quad(0.018723)$$

$R^2 = 0.999073$　　$\bar{R}^2 = 0.998976$　　$F = 10242.19$

上述括号内的数值为相应偏回归系数的标准差。要求：

(1) 给定显著性水平 $\alpha = 0.05$，请进行模型整体的显著性检验。

(2) 给定显著性水平 $\alpha = 0.05$，请对偏回归系数 β_2 和 β_3 进行 t 检验。

(3) 请对模型的经济意义进行解释。

第五章　异方差性

◈ **本章要点**

1. 异方差性的概念，了解经济现象中异方差性产生的原因。
2. 异方差性对模型参数估计量的影响。
3. 掌握异方差性检验的主要方法。
4. 掌握消除异方差性的方法。

第一节　什么是异方差性

一、异方差性的定义

在经典线性回归模型中，假定随机扰动项 μ_i 具有同方差性（homoskedasticity），即给定解释变量 X_i，随机扰动项 μ_i 的方差等于一个常数 σ^2，记作：

$$\mathrm{Var}(\mu_i)=E(\mu_i^2)=\sigma^2 \quad i=1, 2, \cdots, n$$

用矩阵表示为：$\mathrm{Var}(\boldsymbol{\mu})=E(\boldsymbol{\mu}\boldsymbol{\mu}^{\boldsymbol{T}})=\begin{pmatrix}\sigma^2 & 0 & \cdots & 0\\ 0 & \sigma^2 & \cdots & 0\\ \vdots & \vdots & \vdots & \vdots\\ 0 & 0 & \cdots & \sigma^2\end{pmatrix}=\sigma^2\boldsymbol{I}$

给定 X_i 条件下，随机扰动项 μ_i 的方差，也就是 Y_i 的方差，不再保持不变，便称为具有异方差性（heteroskedasticity），记作：

$$\mathrm{Var}(\mu_i)=E(\mu_i)=\sigma_i^2 \quad i=1, 2, \cdots, n$$

用矩阵表示为：$\mathrm{Var}(\boldsymbol{\mu})=E(\boldsymbol{\mu}\boldsymbol{\mu}^{\boldsymbol{T}})=\begin{pmatrix}\sigma_1^2 & 0 & \cdots & 0\\ 0 & \sigma_2^2 & \cdots & 0\\ \vdots & \vdots & \vdots & \vdots\\ 0 & 0 & \cdots & \sigma_n^2\end{pmatrix}=\sigma^2\boldsymbol{\Omega}$

其中，$\boldsymbol{\Omega}$ 是一个已知的实正定对称矩阵，其主对角线两侧的元素均为零，主对角线上的元素各不相同。

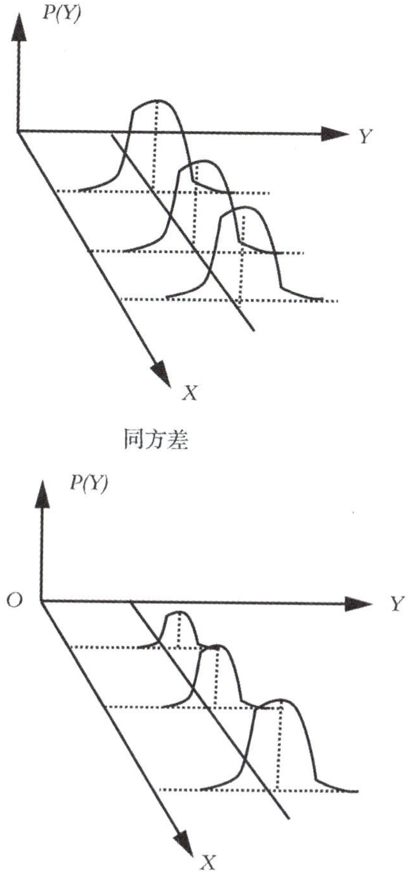

异方差

图 5—1　同方差与异方差图

二、异方差性的种类

一般情况下，异方差性是指每个 μ_i 围绕其零均值的方差（离散程度）随着解释变量 X_i 的变化而变化，或者说，Y_i 围绕其均值 $E(Y \mid X_i)$ 的方差（离散程度）随着解释变量 X_i 的变化而变化。因此，可以把异方差性看成是与解释变量 X_i 的函数关系，记作：$\sigma_i^2 = F(X_i)$ 或者 $\sigma_i^2 = \sigma^2 f(X_i)$。

而这种函数关系一般分为三种类型：

（1）单调递增型：σ_i^2 随着 X_i 的增加而增加。

（2）单调递减型：σ_i^2 随着 X_i 的增加而减少。

（3）复杂型：σ_i^2 随着 X_i 的增加而呈现复杂变化。

如图 5—2 所示。

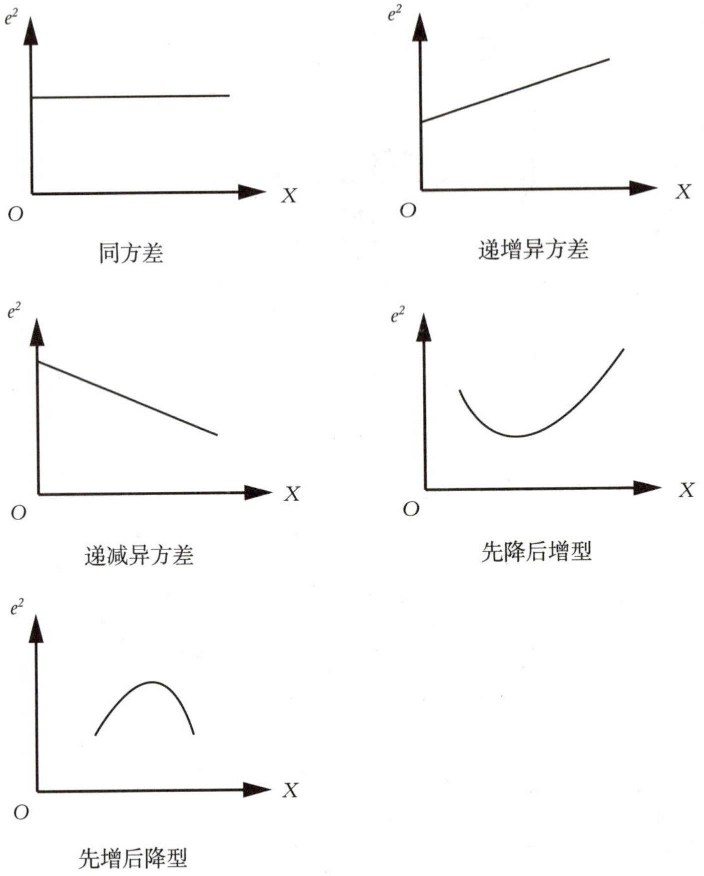

图 5－2

第二节　异方差性产生的原因及其后果

一、异方差性产生的原因

一般情况下，经济数据的同方差现象只是我们设想的一种理想状态，我们所观测到的大部分的经济数据中都存在异方差情形。概括起来，导致异方差现象的主要原因有这样几个方面。

（一）按照边错边改学习模型，人们在学习的过程中，其行为误差随时间而减少

在这种情形中，预料 σ_i^2 会减少，例如：打字练习过程中，在给定的一段时间里，打字出错个数与用于打字练习的小时数的关系，会随着打字练习小时数增加，不仅平均打错个数而且打错个数的方差都有所下降。

（二）随着收入增长，人们有更多的备用收入（discrectionary income），从而如何

支配他们的收入有更大的选择范围

在做储蓄对收入的回归时，很可能发现，由于人们对其储蓄行为有更多的选择，σ_i^2与收入同时增加。同样，利润较丰厚的公司在分红政策方面和利润微薄的公司相比，一般均可预料有较大的变化。而且以增长为导向的公司比之已发展定型的公司，在红利支付方面也可能表现更多的变异。

（三）随着数据采集技术的改进，方差可能减少

例如，有精巧数据处理装备的银行，在它们对账户的每月或每季收支说明书中，比之于没有这种装备的银行，会出现更少的差错。

（四）异方差性会因为异常值（outliers）的出现而产生

一个超越正常范围的观测值或称异常值，是指和其他观测值相比相差很多（非常小或非常大）的观测值。包括或不包括这样的一个观测值，尤其是样本较小时，会在很大程度上改变回归分析的结果。

（五）如果回归模型的设定是不正确的，也常常会出现异方差性的问题

例如：在一个对商品的需求函数中，如果没有把有关的互补和替代产品的价格包括进来（忽略变量偏误），则回归残差可能给人以异方差性的表面印象，而当模型把所忽略的变量包括进来时，这种印象也许会消失。

（六）异方差性的另一个来源是模型中一个或多个回归元的分布偏态（skewness）

例如，大多数社会中收入和财富的分配都是不匀称的，处在顶端的少数几个人拥有大部分的收入和财富。

（七）异方差性的其他来源

如戴维·亨德里（David Hendry）所注意到的那样，由于不正确的数据变形（如比率或一阶差分变换等）和不正确的函数形式（如线性与对数线性模型的变换），同样能导致异方差性。

二、异方差性产生的后果

当一个线性回归模型的随机误差项 μ_i 存在异方差时，就违背了经典线性回归模型的假定，如果仍然用 OLS 估计参数，将会使模型参数估计的性质、模型的检验及模型的应用产生严重的后果。

（一）参数的最小二乘估计仍是线性无偏的，但不再是有效估计

以一元线性回归模型为例，设一元线性回归模型：

$Y_i = \beta_0 + \beta_1 X_i + \mu_i$

其中，随机扰动项 μ_i 具有异方差性。

假定 $\mathrm{Var}(\mu_i) = \sigma^2 X_i$ ，这意味着随机扰动项的方差随着解释变量 X 取值的增大而增大。但同时有满足其他假定，如 $E(\mu_i)=0$，$\mathrm{Cov}(\mu_i, \mu_j)=0$，$\mathrm{Cov}(X_i, \mu_i)=0$ 仍成立。由 OLS 可得估计量：

$$\hat{\beta}_1=\frac{\sum x_i y_i}{\sum x_i^2}=\sum k_i y_i=\sum k_i Y_i$$

$$\hat{\beta}_0=\sum(\frac{1}{n}-k_i\bar{X})Y_i$$

$$E(\hat{\beta}_1)=E(\sum k_i Y_i)=E[\sum k_i(\beta_0+\beta_1 X_i+\mu_i)]$$

$$=\beta_0\sum k_i+\beta_1\sum k_i X_i+\sum k_i E(\mu_i)=\beta_1$$

$$E(\hat{\beta}_1)=E[\sum(\frac{1}{n}-k_i\bar{X})Y_i]=E[\sum(\frac{1}{n}-k_i\bar{X})(\beta_0+\beta_1 X_i+\mu_i)]=\beta_0$$

这些说明参数的最小二乘估计仍是线性无偏的。

$$\hat{\beta}_1=\frac{\sum x_i y_i}{\sum x_i^2}=\sum k_i y_i=\sum k_i Y_i=\beta_1+\frac{\sum x_i\mu_i}{\sum x_i^2}$$

$$\hat{\beta}_1-\beta_1=\frac{\sum x_i\mu_i}{\sum x_i^2}$$

$$\mathrm{Var}(\hat{\beta}_1)=E\,[\hat{\beta}_1-E(\hat{\beta}_1)]^2=E\,(\hat{\beta}_1-\beta_1)^2=E\,(\frac{\sum x_i\mu_i}{\sum x_i^2})^2$$

$$=E(\frac{\sum x_i^2\mu_i^2+\sum_{i\neq j}x_i x_j\mu_i\mu_j}{\sum x_i^2})$$

$$=\frac{\sum x_i^2 E(\mu_i^2)}{(\sum x_i^2)^2}=\begin{cases}\dfrac{\sigma^2}{\sum x_i^2} & \text{(同方差)}\\[2ex] \dfrac{\sigma^2}{\sum x_i^2}\dfrac{\sum x_i^2 X_i^2}{\sum x_i^2} & \text{(异方差)}\end{cases}$$

由于经济问题中一般有 $\frac{\sum x_i^2 X_i^2}{(\sum x_i^2)^2}>1$，所以异方差时 $\mathrm{Var}(\hat{\beta}_1)$ 大于同方差时 $\mathrm{Var}(\hat{\beta}_1)$，从而说明异方差时，最小二乘估计已经不再有最小方差性。

由此可见，当存在异方差性时，OLS 估计将不再是 BLUE 了，但仍是无偏估计。

（二）无法正确估计参数的标准误差和估计区间

仍然以一元线性回归模型为例，可以清楚地看到，在同方差情况下，以总体方差的无偏估计量 $\hat{\sigma}^2=\frac{\sum e_i^2}{n-2}$，即可得到参数估计量的估计标准误差为 $Se(\hat{\beta}_1)=\frac{\hat{\sigma}^2}{\sqrt{\sum x_i^2}}$，$Se(\hat{\beta}_0)=\frac{\hat{\sigma}^2\sqrt{\sum X_i^2}}{\sqrt{n\sum x_i^2}}$。

总体参数的置信区间为 $\hat{\beta}_i \pm t_{\frac{\alpha}{2}(n-2)} Se(\hat{\beta}_i)$，$(i=0，1)$。

但是在异方差情况下，σ_i^2 是一些不同的数值，只有估计出每一个 σ_i^2 之后才能得到系数的标准误差，这在只有一组样本观测值的情况下是无法做到的。因此，在异方差情况下，参数的标准误差无法正确估计，从而 β_i，$(i=0，1)$ 的置信区间的建立也发生困难。

（三）参数显著性检验失效

继续以一元线性回归模型为例，在原假设 H_0：$\beta_1=0$ 成立的情况下，参数 β_1 的 t 统计量为 $t=\dfrac{\hat{\beta}_1}{Se(\hat{\beta}_1)}$。

当存在异方差时，参数估计量 $\hat{\beta}_1$ 的方差 $\mathrm{Var}(\hat{\beta}_1)$ 不再是最小方差，如果仍然用方差 $\mathrm{Var}(\hat{\beta}_1)$ 去估计其方差，将必然会低估存在异方差时的真实方差，从而低估 $Se(\hat{\beta}_1)$，这将导致用于参数显著性检验的 t 统计量的数值偏大，可能造成本来应该接受原假设却成为拒绝原假设的错误。于是可能本来是解释变量对被解释变量的影响不显著的，反而作出影响显著的错误判断，使用检验来判断解释变量影响的显著性将失去意义。

（四）预测的精确度降低

由于随机扰动项存在异方差性，会使模型最小二乘估计得到的参数估计量的方差不具有最小的性质，参数估计值与真实值的差异增大，由此得到的样本回归模型对真实总体回归模型的代表性也就相应降低。进而用于进行经济分析、经济预测得到的结果的精确性变差。

第三节　异方差性的检验

由第二节分析可以看出，在实际经济问题中常常会出现异方差性，这将直接影响回归模型的估计、检验、预测等。因此，在建立计量经济模型的过程中，必须对是否存在异方差性进行检验，以便对存在异方差性的计量经济模型采取适当的方法，消除所带来的后果。

异方差性检验的基本思路：异方差性是随机扰动项的方差随解释变量的不同而变化，$\mathrm{Var}(\mu_i)=\sigma_i^2=\sigma^2 f(X_i)\neq$ 常数。那么，检验异方差性，也就是检验 σ_i^2 与解释变量观测值 X_i 之间是否有关系。

由于 μ_i 的方差 σ_i^2 是观测不到的，我们是以样本残差项 e_i 的方差来近似代替，也就是 $\mathrm{Var}(\mu_i)=\sigma_i^2=\sigma^2 f(X_i)\approx e_i^2$。因此，我们就通过观察 e_i^2 或者 $|e_i|$ 与 X_i 之间的关系，来说明是否存在异方差性。这种思路就是下面检验的基础。

一、图示法

图示法，也即图示检验法，是以某一解释变量为横坐标，以 e_i^2 为纵坐标，作出二者的相关图，如果存在相关性，则原模型存在异方差。

检验的具体步骤：

第一步，利用原样本数据，对模型进行普通最小二乘估计，得到 e_i^2 的值。

第二步，作 e_i^2 与 X_i 的散点图，进行判断分析。

如果 e_i^2 不随 X_i 的变化而变化，则随机扰动项无异方差性，也就是不存在异方差性；若 e_i^2 随 X_i 的变化而变化，则随机扰动项存在异方差性。但这只不过是异方差性的几种表现形式，异方差性的表现远不止这些。

见图 5—3 所示。

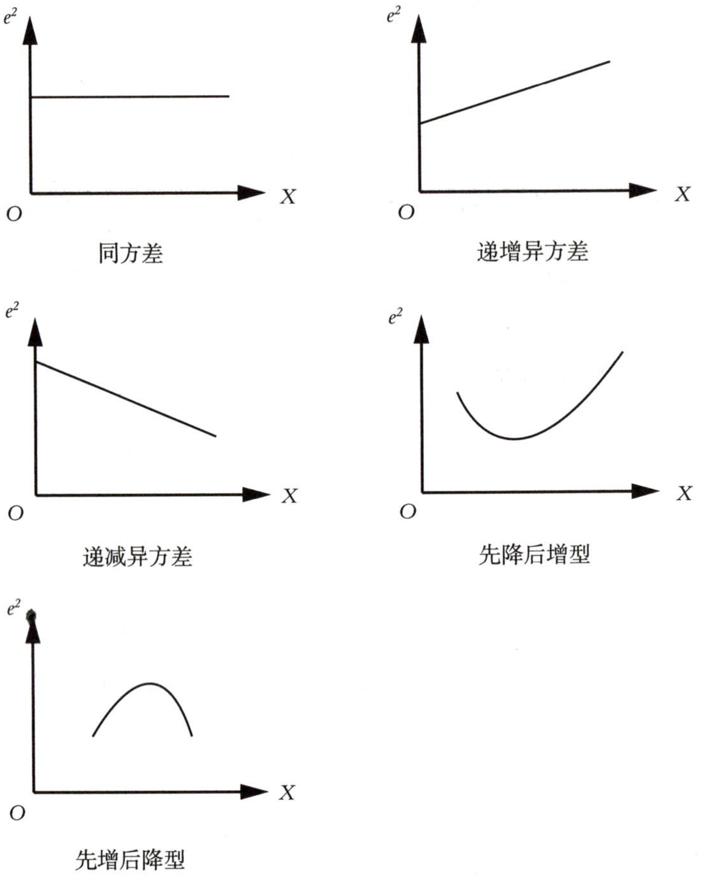

图 5—3

二、戈德菲尔德—夸特（Goldfeld—Quandt）检验

Goldfeld—Quandt 检验法也被简称为戈—夸（GQ）检验法，是由 S. M. Goldfeld 和 R. E. Qaundt 于 1965 年提出的。这种检验方法仅适用于检验大样本（$n>30$），线性

回归模型可能存在的递增或递减型的异方差时的检验，并且要求满足两个假设：(1) 观测值的数目至少是解释变量的两倍；(2) 随机扰动项没有自相关并且服从正态分布。

(一) 基本思想

此检验通过 $\sum e_i^2$ 是否显著变大（或小）来判断随机扰动项 μ_i 是否具有递增方差（或递减方差）。首先将样本一分为二，然后对两个子样本分别作回归，再利用两个子样本回归的残差平方和之比构造统计量，进行异方差检验，这个统计量服从 F 分布，假如存在异方差，如是递增的异方差，这个均方差之比就会远大于 1，反之就会等于 1（同方差性）或者小于 1（递减异方差性）。

(二) 具体步骤

第一步，提出假设。原假设 H_0：$\mathrm{Var}(\mu_i)=\sigma^2$（同方差性），备择假设 H_0：$\mathrm{Var}(\mu_i)\neq\sigma^2$（异方差性）（不妨设具有递增方差）。

第二步，将观测值按照解释变量的大小顺序排列：$\begin{matrix} X_1, X_2, \cdots, X_n \\ Y_1, Y_2, \cdots, Y_n \end{matrix}$。

第三步，删去最中心的 c 个观测值，将剩下的 $n-c$ 个观测值划分为容量相等的两个子样本，其中一个包含 X 的较小值，另一个包含 X 的较大值。略去的数目是 Goldfeld 和 Quandt 通过实验取得的。对于 $n>30$ 的样本，略去的中心观测值的数目约为 $n/4$。

第四步，对两个子样本分别用普通最小二乘法求回归方程，分别求出两个子样本回归模型的残差平方和 $\sum e_{1i}^2$ 及 $\sum e_{2i}^2$。其中 $\sum e_{1i}^2$ 表示较小值的子样本的残差平方和，$\sum e_{2i}^2$ 表示较大值的子样本的残差平方和，它们的自由度均为 $(\frac{n-c}{2}-k-1)$，其中 k 是模型变量个数。这里当然要假定 $(n-c)/2$ 要低于待估计的参数个数。

第五步，建立 F 统计量：$F=\dfrac{\sum e_{2i}^2/(\frac{n-c}{2}-k-1)}{\sum e_{1i}^2/(\frac{n-c}{2}-k-1)}\sim F(\frac{n-c}{2}-k-1,\ \frac{n-c}{2}-k-1)$。

容易理解，统计量 F 的分子是 X 较大值子样本的 μ 方差估计值，而 F 的分母 X 是较小值子样本的 μ 方差估计值。因此，F 值的大小可以衡量两个子样本的方差是否相异。

如果两个方差相同，F 就接近于 1；如果方差不同，F 值将是较大的。根据 F 检验理论，可选定某个置信度 $1-\alpha$，查 F 分布表，得到对应于上述自由度的临界值 F_α，若计算得到 $F>F_\alpha$，就拒绝零假设 H_0，即有异方差性（递增型）；若 $F<F_\alpha$，则接受零假设 H_0，是同方差的。显然，F 值越大，异方差性越强。当然，也可以建立 F 统

计量：$F=\dfrac{\sum e_{1i}^2/(\frac{n-c}{2}-k-1)}{\sum e_{2i}^2/(\frac{n-c}{2}-k-1)}\sim F(\frac{n-c}{2}-k-1,\ \frac{n-c}{2}-k-1)$。

如果 $F>F_\alpha$ 就拒绝零假设 H_0，则认为的方差为递减型。这种方法得到的只是异方差是否存在的判断，在存在多个解释变量的情况下，对判断是哪一个变量引起异方差还存在局限性。

三、戈里瑟（H. Glejser）检验

从上面的戈德菲尔德—夸特检验可以看到，该检验只能检验是否存在异方差，但是找不出异方差性的具体表现形式。1969 年戈里瑟提出了一种异方差检验方法。它不仅可以检验出异方差是否存在，而且可以近似探测出随机扰动项的方差是怎样随解释变量的变化而变化的。

（一）基本思想

由普通最小二乘法得到样本残差项 e_i 及 $|e_i|$，将 $|e_i|$ 对解释变量 X_i 进行回归，一般情况下，是确定 $|e_i|$ 与解释变量 X_i 之间的某种幂函数关系，以便判断异方差性。

（二）具体步骤

第一步，用普通最小二乘法估计计量经济模型的回归系数，求出随机扰动项的估计值 e_i。

第二步，用 $|e_i|$ 与解释变量 X_i 的不同幂次进行回归模拟。

例如 $|e_i|=\beta X_i+v_i$

$|e_i|=\beta\sqrt{X_i}+v_i$

$|e_i|=\dfrac{\beta}{X_i}+v_i$

$|e_i|=\beta/\sqrt{X_i}+v_i$

……

$|e_i|=\alpha+\beta X_i^p+v_i$

这里 v_i 是误差项，p 是可以确定的常数。用普通最小二乘法估计上述各回归模型，利用样本可决系数 R^2，t 统计量进行显著性检验，若有通过检验的模型，则说明原计量经济模型存在该种形式的异方差性。

第三步，不仅可以用 $|e_i|$ 与认为与异方差有关系的一个解释变量的不同幂次进行回归模拟，而且可以用 $|e_i|$ 与可能产生异方差的多个解释变量进行回归模拟，如 $|e_i|=\alpha_0+\alpha_1X_{1i}+\alpha_2X_{2i}+\alpha_3X_{3i}+v_i$ 利用可决系数 R^2、t 统计量、F 统计量检验回归模型是否显著。若显著，说明随机扰动项存在异方差性。

四、帕克（R. E. Park）检验

由于异方差存在，随机扰动项的方差 σ_i^2 与解释变量 X_i 之间呈现某种依存关系，于

是 Park 提出了随机扰动项的方差 σ_i^2 与解释变量 X_i 之间的某种函数关系。

（一）基本思想

Park 提出的函数形式是：

$\sigma_i^2 = \sigma^2 X_i^{\beta} e^{\mu_i}$

对参数 β 进行估计并作假设检验，若参数 β 显著不为 0，则存在异方差；否则，不存在明显的异方差。

（二）具体步骤

第一步，提出假设。原假设 H_0：$\beta = 0$，备择假设 H_1：$\beta \neq 0$；

第二步，对函数关系式 $\sigma_i^2 = \sigma^2 X_i^{\beta} e^{\mu_i}$ 取对数，化为线性模型：$\ln\sigma_i^2 = \ln\sigma^2 + \beta\ln X_i + \mu_i$；

第三步，由于 σ_i^2 一般为未知，可以用 e_i^2 来代替：$\ln e_i^2 = \ln\sigma^2 + \beta\ln X_i + \mu_i$；

第四步，利用已有数据 e_i^2，X_i 对参数 $\ln\sigma^2$，α，β 进行估计。

事实上，这里存在两个阶段的估计：第一阶段，先不考虑异方差，对原总体回归模型进行回归，估计参数 $\hat{\beta}_0$，$\hat{\beta}_1$，并计算样本残差项 $e_i = Y_i - \hat{Y}_i$，再计算 e_i^2；第二个阶段，利用已得数据 e_i^2 和 X_i，再对 $\ln e_i^2 = \ln\sigma^2 + \beta\ln X_i + \mu_i$ 进行最小二乘估计，得到 $\hat{\alpha}$，$\hat{\beta}$。

第五步，计算 $\hat{\beta}$ 的方差 $\mathrm{Var}(\hat{\beta})$ 及 t 值，并进行 t 检验。若显著不为 0，表明 X_i 对 e_i^2 从而对 σ_i^2 有显著的线性作用，异方差存在；若显著为 0，X_i 对 e_i^2 无显著影响，则推测异方差不存在。

Park 检验和 Glejser 检验的最大优点是，不仅回答了是否存在异方差性，同时还给出了异方差形式的信息，这个信息对于消除随机扰动项的异方差是很重要的。对于大样本而言，这两种方法一般都能得出满意的结果；但对于小样本，它们只能作为了解异方差的定性手段。

五、怀特（H. White）检验

White 检验是由 H. White 于 1980 年提出的。我们已经知道 Goldfeld－Quandt 检验必须先把数据按解释变量的值从小到大排序，而 White 检验不需要对观测值排序，它是通过一个辅助回归模型构建 χ^2 统计量进行异方差检验的，它不需要关于异方差的任何先验认识，只要求在大样本的情况下即可。

（一）基本思想

考虑异方差形式：

$\sigma_i^2 = f(X_i)$

我们可以先利用普通最小二乘法估计回归方程并得到残差项 e_i，接着做出辅助函数，辅助函数包含原回归方程中所有解释变量及其平方项和交叉项。如果 e_i^2 与解释变量 X_i、解释变量的平方项 X_i^2 以及交叉乘积项（X_iX_j，$i \neq j$）不相关，则不存在异方差。

（二）具体步骤

以二元线性回归模型为例。设总体回归模型：

$Y_i=\beta_0+\beta_1X_{1i}+\beta_2X_{2i}+\mu_i$

假设异方差与解释变量 X_{1i}，X_{2i} 的一般线性关系为：

$\sigma_i^2=\alpha_0+\alpha_1X_{1i}+\alpha_2X_{2i}+\alpha_3X_{1i}^2+\alpha_4X_{2i}^2+\alpha_5X_{1i}X_{2i}+v_i$

实际上还可以引进解释变量的高次项，但这样会使样本的自由度大幅度下降，所以一般只引入二次项，而且在样本容量较小、解释变量个数相对较多的情况下，为了保证自由度，在方程中可以省去交叉乘积项。

第一步，提出假设。H_0：$\alpha_1=\alpha_2=\cdots=\alpha_5=0$，$H_1$：$\alpha_j(j=1,2,3,4,5)$ 不全为 0；

第二步，用普通最小二乘法估计原模型参数 $\hat{\beta}_0$，$\hat{\beta}_1$，$\hat{\beta}_2$；

第三步，计算样本残差项 e_i，并求 e_i^2；

第四步，估计 e_i^2 关于 X_1，X_2，X_1^2，X_2^2，X_1X_2 的线性回归方程，即辅助回归函数；

第五步，计算统计量 nR^2，其中 n 为样本容量，R^2 为辅助回归函数中的可决系数；

第六步，在 H_0 假设条件下，nR^2 服从自由度为 5 的 χ^2 分布，给定显著性水平 α，查 χ^2 分布表，得临界值 $\chi_{\alpha(5)}^2$，比较 nR^2 与 $\chi_{\alpha(5)}^2$，如果 $nR^2>\chi_{\alpha(5)}^2$，否定 H_0，接受 H_1，表明原模型中存在异方差。

六、布劳殊—培干—戈弗雷（Breusch—Pagan—Godfrey）检验

（一）基本思想

考虑多元线性回归模型：

$Y=\beta_0+\beta_1X_{1i}+\cdots+\beta_kX_{ki}+\mu_i$

假定随机扰动项 σ_i^2 有如下函数关系：

$\sigma_i^2=f(\alpha_0+\alpha_1Z_{1i}+\cdots+\alpha_mZ_{mi})$

具体来说，假定 σ_i^2 是 Z 的线性函数：

$\sigma_i^2=\alpha_0+\alpha_1Z_{1i}+\cdots+\alpha_mZ_{mi}$

这里的 Z 可以是解释变量和其他任何可控制变量。检验 σ_i^2 的同方差性相当于检验假设 $\alpha_1=\alpha_2=\cdots=\alpha_m=0$。

（二）具体步骤

第一步，用最小二乘估计总体线性回归模型：$Y=\beta_0+\beta_1X_{1i}+\cdots+\beta_kX_{ki}+\mu_i$，得到残差项 e_i；

第二步，计算 σ_i^2 的最大似然估计量 $\hat{\sigma}^2=\dfrac{\sum e_i^2}{n}$；

第三步，构建统计量：$P_i=\dfrac{\sum e_i^2}{\hat{\sigma}^2}$；

第四步，将 P_i 对 Z 回归：$P_i=\alpha_0+\alpha_1 Z_{1i}+\cdots+\alpha_m Z_{mi}+v_i$，其中 v_i 是回归的残差项；

第五步，求回归模型 $P_i=\alpha_0+\alpha_1 Z_{1i}+\cdots+\alpha_m Z_{mi}+v_i$ 的回归平方和 ESS，并定义 $\chi^2=\frac{ESS}{2}$，如果 v_i 是正态分布的，在同方差假设下，但样本容量无限增大时，$\chi^2=\frac{ESS}{2}\sim\chi^2_{(m-1)}$，故，可以计算 χ^2，如果 χ^2 超过选定的显著性水平的临界值 $\chi^2_{(m-1)}$，则可以拒绝同方差假设，否则不拒绝同方差假设。

White 检验和布劳殊—培干—戈弗雷（Breusch－Pagan－Godfrey）检验紧密相关，其检验步骤也十分相似。实际上，White 检验将布劳殊—培干—戈弗雷（Breusch－Pagan－Godfrey）检验做了一点修改。

White 检验由于不需要知道异方差的具体形式而受到青睐，但也带来了一些难题，White 检验是否必须包括交叉项，包括交叉项与不包括交叉项的检验结论是否会有差异？此外，由于布劳殊—培干—戈弗雷（Breusch－Pagan－Godfrey）检验方法根据异方差的表现形式来确认异方差是否存在，因此它在确认异方差存在的同时也就提示了修正异方差的具体方法，而 White 检验无法告知我们这些有价值的信息。

七、斯皮尔曼等级相关检验（Spearman rank correlation test）

异方差的实质是随机扰动项 μ_i 的方差 σ_i^2 与解释变量 X_i 相关，所以检验异方差性就是要研究 σ_i^2 与 X_i 的相关程度，若 μ_i 与 X_i 存在着较强的相关性时，肯定存在异方差性。因此，通过 μ_i 与 X_i 的相关系数 ρ 便可以检验 μ_i 的异方差性。但是由于随机扰动项 μ_i 无法观测，因而其方差 σ_i^2 是未知的，经济问题也无法通过对 Y_i 的重复观测去计算。为此，可以先利用样本数据建立 Y 关于 X 的样本回归模型，求出残差 $e_i=Y_i-\hat{Y}_i$，e_i 便可以作为 μ_i 的估计值，只要检验 e_i 与 X_i 的相关性，便可确定 μ_i 的异方差性。但是，由于 $\sum e_i X_i=0$，e_i 与 X_i 的简单相关系数总是等于零，即：

$$r_{eX}=\frac{\sum(e_i-\bar{e})(X_i-\bar{X})}{\sqrt{\sum(e_i-\bar{e})^2}\sqrt{\sum(X_i-\bar{X})^2}}=\frac{\sum e_i X_i}{\sqrt{\sum e_i^2\sum X_i^2}}=0$$

这样便不能用 r_{eX} 来衡量 e_i 与 X_i 的相关性，从而也就不能判断 μ_i 的异方差性。不过容易看出，e_i^2 的变化可以大致反映 σ_i^2 的变化，因此在大样本情况下，可以通过检验 e_i^2 与 X_i 的相关性来推测是否存在异方差性。这样，可以改用等级相关系数来检验。

（一）斯皮尔曼等级相关系数

下面就通过 Pearson 相关系数来推导出斯皮尔曼等级相关系数。首先，我们已经知道，随机变量 X_i 与 Y_i 之间的 Pearson 相关系数为：

$$r=\frac{\sum x_i y_i}{\sqrt{\sum x_i^2}\sqrt{\sum y_i^2}}=\frac{\sum(X_i-\bar{X})(Y_i-\bar{Y})}{\sqrt{\sum(X_i-\bar{X})^2\sum(Y_i-\bar{Y})^2}}=0$$

令 X_i' 和 Y_i' 分别是 X_i 和 Y_i 的等级，则 X_i 与 Y_i 之间的等级相关系数 r_s 为：

$$r=\frac{\sum x_i'y_i'}{\sqrt{\sum(x_i')^2}\sqrt{\sum(y_i')^2}}=\frac{\sum(X_i'-\bar{X}')(Y_i'-\bar{Y}')}{\sqrt{\sum(X_i'-\bar{X}')^2\sum(Y_i'-\bar{Y}')^2}}$$

再令 d_i 为随机变量 X_i 与 Y_i 之间的等级差，也就是 $d_i=X_i'-Y_i'$ 。显然，两个对应序列的等级均值必定相等，亦即 $\bar{X}'=\bar{Y}'$ 。所以有：

$$\sum d_i^2=\sum(X_i'-Y_i')^2=\sum[(X_i'-\bar{X}')-(Y_i'-\bar{Y}')]^2$$

$$\sum(x_i'-y_i')^2=\sum(x_i')^2+\sum(y_i')^2-2\sum x_i'y_i'$$

于是有

$$r_s=\frac{\frac{1}{2}[\sum(x_i')^2+\sum(y_i')^2-\sum d_i^2]}{\sqrt{\sum(y_i')^2\sum(x_i')^2}}$$

由于被等级化的数据有 n 个，亦即等于样本容量，所以有

$$\sum X_i'=\sum Y_i'=1+2+\cdots+n=\frac{1}{2}n(n+1)$$

$$\bar{X}'=\bar{Y}'=\frac{1}{2}(n+1)$$

$$\sum(X_i')^2=1^2+2^2+\cdots+n^2=\frac{1}{6}n(n+1)(2n+1)$$

$$\begin{aligned}\sum(x_i')^2=\sum(y_i')^2&=\sum(X_i')^2-n(\bar{X}')^2\\&=\frac{1}{6}n(n+1)(2n+1)-\frac{1}{4}n(n+1)^2=\frac{1}{12}n(n^2-1)\end{aligned}$$

于是有

$$r_s=\frac{\sum(x_i')^2-\frac{1}{2}\sum d_i^2}{\sum(x_i')^2}=1-\frac{1}{2}\frac{\sum d_i^2}{\sum(x_i')^2}=1-\frac{6\sum d_i^2}{n(n^2-1)}$$

这就是 e_i 与 X_i 之间的等级相关系数 r_s 的计算公式。其中 d_i 为 e_i 与 X_i 间的等级差；n 为样本容量，亦即 X_i 的样本观测值的数目。

需要指出的是，在使用最小二乘法估计回归参数的过程中，我们已知正规方程组

$\sum e_i=0$，$\sum x_ie_i=0$

可见，e_i 与 X_i 之间的普通相关系数恒等于 0。所以这里只能使用等级相关系数来检验 e_i 与 X_i 之间是否存在相关关系。

（二）检验步骤

第一步，用普通最小二乘法估计回归模型

$$Y_i=\beta_0+\beta_1X_{1i}+\cdots+\beta_kX_{ki}+\mu_i$$

得到回归系数 $\hat{\beta}_0$，$\hat{\beta}_1$，…，$\hat{\beta}_k$ 和剩余项 e_i 。

第二步，取 e_i 的绝对值。分别将认为对异方差有关系的解释变量 X_{ji} 和 $|e_i|$ 按升序和降序划分等级，并分别用自然数表示它们的等级。

第三步，按 X_{ji} 的等级依次排列。排列时，$|e_i|$ 的等级与 X_{ji} 的等级按原来样本点的对应关系进行排列。

第四步，计算解释变量 X_{ji} 和 $|e_i|$ 的等级差 d^2，计算等级相关系数：

$$r = 1 - \frac{6\sum d_i^2}{n(n^2-1)} \qquad -1 < r < 1$$

第五步，判断。等级相关系数可以进行显著性检验，提出零假设 H_0：$\rho = 0$，r 服从于均值为 0，方差为 $\frac{1}{n-1}$ 的正态分布，即 $r \sim N(0, \frac{1}{n-1})$。

故可以构建统计量

$$U = \frac{r}{\sqrt{\frac{1}{n-1}}} \sim N(0, 1)$$

给定显著性水平 α，查正态分布表，得临界值 $U_{\frac{\alpha}{2}}$，当 $|U| > U_{\frac{\alpha}{2}}$ 时，等级相关系数是显著的，随机扰动项存在异方差性，因此，r 的绝对值越大，说明越可能存在异方差。

第四节　异方差性问题的解决方法

解决异方差首先应分析模型中是否遗漏了引起异方差的解释变量，是否是模型函数形式设定有误，或者是否存在着测量误差，然后再考虑下面一些方法，其基本思想是运用适当的估计方法，消除（即将异方差变换为同方差）或者尽量缓解方差变异的程度，以削弱异方差对模型的影响。

一、模型变换法

所谓模型变换法就是对存在异方差性的模型进行适当的变量变换，使之成为满足同方差假定的模型，这样仍然可以利用最小二乘法估计变换后的模型，得到的参数估计仍能满足高斯—马尔科夫定理的条件。模型变换法的前提是要合理确定异方差性的具体形式。在计量经济学中，σ_i^2 常常是未知的，必须先推测 σ_i^2，这样可以通过对具体经济问题的经验分析，或者通过前述的 Glejser 检验或 Park 检验结果所提供的信息确定异方差的具体形式。

若异方差性与解释变量 X_i 的变化有关，且：

$$\mathrm{Var}(\mu_i) = \sigma_i^2 = \sigma^2 f(X_i)$$

其中，σ^2 为常数，$f(X_i)$ 是解释变量 X_i 的函数，则用 $\sqrt{f(X_i)}$ 除以原模型的两端，

就可以将模型转化为同方差模型，然后再利用普通最小二乘法估计变换后的模型，估计的参数仍然是最佳线性无偏估计（BLUE）。

设原模型为：

$Y_i = \beta_0 + \beta_1 X_i + \mu_i$

其中，μ_i 是异方差性的，但它满足线性回归模型的所有其他假定条件。在实际处理异方差性问题时，函数 $f(X_i)$ 可以有不同的形式，通常取下列形式。

1. 假定异方差性的形式为：$\mathrm{Var}(\mu_i) = \sigma_i^2 = kX_i^2$（$k$ 为一个常数），即 μ_i 的方差随着 X_i^2 按比例递增，对模型实行变换就是用 $\sqrt{X_i^2}$ 去除原模型两边

$$\frac{Y_i}{X_i} = \frac{\beta_0}{X_i} + \beta_1 + \frac{\mu_i}{X_i}$$

令 $Y_i^* = \frac{Y_i}{X_i}$，$X_i^* = \frac{1}{X_i}$，$\mu_i^* = \frac{\mu_i}{X_i}$，则 $Y_i^* = \beta_0 + \beta_1 X_i^* + \mu_i^*$，这时，$\mathrm{Var}(\mu_i^*) = \mathrm{Var}(\frac{\mu_i}{X_i}) = \frac{1}{X_i^2}\mathrm{Var}(\mu_i) = k$，即为同方差，则可以利用普通最小二乘法估计 β_0，β_1。

2. 假定异方差性的形式为：$\mathrm{Var}(\mu_i) = \sigma_i^2 = k^2 X_i$，对原模型两边同除以 $\sqrt{X_i}$

$$\frac{Y_i}{\sqrt{X_i}} = \frac{\beta_0}{\sqrt{X_i}} + \beta_1 \sqrt{X_i} + \frac{\mu_i}{\sqrt{X_i}}$$

令 $Y_i^* = \frac{Y_i}{\sqrt{X_i}}$，$X_{1i}^* = \frac{1}{\sqrt{X_i}}$，$X_{2i}^* = \sqrt{X_i}$，$\mu_i^* = \frac{\mu_i}{\sqrt{X_i}}$，则 $Y_i^* = \beta_0 X_{1i} + \beta_1 X_{2i}^* + \mu_i^*$，这时，模型为不含常数项的二元线性回归模型，

$\mathrm{Var}(\mu_i^*) = \mathrm{Var}(\frac{\mu_i}{\sqrt{X_i}}) = \frac{1}{X_i} Var(\mu_i) = k^2$，即为同方差，同样可以利用普通最小二乘法估计 β_0，β_1。

3. 假定异方差性的形式为：$\mathrm{Var}(\mu_i) = \sigma_i^2 = \beta_0 + \beta_1 X_i$，对原模型两边同除以 $\sqrt{\beta_0 + \beta_1 X_i}$

$$\frac{Y_i}{\sqrt{\beta_0 + \beta_1 X_i}} = \frac{\beta_0}{\sqrt{\beta_0 + \beta_1 X_i}} + \beta_1 \frac{X_i}{\sqrt{\beta_0 + \beta_1 X}} + \frac{\mu_i}{\sqrt{\beta_0 + \beta_1 X_i}}$$

变换后的随机扰动项 $\frac{\mu_i}{\sqrt{\beta_0 + \beta_1 X_i}}$ 就是同方差，$\mathrm{Var}(\frac{\mu_i}{\sqrt{\beta_0 + \beta_1 X_i}}) = \frac{1}{\beta_0 + \beta_1 X_i}\mathrm{Var}(\mu_i) = \frac{1}{\beta_i + \beta_i X_i}\sigma_i^2 = 1$。

然而，上述这种变换是无法进行的，因为 β_0，β_1 是未知的参数，我们可以先用 $\hat{\beta}_0$，$\hat{\beta}_1$ 来代替 β_0，β_1，然后再采取下列两步进行估计。

第一步，先不考虑异方差性，用最小二乘法求得 $\hat{Y}_i = \hat{\beta}_0 + \hat{\beta}_1 X_i$，然后用估计的 $\hat{Y}_i$ 对模型变换：$\frac{Y_i}{\sqrt{\hat{Y}_i}} = \frac{\beta_0}{\sqrt{\hat{Y}_i}} + \beta_1 \frac{X_i}{\sqrt{\hat{Y}_i}} + \frac{\mu_i}{\sqrt{\hat{Y}_i}}$

第二步，对变换后的上述模型作回归即可得到同方差回归模型。再利用普通最小二乘法估计 β_0，β_1。

二、加权最小二乘法

（一）加权最小二乘法（Weighted Least Squares，WLS）

用普通最小二乘法估计模型中的参数时，对参数的估计是以残差平方和 $\sum e_i^2 = \sum (Y_i - \hat{Y}_i)^2$ 最小为条件的。在最小化过程中，对每个残差平方 e_i^2 所提供信息的重要程度是同等看待的，它们在决定参数的过程中所起的作用是相同的，或者说取了相同的权数，即权数都是 1，在同方差的假定下，对不同的 X_i 、e_i 偏离均值的程度相同，这样做是合理的，但在异方差下，对不同的 X_i 、e_i 偏离均值的分散程度相差很大，这样做就未必合理。如图 5－4 所示，同方差时，A、B、C 各点在计算 $\sum e_i^2$ 时，其权数相同，但与 C 点有关的在 RSS 中将占有重要的地位，这是不合理的。可以看出，对递增异方差，样本是随机抽取的，对来自 X_i 较小的子样本，由于随机扰动项的方差小，样本观测值 Y_i 的波动小，Y_i 与回归直线拟合值 $\hat{Y}_i$ 的残差 e_i 的代表性强，应给予重视；而对 X_i 较大的子样本，由于随机扰动项的方差较大，残差所反映的信息应打折扣，进而 e_i^2 也将偏大，这就使得回归的精确度降低。因此，在考虑“使回归误差达到最小”时，需要对不同 e_i^2 的给予不同的权数，以使不同的 e_i^2 变为同一方差或接近同一方差。合理的做法是：对较小的 e_i^2 给予较大的权数对较大的不同给予较小的权数，从而对残差所提供信息的重要程度加以校正，以提高参数估计的精度。

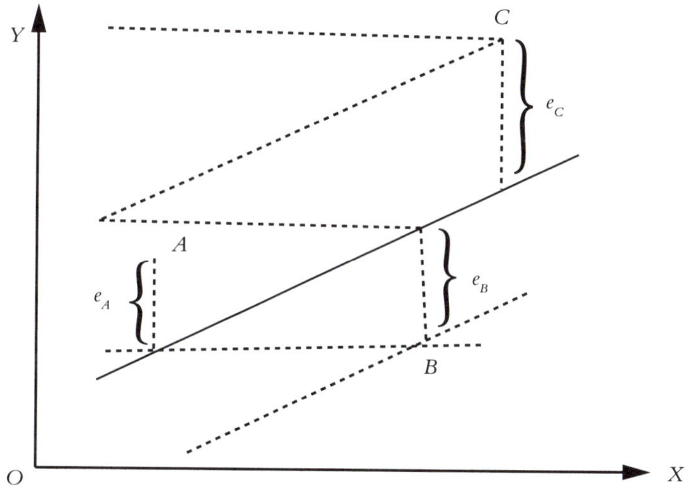

图 5－4

通常取权数 $W_i = \dfrac{1}{\sigma_i^2}(i=1, 2, \cdots, n)$，这样，$W_i$ 与 σ_i^2 变化趋势相反，σ_i^2 越小，W_i

越大；σ_i^2 越大，W_i 越小。事实上，权数 W_i 可以选取任一变化趋势与异方差的趋势相反的变量序列。从图中可以看出，不同权数使递增异方差“楔形”均匀地经历了某种“压缩”和“扩张”的过程，使异方差为同方差。

以一元线性总体回归模型 $Y_i=\beta_0+\beta_1X_i+\mu_i$ 为例，其相应的样本回归模型为：$Y_i=\hat{\beta}_0+\hat{\beta}_1X_i+e_i$ ，如果随机扰动项 μ_i 的方差 $\mathrm{Var}(\mu_i)=\sigma_i^2$ ，则用 σ_i^2 除总体回归模型得：$Y_i/\sigma_i^2=\beta_0/\sigma_i^2+\beta_1X_i/\sigma_i^2+\mu_i/\sigma_i^2$ 。

令 $Y_i^*=\dfrac{Y_i}{\sigma_i}$ ，$X_{1i}=\dfrac{1}{\sigma_i}$ ，$X_{2i}=\dfrac{X_i}{\sigma_i}$ ，$v_i=\dfrac{\mu_i}{\sigma_i}$ ，则 $Y_i^*=\beta_0X_{1i}+\beta_1X_{2i}+v_i$ ，其相应的样本回归模型为：$Y_i^*=\hat{\beta}_0X_{1i}+\hat{\beta}_1X_{2i}+e_i^*$

此时，因为 $\mathrm{Var}(v_i)=\mathrm{Var}(\dfrac{\mu_i}{\sigma_i})=\dfrac{1}{\sigma_i^2}\mathrm{Var}(\mu_i)=1$，回归模型则变换成了同方差模型，可以利用最小二乘法估计，并且得到的是最佳线性无偏估计量。根据普通最小二乘估计的原理，估计过程应该满足：

$$\sum e_i^{*\,2}=\sum(Y_i^*-\hat{Y}_i^*)^2=\sum(Y_i^*-\hat{\beta}_0X_{1i}-\hat{\beta}_1X_{2i})^2=$$

$$\sum(\frac{Y_i^*}{\sigma_i}-\hat{\beta}_0\frac{1}{\sigma_i}-\hat{\beta}_1\frac{X_i}{\sigma_i})^2=\sum\frac{1}{\sigma_i^2}(Y_i-\hat{\beta}_0-\hat{\beta}_1X_i)^2=\sum W_i(Y_i-\hat{\beta}_0-\hat{\beta}_1X_i)^2$$

上述方法实际上可以看成是在最小化过程中对通常意义的残差平方加上了权数 $W_i=\dfrac{1}{\sigma_i^2}$ ，所以此方法也称为加权最小二乘法（Weighted Least Squares，WLS)，由此得到的参数估计量称为加权最小二乘估计量。

而通过加权所得到的回归模型即为经典线性回归模型，由高斯—马尔科夫定理可得，对于异方差模型，WLS 是最佳线性无偏估计。

（二）加权最小二乘法与模型变换法的关系

从形式上看，模型变换法和加权最小二乘法都可以消除模型中的异方差性，但模型变换法的实质就是加权最小二乘法。也就是说，加权最小二乘法和用模型变换法进行参数估计具有结果一致性。

例如，对于一元线性回归模型：

$Y_i=\beta_0+\beta_1X_i+\mu_i$

假定异方差的形式为：

$\sigma_i^2=\sigma^2X_i^2$

模型变换为：

$Y_i/X_i=\beta_0/X_i+\beta_1+\mu_i/X_i$

用 OLS 估计变换后的模型，是对残差平方和

$$RSS_1=\sum[\frac{Y_i}{X_i}-(\frac{\hat{\beta}_0}{X_i}+\hat{\beta}_1)]^2=[\frac{1}{X_i^2}(Y_i-\hat{\beta}_0-\hat{\beta}_1X_i)^2]=\sum\frac{1}{X_i^2}e_i^2$$

求最小值，而利用 WLS 估计模型时，是对残差平方和

$$RSS_2 = \sum [W_i(Y_i - \hat{\beta}_0 - \hat{\beta}_1 X_i)]^2 = \sum \frac{1}{\sigma^2 X_i^2} e_i^2$$

求最小值。比较 RSS_1 和 RSS_2，差别仅在于多了一个常数 $\frac{1}{\sigma^2}$ 倍，而在求极小值的过程中，R^2 和 R^2 的驻点是相同的，即用两种方法得到的参数估计量 β_0，β_1 是完全相同的。但是，可以清楚地看到：

（1）变换模型拟合优度 R^2 变小了，这是对各观测值加权的结果。

（2）省略解释变量也可能导致异方差，这时应考虑模型设定是否正确，是否应将该变量列入方程；否则即使应用 WLS，消除了异方差，参数估计值仍然是错误的。

三、变量对数变换法

如果原模型为 $Y_i = \beta_0 + \beta_1 X_i + \mu_i$ ，对变量 Y_i 与 X_i 作对数变换：$\ln Y_i = \beta_0 + \beta_1 \ln X_i + \mu_i$ ，

通常可以降低异方差的影响。其原因：

一是对数变换能使测定变量值的尺度缩小，它可以将两个数值之间原来 10 倍的差异缩小到只有两倍的差异，从而缓解产生的后果。

二是经过对数变换后的线性模型，其残差只表示为相对误差，而相对误差往往比绝对误差具有较小的误差。

经过对数变换的模型的斜率 β_1 就是 Y 相对于 X 的弹性系数，而在原模型中代表的是 Y 对 X 的变化率。在经济分析中，弹性是比变化率应用更加广泛的概念，在实际分析中有较强的应用价值，所以计量经济模型多采用对数结构。

四、广义最小二乘法（Generalized Least Squares，GLS）

设线性总体回归模型为：

$Y_i = \beta_0 + \beta_1 X_{1i} + \cdots + \beta_k X_{ki} + \mu$

其矩阵形式为：

$\boldsymbol{Y} = \boldsymbol{X\beta} + \boldsymbol{\mu}$

$$\mathrm{Var}(\boldsymbol{\mu}) = \mathrm{Cov}(\boldsymbol{\mu}) = E(\boldsymbol{\mu}\boldsymbol{\mu}^{\boldsymbol{T}}) = E\left(\begin{bmatrix}\mu_1\\ \mu_2\\ \vdots\\ \mu_n\end{bmatrix}[\mu_1, \mu_2, \cdots, \mu_n]\right)$$

$$= E\left(\begin{bmatrix}\mu_1^2 & \mu_1\mu_2 & \mu_1\mu_3 & \cdots & \mu_1\mu_n\\ \mu_2\mu_1 & \mu_2^2 & \mu_3\mu_3 & \cdots & \mu_2\mu_n\\ \cdots & \cdots & \cdots & \cdots & \cdots\\ \mu_n\mu_1 & \mu_n\mu_2 & \mu_n\mu_3 & \cdots & \mu_n^2\end{bmatrix}\right)$$

$$= \begin{bmatrix} E(\mu_1^2) & E(\mu_1\mu_2) & E(\mu_1\mu_3) & \cdots & E(\mu_1\mu_n) \\ E(\mu_2\mu_1) & E(\mu_2^2) & E(\mu_2\mu_3) & \cdots & E(\mu_2\mu_n) \\ \cdots & \cdots & \cdots & \cdots & \cdots \\ E(\mu_n\mu_1) & E(\mu_n\mu_2) & E(\mu_n\mu_3) & \cdots & E(\mu_n^2) \end{bmatrix} = \begin{bmatrix} \sigma_1^2 & 0 & \cdots & 0 \\ 0 & \sigma_2^2 & \cdots & 0 \\ \cdots & \cdots & \cdots & \cdots \\ 0 & 0 & \cdots & \sigma_n^2 \end{bmatrix}$$

$$= \sigma^2 \begin{bmatrix} \sigma_1^2/\sigma^2 & 0 & \cdots & 0 \\ 0 & \sigma_2^2/\sigma^2 & \cdots & 0 \\ \cdots & \cdots & \cdots & \cdots \\ 0 & 0 & \cdots & \sigma_n^2/\sigma^2 \end{bmatrix} = \sigma^2 \boldsymbol{\Omega}$$

在这里 $\boldsymbol{\Omega}$ 矩阵为 $n \times n$ 阶实对称矩阵，σ^2 为常数。

若 $\boldsymbol{\Omega} = \boldsymbol{I}$，则随机扰动项的方差为同方差，这时，总体回归模型即为经典线性回归模型（CLRM）。

若 $\boldsymbol{\Omega} \neq \boldsymbol{I}$，在 $\boldsymbol{\Omega}$ 矩阵中主对角线上的元素不相同，这时，就出现了异方差。

如果已知实对称矩阵 $\boldsymbol{\Omega}$，一定能找到一个非奇异矩阵 $\boldsymbol{P}$，使得：

$$\boldsymbol{\Omega} = \boldsymbol{P}\boldsymbol{P}^T$$

这样便有：

$$\boldsymbol{P}^{-1}\boldsymbol{\Omega}(\boldsymbol{P}^T)^{-1} = \boldsymbol{P}^{-1}\boldsymbol{P}\boldsymbol{P}^T(\boldsymbol{P}^T)^{-1} = \boldsymbol{I}$$

用矩阵 $\boldsymbol{P}^{-1}$ 左乘总体回归模型 $\boldsymbol{Y} = \boldsymbol{X\beta} + \boldsymbol{\mu}$ 得：

$$\boldsymbol{P}^{-1}\boldsymbol{Y} = \boldsymbol{P}^{-1}\boldsymbol{X\beta} + \boldsymbol{P}^{-1}\boldsymbol{\mu}$$

令 $\boldsymbol{Y}^* = \boldsymbol{P}^{-1}\boldsymbol{Y}$，$\boldsymbol{X}^* = \boldsymbol{P}^{-1}\boldsymbol{X}$，$\boldsymbol{\mu}^* = \boldsymbol{P}^{-1}\boldsymbol{\mu}$ 则原总体回归模型变为：

$$\boldsymbol{Y}^* = \boldsymbol{X}^*\boldsymbol{\beta} + \boldsymbol{\mu}^*$$

而变换后的总体回归模型满足假定线性回归模型的条件。也就满足同方差性的假定。

$$E[\boldsymbol{\mu}^*(\boldsymbol{\mu}^*)^T] = E[\boldsymbol{P}^{-1}\boldsymbol{\mu}\boldsymbol{\mu}^T(\boldsymbol{P}^{-1})^T] = \boldsymbol{P}^{-1}\boldsymbol{E}(\boldsymbol{\mu}^T)(\boldsymbol{P}^{-1})^T$$
$$= \boldsymbol{P}^{-1}\boldsymbol{\sigma}^2\boldsymbol{\Omega}(\boldsymbol{P}^{-1})^T = \sigma^2[\boldsymbol{P}^{-1}\boldsymbol{\Omega}(\boldsymbol{P}^{-1})^T] = \sigma^2\boldsymbol{I}$$

所以，由变换后的模型 $\boldsymbol{Y}^* = \boldsymbol{X}^*\boldsymbol{\beta} + \boldsymbol{\mu}^*$，利用 OLS 方法可以得到参数估计量 $\hat{\boldsymbol{\beta}}^*$。

$$\hat{\boldsymbol{\beta}}^* = [(\boldsymbol{X}^*)^T\boldsymbol{X}^*]^{-1}(\boldsymbol{X}^*)^T\boldsymbol{Y}^* = [(\boldsymbol{X}^T(\boldsymbol{P}^T)^{-1}\boldsymbol{P}^{-1}\boldsymbol{X}]^{-1}\boldsymbol{X}^T(\boldsymbol{P}^T)^{-1}\boldsymbol{P}^T\boldsymbol{Y}$$

矩阵 $\mathbf{P}$ 如何确定呢？

$$因为\mathbf{PP}^T = \boldsymbol{\Omega} = \begin{pmatrix} \sigma_1^2/\sigma^2 & 0 & \cdots & 0 \\ 0 & \sigma_2^2/\sigma^2 & \cdots & 0 \\ \cdots & \cdots & \cdots & \cdots \\ 0 & 0 & \cdots & \sigma_n^2/\sigma^2 \end{pmatrix}$$

$$故\mathbf{P}^{-1} = \begin{pmatrix} \sigma/\sigma_1 & 0 & \cdots & 0 \\ 0 & \sigma/\sigma_2 & \cdots & 0 \\ \cdots & \cdots & \cdots & \cdots \\ 0 & 0 & \cdots & \sigma/\sigma_n \end{pmatrix}$$

这样以来，$\mathbf{P}^{-1}\boldsymbol{\Omega}\ (\mathbf{P}^{T})^{-1}=\mathbf{I}$

这就可以通过 GLS 消除异方差性。

该估计量满足高斯—马尔科夫定理，也就是该估计量是线性、无偏、最小方差估计量。

本章习题

1. 下列哪种情况是异方差性造成的结果？

（1）OLS 估计量是有偏的。

（2）通常的 t 检验不再服从 t 分布。

（3）OLS 估计量不再具有最佳线性无偏性。

2. 已知模型

$Y_i=\beta_0+\beta_1X_{1i}+\beta_2X_{2i}+\mu_i$

$\text{Var}(\mu_i)=\sigma_i^2=\sigma^2Z_i^2$

其中，Y，X_1，X_2，Z 的数据已知。假定给定权数 w_i，加权最小二乘法就是求下式中的各 β，以使 $RSS=\sum(w_i\mu_i)^2=\sum(w_iY_i-\beta_0w_i-\beta_1w_iX_{1i}-\beta_2w_iX_{2i})^2$ 最小。

（1）求 RSS 对 β_0、β_1、β_2 的偏微分并写出正规方程。

（2）用 Z 去除原模型，写出所得新模型的正规方程组。

（3）把 $w_i=\dfrac{1}{Z_i}$ 代入（1）中的正规方程，并证明它们和在（2）中推导的结果一样。

3. 随机扰动项 μ_i 的异方差性可以看成与某个解释变量 X_i 之间的函数关系，即

$\sigma_i^2=F(X_i)=\sigma^2f(X_i)$

请问：

（1）这样做的理由是什么？

（2）在异方差的检验中，是否也体现出这种利用函数关系的思想？

4. 已知模型

$Y_i=\beta_0+\beta_1X_{1i}+\beta_2X_{2i}+\mu_i$

其中，Y_i 为某公司在第 i 个地区的销售额，X_{1i} 为该地区的总收入，X_{2i} 为该公司在该地区投入的广告费用（$i=0$，1，2，…，50）。

（1）由于不同地区人口规模 P_i 可能影响到该公司在该地区的销售，因此有理由怀疑随机干扰项 μ_i 是异方差性的。假设 σ_i^2 依赖于总体 P_i 的容量，请逐步描述你如何对此进行检验。需要说明：(a) 零假设和备择假设；(b) 要进行的回归；(c) 要计算的检验统计量及它的分布（包括自由度）；(d) 接受或拒绝零假设的标准。

（2）假设 $\sigma_i=\sigma P_i$。逐步描述如何求得 BLUE 并给出理论依据。

5. 下表给出 2011 年中国城乡居民人民币储蓄存款年底余额与生产总值的数据（单

位：亿元）。请建立城乡居民储蓄 Y 与生产总值 X 的回归模型，并检验是否存在异方差，如果存在异方差，采用适当的方法进行修正。

2011 年中国城乡居民储蓄与生产总值数据　　单位：亿元

地区	居民储蓄 Y（年底余额）	地区生产总值 X	地区	居民储蓄 Y（年底余额）	地区生产总值 X
北京	19126.1	16251.9	湖北	11291.6	19632.3
天津	6123.1	11307.3	湖南	10584.8	19669.6
河北	17824.3	24515.8	广东	40405.1	53210.3
山西	10455.5	11237.6	广西	6654.0	11720.9
内蒙古	5423.1	14359.9	海南	1875.1	2522.7
辽宁	15365.7	22226.7	重庆	6990.2	10011.4
吉林	5835.3	10568.8	四川	16147.3	21026.7
黑龙江	8147.4	12582.0	贵州	3934.5	5701.8
上海	17288.5	19195.7	云南	6656.0	8893.1
江苏	25914.7	49110.3	西藏	318.8	605.8
浙江	23470.3	32318.9	陕西	9172.1	12512.3
安徽	9233.6	15300.7	甘肃	4231.4	5020.4
福建	9068.6	17560.2	青海	1043.5	1670.4
江西	7123.6	11702.8	宁夏	1351.3	2102.2
山东	22173.3	45361.9	新疆	4421.9	6610.1
河南	14648.4	26931.0			

资料来源：中国统计年鉴，2012. http：//www.stats.gov.cn/tjsj/ndsj/2012/indexch.

6. 下表给出了一个 30 户家庭的消费（Y）与收入（X）数据。根据表中数据构建家庭消费与收入之间关系的简单线性回归模型：

$$Y_i = \beta_1 + \beta_2 X_{2i} + \mu_i$$

要求：

（1）用 Goldfeld—Quandt 检验和 White 检验对简单线性回归模型进行异方差性检验。

（2）选用适当方法修正异方差，并给出修正后的模型。

假设消费（Y）与收入（X）数据　　单位：美元

Y	X	Y	X	Y	X
55	80	74	105	152	220
65	100	110	160	144	210
70	85	113	150	175	245
80	110	125	165	180	260
79	120	108	145	135	190
84	115	115	180	140	205
98	130	140	225	178	265
95	140	120	200	191	270
90	125	145	240	137	230
75	90	130	185	189	250

数据来源：古扎拉蒂．计量经济学基础：上册［M］．第五版．北京：中国人民大学出版社，2011.

第六章 自相关

◈ 本章要点

1. 自相关性的概念，了解经济现象中自相关产生的原因。
2. 自相关对模型参数估计量的影响。
3. 掌握自相关性检验的主要方法。
4. 掌握消除自相关性的方法。

第一节 什么是自相关

一、自相关的定义

在经典线性回归模型假定下，随机扰动项之间是无自相关（no autocorrelation）的，即满足

$\mathrm{Cov}(\mu_i, \mu_j) = E(\mu_i, \mu_j) = 0 \quad (i \neq j)$

若 $\mathrm{Cov}(\mu_i, \mu_j) = E(\mu_i, \mu_j) \neq 0 \quad (i \neq j)$

则称随机扰动项 μ_i 之间存在自相关（aotocorrelation）。自相关也称为序列相关（serial correlation）。

自相关可以按照时间序列数据或截面数据排列的序列来定义随机扰动项之间的相关性。但是，通常情况下，自相关主要存在于时间序列数据中，而存在于截面数据中的自相关称为空间自相关（spatial autocorrelation）。

二、自相关的形式

我们用随机扰动项与其滞后项或滞后值（lagged values）或滞后变量（lagged variable）之间的相关关系来体现自相关。自相关形式可以分为如下几种形式：

（一）一阶自回归形式

当随机扰动项只与其滞后一期值有相关关系时，即 $\mu_t = f(\mu_{t-1}) + v_t$ 。

其中 μ_{t-1} 是 μ_t 的滞后一期值，上式称为随机扰动项 μ_t 的一阶自回归形式。记作 AR（1）。

注意：刚才说明了在一般情况下，自相关问题主要是基于时间序列数据基础上的

样本模型，因此，随机扰动项的下标不适用 i 符号，而是常用 t 代替。

（二）高阶自回归形式

当随机扰动项不仅与其滞后一期有关，还与其滞后若干期至 m 期有关时，即 $\mu_t = f(\mu_{t-1}, \mu_{t-2}, \cdots, \mu_{t-m}) + v_t$ 。

其中 μ_{t-1}，μ_{t-2}，…，μ_{t-m} 是 μ_t 的滞后一期及其滞后若干期至 m 期值，上式称为随机扰动项 μ_t 的 m 阶自回归形式。记作 AR（m）。

在计量经济模型中，自相关问题最常见形式是线性自回归形式，这样就可转换为一阶线性自回归形式：

$$\mu_t = \alpha_1 \mu_{t-1} + v_t$$

在此，假定随机扰动项 v_t 满足下列条件：

$$E(v_t) = 0$$

$$\text{Var}(v_t) = \sigma_v^2$$

$$\text{Cov}(\mu_t, \mu_{t-1}) = 0,\ \text{Cov}(\mu_t, \mu_{t-s}) = 0 \quad t = 1, 2, \cdots, n \quad s \neq 0$$

根据 OLS 方法，参数 α_1 的估计值为：

$$\hat{\alpha}_1 = \frac{\sum \mu_t \mu_{t-1}}{\sum \mu_{t-1}^2}$$

若把 μ_t，μ_{t-1} 看成两个随机变量，则它们之间的相关系数为：

$$\rho = \frac{\text{Cov}(\mu_t, \mu_{t-1})}{\sqrt{\text{Var}(\mu_t)}\sqrt{\text{Var}(\mu_{t-1})}} = \frac{\sum \mu_t \mu_{t-1}}{\sqrt{\sum \mu_t^2}\sqrt{\sum \mu_{t-1}^2}}$$

在大样本条件下，$\sum \mu_t^2 \approx \sum \mu_{t-1}^2$

因此，$\rho = \dfrac{\sum \mu_t \mu_{t-1}}{\sqrt{\sum \mu_t^2}\sqrt{\sum \mu_{t-1}^2}} = \hat{\alpha}_1$

这样，一阶线性自回归形式就可以表示为：$\mu_t = \rho\mu_{t-1} + v_t$ 记为 AR（1）。

ρ 称为一阶自相关系数（first－order coefficient of autocorrelation）或滞后一期的自相关系数（coefficient of autocorrelation at lag 1）或自协方差系数（coefficient of autocovariance）。随机扰动项（误差项）v_t 也被称为白噪声误差项（white noise error term）。

类似地，可推出高阶线性自回归形式。

一般地，$\mu_t = \rho_1 \mu_{t-1} + \rho_2 \mu_{t-2} + \cdots + \rho_m \mu_{t-m} + v_t$ 记为 AR（m），称为 m 阶线性自回归形式。

$$\text{Var}(\mu_t) = \text{Var}(\rho\mu_{t-1} + v_t) = \rho^2 \text{Var}(\mu_{t-1}) + \text{Var}(v_t) + 2\rho E(\mu_{t-1} v_t) = \rho^2 \text{Var}(\mu_t) + \sigma_v^2$$

因为 $\text{Var}(\mu_t) = \text{Var}(\mu_t) = \sigma^2$

所以 $\text{Var}(\mu_t) = \sigma^2 = \dfrac{\sigma_v^2}{1 - \rho^2}$

同时，也可以得到随机扰动项之间的协方差公式：

$$\begin{aligned}\mathrm{Cov}(\mu_t,\ \mu_{t-s}) &= E[(\rho\mu_{t-1}+v_t)\mu_{t-s}] \\ &= E[(\rho^2\mu_{t-2}+\rho v_{t-1}+v_t)\mu_{t-s}] \\ &= E[(\rho^2\mu_{t-2}+\rho v_{t-1}+v_t)\mu_{t-s}] \\ &= E[(\rho^s\mu_{t-s}+\rho^{s-1}v_{t-s+1}+\cdots+\rho v_{t-1}+v_t)\mu_{t-s}] \\ &= \rho^s E(\mu_{t-s}^2)+\rho^{s-1}E(v_{t-s+1}\mu_{t-s})+\cdots+\rho E(v_{t-1}\mu_{t-s})+E(v_t\mu_{t-s}) \\ &= \rho^s\sigma^2 = \frac{\rho^s\sigma_v^2}{1-\rho^2}\end{aligned}$$

实际上，可以证明，随机扰动项 μ_t 在 AR（1）条件下满足零均值和同方差假定。

$$\mu_t=\rho\mu_{t-1}+v_t \qquad \mu_{t-1}=\rho\mu_{t-2}+v_{t-1} \qquad \cdots$$

$$\mu_t=v_t+\rho v_{t-1}+\rho^2 v_{t-2}+\cdots=\sum_{m=0}^{\infty}\rho^m v_{t-m}$$

这表明，随机扰动项 μ_t 可以表示成随机扰动项序列 v_t，v_{t-1}，v_{t-2}，… 的加权和，其中权数分别为 1，ρ，ρ^2，…，当 $0<\rho<1$ 时，序列呈现递减趋势，当 $-1<\rho<0$ 时，序列呈现调错震荡递减趋势。

我们可以推出下列结论：

$$E(\mu_t)=\sum_{m=0}^{\infty}\rho^m E(v_{t-m})=0$$

$$\mathrm{Var}(\mu_t)=\sum_{m=0}^{\infty}\rho^{2m}\mathrm{Var}(v_{t-m})=\frac{\sigma_v^2}{1-\rho^2}$$

第二节 自相关产生的原因及其后果

一、自相关产生的原因

在实际经济问题中，产生自相关的主要原因可以概括为如下几点：

（一）惯性（inertia）

大多数经济时间序列都有一个明显的特点，就是它的惯性。例如，GDP、价格指数、就业、通货膨胀、经济周期等时间序列都呈现出一定的周期性，从衰退的低谷开始，经济可以复苏，大多数经济序列都开始上升，在上升过程中，序列在每一时刻的值都要高于前期值；从高潮到衰退，序列又可以掉头下滑。无论是哪种情况，这些经济时间序列都会持续一段时间其原有的势头。这种“内在的动力”惯性往往产生序列自相关。

（二）滞后效应（lag effect）

惯性有些情况下体现的是一种滞后效应。例如，居民的可支配收入可能对本期影响不大，但会在后期逐渐产生影响。这也可以解释为人的消费观念的惯性影响。也可以说，当期的消费支出除了受到收入影响以外，还受到上一期的消费支出的影响，这样我们可以建立如下的模型：

$Y_t = \beta_0 + \beta_1 X_t + \beta_2 Y_{t-1} + \mu_t$

由于解释变量中包含有被解释变量的滞后期值，称之为自回归模型。人们的消费习惯不会轻易改变，从而对模型产生自相关性。

（三）模型设定偏误（specification error）

与异方差产生的原因类似，模型设定偏误，也分为两种情形：一是应含而未含变量（excluded variabel）设定偏误；二是不正确的函数形式。例如，原模型本应该为：

$Y_i = \beta_0 + \beta_1 X_{1i} + \beta_2 X_{2i} + \beta_3 X_{3i} + \mu_i$

但却出于某种原因做成如下回归模型：

$Y_i = \beta_0 + \beta_1 X_{1i} + \beta_2 X_{2i} + v_i$

这相当于令 $v_i = \beta_3 X_{3i} + \mu_i$ ，于是 X_3 的影响因素就会体现在随机误差项中，从而易于导致自相关性。

（四）蛛网现象（cobweb phenomenon）

许多农产品的供给反映出一种所谓的蛛网现象。供给对价格的反应要滞后一个时期，因为供给需要经过一段时间才能实现。例如，当年年初农作物种植受上一年价格的影响，供给函数为：

$Y_t = \beta_0 + \beta_1 P_t + \beta_2 P_{t-1} + \mu_t$

此类现象会直接导致模型产生自相关性。

（五）数据的“编造”

在数据使用中，有些数据是通过已知数据生成的，即原始数据往往是经过“编造”的。例如，季节数据的使用是通过月度数据的简单平均获得的，这种简单平均的计算减弱了每月数据的波动性而使数据更加均滑，这种均滑本身就能使随机扰动项中出现系统性模式，从而导致自相关。另外，数据处理的内插（interpolation）或外推（extrapolation）技术也会导致随机扰动项的自相关。

产生序列自相关的原因还有模型差分形式变换、时间序列非平稳性等。总之，有很多原因导致一个回归模型中的随机误差项自相关。

二、自相关的后果

当线性回归模型的随机扰动项存在自相关，即违背了线性回归模型的经典假定时，如果我们仍然采用普通最小二乘法估计未知参数，将会产生如下的后果：

（一）参数估计量虽然是无偏的，但却是非有效的

以一元线性回归模型具有一阶自回归形式的随机扰动项为例：

$Y_t = \beta_0 + \beta_1 X_t + \mu_t \qquad t = 1, 2, \cdots, n$

通过 OLS 估计得到：

$$\hat{\beta}_1 = \sum k_i Y_i \quad \hat{\beta}_0 = \sum (\frac{1}{n} - \bar{X} k_i) Y_i$$

$$E(\hat{\beta}_1) = E(\sum k_i Y_i) = E[\sum k_i (\beta_0 + \beta_1 X_i + \mu_i)]$$

$$= E(\beta_0 \sum k_i) + E(\beta_1 \sum k_i X_i) + E(\sum k_i \mu_i) = \beta_1$$

由第二章也可以得到 $E(\hat{\beta}_0) = \beta_0$，故可得到回归系数 $\hat{\beta}_i$（$i = 0$，1）仍具有无偏性。而 $\mathrm{Var}(\hat{\beta}_i)$ 就不再具有最小方差性了。

仍以上面模型为例：

$$\mathrm{Var}(\hat{\beta}_1) = E\ (\hat{\beta}_1 - \beta_1)^2 = E[(\sum k_i \mu_i)^2]$$

$$= E(\sum k_i^2 \mu_i^2 + 2 \sum_{i \neq j} k_i k_j \mu_i \mu_j) = \sum k_i^2 \mathrm{Var}(\mu_i) + 2 \sum_{i \neq j} k_i k_j \mathrm{Cov}(\mu_i,\ \mu_j)$$

由于自相关的存在，$\mathrm{Cov}(\mu_i,\ \mu_j) = E(\mu_i,\ \mu_j) \neq 0$，所以这时 $\mathrm{Var}(\hat{\beta}_i)$ 已经不同于经典假设下 $\hat{\beta}_1$ 的方差。若随机扰动项 μ_i 和解释变量 X_i 同时存在正自相关或者同时存在负自相关，那么此时得到的 $\hat{\beta}_1$ 的方差大于经典假定下 $\hat{\beta}_1$ 的方差；若随机扰动项 μ_i 自相关的方向与解释变量 X_i 自相关的方向相反，那么 $\hat{\beta}_1$ 的方差将小于经典假定下 $\hat{\beta}_1$ 的方差。因此，若不考虑自相关性，仍用普通最小二乘法估计参数的方差，则可能会导致不小的偏差。

（二）参数的显著性检验失去意义

由于回归参数估计量的方差已不同于经典假定下回归参数估计量的方差，所以由普通最小二乘法估计的回归参数和其方差估计量所构成的 t 检验统计量和 F 检验统计量将不能给出有效的结论，所用的 t 检验和 F 检验一般来说是不可靠的。

（三）模型的预测失效

模型预测的精度决定于抽样误差和总体随机扰动项的方差 σ^2。抽样误差来自于对回归参数的估计，在自相关情形下，回归参数方差的最小二乘估计变得不可靠，由此必定会加大抽样误差。同时，在自相关情形下，对方差 σ^2 的估计也是不可靠的。由此可以看出，影响预测精度的两大要素都因自相关的存在而加大不确定性，使得预测的置信区间不可靠，从而使模型预测失效。

第三节　自相关的检验

由于随机扰动项存在自相关性，会对参数的最小二乘估计产生严重后果，因此，在进行回归分析之前，必须检验是否存在自相关性。

自相关性的检验方法有很多，但是其基本思路应当是首先采用普通最小二乘法估计模型，以求出随机扰动项的“近似估计量”，用 $\tilde{e}_t$ 表示。即

$$\tilde{e}_t = Y_t - (\hat{Y}_t)_{OLS}$$

然后，通过分析这些“近似估计量”之间的相关性，从而达到判断随机扰动项是

否具有自相关性的目的。

一、图示法

由于样本残差项 $\tilde{e}_t$ 可以作为随机扰动项 μ_t 的估计值，如果随机扰动项 μ_t 存在自相关性，必然会由残差项 $\tilde{e}_t$ 反映出来，因此可利用残差项 $\tilde{e}_t$ 的变化图形来判断随机扰动项 μ_t 的自相关性。

判断自相关性的图示法一般可以用（$\tilde{e}_t$，$\tilde{e}_{t-1}$）的散点图和（$\tilde{e}_t$，t）的散点图。

（一）（$\tilde{e}_t$，$\tilde{e}_{t-1}$）的散点图

如果大部分点落在第 I，III 象限，表明随机扰动项存在着正自相关性，如图 6－1（1）所示；如果大部分点落在第 II，IV 象限，表明随机扰动项存在负相关性，如图 6－1（2）所示。

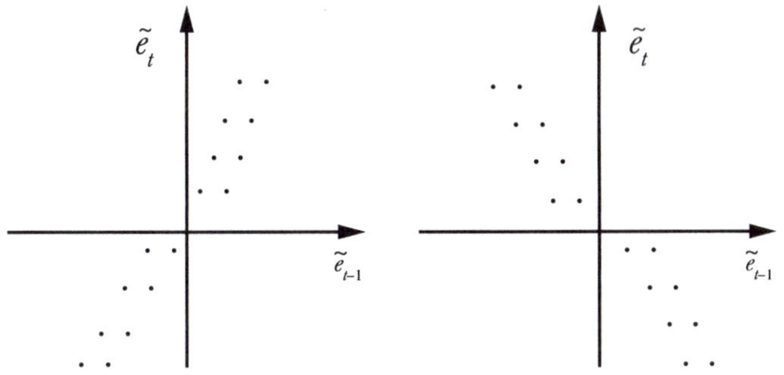

（1）正自相关性　　（2）负自相关性

图 6－1

（二）（$\tilde{e}_t$，t）的散点图

如果 $\tilde{e}_t$ 随着 t 的变化逐次有规律地变化，呈现出锯齿形或循环形状的变化，就可以断言随机扰动项 μ_t 存在自相关性；如果 $\tilde{e}_t$ 随着 t 的变化逐渐变化并不频繁地改变符号，而是几个正的后面跟着几个负的，表明随机扰动项 μ_t 存在正自相关性，如图 6－2（1）所示；如果 $\tilde{e}_t$ 随着 t 的变化逐次变化，并不断地改变符号，那么随机扰动项 μ_t 存在负自相关性，如图 6－2（2）所示。

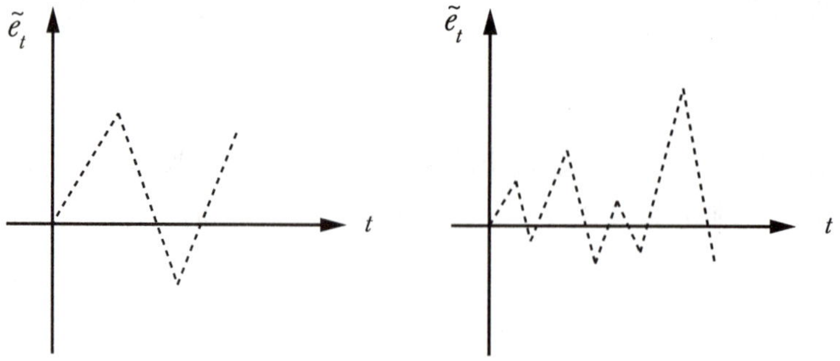

（1）正自相关性　　（2）负自相关性

图 6—2

二、DW（Durbin—Warson）检验法

DW 检验法是杜宾（J. Durbin）和瓦森（G. S. Watson）于 1951 年提出的一种检验自相关性的方法。

首先，该方法是有假定条件的，其假定条件如下：

（1）解释变量 X 非随机；

（2）随机扰动项 μ_t 为一阶自回归形式 $\mu_t = \rho\mu_{t-1} + v_t$ ；

（3）被解释变量的滞后项 Y_{t-1} 不能在回归模型中作解释变量，即不应出现的形式为 $Y_t = \beta_0 + \beta_1 X_{1t} + \beta_2 X_{2t} + \cdots + \beta_k X_{kt} + \gamma Y_{t-1} + \mu_t$；

（4）样本容量应充分大（$n > 15$）。

DW 检验法的步骤：

给出如下假定：

H_0：$\rho = 0$　（μ_t 不存在自相关）

H_1：$\rho \neq 0$　（μ_t 存在自相关）

用残差值 $\tilde{e}_t$ 计算 DW 统计量，即：

$$DW = \frac{\sum_{t=2}^{n}(\tilde{e}_t - \tilde{e}_{t-1})^2}{\sum_{t=1}^{n}\tilde{e}_t^2}$$

$$\because DW = \frac{\sum_{t=2}^{n}\tilde{e}_t^2 + \sum_{t=2}^{n}\tilde{e}_{t-1}^2 - 2\sum_{t=2}^{n}\tilde{e}_t\tilde{e}_{t-1}}{\sum_{t=1}^{n}\tilde{e}_t^2}$$

由假定样本容量充分大，则有

$$\sum_{t=2}^{n}\tilde{e}_t^2 \approx \sum_{t=2}^{n}\tilde{e}_{t-1}^2 \approx \sum_{t=1}^{n}\tilde{e}_t^2$$

$$DW=\frac{\sum_{t=2}^{n}\tilde{e}_t^2+\sum_{t=2}^{n}\tilde{e}_{t-1}^2-2\sum_{t=2}^{n}\tilde{e}_t\tilde{e}_{t-1}}{\sum_{t=1}^{n}\tilde{e}_t^2}=2\left(1-\frac{\sum_{t=1}^{n}\tilde{e}_t\tilde{e}_{t-1}}{\sum_{t=1}^{n}\tilde{e}_t^2}\right)=2(1-\hat{\rho})$$

因为 ρ 的取值范围是（－1，1），所以 DW 统计量的取值范围是（0，4）。ρ 与 DW 值的对应关系见表 6－1。

表 6－1　　　　　　　　　　ρ **与** DW **值的对应关系表**

ρ	DW	μ_t 的表现
$\rho=0$	$DW=2$	非自相关
$\rho=1$	$DW=0$	完全正自相关
$\rho=-1$	$DW=4$	完全负自相关
$0<\rho<1$	$0<DW<2$	有某种程度的正自相关
$-1<\rho<0$	$2<DW<4$	有某种程度的负自相关

DW 检验只适用于一阶自回归形式的自相关，实际运用中 $DW=0$，2，4 的情形是不多见的。当 DW 取值在（0，2），（2，4）之间时，怎么判别 μ_t 是否存在自相关呢？推导统计量 DW 的精确抽样分布是困难的，因为 DW 是依据残差项 $\tilde{e}_t$ 计算的，而残差项 $\tilde{e}_t$ 的值又与 X_t 的形式有关。DW 检验与其他统计检验不同，它没有唯一的临界值用来制定判别规则。根据样本容量和被估计参数个数，在给定的显著水平下，给出了检验用的上、下两个临界值 d_U 和 d_L 。判别规则如图 6－3 所示。

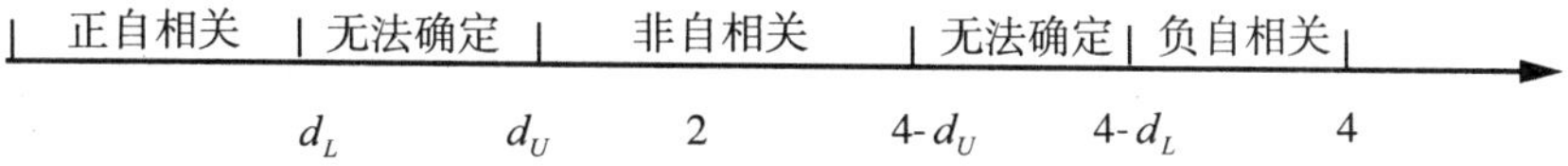

图 6－3

（1）若 DW 取值在（0，d_L ）之间，拒绝原假设 H_0：$\rho=0$，认为 μ_t 存在正自相关。

（2）若 DW 取值在（$4-d_L$ ，4）之间，拒绝原假设 H_0：$\rho=0$，认为 μ_t 存在负自相关。

（3）若 DW 取值在（d_U ，$4-d_U$ ）之间，接受原假设 H_0：$\rho=0$，认为 μ_t 非自相关。

（4）若 DW 取值在（d_L ，d_U ）或（$4-d_U$ ，$4-d_L$ ）之间，这种检验没有结论，即不能判别 μ_t 是否存在自相关，这是 DW 检验的一个局限性。

书末附录中，给出了检验水平 α 条件下 DW 检验临界值。DW 检验临界值与三个参数有关：检验水平 α ，样本容量 n 和原回归模型中解释变量个数 k 。

三、拉格朗日乘数（Lagrange Multiplier）检验法

拉格朗日乘数检验克服了 DW 检验的缺陷，适用于高阶自相关及模型中存在滞后被解释变量的情形。

该检验方法是由布劳殊（Breusch）和戈弗雷（Godfrey）于 1978 年提出的，也被称为 BG 检验。

对于多元线性回归模型

$$Y_t = \beta_0 + \beta_1 X_{1t} + \beta_2 X_{2t} + \cdots + \beta_k X_{kt} + \mu_t$$

如果怀疑随机扰动项存在高阶自相关（ m 阶自相关），即

$$\mu_t = \rho_1 \mu_{t-1} + \rho_2 \mu_{t-2} + \cdots + \rho_m \mu_{t-m} + v_t$$

拉格朗日乘数检验就可以用来检验如下受约束回归方程：

$$Y_t = \beta_0 + \beta_1 X_{1t} + \beta_2 X_{2t} + \cdots + \beta_k X_{kt} + \rho_1 \mu_{t-1} + \rho_2 \mu_{t-2} + \cdots + \rho_m \mu_{t-m} + v_t$$

约束条件为：

$$H_0: \rho_1 = \rho_2 = \cdots = \rho_m = 0$$

如果约束条件 H_0 为真，则 LM 统计量服从大样本下自由度为 m 的渐近 χ^2 分布，即

$$LM = nR^2 \sim \chi^2(m)$$

其中，n，R^2 分别为如下辅助回归模型的样本容量与可决系数。

$$\tilde{e}_t = \beta_0 + \beta_1 X_{1t} + \beta_2 X_{2t} + \cdots + \beta_k X_{kt} + \rho_1 \tilde{e}_{t-1} + \rho_2 \tilde{e}_{t-2} + \cdots + \rho_m \tilde{e}_{t-m} + v_t$$

其中 $\tilde{e}_t$ 为原多元线性回归模型经普通最小二乘法估计的残差项。给定显著性水平 α ，查自由度为 m 的 χ^2 分布相对应的临界值 $\chi^2_{\alpha(m)}$ ，如果计算的 LM 统计量的值超过该临界值，则拒绝约束条件为真的原假设，表明可能存在直到 m 阶的自相关。

在实际检验中，可以从一阶，二阶，…逐次向更高阶检验，并用辅助回归模型 $\tilde{e}_t = \beta_0 + \beta_1 X_{1t} + \beta_2 X_{2t} + \cdots + \beta_k X_{kt} + \rho_1 \tilde{e}_{t-1} + \rho_2 \tilde{e}_{t-2} + \cdots + \rho_m \tilde{e}_{t-m} + v_t$ 中各 $\tilde{e}_t$ 前参数的显著性来帮助判断自相关的阶数。

四、回归检验法

以 $\tilde{e}_t$ 为被解释变量，以各种可能的相关量，如 $\tilde{e}_{t-1}$，$\tilde{e}_{t-2}$，… 作为解释变量，建立各种方程，即

$$\tilde{e}_t = \rho \tilde{e}_{t-1} + v_t \qquad (t = 2, 3, \cdots, n)$$

$$\tilde{e}_t = \rho_1 \tilde{e}_{t-1} + \rho_2 \tilde{e}_{t-2} + v_t \qquad (t = 3, 4, \cdots, n)$$

$$\tilde{e}_t = \rho \tilde{e}^2_{t-1} + v_t \qquad (t = 2, 3, \cdots, n)$$

$$\tilde{e}_t = \rho \sqrt{\tilde{e}_{t-1}} + v_t$$

……

对方程进行估计，并进行显著性检验。如果存在某种函数形式，使得方程显著成立，则说明原模型存在自相关。回归检验法的优点是一旦确定了模型存在自相关，也就同时知道了相关的形式，而且它适用于任何类型的自相关检验；但缺点是计算量比较大。

第四节　自相关的补救方法

如果发现模型的随机扰动项存在自相关性，应该如何解决呢？

首先，应分析产生自相关的原因。如果自相关是由于错误地设定了模型的数学形式，那么，就应当修改模型的数学形式。怎样才能查明自相关是由于模型数学形式不妥造成的呢？一种方法是用残差项 $\tilde{e}_t$ 对解释变量的较高次幂进行回归，然后对新的残差作 DW 检验，如果此时自相关消失，则说明模型的数学形式不妥。

其次，自相关是由于模型中省略了重要解释变量造成的，那么解决办法就是找出略去的解释变量，把它作为重要解释变量列入模型。怎样才能查明自相关是由于略去重要解释变量造成的呢？一种方法是用残差项 $\tilde{e}_t$ 对那些可能影响被解释变量但又未列入模型的解释变量回归，并作显著性检验，从而确定该解释变量的重要性。如果是重要解释变量，就应该列入模型。

只有当以上两种引起自相关的原因都消除以后，才能认为随机扰动项 μ_t “真正” 存在自相关。在这种情况下，解决方法是变换原回归模型，使变换后的模型的随机扰动项消除自相关，进而利用普通最小二乘法估计回归参数。

（一）广义最小二乘法（Generalized Least Squares，GLS）

对于多元线性回归模型

$\boldsymbol{Y}=\boldsymbol{X\beta}+\boldsymbol{\mu}$

若随机扰动项存在自相关性，设随机误差项 μ_t 具有一阶自回归形式自相关，即

$\mu_t=\rho\mu_{t-1}+v_t$

$$\mathrm{Cov}(\boldsymbol{\mu})=E(\boldsymbol{\mu}\boldsymbol{\mu}^{\boldsymbol{T}})=\sigma_\mu^2\begin{pmatrix}1 & \rho & \rho^2 & \cdots & \rho^{T-1}\\ \rho & 1 & \rho & \cdots & \rho^{T-2}\\ \cdots & \cdots & \cdots & \cdots & \\ \rho^{T-1} & \rho^{T-2} & \rho^{T-3} & \cdots & 1\end{pmatrix}=\boldsymbol{\Omega}\qquad \sigma_\mu^2=\frac{\sigma_v^2}{1-\rho^2}$$

$$令\ \boldsymbol{M}=\begin{pmatrix}\sqrt{1-\rho^2} & 0 & 0 & \cdots & 0 & 0\\ -\rho & 1 & 0 & \cdots & 0 & 0\\ 0 & -\rho & 1 & \cdots & 0 & 0\\ \cdots & \cdots & \cdots & \cdots & \cdots & \cdots\\ 0 & 0 & 0 & \cdots & -\rho & 1\end{pmatrix}$$

则 $\boldsymbol{M\Omega M^T}=\sigma_v^2\boldsymbol{I}$

用矩阵 M 左乘总体回归模型 $\boldsymbol{P^{-1}Y=P^{-1}X\beta+P^{-1}\mu}$ 得：$\boldsymbol{MY=MX\beta+M\mu}$

再令 $\boldsymbol{Y}^{*}=\boldsymbol{MY}$ ，$\boldsymbol{X}^{*}=\boldsymbol{MX}$ ，$\boldsymbol{\mu}^{*}=\boldsymbol{M\mu}$ ，原模型变为：$\boldsymbol{Y}^{*}=\boldsymbol{X}^{*}\boldsymbol{\beta}+\boldsymbol{\mu}^{*}$

而 $E(\boldsymbol{\mu}^{*}\boldsymbol{\mu}^{*T})=E(\boldsymbol{M\mu\mu}^{T}\boldsymbol{M}^{T})=\boldsymbol{M\Omega M}^{T}=\boldsymbol{\sigma}_{v}^{2}\boldsymbol{I}$

变换后的模型 $\boldsymbol{Y}^{*}=\boldsymbol{X}^{*}\boldsymbol{\beta}+\boldsymbol{\mu}^{*}$ 的随机误差项不再有自相关，用 OLS 估计得到：

$$\hat{\boldsymbol{\beta}}^{*}=[(\boldsymbol{MX})^{T}(\boldsymbol{MX})]^{-1}(\boldsymbol{MX})^{T}(\boldsymbol{MY})=(\boldsymbol{X}^{T}\boldsymbol{M}^{T}\boldsymbol{MX})^{-1}\boldsymbol{X}^{T}\boldsymbol{M}^{T}\boldsymbol{MY}$$

（二）广义差分法

设线性回归模型

$$Y_t=\beta_0+\beta_1X_{1t}+\beta_2X_{2t}+\cdots+\beta_kX_{kt}+\mu_t \qquad (k=1,2,\cdots,T)$$

假定 μ_t 具有一阶自回归形式

$$\mu_t=\rho\mu_{t-1}+v_t$$

其中 v_t 满足经典假定，现在把其代入线性回归模型，得到：

$$Y_t=\beta_0+\beta_1X_{1t}+\beta_2X_{2t}+\cdots+\beta_kX_{kt}+\rho\mu_{t-1}+v_t$$

将原线性回归模型的 $t-1$ 期关系式两侧同乘以 ρ ，得：

$$\rho Y_{t-1}=\rho\beta_0+\rho\beta_1X_{1t-1}+\rho\beta_2X_{2t-1}+\cdots+\rho\beta_kX_{kt-1}+\rho\mu_{t-1}$$

将原线性回归模型与上式两边相减，得：

$$Y_t-\rho Y_{t-1}=\beta_0(1-\rho)+\beta_1(X_{1t}-\rho X_{t-1})+\cdots+\beta_k(X_{kt}-\rho X_{kt-1})+v_t$$

令 $Y_t^{*}=Y_t-\rho Y_{t-1}$ ，$X_{jt}^{*}=X_{jt}-\rho X_{jt-1}$ ，$j=1,2,\cdots,k$ ，$\beta_0^{*}=\beta_0(1-\rho)$

于是，模型变为：

$$Y_t^{*}=\beta_0^{*}+\beta_1X_{1t}^{*}+\beta_2X_{2t}^{*}+\cdots+\beta_kX_{kt}^{*}+v_t$$

该模型满足经典线性回归模型所有条件，故可以应用最小二乘法估计回归参数，所得到的估计量具有最佳线性无偏性。

注意：

1. 上式中的这种变换损失了一个观测值，样本容量由 T 变成 $T-1$

为了避免这种损失，K. R. Kadiyala（1968）提出对 Y_t 与 X_{jt}（$j=1,2,\cdots,k$）的第一个观测值分别作如下定义：

$$Y_1^{*}=Y_1\sqrt{1-\rho^2}\ ,\ X_{jt}^{*}=X_{j1}\sqrt{1-\rho^2}\ (j=1,2,\cdots,k)$$

这种变换的目的就是使相应误差项 μ_1 的方差与其他误差项 $\mu_2,\mu_3,\cdots,\mu_T$ 的方差保持相等。作上述变换后，有 $\mu_1^{*}=\mu_1\sqrt{1-\rho^2}$ ，则 $\mathrm{Var}(\mu_1^{*})=(1-\rho^2)\mathrm{Var}(\mu_1)=\sigma_v^2$ 具有同方差性。

2. 当随机误差项 μ_t 的自相关具有高级自回归形式时，仍可用上述相类似的方法进行广义差分变换

若 μ_t 具有 k 阶自回归形式

$$\mu_t=\rho_1\mu_{t-1}+\rho_2\mu_{t-2}+\cdots+\rho_m\mu_{t-m}+v_t$$

首先求 k 个不同滞后期的关系式，然后通过广义差分变换使模型的误差项符合假定条件。需要注意的是对二阶自回归形式，作广义差分变换后，要损失两个观测值，对 k 阶自回归形式，作广义差分变换后，将损失 k 个观测值。

3．当用广义差分变量回归的结果中仍存在自相关时，可以对广义差分变量继续进行广义差分，直至回归模型中不存在自相关为止

（三）自相关系数 ρ 的估计方法

在进行上述差分变换时，需要先知道 μ_t 的自相关系数 ρ，而 ρ 通常是未知的，因此，需要先估计出 ρ 的值。对 ρ 的估计，一般可采用以下几种办法。

1．根据先验信息或经验来估计 ρ 值

我们可以根据一些先验信息（如某项研究成果）或根据自己的理解或经验，作出有关自相关系数的一些“合理”的估计，通常取 $\rho=1$，于是有 $\mu_t=\mu_{t-1}+v_t$。这就意味着本期扰动与前期扰动有几乎相同的效应，这时模型的变换即为一阶差分变换：

$$Y_t-Y_{t-1}=\beta_1(X_t-X_{t-1})+v_t$$

令 $\Delta Y_t=Y_t-Y_{t-1}$，$\Delta X_t=X_t-X_{t-1}$，$v_t=\mu_t-\mu_{t-1}$

则 $\Delta Y_t=\beta_1\Delta X_t+v_t$ 称为一阶差分模型，根据假定，v_t 是无自相关的。这就是在实际工作中，普遍采用一阶差分来解决自相关问题的原因。

2．利用 DW 统计量估计 ρ

在 DW 检验时，可以用 DW 值求出 $\hat{\rho}$ 值

$$\hat{\rho}=1-\frac{DW}{2}$$

但是必须注意，这种方法只适用样本较大的情况。因为关系式 $DW=2(1-\hat{\rho})$ 只对大样本渐近有效，对于小样本来说往往不适用。

在小样本情况下，Theil 和 Nagar 建议采用如下关系式：

$$\hat{\rho}=\frac{n^2(1-DW/2)+k^2}{n^2-k^2}$$

这里，n 为观测数据总数目，即样本容量；DW 为 DW 统计量；k 为待估参数个数（包括常数项）。

3．科克伦—奥科特（Cochrane—Orcutt）迭代法

当用广义差分变量回归的结果中仍存在自相关时，可以对广义差分变量继续进行广义差分，直至回归模型中不存在自相关为止。迭代法就是用逐次代法逼近的方法来寻求更为满意的 ρ 的估计值，然后再用广义差分法。其具体步骤如下：

设线性回归模型为：

$$Y_t=\beta_0+\beta_1X_t+\mu_t$$

其中：$\mu_t=\rho\mu_{t-1}+v_t$。

第一步，用 OLS 求出估计式：

$$\hat{Y}_t=\hat{\beta}_0^1+\hat{\beta}_1^1X_t$$

从而得到“第一轮”剩余项：

$$e_t^1=Y_t-\hat{Y}_t=Y_t-(\hat{\beta}_0^1+\hat{\beta}_1^1X_t)$$

第二步，根据剩余项，利用 $e_t^1=\rho e_{t-1}^1+v_t$，用 OLS 可求得 ρ 的“第一轮”估计

值：$\hat{\rho}^1=\dfrac{\sum e_t^1 e_{t-1}^1}{\sum (e_{t-1}^1)^2}$

第三步，用估计的 $\hat{\rho}$ 进行广义差分变换，得到变换后的模型：

$Y_t^1=\beta_0^*+\beta_1 X_t^1+v^1$

其中：$Y_t^1=Y_t-\hat{\rho}^1 Y_{t-1}$，$X_t^1=X_t-\hat{\rho}^1 X_{t-1}$，$v_t^1=\mu_t-\hat{\rho}^1\mu_{t-1}$。

用 OLS 估计式得到“第二轮”的 $\hat{\beta}_0^2$，$\hat{\beta}_1^2$。

第四步，用 $\hat{\beta}_0^2$，$\hat{\beta}_1^2$ 可算出“第二轮”剩余项：

$e_t^2=Y_t-(\hat{\beta}_0^2+\hat{\beta}_1^2 X_t)$

从而得到 ρ 的“第二轮”估计值：

$$\hat{\rho}^2=\frac{\sum e_t^2 e_{t-1}^2}{\sum (e_{t-1}^2)^2}$$

用 $\hat{\rho}^2$ 对原模型进行广义差分变换，得到第二次迭代后的模型：

$Y_t^2=\beta_0^*+\beta_1 X_t^2+v^2$

其中：$Y_t^2=Y_t-\hat{\rho}^2 Y_{t-1}$，$X_t^2=X_t-\hat{\rho}^2 X_{t-1}$，$v_t^2=\mu_t-\hat{\rho}^2\mu_{t-1}$。

仿照第三步，重复这一迭代过程，可得到一系列 $\hat{\rho}^i$（$i=1, 2, \cdots, n$，迭代次数），直到 ρ 前后两次估计值比较接近即收敛时为止。一般可选取每一个精度 δ 为衡量标准，当前后两次 ρ 的估计值之差的绝对值小于 δ 时，即 $|\hat{\rho}^{n+1}-\hat{\rho}^n|<\delta$，或迭代次数达到预定上限，迭代停止。此时的 $\hat{\rho}^{n+1}$ 的估计值就是所需要的 ρ 的近似估计值。并用其进行广义差分变换，得到回归系数的估计值。

4. 德宾（Durbin）两步法

德宾两步法是将自相关系数 ρ 的估计方法与消除自相关的方法结合运用的方法，其实质仍然是广义差分法。其具体步骤如下。

第一步是通过打开广义差分回归式求出 ρ 的估计值 $\hat{\rho}$；第二步是利用 $\hat{\rho}$ 进行广义差分变换，然后对原模型求广义最小二乘估计值。

本章习题

1. 请问：产生随机扰动项自相关的原因是什么？

2. 为什么经济变量中的自相关多是正自相关性？

3. Jaime Diaz 发表在《体育画报》上面的一篇论文，研究了美国职业高尔夫球协会巡回赛不同距离的推杆次数。论文中建立了推杆进洞次数百分比（P_i）关于推杆距离（L_i）的回归函数为：

$P_i=83.6-4.1L_i$

$Se=0.4$，$t=-10.6$，$R^2=0.861$，$DW=0.48$，$n=19$

（1）请问德宾—沃森检验法检验模型是否存在序列相关性（10%显著性水平）？

（2）如果现在采用双对数函数形式重新估计，并得到如下模型：

$\ln P_i = 5.50 - 0.92\ln L_i$

$Se = 0.07$，$t = -13.0$，$R^2 = 0.903$，$DW = 1.22$，$n = 19$

请在 1% 显著性水平下，用德宾—沃森检验法检验模型是否存在序列相关性。

4. 以某地区 22 年的年度数据估计了如下工业就业回归方程：

$$Y = -3.89 + 0.51\ln X_1 - 0.25\ln X_2 + 0.62\ln X_3$$

$$(-0.56)\ (2.3)\qquad(-1.7)\ (5.8)$$

$\bar{R}^2 = 0.996$，$DW = 1.147$

其中，Y 为总就业量，X_1 为总收入，X_2 为平均月工资率，X_3 为地方政府的总支出。

(1) 试证明：一阶自相关的 DW 检验是无定论的。

(2) 逐步描述如何使用 LM 检验（Breusch－Godfrey，BG 检验）。

5. 下表给出了 1960—2005 年美国人均真实工资与人均生产率指数数据，这些指数是以 1992 年为基年的（取值为 100）。

年份	Y	X	年份	Y	X
1960	60.8	48.9	1983	90.3	83
1961	62.5	50.6	1984	90.7	85.2
1962	64.6	52.9	1985	92	87.1
1963	66.1	55	1986	94.9	89.7
1964	67.7	56.8	1987	95.2	90.1
1965	69.1	58.8	1988	96.5	91.5
1966	71.7	61.2	1989	95	92.4
1967	73.5	62.5	1990	96.2	94.4
1968	76.2	64.7	1991	97.4	95.9
1969	77.3	65	1992	100	100
1970	78.8	66.3	1993	99.7	100.4
1971	80.2	69	1994	99	101.3
1972	82.6	71.2	1995	98.7	101.5
1973	84.3	73.4	1996	99.4	104.5
1974	83.3	72.3	1997	100.5	106.5
1975	84.1	74.8	1998	105.2	109.5
1976	86.4	77.1	1999	108	112.8
1977	87.6	78.5	2000	112	116.1
1978	89.1	79.3	2001	113.5	119.1
1979	89.3	79.3	2002	115.7	124

续表

年份	Y	X	年份	Y	X
1980	89.1	79.2	2003	117.7	128.7
1981	89.3	80.8	2004	119	132.7
1982	90.4	80.1	2005	120.2	135.7

注：X＝商业部门每小时产出指数，Y＝商业部门每小时真实工资指数，1992＝100。

资料来源：Economic Report of the President，2007，Table B—49.

（1）请用OLS方法估计下列真实工资与生产率指数之间的关系：

a. $Y_t = \beta_1 + \beta_2 X_t + \mu_t$

b. $\ln Y_t = \beta_1 + \beta_2 \ln X_t + \mu_t$

其中Y代表真实工资指数，X代表生产率指数。

（2）请采用德宾—沃森检验法（DW）和拉格朗日乘数检验法（LM或BG）对上述模型分别进行自相关检验。

（3）如果模型存在自相关，请采用适当的方法分别对模型进行修正。

（4）根据回归分析结果，请问：你认为哪个模型更好？有什么不同的经济意义上的解释？

6. 下表给出了1978—2011年中国财政收入与国内生产总值的数据。请建立财政收入Y对生产总值X的简单线性回归模型，并对模型进行自相关检验；如果模型存在自相关性，请采用适当的方法进行修正。

1978—2011年中国财政收入与国内生产总值 单位：亿元

年份	财政收入	生产总值	CPI（1990年）	实际财政收入	实际生产总值
1978	1132.3	3645.2	46.2	2450.8	7890.1
1979	1146.4	4062.6	47.1	2433.9	8625.4
1980	1159.9	4545.6	50.6	2292.4	8983.4
1981	1175.8	4891.6	51.8	2269.9	9443.2
1982	1212.3	5323.4	52.9	2291.7	10063.0
1983	1367.0	5962.7	53.9	2536.1	11062.4
1984	1642.9	7208.1	55.4	2965.5	13010.9
1985	2004.8	9016.0	60.5	3313.8	14902.5
1986	2122.0	10275.2	64.5	3289.9	15930.5
1987	2199.4	12058.6	69.2	3178.3	17425.7
1988	2357.2	15042.8	82.2	2867.7	18300.3
1989	2664.9	16992.3	97.0	2747.3	17517.9

续表

年份	财政收入	生产总值	CPI（1990 年）	实际财政收入	实际生产总值
1990	2937.1	18667.8	100.0	2937.1	18667.8
1991	3149.5	21781.5	103.4	3045.9	21065.3
1992	3483.4	26923.5	110.0	3166.7	24475.9
1993	4349.0	35333.9	126.2	3446.1	27998.4
1994	5218.1	48197.9	156.6	3332.1	30777.7
1995	6242.2	60793.7	183.4	3403.6	33148.2
1996	7408.0	71176.6	198.6	3730.1	35839.2
1997	8651.1	78973.0	204.2	4236.6	38674.4
1998	9876.0	84402.3	202.5	4877.0	41680.1
1999	11444.1	89677.1	199.7	5730.6	44905.9
2000	13395.2	99214.6	200.5	6680.9	49483.6
2001	16386.0	109655.2	201.9	8115.9	54311.6
2002	18903.6	120332.7	200.3	9437.7	60076.2
2003	21715.3	135822.8	202.7	10713.0	67006.8
2004	26396.5	159878.3	210.6	12533.9	75915.6
2005	31649.3	184937.4	214.4	14761.8	86258.1
2006	38760.2	216314.4	217.6	17812.6	99409.2
2007	51321.8	265810.3	228.0	22509.6	116583.5
2008	61330.4	314045.4	241.5	25395.6	130039.5
2009	68518.3	340902.8	239.8	28573.1	142161.3
2010	83101.5	401512.8	247.7	33659.3	162096.4
2011	103874.4	472881.6	261.1	39783.4	181111.3

资料来源：中国统计年鉴，2012. http：//www. stats. gov. cn/tjsj/ndsj/2012/index. htm.

第七章　多重共线性

◈ **本章要点**

1. 掌握多重共线性的概念，了解多重共线性产生的原因。
2. 熟悉多重共线性所导致的后果。
3. 掌握多重共线性检验的主要方法。
4. 掌握消除多重共线性的解决方法。

第一节　多重共线性的概念

一、多重共线性的概念

对于多元线性回归模型 $Y_i=\beta_0+\beta_1X_{1i}+\beta_2X_{2i}+\cdots+\beta_kX_{ki}+\mu_i$，$i=1,2,\cdots,n$，如果某两个或多个解释变量之间出现了线性相关性，则称为多重共线性（multicollinearity）。也就是说，如果存在不全为 0 的常数 λ_i，使得：$\sum\lambda_iX_{ki}=0$，$i=1,2,\cdots,n$ 或者 $\lambda_1X_{1i}+\lambda_2X_{2i}+\cdots+\lambda_kX_{ki}=0$，$i=1,2,\cdots,n$ 成立，即某一个解释变量可以用其他解释变量的线性组合表示，则称为完全多重共线性。

实际中完全共线性的情况并不多见，一般出现的是一定程度上的共线性或者说近似线性关系，即：$\sum\lambda_iX_{ki}+\nu_i=0$，$i=1,2,\cdots,n$ 或者 $\lambda_1X_{1i}+\lambda_2X_{2i}+\cdots+\lambda_kX_{ki}+\nu_i=0$。其中，$\nu_i$ 是随机变量。或者也可以表现为：

$$\lambda_0+\lambda_1X_{1i}+\lambda_2X_{2i}+\cdots+\lambda_kX_{ki}\approx 0$$

此时，称为存在近似多重共线性。

其矩阵形式可以表示为：

设多元线性回归模型

$$\boldsymbol{Y}=\boldsymbol{X\beta}+\boldsymbol{\mu}$$

其中：$\boldsymbol{Y}=\begin{pmatrix}Y_1\\Y_2\\\vdots\\Y_n\end{pmatrix}$　$\boldsymbol{\beta}=\begin{pmatrix}\beta_1\\\beta_2\\\vdots\\\beta_n\end{pmatrix}$　$\boldsymbol{\mu}=\begin{pmatrix}\mu_1\\\mu_2\\\vdots\\\mu_n\end{pmatrix}$　$\boldsymbol{X}=\begin{pmatrix}1&X_{11}&X_{21}&\cdots&X_{k1}\\1&X_{12}&X_{22}&\cdots&X_{k2}\\\vdots&\vdots&\vdots&\vdots&\vdots\\1&X_{1n}&X_{2n}&\cdots&X_{kn}\end{pmatrix}$

如果矩阵 $\boldsymbol{X}$ 不是满秩的，其秩小于 $k+1$，则 $|\boldsymbol{X'X}|=0$，从而 $(\boldsymbol{X'X})^{-1}$ 不存在，

此时称该模型存在完全的多重共线性。

在近似的多重共线性下，虽然矩阵 $\boldsymbol{X}$ 是满秩的，其秩也等于 $k+1$，从而 $(\boldsymbol{X'X})^{-1}$ 存在，但 $|\boldsymbol{X'X}|\approx 0$，这种情况称为近似多重共线性。

在这里记 $(\boldsymbol{X'X})^{*}$ 为 $(\boldsymbol{X'X})$ 的伴随矩阵，则可得

$$(\boldsymbol{X'X})^{-1}=\frac{1}{|\boldsymbol{X'X}|}(\boldsymbol{X'X})^{*}$$

这样一来，矩阵 $(\boldsymbol{X'X})^{-1}$ 中的元素的绝对值就会比较大，其主对角线上的元素值也就比较大，$\hat{\boldsymbol{\beta}}=(\boldsymbol{X'X})^{-1}\boldsymbol{X'Y}$，$\mathrm{Var}(\hat{\boldsymbol{\beta}})=(\boldsymbol{X'X})^{-1}\sigma_{\mu}^{2}$ 也就会比较大。

故一般地，解释变量之间线性关系越强，$\hat{\boldsymbol{\beta}}=(\boldsymbol{X'X})^{-1}\boldsymbol{X'Y}$ 的方差越大，从而最小二乘估计量的抽样精度越低。

完全多重共线性和近似多重共线性统称为多重共线性。

对于二者来说，也可以这样理解为：

在完全多重共线性下，一定存某个 $\lambda_j\neq 0$，使得

$$X_{ji}=-\frac{\lambda_0}{\lambda_j}-\frac{\lambda_1}{\lambda_j}X_{1i}-\frac{\lambda_2}{\lambda_j}X_{2i}-\cdots-\frac{\lambda_{j-1}}{\lambda_j}X_{j-1i}-\frac{\lambda_{j+1}}{\lambda_j}X_{j+1i}-\cdots-\frac{\lambda_k}{\lambda_j}X_{ki}\qquad i=1,2,\cdots,n$$

即解释变量可以由其他解释变量的精确线性组合表示，它们的复相关系数为 1。在近似多重共线性下则得不到这样的精确线性组合，它们的复相关系数近似为 1。

此外，还必须说明一点的是，不存在多重共线性只说明解释变量之间没有线性关系，但不排除它们之间存在着某种非线性关系。

二、多重共线性产生的原因

多重共线性是多元线性回归模型中普遍存在的现象。计量经济分析依据两个原则，一方面是相关性原则，即认为经济变量之间存在相互依存关系，甚至存在因果关系，这是回归分析的基础；另一方面是连贯性原则，即认为经济变量自身存在惯性，前后期是相关的，这是时间序列分析的基础。

在多元线性回归模型中，这两种情形均可导致多重共线性。

（一）许多经济变量在时间上有共同变动的趋势

例如在经济繁荣期，收入、消费、投资、储蓄、就业等都趋向于增长；而在经济衰退期，上述变量都趋向于下降，经济变量之间的这种相关因素是造成多重共线性的主要根源。

（二）把一些解释变量的滞后值也作为经济变量在模型中使用，连贯性原则说明解释变量与其滞后变量通常是相关的

例如，在消费函数中，解释变量除了包括现期收入外，通常还包括过去的收入，而现期收入的一部分一般由前期值决定，二者是相关的，几乎可以肯定带有解释变量滞后值的模型一般存在多重共线性。

（三）样本数据的局限性

完全符合理论模型所需要的样本数据在设计研究中是很难收集到的，大量多数的情况下，只能获得一些有限范围内的观察值，甚至会出现解释变量个数与观测次数旗鼓相当，这样就必然导致变量之间出现相关性。

多重共线性一般与时间序列有关，但在截面数据中也经常出现。例如，在生产函数中，大企业拥有大量的劳动力和资本，小企业只有较少的劳动力和资本，对截面数据样本，投入的劳动量与资本量通常是高度相关的。

在多元线性回归模型中，我们关心的并不是多重共线性的有无，而是多重共线性的程度，当多重共线性的程度过高时，将给最小二乘估计量带来严重的后果。

第二节　多重共线性的后果

在解释变量之间不存在线性相关性的情况下，多元线性回归模型的最小二乘估计所估计的参数可以比较好地反映出解释变量的变化引起的被解释变量的变化规律。然而，如果解释变量之间存在着线性相关性，而且假如其相关程度还比较高，那么，当一个解释变量发生变化时，与其高度相关的变量的观测值也会以相似的方式变化，这时参数的估计值就会失去原有的意义，从而难以达到解释的目的。

一、完全多重共线性的后果

按照完全多重共线性的定义，多元线性回归模型 $\boldsymbol{Y}=\boldsymbol{X\beta}+\boldsymbol{\mu}$，矩阵 $\boldsymbol{X}$ 不是满秩的，其秩小于 $k+1$，则 $|\boldsymbol{X'X}|=0$，从而 $(\boldsymbol{X'X})^{-1}$ 不存在，采用 OLS 估计所得到的正规方程组为 $\boldsymbol{X'Y}=\boldsymbol{X'X}\hat{\boldsymbol{\beta}}$。从而可以肯定地说，$\hat{\boldsymbol{\beta}}$ 是无法正确地得到的。这样一来也就是说普通最小二乘法失效了。

二、近似多重共线性的后果

（一）参数估计的方差随多重共线性“严重程度”的增加而增大

多元线性回归模型 $\boldsymbol{Y}=\boldsymbol{X\beta}+\boldsymbol{\mu}$，虽然矩阵 $\boldsymbol{X}$ 是满秩的，其秩也等于 $k+1$，从而 $(\boldsymbol{X'X})^{-1}$ 存在，但 $|\boldsymbol{X'X}|\approx 0$，$(\boldsymbol{X'X})^{-1}=\dfrac{1}{|\boldsymbol{X'X}|}(\boldsymbol{X'X})^{*}$，$\hat{\boldsymbol{\beta}}=(\boldsymbol{X'X})^{-1}\boldsymbol{X'Y}$。这样一来，用 OLS 进行参数估计时，虽然能得到参数的估计值，但是一般地会出现解释变量之间的线性关系越强，估计值的方差会随多重共线性的“严重程度”的增加而增大，从而造成最小二乘估计的精度越低。具体也就是统计检验时容易删除掉重要解释变量而造成模型设定误差和参数的置信区间明显扩大，同时参数估计量及其标准误差对于样本波动非常敏感。

下面通过二元线性回归模型的例子加以说明之。

设二元线性回归模型

$Y_i = \beta_0 + \beta_1 X_{1i} + \beta_2 X_{2i} + \mu_i$

由正规方程组 $\begin{cases} \sum e_i = 0 \\ \sum e_i X_{1i} = 0 \\ \sum e_i X_{2i} = 0 \end{cases}$，解得：

$$\hat{\beta}_0 = \bar{Y} - \hat{\beta}_1 \bar{X}_1 - \hat{\beta}_2 \bar{X}_2$$

$$\hat{\beta}_1 = \frac{\sum x_{1i} y_i \sum x_{2i}^2 - \sum x_{2i} y_i \sum x_{1i} x_{2i}}{\sum x_{1i}^2 \sum x_{2i}^2 - (\sum x_{1i} x_{2i})^2}$$

$$\hat{\beta}_2 = \frac{\sum x_{2i} y_i \sum x_{2i}^2 - \sum x_{1i} y_i \sum x_{1i} x_{2i}}{\sum x_{1i}^2 \sum x_{2i}^2 - (\sum x_{1i} x_{2i})^2}$$

另假设 X_1 与 X_2 近似的共线性，即 $X_{2i} = \lambda X_{1i} + \upsilon_i$，其中 $\lambda \neq 0$，υ_i 为随机扰动项，并假定 $\sum \upsilon_i = 0$，$\sum \upsilon_i X_{1i} = 0$，将 $X_{2i} = \lambda X_{1i} + \upsilon_i$ 代入该二元线性回归模型，得：

$$Y_i = \beta_0 + \beta_1 X_{1i} + \beta_2 (\lambda X_{1i} + \upsilon_i) + \mu_i$$

$$Y_i = \beta_0 + (\beta_1 + \lambda\beta_2) X_{1i} + \beta_2 \upsilon_i + \mu_i$$

由上面的陈述可以得到相应的估计值：

$$\hat{\beta}_1 = \frac{\sum y_i x_{1i} \sum (\lambda x_{1i} + \upsilon_i)^2 - \sum y_i (\lambda x_{1i} + \upsilon_i)[\sum x_{1i} (\lambda x_{1i} + \upsilon_i)]}{\sum x_i^2 \sum (\lambda x_{1i} + \upsilon_i)^2 - \sum x_{1i} (\lambda x_{1i} + \upsilon_i)]^2}$$

$$= \frac{\sum y_i x_{1i} \sum \upsilon_i^2 - \sum y_i \upsilon_i (\lambda \sum x_{1i}^2)}{\sum x_{1i}^2 \sum \upsilon_i^2}$$

其中用到 $\sum \upsilon_i x_i = 0$，可见 X_1 与 X_2 近似的共线性时，参数是可以估计的。而 $\hat{\beta}_1$ 和 $\hat{\beta}_2$ 的方差为：

$$\mathrm{Var}(\hat{\beta}_1) = \frac{\sigma^2 \sum x_{2i}^2}{\sum x_{1i}^2 \sum x_{2i}^2 - (\sum x_{1i} x_{2i})^2} = \frac{\sigma^2 \sum x_{2i}^2 / \sum x_{1i}^2 \sum x_{2i}^2}{1 - (\sum x_{1i} x_{2i})^2 / \sum x_{1i}^2 \sum x_{2i}^2}$$

$$= \frac{\sigma^2}{\sum x_{1i}^2 (1 - r_{12}^2)}$$

$$\mathrm{Var}(\hat{\beta}_2) = \frac{\sigma^2 \sum x_{1i}^2}{\sum x_{1i}^2 \sum x_{2i}^2 - (\sum x_{1i} x_{2i})^2} = \frac{\sigma^2}{\sum x_{2i}^2} \frac{1}{1 - r_{12}^2}$$

其中 $r_{12}^2 = \frac{(\sum x_{1i} x_{2i})^2}{\sum x_{1i}^2 \sum x_{2i}^2}$ 为 X_1 和 X_2 之间的相关系数，若 $r_{12} = 0$，则 $\mathrm{Var}(\hat{\beta}_1) = \frac{\sigma^2}{\sum x_{1i}^2}$；若 $r_{12} \neq 0$，则 $\mathrm{Var}(\hat{\beta}_1) = \frac{\sigma^2}{\sum x_{1i}^2} \frac{1}{1 - r_{12}^2}$。

因为 $-1<r<1$，故有 $0<1-r^2<1$，从而 $\mathrm{Var}(\hat{\beta}_1)=\frac{\sigma^2}{\sum x_{1i}^2}$。可见，由于多重共线性而使方差增大，且随 X_1 和 X_2 之间线性相关程度的增加而急剧增大，当 X_1 和 X_2 之间高度相关时，便有 $\mathrm{Var}(\hat{\beta}_1)=\frac{\sigma^2}{\sum x_{1i}^2}\frac{1}{1-r_{12}^2}\rightarrow\infty$。由于方差增大，从而降低估计值的可靠程度。因此，$\frac{1}{1-r^2}$ 被称为方差膨胀因子，记为 $VIF=\frac{1}{1-r^2}$，它表明 OLS 的估计量的方差随着多重共线性的增加而“膨胀”起来。

（二）进行统计检验时容易删除掉重要解释变量而造成模型设定误差

对参数进行显著性检验时，检验统计量为：

$$t=\frac{\hat{\beta}_i}{Se(\hat{\beta}_i)}=\frac{\hat{\beta}_i}{\sqrt{\mathrm{Var}(\hat{\beta}_i)}}$$

但多重共线性增加时，由于 $\mathrm{Var}(\hat{\beta}_i)$ 随之增加，t 统计量将会减小。这样，很可能本应否定原假设 $H_0:\beta_1=0$，却由于 t 值减小而错误地接受了原假设，即认为解释变量对被解释变量的影响不显著，从模型中错误地剔除掉。在这种情况下，将会造成剔除重要解释变量的设定误差。

（三）参数的置信区间明显扩大

由于存在多重共线性，参数估计量有较大的标准差，因此参数真值的置信区间也将增大。

例如，给定显著性水平 α，参数 β_i 的置信度为 $(1-\alpha)100\%$，置信区间为 $[\hat{\beta}_i-t_{\frac{\alpha}{2}}Se(\hat{\beta}_i),\ \hat{\beta}_i+t_{\frac{\alpha}{2}}Se(\hat{\beta}_i)]$，此置信区间将随 $Se(\hat{\beta}_i)$ 的增大而增大，而置信区间大了，对真值的估计就会不准确。

（四）参数估计量及其标准误差对于样本变动非常敏感

数据即使出现轻微变动，它们都将发生较大变化，使回归模型缺乏稳定性。

由上述二元线性回归模型可以看到，当 $r_{12}^2\rightarrow 1$ 时，则有 $1-r_{12}^2\rightarrow 0$，$\frac{1}{1-r_{12}^2}\rightarrow\infty$，故当样本数据的轻微变动引起 r_{12}^2 的轻微变动时，$\frac{1}{1-r_{12}^2}$ 将会发生较大的变动，即将会发生较大的变动。

总之，当存在多重共线性时，OLS 估计会带来许多严重的后果，但是，OLS 估计仍然为最佳线性无偏估计（BLUE）。如果我们的目的仅仅是预测 Y 的未来值，且预计解释变量之间的多重共线性关系在预测期不发生变化，那么，多重共线性对 Y 的预测就没有明显影响。

第三节　多重共线性的检验

多重共线性是普遍存在的现象，而较高程度的多重共线性会对最小二乘估计产生严重后果。因此，在运用最小二乘法进行多元线性回归时，不但要检验解释变量间是否存在多重共线性，还要检验多重共线性的严重程度。概括起来多重共线性有如下几种常用检验方法。

一、可决系数 R^2 检验、F 检验和 t 检验

经验表明，多重共线性存在的一个标志是模型结果具有较大的标准误差和较小的 t 统计量。如果模型的可决系数 R^2 很大，F 检验高度显著，但是偏回归系数检验 t 几乎不显著，则模型很可能存在多重共线性。因为通过检验，虽然各解释变量对被解释变量的共同影响高度显著，但每个解释变量的单独影响却都不显著，我们无法辨别哪个解释变量对被解释变量影响更大。这种矛盾结果可能是由于 $Se(\hat{\beta}_i)$ 较大引起的，这时很有可能存在严重的多重共线性。

具体判断方法可以按照如下方法：

（一）R^2 很大，t 小

拟合优度 R^2 的值很大（一般来说在 0.8 以上），然而模型中的全部或部分参数值的估计值经检验却不显著，那么解释变量间有可能存在较严重的多重共线性。

（二）理论性强，检验值弱

如果从经济理论或常识来看，某个解释变量对被解释变量有重要影响，但是从线性回归模型的拟合结果来看，该解释变量的参数估计值检验却不显著，那么可能是解释变量间存在多重共线性所致。

（三）新引入变量后，方差增大

在多元线性回归模型中新引入一个变量后，发现模型中原有参数估计值的方差明显增大，则说明新加进来的变量与模型中的解释变量可能存在多重共线性。

二、利用解释变量之间的简单相关系数检验

简单相关系数检验法是利用解释变量之间的线性相关程度去判断是否存在严重多重共线性的一种简便方法。一般而言，如果每两个解释变量的简单相关系数比较高，则可认为存在着较严重的多重共线性。

如果线性回归模型中有 k 个解释变量，其两两简单相关系数矩阵如下：

$X_1 \quad X_2 \quad \cdots \quad X_k$

$$\begin{matrix} X_1 \\ X_2 \\ \vdots \\ X_k \end{matrix}\begin{pmatrix} r_{11} & r_{12} & \cdots & r_{1k} \\ r_{21} & r_{22} & & r_{2k} \\ \vdots & \vdots & & \vdots \\ r_{k1} & r_{k2} & & r_{kk} \end{pmatrix}$$

因为 $r_{ij}=r_{ji}$，所以简单相关系数矩阵是一对称阵。我们可以根据 r_{ij} 的大小来判断解释变量 X_j 与 X_i 之间的相关性强弱。但是，任意两个解释变量之间的简单相关系数，实际隐含着其他变量变化的相关影响，因此有时要通过偏相关系数来反映二者之间的真实相关程度。而且，较高的简单相关系数只是多重共线性存在的充分条件，而不是必要条件。特别是在多于两个解释变量的回归模型中，有时解释变量两两之间较低的简单相关系数也可能存在多重共线性。因此，并不能简单地依据相关系数进行多重共线性的准确判断。

三、利用辅助回归方程的可决系数 R^2 和 F 统计量检验

简单相关系数只能判断解释变量之间的两两线性相关情况，当模型的解释变量个数多于两个并且具有复杂的相关关系时，可以通过建立每个解释变量分别对其余的解释变量的辅助回归模型检验多重共线性，即依次建立 k 个辅助线性回归方程：

$$X_1=f_1(X_2, X_3, \cdots, X_k)$$

$$X_2=f_2(X_1, X_3, \cdots, X_k)$$

$$\cdots$$

$$X_k=f_k(X_1, X_2, \cdots, X_{k-1})$$

从各个回归方程对应的可决系数 R_1^2，R_2^2，…，R_k^2 出发，对每一个 R_i^2（复相关系数的平方）（$i=1, 2, \cdots, k$）构建 F 统计量：

$$F_i=\frac{R_i^2/(k-1)}{(1-R_i^2)/(n-k)}\sim F(k-1, n-k) \qquad i=1, 2, \cdots, k$$

在无相关性的原假设下，F_i 服从于第一自由度为 $k-1$，第二自由度 $n-k$ 的 F 分布。以 F_i 作检验统计量，检验总体拟合优度。如果 F_i 不显著，就表明解释变量 X_i 与其余 $(k-1)$ 个解释变量的线性组合在整体上不相关，即 X_i 未受到其余解释变量的共线影响；如果 F_i 显著，就表明解释变量 X_i 与其余（$k-1$）个解释变量的线性组合在整体上相关，即 X_i 受到其余解释变量的共线影响。

四、方差膨胀因子检验

对于多元线性回归模型，$\hat{\beta}_i$ 的方差可以表示为：

$$\mathrm{Var}(\hat{\beta}_i)=\frac{\sigma^2}{\sum (X_{ij}-X_i)^2}\frac{1}{1-R_i^2}=\frac{1}{\sum (X_{ij}-\bar{X}_i)^2}VIF_i$$

$$VIF_i=\frac{1}{1-R_i^2}$$

其中 R_i^2 为 X_i 关于其他解释变量的辅助回归模型的可决系数，VIF_i 为方差膨胀因子。随着多重共线性程度的增强，VIF_i 及其系数估计误差都在增大。因此，可以用 VIF_i 作为衡量多重共线性的一个指标。一般地，当 $VIF_i > 10$（此时 $R_i^2 > 0.9$）时，认为模型存在较严重的多重共线性。

另一个与 VIF_i 等价的指标是“容许度”（tolerance），其定义为：

$$TOL_i = 1 - R_i^2 = 1/VIF_i$$

显然，$0 \leqslant TOL_i \leqslant 1$，当 X_i 与其他解释变量高度相关时，$TOL_i \to 0$。因此，一般当 $TOL_i < 0.1$ 时，认为模型存在较严重的多重共线性。

五、特征值检验

考察解释变量的样本数据矩阵

$$\boldsymbol{X} = \begin{pmatrix} 1 & X_{11} & X_{21} & \cdots & X_{k1} \\ 1 & X_{12} & X_{22} & \cdots & X_{k2} \\ \vdots & \vdots & \vdots & & \vdots \\ 1 & X_{1n} & X_{2n} & \cdots & X_{kn} \end{pmatrix}$$

当模型存在完全多重共线性时，$rank(\boldsymbol{X}) < k+1$，$|\boldsymbol{X^T X}| = 0$；而当模型存在严重的多重共线性时，$|\boldsymbol{X^T X}| \approx 0$。根据矩阵代数知识，若 λ_1，λ_2，…，λ_{k+1} 为矩阵 $\boldsymbol{X^T X}$ 的 $k+1$ 个特征值，则有：$|\boldsymbol{X^T X}| = \lambda_1 \lambda_2 \cdots \lambda_{k+1} \approx 0$。

这表明特征值 λ_i（$i=1, 2, \cdots, k+1$）中至少有一个近似地等于 0。

设 λ 是矩阵 $\boldsymbol{X^T X}$ 的一个近似地等于 0 的特征值，c 是对应于特征值 λ 的单位特征向量，则 $\boldsymbol{X^T X c} = \lambda c \approx 0$，$c^T \boldsymbol{X^T X c} \approx 0$，$\boldsymbol{Xc} \approx 0$，$c_0 X_0 + c_1 X_1 + \cdots + c_k X_k \approx 0$，这说明矩阵列向量之间存在多重共线性。更具体地，$c_0 + c_1 X_{1i} + \cdots + c_k X_{ki} \approx 0$（$i=1, 2, \cdots, k+1$），这就是前面定义的多重共线性，并且这些多重共线性关系的系数向量就等于接近于 0 的那个特征根对应的特征向量。因此，可以利用 $\boldsymbol{X^T X}$ 的特征值来检验模型的多重共线性（实际计算时，先对样本数据做标准化处理，这样矩阵 $|\boldsymbol{X^T X}|$ 转化成解释变量的相关系数矩阵，特征值也减少到 k 个）。

利用特征值构造两个用于检验多重共线性的指标：病态数 K（condition number）和病态指数 CI（condition index）。其指标定义为：

$$K = \frac{\lambda_m}{\lambda_i} \qquad CI = \sqrt{K}$$

其中，λ_m 是最大特征值。这两个指标都反映了特征值的离散程度，数值越大，表明多重共线性越严重。一般当 $K > 100$（或 $CI > 10$）时，认为存在严重的多重共线性。

第四节 多重共线性的解决办法

在设定计量经济学模型时，为了全面反映各种因素的影响，总是在理论和实践认识的基础上，尽量选取影响被解释变量的所有因素。在同时考虑多个影响因素的情况下，难免产生多重共线性问题。在已判断确实存在多重共线性的情况下，应当寻求一定的办法去消除或减弱它的影响。不过，在处理多重共线性之前，应该明确以下两点。

第一点，多重共线性的主要后果是无法区分每个解释变量的单独影响。因此，如果以建立模型的目的进行预测，只要模型的拟合优度较高（即能反映所有解释变量的总影响），并且解释变量的相关类型在预测中保持不变，就可以忽略多重共线性问题。但如果建立模型的目的是进行结构分析或政策评价，就需要处理多重共线性问题。

第二点，引起多重共线性的原因是模型中存在相关的解释变量，所以处理多重共线性问题的最简单、最直接的方法就是从模型中剔除引起多重共线性的变量，但直接剔除解释变量会产生新的严重问题。第一，模型的经济意义不合理。例如，生产函数中资金与劳动者人数通常是高度相关的，从中剔除任何一个因素都不合适。第二，如果剔除的是重要的解释变量，则这些变量的影响将反映在随机误差项中，使得模型产生异方差或自相关性。第三，若剔除不当还会产生设定误差的问题，造成参数估计严重有偏。因此，为了处理多重共线性问题，剔除变量时应该全面、慎重考虑。或者说，关于解释变量的选取，并没有一个统一的标准，要把理论和样本数据结合起来考虑。下面将常用的处理方法罗列如下。

一、增大样本容量

参数估计量的方差随着多重共线性“严重程度”的增加而增加，通过增加样本容量减小方差，也就削弱了多重共线性的不利影响。当样本容量增加时，样本数据的平方和也会增大，如一元线性回归模型中，我们已知

$$\mathrm{Var}(\hat{\beta}_1)=\frac{\sigma^2}{\sum x_{1i}^2}\,\frac{1}{1-r_{12}^2}$$

因为 $\sum x_i^2$ 会增大，这时参数估计量的方差将减少。增大样本容量虽然没有消除模型中的多重共线性，但却能消除多重共线性造成的影响。这不失为解决问题的一种好策略。

二、直接剔除次要或可替代的解释变量

在设定计量经济模型时，为了全面就会考虑过多的解释变量，其中有些可能是无显著的次要因素，还有些可以用模型中的其他变量来代替。次要变量可以通过被解释变量和解释变量的相关系数检验等统计分析加以鉴别。可替代变量可以利用辅助回归

模型来检验。对于这两类变量，如果它们是引起多重共线性的原因，就可以直接剔除。

三、间接剔除解释变量

（一）利用“事前信息”

“事前信息”也称为“先验信息”，是指根据经济理论及实际的统计资料所获得的解释变量之间的关系。如果已经知道模型存在多重共线性，而且也知道解释变量之间的关系，便可以把这种关系考虑到模型中去，以消除多重共线性。

例如：Cobb—Douglas 生产函数 $Y=AL^{\alpha}K^{\beta}$ 中劳动投入量 L 与资本投入量 K 之间，若根据“事前信息”已知其规模报酬不变，即 $\alpha+\beta=1$，也就是劳动投入量 L 与资本投入量 K 具有高度相关性，这时，可以用

$$Y=AL^{\alpha}K^{\beta}=AL\left(\frac{K}{L}\right)^{\beta}$$

$$\frac{Y}{L}=A\left(\frac{K}{L}\right)^{\beta}$$

令 $y=\dfrac{Y}{L}$　$y=\dfrac{K}{L}$

则 C—D 生产函数可以表示为：

$$y=Ak^{\alpha}$$

这实际上就把原来的二元线性回归模型转化为一元线性回归模型，从而消除了可能存在的多重共线性问题。

（二）变换模型形式

对原设定的模型进行适当的变换，也可以消除或削弱原模型中解释变量之间的相关关系。

具体有两种变换方式：一是变换模型的函数形式，如将线性模型转换成双对数模型、半对数模型、多项式模型等；二是变换模型的变量形式，如引入差分变量、相对数变量等。

例如，某种商品的需求函数为：

$$Y_i=\beta_0+\beta_1X_{1i}+\beta_2X_{2i}+\beta_3X_{3i}+\mu_i$$

其中，Y_i 为商品的需求量，X_{1i} 为居民收入，X_{2i} 为该商品价格，X_{3i} 为替代商品的价格。在实际资料中，X_{2i} 与 X_{3i} 呈现同方向的变动或某种连锁反应，所以它们之间是高度相关的，存在多重共线性。

如果只要求知道两种商品的相对价格 $\dfrac{X_{2i}}{X_{3i}}$ 变动对需求量的影响，并不一定要求分析商品价格的绝对变动对需求量的影响，则可以把需求函数变换为：

$$Y_i=\beta_0+\beta_1X_{1i}+\beta_2\left(\frac{X_{2i}}{X_{3i}}\right)+\mu_i$$

从而避免了严重的多重共线性的影响。

在这里特别要提出的是差分变换，对回归模型中所有变量作差分变换，也是消除多重共线性的一种有效方法。

例如，假设原回归模型为：

$$Y_t = \beta_0 + \beta_1 X_{1t} + \beta_2 X_{2t} + \mu_t$$

其中，解释变量 X_{1t} 与 X_{2t} 间存在多重共线性，X_{1t} 与 X_{2t} 都是时间序列。对于 $t-1$ 期，回归模型 $Y_{t-1} = \beta_0 + \beta_1 X_{1t-1} + \beta_2 X_{2t-1} + \mu_{t-1}$ 将两式相减，得：$Y_t - Y_{t-1} = \beta_1 (X_{1t} - X_{1t-1}) + \beta_2 (X_{2t} - X_{2t-1}) + \mu_t - \mu_{t-1}$

可得到原模型 t 期与 $t-1$ 期的一阶差分形式。令一阶差分为：

$$\begin{cases} \Delta Y_t = Y_t - Y_{t-1} \\ \Delta X_{1t} = X_{1t} - X_{1t-1} \\ \Delta X_{2t} = X_{2t} - X_{2t-1} \\ \Delta \mu_t = \mu_t - \mu_{t-1} \end{cases}$$

可以得到一阶差分模型为：

$$\Delta Y_t = \beta_1 \Delta X_{1t} + \beta_2 \Delta X_{2t} + \Delta \mu_t$$

这里的解释变量不再是原来的解释变量而是解释变量的一阶差分，即使原模型中存在严重的多重共线性，变换后的一阶差分模型一般也可以解决此问题。

当然，差分变换也有一定的负面作用，因为 $\Delta \mu_t = \mu_t - \mu_{t-1}$，$\Delta \mu_{t-1} = \mu_{t-1} - \mu_{t-2}$，而 $\Delta \mu_t$ 与 μ_{t-1}，μ_{t-2} 等必然相关，因此，差分变换在减少多重共线性的同时，却带来了随机干扰项的序列相关性问题。

四、Frisch 综合分析法

Frisch 综合分析法也称为逐步回归法。这种方法的基本步骤首先是被解释变量对每一个解释变量分别进行回归，从而得到所有的基本回归方程式，并对每一个基本回归方程式进行统计检验，分析其估计结果，从中选择最合适的基本回归方程，然后再逐一增加其他的解释变量，重新再作回归，并根据统计分析作如下的分类判断。

（1）如果新引入的解释变量使可决系数 R^2 值增加，且其他回归系数在统计上仍是显著的，那么就可以认为这个新引入的解释变量是有用的，作为模型中的解释变量予以保留。

（2）如果新引入的解释变量不能提高可决系数 R^2 的值，对其他回归系数也没有影响，则不作为解释变量。

（3）如果新引入的解释变量不仅改变了 R^2 的值，而且也显著地影响了回归系数的符号或数值，以至于使某些回归系数达到不能接受的程度，则可以断言产生了严重的多重共线性，说明这个新引入的解释变量可能是重要的。但由于它与其他解释变量存在着线性相关关系，普通最小二乘法估计失效，所以不能盲目地剔除这个变量，否则就会造成随机扰动项与模型中的解释变量相关。如果通过检验，其相关的两个解释变量中的一个可以由另一个来解释，则可以略去对被解释变量影响较小的一个，保留影响较大的一个。

五、岭回归法

岭回归法是由霍尔（A. E. Horel）在 1962 年提出的一种能统一诊断和处理多重共线性问题的特殊方法。在多重共线性非常严重的情况下，两个共线变量的系数之间的二维联合分布是一个山岭状曲面，曲面上的每一个点均对应一种残差平方和，点的位置越高，相应的残差平方和越小。因此，山岭的最高点和残差平方和的极小值相对应，相应的参数值便是参数的 OLS 估计值。由于有多重共线性存在，所以 OLS 估计量是不适用的，一个自然的想法就是寻找其他的更合适的估计量。这种估计量既要具有较小的方差，又不能使残差平方和过分偏离其极小值。在参数的联合分布曲面上，能满足这种要求的点只能沿着山岭寻找，这就是岭回归法。岭回归的名称也由此而来。

（一）岭回归估计的方法

设线性回归模型为：

$$\boldsymbol{Y}=\boldsymbol{X\beta}+\boldsymbol{\mu}$$

参数的 OLS 估计为：

$$\hat{\boldsymbol{\beta}}=(\boldsymbol{X}^T\boldsymbol{X})^{-1}\boldsymbol{X}^T\boldsymbol{Y}$$

如果解释变量之间存在较强的多重共线性，即 $|\boldsymbol{X}^T\boldsymbol{X}|\approx 0$，则：

$E[(\hat{\boldsymbol{\beta}}-\boldsymbol{\beta})(\hat{\boldsymbol{\beta}}-\boldsymbol{\beta})^T]=\sigma^2(\boldsymbol{X}^T\boldsymbol{X})^{-1}$ 会随之增大。这对参数的估计十分不利，因此，人们设想给 $\boldsymbol{X}^T\boldsymbol{X}$ 加上一个正常数矩阵 $\lambda\boldsymbol{I}$（$\lambda>0$），$\boldsymbol{I}$ 为单位矩阵，那么构造 $(\boldsymbol{X}^T\boldsymbol{X}+\lambda\boldsymbol{I})^{-1}$，使得 $|\boldsymbol{X}^T\boldsymbol{X}+\lambda\boldsymbol{I}|\approx 0$ 的可能性变小，从而有效地避免了因 $|\boldsymbol{X}^T\boldsymbol{X}|\approx 0$ 造成 $\hat{\beta}$ 的方差变大。故岭回归估计量为：

$$\hat{\boldsymbol{\beta}}(\lambda)=(\boldsymbol{X}^T\boldsymbol{X}+\lambda\boldsymbol{I})^{-1}\boldsymbol{X}^T\boldsymbol{Y}$$

$\hat{\boldsymbol{\beta}}(\lambda)$ 称为参数 $\boldsymbol{\beta}$ 的岭回归估计量，λ 为岭回归参数。当 $\lambda=0$ 时，$\hat{\boldsymbol{\beta}}(\lambda)=\hat{\boldsymbol{\beta}}$，就是普通最小二乘估计。当 $\lambda\rightarrow\infty$时，所有的系数估计值都向零趋近。一般地，λ 为 0～1 的数值。

（二）岭回归估计量的性质

1. 岭回归估计量 $\hat{\boldsymbol{\beta}}(\lambda)$ 是被解释变量 $\boldsymbol{Y}$ 的线性估计量

因为 $\hat{\boldsymbol{\beta}}(\lambda)=(\boldsymbol{X}^T\boldsymbol{X}+\lambda\boldsymbol{I})^{-1}\boldsymbol{X}^T\boldsymbol{Y}$，由此可以清楚地看到上述结论。

2. 岭回归估计量 $\hat{\boldsymbol{\beta}}(\lambda)$ 不再是 $\boldsymbol{\beta}$ 的无偏估计

$E[\hat{\boldsymbol{\beta}}(\lambda)]=E[(\boldsymbol{X}^T\boldsymbol{X}+\lambda\boldsymbol{I})^{-1}\boldsymbol{X}^T\boldsymbol{Y}]=(\boldsymbol{X}^T\boldsymbol{X}+\lambda\boldsymbol{I})^{-1}\boldsymbol{X}^T E(\boldsymbol{Y})=(\boldsymbol{X}^T\boldsymbol{X}+\lambda\boldsymbol{I})^{-1}\boldsymbol{X}^T\boldsymbol{X\beta}$，当 $\lambda\neq 0$ 时，$E(\hat{\boldsymbol{\beta}}(\lambda))\neq\boldsymbol{\beta}$

3. 岭回归估计量 $\hat{\boldsymbol{\beta}}(\lambda)$ 的方差比 OLS 估计量 $\hat{\beta}$ 的方差要小

$\mathrm{Var}[\hat{\boldsymbol{\beta}}(\lambda)]=\mathrm{Var}[(\boldsymbol{X}^T\boldsymbol{X}+\lambda\boldsymbol{I})^{-1}\boldsymbol{X}^T\boldsymbol{Y}]=\sigma^2(\boldsymbol{X}^T\boldsymbol{X}+\lambda\boldsymbol{I})^{-1}\boldsymbol{X}^T\boldsymbol{X}(\boldsymbol{X}^T\boldsymbol{X}+\lambda\boldsymbol{I})^{-1}$

而 OLS 估计量 $\hat{\boldsymbol{\beta}}$ 的方差

$\mathrm{Var}(\hat{\boldsymbol{\beta}})=\sigma^2(\boldsymbol{X}^T\boldsymbol{X})^{-1}$

显然，当 $\lambda\geqslant 0$ 时，$\mathrm{Var}(\hat{\boldsymbol{\beta}})-\mathrm{Var}[\hat{\boldsymbol{\beta}}(\lambda)]$ 是非负定矩阵，即得到上述结论。由此

得出，运用岭回归估计参数时，λ 越大，$\hat{\boldsymbol{\beta}}(\lambda)$ 越小，但是 $E[\hat{\boldsymbol{\beta}}(\lambda)]$ 的偏误同时也增大了，所以只能寻找一个 λ，使 $\mathrm{Var}(\hat{\boldsymbol{\beta}}) > \mathrm{Var}[\hat{\boldsymbol{\beta}}(\lambda)]$ 即可。也就是说，运用岭回归估计参数是牺牲了无偏性来寻求参数估计的最小方差性。或者说，岭回归估计未知参数的最小方差性是建立在有偏估计的基础上的。从某种意义上讲，该方法为寻求参数估计的最小方差性提供了新的思路。

如何选择 λ 是一个复杂的问题，Hoerl 和 Kennard 于 1975 年提出一种方法。该方法首先对原模型的解释变量与被解释变量进行标准化处理：

$$X_{ki}^{*}=\frac{X_{ki}-\bar{X}_{k}}{\sqrt{\sum(X_{ki}-\bar{X}_{k})^{2}}}\qquad Y_{i}^{*}=\frac{Y_{i}-\bar{Y}}{\sqrt{\sum(Y_{i}-\bar{Y})^{2}}}$$

从而得到模型：$Y_i^* = \beta_1^* X_{1i}^* + \beta_2^* X_{2i}^* + \cdots + \beta_k^* X_{ki}^* + \mu_i^* \quad i=1, 2, \cdots, n$

对该模型用 OLS 估计得到参数与随机误差项方差的估计值 $\hat{\beta}_1^*$，$\hat{\beta}_2^*$，…，$\hat{\beta}_k^*$ 和 $\hat{\sigma}^2$。

令 $\hat{\lambda}=\dfrac{(k-1)\hat{\sigma}^{2}}{\sum_{j=1}^{k}(\hat{\beta}_{j}^{*})^{2}}$ 作为岭回归中 λ 的估计值。

当然，常用的方法还有岭迹法、方差扩大因子法、残差平方和法等。目前还没有形成公认的选择回归参数的最优方法，实际应用中，可以考虑使用逐步搜索的方法，即开始给定较小的 λ 值，然后逐渐增加 λ 的取值进行试验，直至岭估计量 $\hat{\beta}(\lambda)$ 的值趋于稳定为止。

显然，用逐步搜索的方法确定的 λ 值仍然缺乏令人信服的理论依据，具有一定的主观性，是一种将定性分析与定量分析相结合的方法。岭回归方法实际上是 1970 年以后发展起来的新方法，不论是方法本身还是实际应用方面，研究得还不充分，但它对处理多重共线性问题特别有用。

除了上面所列举的几种方法外，计量经济文献中还运用了主成分分析法和偏最小二乘法来缓解多重共线性。总之，多重共线性是一个程度问题，它是一个与样本相关的现象，有时可以容易地检验出存在多重共线性，但更多的时候要运用各种方法来诊断，而且没有一个简单的方法能解决这个问题。

本章习题

1. 考虑以下模型：$Y_i = \beta_0 + \beta_1 X_i + \beta_2 X_i^2 + \beta_3 X_i^3 + \beta_4 X_i^4 + \mu_i$。由于 X^2，X^3，X^4 是 X 的函数，所以它们之间存在多重共线性，你同意这种说法吗？为什么？

2. 多重共线性的常见补救方法有哪些？

3. 逐步回归法的具体步骤是什么？

4. 考虑下列一组数据：

Y	−10	−8	−6	−4	−2	0	2	4	6	8	10
X1	1	2	3	4	5	6	7	8	9	10	11
X2	1	3	5	7	9	11	13	15	17	19	21

现假定你想用 Y 对 X_1，X_2 作多元回归：

$$Y_i = \beta_0 + \beta_1 X_{1i} + \beta_2 X_{2i} + \mu_i$$

请回答以下问题：

（1）你能估计出这一模型的参数吗？为什么？

（2）如果不能，你能估计哪一参数或参数组合？

5. 某地区供水部门利用最近 15 年的用水年度数据得出如下估计模型：

$$\underset{(-1.7)}{water = -326.9} + \underset{(0.9)}{0.305house} + \underset{(1.4)}{0.363pop} - \underset{(-0.6)}{0.005pcy} - \underset{(-1.2)}{17.87price} - \underset{(-0.8)}{1.123rain}$$

$$\bar{R}^2 = 0.93,\ F = 38.9$$

其中，*water* 为用水总量（单位：百万立方米），*house* 为住户总数（单位：千户），*pop* 为总人口（单位：千人），*pcy* 为人均收入（单位：元），*price* 为价格（单位：元/100 立方米），*rain* 为降雨量（单位：毫米）。

（1）根据经济理论和直觉，请估计回归系数的符号是什么（不包括常量）？为什么？观察符号与你的直觉相符吗？

（2）在 10%的显著性水平下，请进行变量的 t 检验与方程的 F 检验。t 检验与 F 检验结果有相互矛盾的现象吗？

（3）你认为估计值是有偏的或无效的或不一致的吗？详细阐述理由。

6. 将下列函数用适当的方法消除多重共线性：

（1）消费函数为：

$$C = \beta_0 + \beta_1 W + \beta_2 P + \mu$$

其中，C、W、P 分别代表消费、工资收入和非工资收入，W 与 P 可能高度相关，但研究表明 $\beta_2 = \beta_1/2$。

（2）需求函数为：

$$Q = \beta_0 + \beta_1 Y + \beta_2 P + \beta_3 P_S + \mu$$

其中 Q、Y、P、P_S 分别为需求量、收入水平、该商品价格水平及其替代品价格水平，P 与 P_S 可能高度相关。

7. 见下表，给出 1995—2011 年中国商品进口额、国内生产总值和居民消费价格指数数据。

1995—2011年中国商品进口额、国内生产总值和居民消费价格指数数据

年度	商品进口额/亿元 Y	国内生产总值/亿元 X_2	居民消费价格指数（1995年为100）X_3
1995	11048.1	60793.7	100.00
1996	11557.4	71176.6	126.80
1997	11806.5	78973.0	130.40
1998	11626.1	84402.3	129.30
1999	13736.4	89677.1	127.50
2000	18638.8	99214.6	128.00
2001	20159.2	109655.2	128.90
2002	24430.3	120332.7	127.90
2003	34195.6	135822.8	129.40
2004	46435.8	159878.3	134.50
2005	54273.7	184937.4	136.90
2006	63376.9	216314.4	138.90
2007	73300.1	265810.3	145.60
2008	79526.5	314045.4	154.20
2009	68618.4	340902.8	153.10
2010	94699.3	401512.8	158.20
2011	113161.4	472881.6	166.70

如果设模型为：

$\ln Y_t = \beta_1 + \beta_2 \ln X_{2t} + \beta_3 \ln X_{3t} + \mu_t$

（1）请利用上表的数据估计模型参数。

（2）请问模型中是否存在多重共线性？

（3）请对下列的经典线性回归模型进行回归分析，并说明回归结果：

$\ln Y_t = \alpha_1 + \alpha_2 \ln X_{2t} + v_{1t}$

$\ln Y_t = \delta_1 + \delta_3 \ln X_{3t} + v_{2t}$

$\ln X_{2t} = \lambda_1 + \lambda_2 \ln X_{3t} + v_{3t}$

（4）如果仅仅是为了预测，多重共线性是否构成严重影响？

第八章　特殊变量

◈ 本章要点

1. 了解虚拟变量、随机解释变量和滞后变量在计量经济学中的含义。
2. 掌握引入和应用虚拟变量的基本思想和方法。
3. 掌握随机解释变量模型的参数估计存在的问题和估计方法。
4. 了解一阶自回归模型参数估计的工具变量法及随机扰动项自相关的 h 检验法。

第一节　虚拟变量

一、虚拟变量及其作用

建立计量经济模型的一个基本要求，就是模型中的所有变量都是可以用数值计量的，如产量、销售量、成本、价格、利润、消费物价指数、收入等。但是，经济变量的影响因素中有时还包括一些定性因素，如消费习惯、地区差异会直接影响居民的消费支出；劳动者素质、季节因素对产品的生产和销售都会产生影响，财政货币政策的变化也影响许多经济变量的增长。为了在模型中反映这类因素的影响，并提高模型的精度，需要将这类变量“量化”。为此，根据这类变量的属性类型，因为定性变量通常表示某种特征或属性是否存在，如性别中的男性和女性，户籍制度中的城市户口和非城市户口等。所以我们为量化取值，构建出取“0”或者“1”的人工变量，用 1 表示该属性存在，用 0 表示该属性不存在。把这种取值为 0、1 的变量通称为虚拟变量(Dummy Variables)，用符号 D 表示。

如：$D=\begin{cases}1 & (\text{男性})\\ 0 & (\text{女性})\end{cases}$

在模型中虚拟变量用来描述定性变量，当虚拟变量作解释变量时，对其回归系数的一切估计和统计检验方法都与定量解释变量相同。

当一个定性变量含有 m 个类别时，应向模型引入 $m-1$ 个虚拟变量。如定性变量“学历”就可以含有至少四个类别，即大学学历、中学学历、小学学历和无学历。当用“学历”作解释变量时，应向模型中引入三个虚拟变量。一种取值方式是：

$$D_1=\begin{cases}1 & （大学学历）\\ 0 & （非大学学历）\end{cases}$$

$$D_2=\begin{cases}1 & （中学学历）\\ 0 & （非中学学历）\end{cases}$$

$$D_3=\begin{cases}1 & （小学学历）\\ 0 & （非小学学历）\end{cases}$$

注意：（1）当定性变量含有 m 个类别时，模型不能引入 m 个虚拟变量。最多只能引入 $m-1$ 个虚拟变量，否则，当模型中存在截距项时就会产生完全多重共线性，无法估计回归参数。

（2）把虚拟变量取值为 0 所对应的类别称为基础类别。例如，对“学历”的赋值方法，“无学历”为基础类别。

（3）当定性变量含有 m 个类别时，不能把虚拟变量的值设成如下形式：

$$D=\begin{cases}0 & （第一类别）\\ 1 & （第二类别）\\ \vdots & \\ m-1 & （第\ m\ 个类别）\end{cases}$$

这种赋值法在一般情形下与虚拟变量赋值是完全不同的两回事。

（4）回归模型可以只用虚拟变量作解释变量，也可以用定量变量和虚拟变量一起作解释变量。

在计量经济模型中引入虚拟变量一般有以下作用：

（1）可以描述和测量定性因素的影响。

（2）能够正确反映经济变量之间的相互关系，提高模型的精度。

（3）便于处理异常数据，当样本资料存在异常数据时，可以设置虚拟变量（即将异常数据作为一个特殊的定性因素）为：

$$D=\begin{cases}1 & （异常）\\ 0 & （正常）\end{cases}$$

二、虚拟变量的设置

（一）虚拟变量的引入方式

虚拟变量作为解释变量引入模型有三种方式：加法方式、乘法方式和混合方式。

1. 加法方式

其可以通过加入虚拟变量来测量截距变动情况。

如下面给出的模型：

$Y_i=\beta_0+\beta_1 X_i+\beta_2 D+\mu_i$

当 $D=1$，0 时，回归函数分别是：

$E(Y_i)=(\beta_0+\beta_2)+\beta_1 X_i \qquad (D=1)$

$E(Y_i)=\beta_0+\beta_1 X_i \qquad (D=0)$

由此可见，向模型引入虚拟变量，其数学意义就是回归函数截距项发生变化。对虚拟变量的系数作显著性检验，就是判别两条回归直线的截距项之间是否存在显著性差异。

例如，考虑居民消费与可支配收入之间的关系模型：

$Y_i=\beta_0+\beta_1 X_i+\beta_2 D+\mu_i$

其中，Y_i 为居民的消费支出，X_i 为居民的年均可支配收入，D 为虚拟变量。

$$D_i=\begin{cases}1 & \text{（城镇居民）}\\ 0 & \text{（其他）}\end{cases}$$

$E(Y_i)=(\beta_0+\beta_2)+\beta_1 X_i \qquad (D=1)$

$E(Y_i)=\beta_0+\beta_1 X_i \qquad (D=0)$

从上面两式可以清楚地看出，城镇居民与非城镇居民两类收入函数的斜率相同，即 β_1，若 $\beta_2\neq 0$，则两者的差别仅仅在截距水平上。因此，设置虚拟变量确实能描述定性因素的影响，并且以加法方式引入虚拟变量时，实际上反映的是定性因素对截距的影响，即平均水平的差异情况：在相同的收入水平情况下，城镇居民的消费支出比非城镇居民多支出 β_2 个单位。

2. 乘法方式

加法方式研究了虚拟变量影响回归函数的截距，实际上，也可以用虚拟变量考察回归函数的斜率是否发生变化。也就是在模型中加入定量变量与虚拟变量的乘积项，故称之为乘法方式。

设模型如下：

$Y_i=\beta_0+\beta_1 X_i+\beta_2(X_i D_i)+\mu_i$

回归函数可有如下两种形式：

$E(Y_i)=\beta_0+\beta_1 X_i \qquad (D_i=0)$

$E(Y_i)=\beta_0+(\beta_1+\beta_2)X_i \qquad (D_i=1)$

例如，在居民家庭的教育费用支出 Y_i 除了受收入水平 X_i 的影响之外，还与子女的年龄结构密切相关。随着收入水平的提高，家庭教育支出的边际消费倾向可能会发生变化。为了反映“子女的年龄结构”这一定性因素对斜率的影响，设虚拟变量为：

$$D_i=\begin{cases}1 & \text{（有适龄子女）}\\ 0 & \text{（无适龄子女）}\end{cases}$$

将家庭教育费用支出函数表示为：

$Y_i=\beta_0+\beta_1 X_i+\beta_2(X_i D_i)+\mu_i$

有适龄子女和无适龄子女的家庭教育支出分别为：

$E(Y_i \mid X_i,\ D_i=0)=\beta_0+\beta_1 X_i$

$E(Y_i \mid X_i,\ D_i=1)=\beta_0+(\beta_1+\beta_2)X_i$

比较上面两式可以看出，以乘法方式引入虚拟变量，二者的差别仅在于 X_i 斜率。

若 $\beta_2 \neq 0$，则表明家庭教育支出的边际消费倾向发生了变化，系数 β_2 描述了定性因素的影响程度。

3. 混合方式

以混合方式引入虚拟变量是指同时采用加法方式和乘法方式将虚拟变量引入模型中。通过这种方式引入虚拟变量，能够同时考查在样本期内定性因素对模型截距项和斜率系数的影响。

例如，设某行业职工收入 Y 主要受教育年数 X 、性别和地理位置（东部、西部）的影响，考虑到不同性别在收入上的差异可能与其所在的地理位置有关，即两个定性因素之间可能存在交互影响，而且不同性别、所处地理位置不同的职工的平均收入可能存在一定的差异。因此，可以采用混合方式引入虚拟变量建立回归模型：

$$Y_i = \beta_0 + \beta_1 X_i + \beta_2 D_{1i} + \beta_3 D_{2i} + \beta_4 (D_{1i} D_{2i}) + \mu_i$$

其中

$$D_{1i} = \begin{cases} 1 & \text{第 } i \text{ 个职业为男性} \\ 0 & \text{第 } i \text{ 个职业为女性} \end{cases} \qquad D_{2i} = \begin{cases} 1 & \text{第 } i \text{ 个职业位于东部} \\ 0 & \text{第 } i \text{ 个职业位于西部} \end{cases}$$

当该模型的随机扰动项服从经典假定条件时，则可以得到不同性别职工的平均收入函数分别为：

女职工：$E(Y_i \mid X_i,\ D_{2i},\ D_{1i} = 0) = (\beta_0 + \beta_1 D_{2i}) + \beta_1 X_i$

男职工：$E(Y_i \mid X_i,\ D_{2i},\ D_{1i} = 1) = [\beta_0 + \beta_2 + (\beta_3 + \beta_4) D_{2i}] + \beta_1 X_i$

由此可知，若 $\beta_4 \neq 0$，则表明不同性别在收入上的差异与其所在的地理位置有关。

（二）虚拟变量的设置原则

一个因素多个类型

例如，考虑模型为：

$$Y_i = \beta_0 + \beta_1 X_i + \beta_2 D_{1i} + \beta_3 D_{2i} + \mu_i$$

其中，Y_i 为年医疗保健费用支出，X_i 为居民的年可支配收入，D_{1i}，D_{2i} 为虚拟变量。

$$D_{1i} = \begin{cases} 1 & \text{第 } i \text{ 个居民只是高中教育} \\ 0 & \text{其他} \end{cases} \qquad D_{2i} = \begin{cases} 1 & \text{第 } i \text{ 个居民大专及大专以上} \\ 0 & \text{其他} \end{cases}$$

该模型是描述居民的年医疗保健费用支出与居民可支配收入和受教育程度间的关系。这里，定性因素（受教育程度）划分为以下三种类型：高中以下、高中、大专及大专以上。

当满足经典假定条件时有：

受教育程度在高中以下的居民年医疗保健费用支出为：

$$E(Y_i \mid X_i,\ D_{1i} = 0,\ D_{2i} = 0) = \beta_0 + \beta_1 X_i$$

受教育程度在高中的居民年医疗保健费用支出为：

$$E(Y_i \mid X_i,\ D_{1i} = 1,\ D_{2i} = 0) = (\beta_0 + \beta_2) + \beta_1 X_i$$

受教育程度在大专及大专以上的居民年医疗保健费用支出为：

$E(Y_i \mid X_i, D_{1i}=0, D_{2i}=1)=(\beta_0+\beta_3)+\beta_1 X_i$

这表明，三种不同受教育程度居民的医疗保健费用年均支出的起点水平（截距）不同，差异截距系数为β_2，β_3。对模型进行回归，检验$H_0:\beta_2=0$和$H_0:\beta_3=0$的t检验，可以判定与高中以下教育水平相比，另两种类型截距的差异在统计上是否存在显著性差异。关于$H_0:\beta_2=\beta_3=0$的联合假设检验，也可由方差分析或F检验完成。

注意：若定性变量含有m个类别时，应向模型中引入$m-1$个虚拟变量，不能引入m个虚拟变量。否则，当模型中存在截距项时，就会陷入“虚拟变量陷阱”(dummy variable trap)，产生完全多重共线性，无法估计回归参数。在无截距项的模型中，定性因素有m个相互排斥的类型时，引入m个虚拟变量不会导致完全多重共线性。

2. 多因素各两种类型

例如，依据某地区家庭调查资料所建立的卷烟需求模型为

$Q_i=\beta_0+\beta_1 X_1+\beta_2 D_{1i}+\beta_{D2i}+\mu_i$

其中，Q_i为卷烟需求量，X_i为居民可支配收入，D_{1i}和D_{2i}分别为虚拟变量。

$$D_{1i}=\begin{cases}1 & \text{城镇居民}\\0 & \text{农村居民}\end{cases},\qquad D_{2i}=\begin{cases}1 & \text{男性}\\0 & \text{女性}\end{cases}$$

假定该卷烟需求模型满足经典假定条件，则有：

农村女性居民卷烟需求量为

$E(Q_i \mid X_i, D_{1i}=0, D_{2i}=0)=\beta_0+\beta_1 X_i$

农村男性居民卷烟需求量为

$E(Q_i \mid X_i, D_{1i}=0, D_{2i}=1)=(\beta_0+\beta_3)+\beta_1 X_i$

城镇女性居民卷烟需求量为

$E(Q_i \mid X_i, D_{1i}=0, D_{2i}=0)=(\beta_0+\beta_2)+\beta_1 X_i$

城镇男性卷烟需求量为

$E(Q_i \mid X_i, D_{1i}=0, D_{2i}=1)=(\beta_0+\beta_2+\beta_3)+\beta_1 X_i$

因此，如果有m个定性因素，且每个因素各有两个不同的属性类型，则引入m个虚拟变量。推广到更一般的情况，如果有些因素有多个属性水平，则参照“一个因素多种类型”的设置原则来设置虚拟变量。

另外，定性因素的变化通常表现为某种属性或特征是否存在，所以可以用只取1，0值的虚拟变量来“量化”定性因素的变化。一般地，把虚拟变量取值为“0”所对应的类别称为基础类别，“0”表示这种属性或特征不存在；虚拟变量取“1”代表与基础类别相比较的类别。当虚拟变量作解释变量时，对其回归系数的一切估计和统计检验方法都与定量解释变量相同。

三、虚拟变量的特殊应用

（一）分段回归

有些社会经济现象的变动，会在解释变量达到某个临界值时发生突变，为区分不同阶段的截距和斜率，可以利用虚拟变量进行分段回归。

例如：改革开放以来，随着经济的发展中国城乡居民的收入快速增长，同时城乡居民的储蓄存款也迅速增长。为了考察改革开放以来中国居民的储蓄存款与收入的关系是否已发生变化，以城乡居民人民币储蓄存款年底余额代表居民储蓄 Y，以国内生产总值 GDP 代表城乡居民收入，分析居民收入对储蓄存款影响的数量关系。

将统计数据分析，假定城乡居民储蓄在 1996 年和 2000 年有两个明显的转折点。因此，我们可以引入虚拟变量 D_{1t} 和 D_{2t}：

$$D_{1t}=\begin{cases}1 & t=1996\text{ 年以后}\\ 0 & t=1996\text{ 年及以前}\end{cases}\qquad D_{2t}=\begin{cases}1 & t=2000\text{ 年以后}\\ 0 & t=2000\text{ 年及以前}\end{cases}$$

设定以混合方式引入虚拟变量的模型：

$$Y_t=\beta_0+\beta_1 GDP_t+\beta_2 GDP_t\cdot D_{1t}+\beta_3 GDP_t\cdot D_{2t}+\mu_t$$

进行分段回归。

（二）模型结构的稳定性检验

利用不同的样本数据估计同一形式的计量经济模型，可能会得到不同的估计结果。如果估计的参数之间存在显著差异，则称模型结构是不稳定的；反之，则认为是稳定的。

模型结构的稳定性检验主要有两个用途：一是分析模型结构对样本变化的灵敏度，如多重共线性检验；二是比较两个（或多个）回归模型的差异情况，即分析模型结构是否发生了显著变化。

例如上面讨论的中国城乡居民储蓄存款和居民收入之间的关系，我们可以判断 1996 年前后的两个时期中国居民储蓄与收入关系是否已经发生变化。这一问题可以运用邹氏结构变化的检验，也可以通过引入虚拟变量的方式解决。

如设虚拟变量为：

$$D_t=\begin{cases}1 & t=1996\text{ 年以前}\\ 0 & t=1996\text{ 年以后(含)}\end{cases}$$

设模型

$$Y_t=\beta_0+\beta_1 GDP_t+\beta_2 D_t+\beta_3(GDP_t\cdot D_t)+\mu_t$$

通过回归参数估计来考察两个时期储蓄函数的斜率的不同即可分析是否发生显著变化。

$$E(Y_t\mid GDP_t,\ D_t=0)=\beta_0+\beta_1 GDP_t$$

$$E(Y_t\mid GDP_t,\ D_t=1)=(\beta_0+\beta_2)+(\beta_1+\beta_3)GDP_t$$

分别表示 1991 年以后和 1991 年之前的储蓄函数，在统计检验中，如果 $\beta_3=0$ 的假设被拒绝，则说明两个时期中储蓄函数的斜率是不同的。

而邹氏突变点检验是由邹至庄（1960）提出的。当研究同一问题，在不同时段得到两个样本时，需要考察两个不同时段的回归系数是否相同，即回归系数在不同时段是否稳定。当然这一检验也适用于两个截面样本的情形。

两个样本容量分别用 n_1 和 n_2 表示，并定义 $T=n_1+n_2$。假定所建立的多元回归模型为：

$$Y_t=\beta_0+\beta_1X_{1t}+\cdots+\beta_kX_{kt}+\mu_t$$

以 T，n_1，n_2 为样本分别对上述模型进行估计，得到结构如下表：

序号	样本容量	残差平方和	自由度	回归系数
1	T	RSS_T	$T-k-1$	θ_j（$j=1,2,\cdots,k$）
2	n_1	RSS_1	n_1-k-1	α_j（$j=1,2,\cdots,k$）
3	n_2	RSS_2	n_2-k-1	δ_j（$j=1,2,\cdots,k$）

原假设：H_0：$\alpha_j=\delta_j$

备择假设：H_1：α_j，δ_j 不全对应相等

则所用统计量定义为：

$$F=\frac{[RSS_T-(RSS_1+RSS_2)]/[T-k-1-(n_1-k-1+n_2-k-1)]}{(RSS_1+RSS_2)/(n_1-k-1+n_2-k-1)}\sim F(k+1,T-2k-2)$$

检验规则是：

若 $F\leqslant F_\alpha(k+1,T-k-2)$，接受 H_0（回归系数无显著性变化）

若 $F>F_\alpha(k+1,T-k-2)$，拒绝 H_0（回归系数有显著性变化）

（三）调节季节波动

利用季节或月份资料建立模型时，经常存在季节波动。使用虚拟变量也可以反映季节因素的影响。

四、线性概率模型

我们在上面内容中已经学习了如何通过虚拟变量的应用，使得定性信息成为回归模型中的解释变量。现在，我们换个角度，将虚拟变量作为被解释变量。例如，在实际研究中，我们想知道哪些因素影响人们是否愿意接受高等教育；一个企业在某特定年份是否接管了另一个企业；哪些因素会导致企业（公司）陷入财务困境；什么因素导致企业（公司）的控制权发生变更等。在上述每个例子中，我们都可以类似上述虚拟解释变量的形式给定性被解释变量 Y 赋值，令 $Y=1$ 表示一种结果，令 $Y=0$ 表示另

一种结果。例如，$Y=1$ 表示企业陷入财务困境，$Y=0$ 表示企业没有陷入财务困境。

实践中，定性被解释变量可能不仅有两种分类，例如，人的健康状况可以分为健康状况差、健康状况一般、健康状况良好；受教育程度可以分为本科以下、本科学历、研究生学历等。我们把只有两种分类的定性被解释变量称为二分变量，有三种分类的定性被解释变量称为三分变量，依次往后类推，超过两种分类的定性被解释变量残差统称为多分变量。本书仅考虑被解释变量为二分变量的情形。

（一）线性概率模型

为了说明问题，我们先建立一个简单的回归模型：

$$Y_i=\beta_0+\beta_1 X_i+\mu_i$$

其中，如果高中毕业后选择上大学，则 $Y_i=1$；如果高中毕业后选择不上大学，则 $Y_i=0$。为简化，这里仅写出一个解释变量 X_i，它表示家庭收入。由于被解释变量是一个二分变量，它的取值要么从 1 变到 0，要么从 0 变到 1，所以对于斜率系数 β_1 现在不能解释为：若解释变量 X_i 提高一个单位，被解释变量 Y_i 平均提高 β_1 个单位。那么，我们应该如何解释该回归模型呢？如果仍然假定随机扰动项 μ_i 的条件期望为 0，就可以得到：

$$E(Y_i \mid X_i)=\beta_0+\beta_1 X_i$$

现在记 p_i 为选择上大学的概率，即“$Y_i=1$”的概率；则 $1-p_i$ 为选择不上大学的概率，即“$Y_i=0$”的概率。这样，被解释变量 Y_i 服从贝努里二项分布，即 $P(Y_i=1)=p_i$，$P(Y_i=0)=1-p_i$ 由概率论知识可得：

$$E(Y_i)=p_i,\ \mathrm{Var}(Y_i)=p_i(1-p_i)$$

这样，我们就得到线性概率模型（linear probability model）$Y_i=\beta_0+\beta_1 X_i+\mu_i$，其被解释变量为服从二项分布的随机变量。

在上面例子中，被解释变量 Y_i 的条件期望 $E(Y_i \mid X_i)$ 可以解释为给定家庭收入 X_i 的条件下，选择上大学的条件概率，即 $P(Y_i=1 \mid X_i)$，斜率系数 β_1 则可以解释为家庭收入 X_i 的变化导致选择上大学概率的平均变化。

然而，我们不可能观测到真正的上大学与否的概率，因为它反映的是离散决策之前的情况。一旦做出决策，我们只能观测到选择的结果，所以被解释变量 Y_i 只能取 0 或 1。这样，即使期望值能取 0 和 1 之间的任何值，但我们观测到的被解释变量 Y_i 只能取两个极端值 0 或 1。

（二）有关线性概率模型的问题

1. 在线性概率模型中，随机误差项 μ_i 和 Y_i 一样，只取值 0 或 1，μ_i 服从正态分布的假定就不成立了

为了能明白这一点，随机扰动项可以写成：

$$\mu_i=Y_i-\beta_0-\beta_1 X_i$$

由于解释变量 X_i 被假定为非随机的，因此，当 $Y_i=1$ 时，μ_i 的概率为 p_i；当 $Y_i=0$ 时，μ_i 的概率为 $1-p_i$。在这种情形下，我们不能假定随机误差项 μ_i 服从正态分布，

它服从二项分布。随机误差项在不服从正态分布的小样本下，不能使用通常的 t 、F 统计量对 OLS 估计量进行统计检验和推断，但在大样本下，OLS 对模型的估计量渐近趋于正态分布。因此，在大样本下，线性概率模型的统计检验和统计推断仍可以沿用正态分布假定下的方法。

2. 线性概率模型的随机误差项 μ_i 也不满足同方差的假定

因为 μ_i 服从二项分布，$\mu_i = Y_i - \beta_0 - \beta_1 X_i$ ，则可得 $\mathrm{Var}(\mu_i) = p_i(1-p_i)$

这样一来，μ_i 的方差依赖于随机误差项的均值 p_i ，从而导致误差项有异方差。由前面第五章可知，当随机扰动项有异方差时，OLS 估计量虽然是无偏的，但不能再具有最小方差性的特征了。当然，我们可以用加权最小二乘法加以纠正异方差。这一方法同样也适用于线性概率模型中的异方差修正。

因为 $\mathrm{Var}(\mu_i) = p_i(1-p_i)$ ，我们可以选择修正权数：

$$\sqrt{w_i} = \sqrt{p_i(1-p_i)}$$

在模型 $Y_i = \beta_0 + \beta_1 X_i + \mu_i$ 的两边同除以修正权数，得到：

$$Y_i / \sqrt{w_i} = \beta_0 / \sqrt{w_i} + \beta_1 X_i / \sqrt{w_i} + \mu_i / \sqrt{w_i}$$

容易发现，经过调整后的模型的随机误差项 $\frac{\mu_i}{\sqrt{w_i}}$ 是同方差的，可以使用 OLS 直接对调整后的模型进行估计。

现在的问题是，真实的 $E(Y_i \mid X_i)$ 是未知的，从而成功的概率 p_i 是未知的，因此权重 w_i 也是未知的。因而，估计模型 $\frac{Y_i}{\sqrt{w_i}} = \frac{\beta_0}{\sqrt{w_i}} + \beta_1 \frac{X_i}{\sqrt{w_i}} + \frac{\mu_i}{\sqrt{w_i}}$ 之前必须先估计权重 w_i。可以使用如下两步法：

第一步，先撇开异方差的问题，直接使用 OLS 估计模型 $Y_i = \beta_0 + \beta_1 X_i + \mu_i$ ，基于此得到 $\hat{Y}_i$ ，再求出 w_i 的估计值 $\hat{w}_i = \hat{Y}_i(1-\hat{Y}_i)$ ；

第二步，按照 $\frac{Y_i}{\sqrt{w_i}} = \frac{\beta_0}{\sqrt{w_i}} + \beta_1 \frac{X_i}{\sqrt{w_i}} + \frac{\mu_i}{\sqrt{w_i}}$ 的方法，用估计的 $\hat{w}_i$ 对原始模型 $Y_i = \beta_0 + \beta_1 X_i + \mu_i$ 进行数据变换，对变换后的模型进行 OLS 估计。

3. $0 \leqslant E(Y_i \mid X_i) \leqslant 1$ 可能不满足

由于线性概率模型中 $E(Y_i \mid X_i)$ 度量的是给定解释变量 X_i 的条件下，事件 Y_i 发生的概率，因而它必须落在 0 与 1 之间。而 $E(Y_i \mid X_i) = \beta_0 + \beta_1 X_i$ 可以看出 $E(Y_i \mid X_i)$ 的大小取决于解释变量 X_i 和回归系数 β_0、β_1 的值。如果回归系数 β_0、β_1 的值为正数，一个充分大的解释变量 X_i 很可能导致 $E(Y_i \mid X_i)$ 的值落在有意义的区间（0，1）之外。在实际研究中，一个事件发生的概率值就有可能大于 1，这是没有什么意义的。因而在应用研究中，线性概率模型最主要的困难在于预测的 Y_i 值的无界限性。使用线性概率模型，尽管存在无界限性问题，但并非不可克服。简单的方法是令所有大于 1 的 $\hat{Y}_i$ 等于 1，令所有负的 $\hat{Y}_i$ 值都等于 0。这种处理方法就是通过忽略（大于 1 或小于 0）

来处理无界性。甚至 $\hat{Y}_i$ 等于 1 也不是很有用，因为它暗示事件一定会发生，这当然是不恰当的预测。另一种更为合理的处理无界限性的方法是，以非线性平滑和有意义的方式迫使所有的 $\hat{Y}_i$ 均在［0，1］，这就是我们下面要介绍的二分因变量 Logit 模型和 Probit 模型。

4. R^2 不是总体拟合优度的一个精确度量

在线性概率模型中，通常方法计算的 R^2 的价值是有限的，它几乎不能告诉我们回归模型在多大程度上揭示了决策者的选择行为。

为了理解这一点，我们看图 8－1，Y_i 的值仅等于 0 或 1，但根据线性概率模型，$\hat{Y}_i$ 必须从一个极端值（即 0）连续变动到另一个极端值（即 1）。这意味着 $\hat{Y}_i$ 在 X_i 的某些区间可能不同于 Y_i 。于是，即使模型对于决策者选择行为的解释的确有很好的预测作用，但是 R^2 的值很可能比 1 小得多。由此所产生的结果是，作为虚拟变量模型的总体拟合优度的度量，是不可信的。换言之，通常所计算的 R^2 没有能够反映模型的真正解释力度。

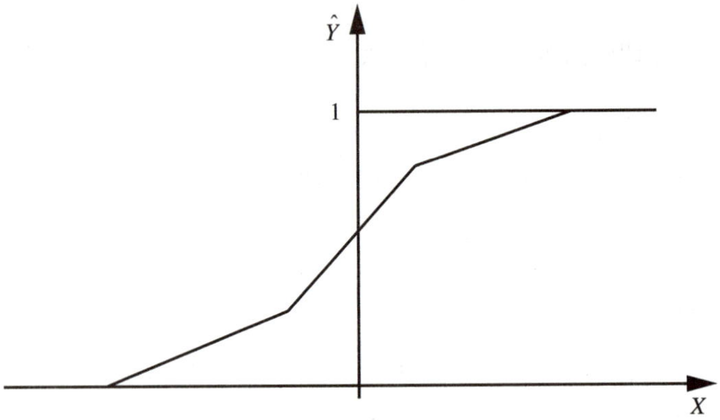

图 8－1

有多个 R^2 的替代指标，其中方法之一就是构造这样一种度量指标，使用样本中能够被估计的方程正确解释的 Y_i 的观测值所占样本总量的百分比去代替 R^2。为了理解这种方法，考虑以 $\hat{Y}_i > 0.5$ 预测 $Y_i = 1$，以 $\hat{Y}_i < 0.5$ 预测 $Y_i = 0$。如果将这些预测值与实际 Y_i 的值进行比较，我们就能计算出被正确解释的 Y_i 的观测值的百分比。然而，使用被正确解释的 Y_i 百分比去替代反映整个样本的 R^2 也存在一个缺陷。假定你的观测值中有 80%是 1，20%是 0。正确解释了样本的 80%看起来似乎很好，但是，如果你根本就不用计算，直接简单地预测每一个 Y_i 都是 1，这样的话，你也就成功地解释了 80%的样本。更好的办法也许是计算正确解释 1 的百分数和正确解释 0 的百分数，然后报告这两个百分数的平均数。作为简写，我们将这个平均数记为 R_p^2 ，也就是说，我们将 R_p^2 定义为正确解释 $Y_i = 1$ 的百分数和正确解释 $Y_i = 0$ 的百分数的平均数。

五、Logit 模型

（一）Logit 模型的含义

前面所介绍的高中毕业后是否选择上大学的例子。在线性概率模型中，选择上大学的概率与家庭收入的线性关系为：

$$p_i = E(Y_i \mid X_i) = \beta_0 + \beta_1 X_i$$

我们已经指出过这种线性概率模型的不足，即线性概率模型预测的概率可能超出［0，1］区间，现在为了避免这个问题，我们使用能够使 $Y_i = 1$ 的概率的取值范围位于［0，1］区间的累积逻辑斯蒂（cumulative logistic）分布函数描述选择上大学的概率与家庭收入的关系：

$$p_i = E(Y=1 \mid X_i) = \frac{1}{1+e^{-(\beta_0+\beta_1 X_i)}}$$

现在通过逻辑斯蒂函数预测的 $Y_i=1$ 的条件概率会落在［0，1］区间吗？答案是肯定的。从数学上看，当 $\beta_0 + \beta_1 X_i$ 为正无穷大时，p_i 的最大可能值为 1；反之，当 $\beta_0 + \beta_1 X_i$ 为负无穷大时，p_i 的最大可能值为 0。

故 $p_i = E(Y=1 \mid X_i) = \frac{1}{1+e^{-(\beta_0+\beta_1 X_i)}}$ 的值是介于 0、1 之间的。因而在处理虚拟解释变量时，Logit 模型可以避免线性概率模型所遇到的主要问题。为表述方便，将上述模型等价地改写为：

$$p_i = \frac{1}{1+e^{Z_i}} = \frac{e^2}{1+e^{Z_i}}$$

其中：$z_i = \beta_0 + \beta_1 X_i$

这里可以清楚地看到，使用逻辑斯蒂函数所描述的 p_i 与 X_i 之间的关系是非线性的。这就意味着，对于不同的家庭收入 X_i，家庭收入对选择上大学概率的边际贡献并不相同，从而避免了线性概率模型的缺陷。为了直观地理解这一点，图 8－2 是一个使用逻辑斯蒂函数模拟的 p_i 与 z_i 的关系图。

从图 8－2 中可以看出，当 z_i 较小时，z_i 增加一个单位，概率 p_i 增加的幅度较大；而当 z_i 较大时，随着 z_i 增加一个单位，概率 p_i 增加的幅度较小。这一结果意味着，当家庭收入较低时，家庭收入增加导致选择上大学概率增加的幅度相对较大；当家庭收入较高时，家庭收入增加导致选择上大学概率增加的幅度相对较小。这一特征与现实经济背景基本吻合，因为低收入家庭的子女是否选择上大学更有可能受制于家庭收入。因此，Logit 模型显著改进了线性概率模型认为成功的概率与解释变量是线性的约束。

根据概率的性质，我们可以得到选择不上大学的概率为：

$$1 - p_i = \frac{1}{1+e^{z_i}}$$

因此，我们可以得到：

$$\frac{p_i}{1-p_i}=\frac{1+e^{z_i}}{1+e^{z_i}}=e^{z_i}$$

现在，等式左边的变量为 $\frac{p_i}{1-p_i}$，它表示一个高中毕业生选择上大学与选择不上大学的比率。我们把这个相对比率称为机会比率。对上式两边取自然对数，得到：

$$L_i=\ln\frac{p_i}{1-p_i}=\ln\frac{1+e^{z_i}}{1+e^{z_i}}=\ln e^{z_i}=z_i=\beta_0+\beta_1X_i$$

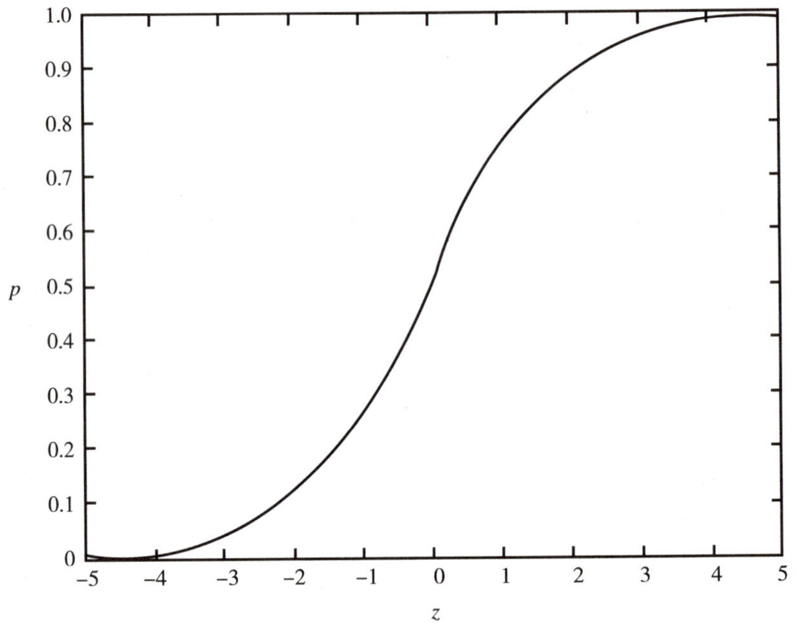

图 8—2

这里，L_i 称为 Logit。这样就将初始模型 $p_i=E(Y=1\mid X_i)=\frac{1}{1+e^{-(\beta_0+\beta_1X_i)}}$ 转化成为标准线性模型。仔细分析可知，Logit 模型具有如下特点：

（1）虽然 L_i 对 X 为线性，但概率 p 本身与 X 却是非线性关系，这一性质与概率 p 随 X 而线性变化的线性概率模型有很大不同。

（2）若 L_i（即 Logit）为正数，则意味着当解释变量的值增加时，被解释变量等于 1 的概率也增加；若 L_i 为负数，则表明随着解释变量值的增加，被解释变量等于 1 的概率会下降。

（3）Logit 模型的斜率 β_1 的含义是，X 每单位变化所导致的 L_i 的变化。在我们的例子中，它表示家庭收入每变化一个单位，导致选择上大学的对数机会比例变化 β_1。

（4）对于给定的解释变量 X，我们真正想估计的并不是机会比率的对数，而是成功的概率（即 $Y_i=1$ 的概率）。如我们想估计当家庭收入为某个特定值时，高中毕业生选择上大学的概率是多少。因为成功的概率有直观的经济含义，而机会比率不容易直观地说出其经济含义。但是一旦有了 $\beta_0+\beta_1X_i$ 的估计值，我们就可以根据 Logit 模型计算出成功的概率。

（二）Logit 模型的估计

为了估计参数，我们将上面的式子改写成计量模型：

$$L_i=\ln\frac{p_i}{1-p_i}=\beta_0+\beta_1X_i+\mu_i$$

为了估计该模型，我们必须首先知道被解释变量 L_i 的值。如何得到 L_i 的值呢？这取决于我们所面对的数据类型，这里将数据区分为两类：一类是个体水平数据；另一类是群组数据或重复观察数据。下面分别介绍两种估计方法。

1. 个体数据 Logit 模型的估计方法

从 Logit 模型 $L_i=\ln\frac{p_i}{1-p_i}=\beta_0+\beta_1X_i+\mu_i$ 可以发现如果我们只有个体水平数据是无法用 OLS 估计模型的。其原因我们可以清楚地得到，如上面提到的高中毕业生选择升学的问题。对于某个高中毕业生而言，若其选择上大学，则 $p_i=1$；若其选择不上大学，则 $p_i=0$。假如我们将这些值直接用来计算 L_i 的值，就会得到下列结果：$L_i=\ln(0/1)$ 或 $L_i=\ln(1/0)$，这显然是毫无意义的。

在这种情况下，我们可以用极大似然估计（Maximum Likelihood，ML）。这种迭代技术对系数是非线性的方程来说非常有用。我们可以运用 EViews 软件直接估计 Logit 模型。

在此，还要简单地谈一谈 Logit 模型极大似然估计结果的一些内容：

(1) ML 估计量具有一致性和渐近有效性，并且在大样本情况下还具有无偏性和最小方差性。因此 Logit 模型一般要求样本容量必须要大。

(2) 在样本容量很大的前提下，ML 估计还具有系数估计量为正态分布的性质，这一性质允许我们应用经典的假设检验技术。

(3) 对于二值虚拟被解释变量模型，通常所计算的拟合优度 R^2 没有太多的现实意义。EViews 软件中提供了一种备选的被称为 McFadden R^2 的度量方法，简记为 R^2_{MCF}。根据定义 $R^2_{MCF}=1-\frac{LIF_{ur}}{LLF_r}$，其中 LIF_{ur} 是模型包含所有解释变量时无约束对数似然函数值，LIF_r 是回归模型中仅含有截距项时的有约束的对数似然函数值。LIF_{ur} 和 LLF_r 分别等价于线性回归模型中的 RSS 和 TSS。根据这一定义，若解释变量联合不显著，则有约束的似然函数值和无约束的似然函数值没有显著差异，R^2_{MCF} 不能显著不为 0，反之，若随机变量联合显著，则有约束的似然函数值显著大于无约束的似然函数值，R^2_{MCF} 显著大于 0。R^2_{MCF} 取值范围［0，1］。另一种相对简单的拟合优度的度量方法就是计算 R^2，它的定义：

$$R^2=\frac{\text{正确预测的样本个数}}{\text{总样本数}}$$

在二值被解释变量中，不需强调拟合优度的重要性。

(4) 为了检验所有斜率系数同时为零的虚拟假设，这里使用 LR（似然比）统计量。在虚拟假设下，LR 统计量服从自由度为解释变量个数（不含截距项）的 χ^2 分布。

(5) 在 Logit 模型中的被解释变量取值为 0 或 1，如果所预测的概率大于 0.5，我们就把它归类到 1，如果预测的概率小于 0.5，则将其归类到 0。

2. 群组数据 Logit 模型的估计方法

如果我们所拥有的数据不是个体水平数据，而是群组数据，则 OLS 估计 Logit 就是可行的。

如上面的例子，我们得到的数据是根据家庭收入水平以及每个收入水平下选择上大学的学生人数。对应于每个收入水平 X_i，有 N_i 个高中毕业生，其中有 n_i 个选择上大学（$n_i \leqslant N_i$）。根据数据，可以使用每组家庭收入所对应的选择上大学的相对频率作为在这一收入水平下高中生选择上大学概率的估计：

$$\hat{p} = \frac{n_i}{N_i}$$

如果每一个 X_i 处的观测个数 N_i 足够大，这样计算得到的 $\hat{p}_i$ 逼近于真实的 p_i，利用 $\hat{p}_i$，就可以使用 OLS 估计 Logit 模型。

在观测个数 N_i 足够大而且在一个给定的收入组 X_i 中，Y_i 服从独立的二项分布，随机扰动项 $\mu_i \sim N(0, \dfrac{1}{N_i p_i (1-p_i)})$。

和线性概率模型一样，Logit 模型的误差项方差取决于 p_i，也就是 p_i 的值，因此，也就是会出现异方差性。但是，为了获得有效估计量，就应该使用加权最小二乘法估计模型。用 $\hat{p}_i$ 的值来代替 p_i 的值，用 $\hat{\sigma}^2 \dfrac{1}{N_i \hat{p}_i (1-\hat{p}_i)}$ 作为 σ^2 的估计量。然后，使用加权最小二乘法（WLS）估计 Logit 模型。其具体步骤如下：

第一步，对于每一个收入水平 X_i，计算选择上大学的概率 $\hat{p} = \dfrac{n_i}{N_i}$；

第二步，对于每一个收入水平 X_i，求 Logit：$\hat{L}_i = \ln[\hat{p}_i / (1-\hat{p}_i)]$；

第三步，作加权运算，令 $w_i = N_i \hat{p}_i (1-p_i)$　Logi 模型两边同乘以 $\sqrt{w_i}$，可得到：

$$\sqrt{w_i}\hat{L}_i = \beta_0\sqrt{w_i} + \beta_1\sqrt{w_i} + \mu_i\sqrt{w_i}$$

该模型则变换成为同方差性。

第四步，用 OLS 估计变换后模型，并用在线性模型中通常使用的方式构造置信区间和进行假设检验。

六、Probit 模型

在线性概率模型中，虚拟被解释变量的取值可能超过［0，1］区间，Logit 模型是使用累积逻辑斯蒂分布函数将被解释变量取值限制在［0，1］区间。现在我们考虑使用另一种方法克服线性概率模型的这一内在缺陷。一个简单而有效的途径就是把模型的 $\beta_0+\beta_1X_i+\mu_i$ 转化为概率的形式。也就是说，使用一个函数使得：

$$P(Y_i=1)=F(\beta_0+\beta_1X_i)$$

为了使 $P(Y_i=1)=F(\beta_0+\beta_1X_i)$ 的取值落在［0，1］区间，一个很自然的选择就是累积密度函数。我们现在将函数 $P(Y_i=1)=F(\beta_0+\beta_1X_i)$ 选择标准正态分布函数，则形成一种新的模型：

$$P(Y_i=1)=\Phi(z_i)=\int_{-\infty}^{z_i}\frac{1}{\sqrt{2\pi}}\exp(-\frac{t_i^2}{2})\mathrm{d}t$$

本例子中的 $z_i=\beta_0+\beta_1X_i$ ，这样就可以将 $Y_i=1$ 的概率限制在区间［0，1］上了。

我们把模型 $P(Y_i=1)=\Phi(z_i)=\int_{-\infty}^{z_i}\frac{1}{\sqrt{2\pi}}\exp(-\frac{t_i^2}{2})\mathrm{d}t$ 称为 Probit 模型，也称为 normit 模型。

对 Probit 模型进行简单变换，就可以得到：

$$z_i=\Phi^{-1}(p_i)=\beta_0+\beta_1X_i$$

其中 Φ^{-1} 是正态累积分布函数的反函数。

从应用研究看，因为许多经济变量是正态变量，所以理论上 Probit 模型更富有吸引力。当样本极大时，这种优势就不复存在了。因为 ML 估计所产生的估计量在相当一般的情况下具有渐近正态性。另外，像 Logit 模型，用通常的 R^2 作为总体拟合优度的度量是值得怀疑的。

进一步地，如何解释 Probit 模型中斜率系数的含义呢？为此，我们需要求概率 p 对解释变量的偏导数，得到：

$$\frac{\mathrm{d}p_i}{\mathrm{d}X_i}=f(\beta_0+\beta_1X_i)\beta_1=\beta_1\frac{1}{\sqrt{2\pi}}\mathrm{e}^{-\frac{(\beta 0+\beta 1X_i)2}{2}}$$

其中，$f(\beta_0+\beta_1X_i)$ 是标准正态分布密度函数在 $\beta_0+\beta_1X_i$ 处的取值。

依此类推，我们也可以简单总结出 k 个解释变量的 Probit 模型：

$$z_i=\beta_0+\beta_1X_{1i}+\cdots+\beta_kX_{ki}$$

总结，线性概率模型、Logit 模型与 Probit 模型的关系：

我们在任何时候都要清楚，线性概率模型、Logit 模型与 Probit 模型都仅是未知的总体回归模型 $E(Y\mid X)=P(Y=1\mid X)$ 的近似，线性概率模型的应用及解释相对较简单和方便，但是不能描述真实总体回归函数的非线性性，也不能将 $Y=1$ 的概率限制在［0，1］区间。Logit 模型和 Probit 模型虽然可以从概率上描述总体回归函数的非线性性，从而将 $Y=1$ 的概率限制在［0，1］区间，但模型的估计和回归系数的解释相对更为困难。而 Logit 模型和 Probit 模型哪个更好呢？事实上，在实际应用中，它们常常产生相似的结论。它们的主要区别在于，逻辑斯蒂累积分布有相对较为平坦的尾部，也就是说，Logit 模型的条件概率比 Probit 模型以更慢的速度趋近于 0 和 1，但由于 Logit 模型使用相对简单的数学形式，因此，在实践中常常选用它。最后需要说明的是，尽管线性概率模型有明显的不足，但当解释变量的观察值中没有极端值时（即那些能够使得 $Y=1$ 的概率超出 [0，1] 区间的解释变量值），使用线性概率模型常常能得到总体回归函数的较好近似。

第二节　随机解释变量

前面我们所研究的回归模型中的解释变量都是确定性变量，但在许多实际经济问题中影响一个被解释变量的变量有些与被解释变量一样是随机变量。例如，一个国家的国内生产总值、总消费支出、总投资、失业率、通货膨胀率等都是由非控制实验产生的随机变量。

若将随机变量加入模型作解释变量，由此得到的模型被称为随机解释变量模型。

而按照前面所述，随机解释变量线性模型是违背经典线性回归模型 CLRM 的假定条件的，由此会带来一系列问题。下面我们将对此展开研究。

一、随机解释变量及其相关问题

对于模型

$$Y_i=\beta_0+\beta_1X_{1i}+\beta_2X_{2i}+\cdots+\beta_kX_{ki}+\mu_i \qquad (i=1, 2, \cdots, n)$$

如果存在一个或者多个随机变量作为解释变量，则称上面的模型存在随机解释变量问题。为讨论方便，假设上式中 $X_j(1\leqslant j\leqslant k)$ 为随机解释变量，对于随机解释变量问题，可以分为三种不同的情况：

（1）随机解释变量与随机扰动项相互独立，即：

$$\mathrm{Cov}(X_j, \mu)=E(X_j\mu)=0$$

（2）随机解释变量与随机扰动项同期无关但异期相关，即：

$$\mathrm{Cov}(X_{ji}, \mu_i)=E(X_{ji}\mu_i)=0 \qquad (i=1, 2, \cdots, n)$$

$$\mathrm{Cov}(X_{ji}, \mu_{i-s})=E(X_{ji}\mu_{i-s})\neq 0 \qquad s\neq 0$$

（3）随机解释变量与随机扰动项同期相关，即：

$$\mathrm{Cov}(X_{ji}, \mu_i)=E(X_{ji}\mu_i)\neq 0 \qquad (i=1, 2, \cdots, n)$$

二、随机解释变量的后果

单方程模型假设解释变量是确定性变量，这一假设在保证最小二乘估计量的性质、确定参数估计量的分布性质和数字特征方面起到了很重要的作用。但是，计量经济学模型一旦出现随机解释变量，如果仍采用普通最小二乘法估计模型参数，不同性质的随机解释变量会产生不同的后果。

随机解释变量 X 与随机扰动项 μ 的关系不同，参数 OLS 估计量的统计性质也会不一样，分以下三种不同情况：

（1）如果随机解释变量与随机扰动项相互独立，得到的参数估计量仍然是无偏一致估计量。

（2）如果随机解释变量与随机扰动项同期无关但异期相关，得到的参数估计量有偏，但却是一致的。

（3）如果随机解释变量与随机扰动项同期相关，则得到的参数估计量是有偏且非一致的。

以上三种情况的证明略去。可见，随机解释变量带来的后果取决于它与随机干扰项是否相关。

三、工具变量法

由以上讨论可以看出，如果模型中含有随机解释变量，而且又与随机扰动项相关的话，运用普通最小二乘法求得的模型参数估计量是有偏的。如果随机解释变量与随机扰动项异期相关，则可以通过增大样本容量的办法来得到一致估计量；但如果同期相关，即使增大样本容量也无济于事，这时，最常用的办法就是使用工具变量法。

（一）工具变量与工具变量法

工具变量（instrument variables）是指在模型估计过程中作为工具来使用，以替换模型中与随机扰动项相关的随机解释变量。

工具变量法（instrumental variable method）是克服解释变量与随机扰动项相关影响的一种参数估计的方法。其基本思路是，设法找到另外一个变量 Z，它与随机解释变量 X 高度相关，而与随机扰动项 μ 不相关，从而用 Z 替换 X，变量 Z 被称为工具变量。

工具变量法是一种单方程估计方法，其主要步骤如下：

第一步，选择适当的工具变量，替代模型中作为解释变量的随机变量。

第二步，分别用每个工具变量去乘以该模型，并对所有的样本观测值求和，这样就得到与未知参数一样多的线性方程。解这些方程组成的方程组，就可求得参数的工具变量估计值。

（二）工具变量法的应用

设一元线性回归模型

$$Y_i = \beta_0 + \beta_1 X_i + \mu_i$$

用 OLS 法估计模型得到：

$$\hat{\beta}_1 = \frac{\sum x_i y_i}{\sum x_i^2}, \ \hat{\beta} = \bar{Y} - \hat{\beta}_1 \bar{X}$$

在经典假定下有

$$E(\mu_i) = 0 \qquad \mathrm{Cov}(X_i, \mu_i) = E(X_i \mu_i) = 0$$

在大样本下有

$$\frac{1}{n}\sum\mu_i \to 0 \qquad \frac{1}{n}\sum X_i\mu_i \to 0$$

然而，如果不满足上述条件，X_i 与 μ_i 相关，即使在大样本下，也不存在

$$\frac{1}{n}\sum X_i\mu_i \to 0$$

在这种情况下，OLS 估计量不具有一致性。

如果按照选择条件选择 Z 为 X 的工具变量，那么在上述估计过程中不用 X 而改用 Z 乘以模型两边，并对 i 求和。利用工具变量与随机扰动项不相关的性质，在大样本下可略去 $\sum\mu_i$ 与 $\sum Z_i\mu_i$，得到的正规方程组为：

$$\begin{cases}\sum Y_i = n\beta_0 + \beta_1\sum X_i \\ \sum Z_iY_i = \beta_0\sum Z_i + \beta_1\sum Z_iX_i\end{cases}$$

于是得到：

$$\tilde{\beta}_1 = \frac{\sum z_iy_i}{\sum Z_ix_i}，\ \tilde{\beta}_0 = \bar{Y} - \hat{\beta}_1\bar{X}$$

这种求模型参数估计量的方法称为工具变量法，$\tilde{\hat{\beta}}_0$，$\tilde{\hat{\beta}}_1$ 称为工具变量法估计量。

对于多元线性回归模型，其矩阵形式为：

$$\boldsymbol{Y} = \boldsymbol{X\beta} + \boldsymbol{\mu}$$

采用工具变量法（假定 X_j 与随机扰动项相关，用工具变量 Z 替代），得到的正规方程组为：

$$\boldsymbol{Z^TY} = \boldsymbol{Z^TX\beta}$$

得到的参数估计量为：

$$\tilde{\hat{\boldsymbol{\beta}}} = (\boldsymbol{Z^TX})^{-1}\boldsymbol{Z^TY}$$

其中 $$\boldsymbol{Z^T} = \begin{pmatrix} 1 & 1 & \cdots & 1 \\ X_{11} & X_{12} & \cdots & X_{1n} \\ \cdots & \cdots & \cdots & \cdots \\ Z_1 & Z_2 & \cdots & Z_i \\ \cdots & \cdots & \cdots & \cdots \\ X_{k1} & X_{k2} & \cdots & X_{kn} \end{pmatrix}$$

一般地，对于没有选择另外的变量作为工具变量的解释变量时，可以用自身 X 作为工具变量。于是 Z 被称为工具变量矩阵。

（三）工具变量的选择

工具变量法估计的关键问题是工具变量的选择，作为工具变量应满足以下条件：

（1）与其所替代的模型中的随机变量高度相关；

（2）它必须是非随机变量，与模型中的随机扰动项 μ 不相关；

（3）它必须和模型中的其他解释变量相关性很小，以避免多重共线性；

（4）如果在同一个模型中采用一个以上的工具变量，这些工具变量之间的相关性也必须很小，避免产生多重共线性。

工具变量一般的选择方法有以下几种：

1. 对于时间序列资料

（1）随机解释变量 X_t 的滞后值 X_{t-1} 可作为工具变量。

（2）被解释变量 Y_t 的滞后值 Y_{t-1} 可作为工具变量。

2. 对于截面数据资料

常用的一种较简便的工具变量法是组平均方法，有以下三种：

（1）A. Wald 法。

首先将解释变量 X 按从小到大的顺序排列，并以中位数 m 为界，将数据分为两部分，并且记对于 m 的每一个观测值为 1 作为 Z 值，记小于 m 的每一个观测值为 -1 作为 Z 值。即取工具变量 Z 值为：

$$Z=\begin{cases}+1 & X>m\\ -1 & X<m\end{cases}$$

实际上，就是对于每一个观测值，大于 m 的取正值，小于 m 的取负值。

（2）M. S. Bartlett 法。

巴特莱特（M. S. Bartlet）建议将解释变量 X 的样本观测值按大小顺序排列后，平均分成三份，然后取工具变量 Z 值为：

$$Z=\begin{cases}+1 & X\text{ 值最大的一组}\\ 0 & X\text{ 值处中间一组}\\ -1 & X\text{ 值最小的一组}\end{cases}$$

（3）J. Durbin 法。

杜宾（J. Durbin）则建议将 X 的序号作为工具变量 Z 值。即将解释变量 X 的观测值按从小到大的顺序排列后，取 X 的升序排列序号 1，2，…，n 作为工具变量 Z 。

如果上述各种方法的大小排序正好与随机扰动项相关，那么用这些方法所得到的估计量就会有偏或者不一致。不过，这种情况极少出现。有研究表明，以上分组法所得到的估计量，在很多情况下是一致的。

第三节　滞后变量

一、滞后变量的含义

前面各章所讨论的回归模型属于静态模型，即被解释变量的变化仅仅依赖于随机变量的同期影响。事实上，在经济运行过程中，广泛存在时间滞后效应。某些经济变量不仅受到同期各种因素的影响，而且也受到过去某些时期的各种因素，甚至自身的过去值的影响。因此，为了探索时滞因素影响的经济变量的变化规律，需要在回归模型中引入滞后变量进行分析。

滞后变量（lagged variable）是指在回归模型中，因变量与解释变量的时间滞后量。如，解释变量的同期值记作 X_t，则 X_{t-1} 叫作 X_t 的一阶滞后变量。模型中，还可以出现 X_{t-2}，X_{t-3}，…，它们分别被称为 X_t 的二阶，三阶……滞后变量。被解释变量的滞后变量也可以作解释变量。

二、滞后变量模型的种类

在回归模型中，含有滞后变量的模型称为滞后变量模型。滞后变量模型考虑了时间因素的作用，使静态分析的问题有可能成为动态分析。含有滞后解释变量的模型，又称为动态模型（dynamic model）。当样本容量为 n 的回归模型中出现 p 阶滞后变量时，估计模型参数的样本个数实际为 $n-p$，估计区间为 $(p+1, n)$。$\sum e_i^2$ 的自由度为 $n-p-k-1$，其中 k 为回归模型中解释变量的个数。

在回归模型中，引入滞后变量作为解释变量的滞后变量模型一般包括以下三类。

（一）分布滞后模型

分布滞后模型是指在解释变量中，仅有解释变量 X 的同期值及其若干期的滞后期值的模型（distributed lag model，DL）。其一般形式为：

$$Y_t = \alpha + \beta_0 X_{1t} + \beta_1 X_{t-1} + \cdots + \beta_p X_{t-p} + \mu_t$$

其中，p 为滞后期长度。若滞后期长度 p 是一个确定数，上式被称为有限分布滞后模型。若滞后期无限，则被称为无限分布滞后模型。

在分布滞后模型中，回归系数 β_0 称为短期影响乘数，它表示解释变量 X 变化一个单位对同期被解释变量 Y 产生的影响；β_1，β_2，…，β_p 称为延期影响乘数，因为它们是测量以前不同时期 X 变化一个单位对同期被解释变量 Y 产生的滞后影响；$\sum \beta_i = +\beta_0 + \beta_1 + \cdots = +\beta < \infty$ 称为长期影响乘数，表示解释变量 X 变化一个单位对被解释变量 Y 产生的总影响。

（二）自回归模型

自回归模型是指在解释变量中，仅有解释变量 X 的同期值及被解释变量 Y 的一个或多个滞后期值的模型（autoregressive model，AR）。

$$Y_t = \alpha_0 + \alpha_1 X_1 + \beta_1 Y_{t-1} + \cdots + \beta_p Y_{t-p} + \mu_t$$

其中，p 称为自回归模型的阶数（order）。

而 $Y_t = \alpha_0 + \alpha_1 X_1 + \beta_1 Y_{t-1} + \mu_t$ 称为一阶自回归模型（first－order autoregressive model）。

（三）自回归分布滞后模型

解释变量中，既包括被解释变量的滞后变量，又包括解释变量的滞后变量的模型称为自回归分布滞后模型（autoregressive distributed lag model，ADL）。

$Y_t=\alpha_0+\alpha_1X_1+\cdots+\alpha_pX_{t-p}+\beta_1Y_{t-1}+\cdots+\beta_qY_{t-q}+\mu_t$

$Y_t=\alpha_0+\alpha_1X_1+\cdots+\alpha_pX_{t-p}+\cdots+\beta_1Y_{t-1}+\cdots+\beta_qY_{t-q}+\cdots+\mu_t$

本节重点考察分布滞后模型以及一阶自回归模型的估计问题。

三、分布滞后模型的估计

在分布滞后模型 $Y_t=\alpha+\beta_0X_t+\beta_1X_{t-1}+\cdots+\beta_pX_{t-p}+\mu_t$ 中，由于我们已经假设 X_t 是非随机的，因而 X_{t-1} 及其他所有 X 的滞后值都是非随机的。所以，模型本身并不违背经典线性回归模型的经典假设，原则上可以利用 OLS 方法进行参数估计。但在具体应用中，也存在以下几个问题：

（1）难以客观地确定滞后期的长度。

（2）对于有限分布滞后模型，由前面分析可知，由于滞后变量的存在，使得 $\sum e_i^2$ 的自由度变小，滞后长度 p 越大，自由度越小，最小二乘估计量偏差越大。

（3）经济变量的各期值之间经常是高度相关的，所以直接利用 OLS 方法估计模型会受到多重共线性的影响，尤其是利用滞后变量的系数进行滞后效应分析时，系数的估计值往往不可靠。

（4）对于无限分布滞后模型，OLS 法根本无法使用。

尽管存在以上问题，人们还是针对某些特殊经济现象，提出了一些分布滞后模型的参数估计的解决方法。

（一）序贯回归法

这种方法类似于逐步回归法，实施方法是将解释变量 X 的本期值及各期滞后值 X_{t-1}，X_{t-2}，… 作为解释变量，按滞后期由近到远，序贯引入分布滞后模型，进行回归，并作检验。当滞后变量的回归系数变得在统计上不显著，或者至少有一个变量的系数估计值符号发生变化，由正变负或由负变正，序贯回归过程即告终止。经过分析比较，从中确定“最佳”方程作为回归模型的估计。

（二）经验加权估计法

所谓经验加权估计法，是根据实际经济问题的特点及经验判断，对滞后变量赋予一定的权数，利用这些权数构成各期滞后变量的线性组合，以形成新的变量，再利用 OLS 方法进行参数估计。常见的滞后形式主要有以下几种。

1. 递减型滞后形式

在这种滞后形式中，近期解释变量 X 对被解释变量 Y 的影响大于远期的影响，人们常常根据实际情况给出各阶滞后变量的权数，且权数是递减的。

2. 常数型滞后形式

常数型滞后形式也称为矩形滞后形式。常数型滞后形式就是为各阶滞后变量指定相同的权数。与递减型滞后形式类似，可以利用 OLS 方法估计。

3. “倒 V 形”滞后形式

“倒 V 形”滞后形式为各阶滞后变量指定的权数是先递增后递减，其形状呈倒写的

"V"。同样，也可以利用 OLS 方法估计模型。

经验加权法的优点是简单、易行，缺点是设置权数的主观随意性很大。在实际应用中，具体采用哪一种方法，要根据理论分析和事实观察从显著性检验、拟合优度检验及 DW 检验等中选出一个较为合适的模型。

（三）阿尔蒙（Almon）多项式

对于有限分布滞后模型，阿尔蒙建议滞后变量参数 β_i 可以近似地用一个关于 i 的低阶（小于滞后长度）多项式表示，即

$$\beta_i = a_0 + a_1 i + a_2 i^2 + \cdots + a_r i^r$$

其中 $r < p$ 。如果知道了 a 项及 r 的值，则可以求出 β_i 的估计值。实际应用中，一般取 $r \leqslant 4$。

例如，分布滞后模型：

$$Y_t = \alpha + \beta_0 X_t + \beta_1 X_{t-1} + \beta_2 X_{t-2} + \beta_3 X_{t-3} + \mu_t$$

如果选择二次多项式近似滞后系数，将滞后系数 β_j 用二次多项式 $\beta_j = a_0 + a_1 j + a_2 j^2$ 代替，将模型变形为：

$$Y_t = \beta_0 + \beta_1 X_t + (a_0 + a_1 + a_2)X_{t-1} + (a_0 + 2a_1 + 4a_2)X_{t-2} + (a_0 + 3a_1 + 9a_2)X_{t-3} + \mu_t$$
$$= \beta_0 + a_0(X_t + X_{t-1} + X_{t-2} + X_{t-3}) + a_1(X_{t-1} + 2X_{t-2} + 3X_{t-3}) + a_2(X_{t-1} + 4X_{t-2} + 9X_{t-3}) + \mu_t$$

做变换：

$$\begin{cases} Z_{0t} = X_t + X_{t-1} + X_{t-2} + X_{t-3} \\ Z_{1t} = X_{t-1} + 2X_{t-2} + 3X_{t-3} \\ Z_{2t} = X_{t-1} + 4X_{t-2} + 9X_{t-3} \end{cases}$$

则分布滞后模型变为：

$$Y_t = \beta_0 + a_0 Z_{0t} + a_1 Z_{1t} + a_2 Z_{2t} + \mu_t$$

由变换可以看到，Z 项之间的多重共线性大大减弱了。前面已经假定有限分布滞后模型中的随机扰动项 μ_t 满足最小二乘法的经典假定条件，用最小二乘法求变换后的模型 $Y_t = \beta_0 + a_0 Z_{0t} + a_1 Z_{1t} + a_2 Z_{2t} + \mu_t$ 的参数，并代入阿尔蒙多项式 $\beta_j = a_0 + a_1 j + a_2 j^2$，就可以求出原分布滞后模型参数的估计值。

一般而言，通过阿尔蒙多项式变换，新模型中的变量个数会少于原分布滞后模型中的变量个数，从而提高了自由度，并在一定程度上缓解多重共线性问题。在实际应用中，三次多项式通常足以描述之后分布的特征，很少有用到四次多项式的情况。另外，阿尔蒙多项式也可以应用 EViews 软件加以实现。

四、自回归模型

在经典计量经济学结构建模中，引入自回归模型主要有两条途径：一条是对无限分布滞后模型的滞后结构作出某种假设，通过变换而形成，如库伊克（Koyck）模型；另一条途径是在模型中考虑了预期因素，然后基于经济原理对"期望模型"作出某种

假定而导出，如自适应预期模型和局部调整模型。

（一）库伊克（Koyck）模型

一些经济变量的滞后效应可能长期存在，尽管随着时间的推移，这种滞后的影响会逐步削弱，对于这种滞后现象，可以用无限分布滞后模型来处理。由于无限分布滞后模型中滞后项无限多，而样本观测值总是有限的，因此不可能直接对其进行 OLS 估计，要是模型估计能够顺利进行，就必须对滞后效应的分布施加一些约束或假定条件，从而简化模型的结构。库伊克变换就是其中较具有代表性的方法。

对于无限分布滞后模型，库伊克于 1954 年提出了一种新的估计方法，将无限分布滞后模型转化为形式较为简单的自回归模型进行估计。

设模型为无限分布滞后模型：

$$Y_t = \alpha + \beta_0 X_t + \beta_1 X_{t-1} + \beta_2 X_{t-2} + \cdots + \mu_t$$

在许多情况下，滞后变量的影响随着时间的推移将越来越小，即系数 β_i 的值呈递减趋势，因此，库伊克假设所有的 β 具有相同的符号（此处假定为正号），分布滞后变量参数是按几何级数递减的，即

$$\beta_i = \beta_0 \lambda^i \quad (i = 1, 2, \cdots)$$

其中 $0 < \lambda < 1$ 称为分布滞后衰减率。由此可以看出，解释变量的滞后阶数越高，对 Y 的影响就越小。

下面将呈几何级数递减的分布滞后变量参数 $\beta_i = \beta_0 \lambda^i$ 代入无限分布滞后模型，得：

$$Y_t = \alpha + \beta_0 X_t + \beta_0 \lambda X_{t-1} + \beta_0 \lambda^2 X_{t-2} + \cdots + \mu_t$$

再将上式滞后一期并在方程两端同乘以 λ，得：

$$\lambda Y_{t-1} = \alpha\lambda + \beta_0 \lambda X_{t-1} + \beta_0 \lambda^2 X_{t-2} + \cdots \lambda \mu_t$$

将上面两式相减，并整理得到：

$$Y_t = \alpha(1-\lambda) + \beta_0 X_t + \lambda Y_{t-1} V_t$$

其中，$v_t = \mu_t - \lambda \mu_{t-1}$，我们将 $Y_t = \alpha(1-\lambda) + \beta_0 X_t + \lambda Y_{t-1} + V_t$ 称为库伊克模型。

通过库伊克变换，将一个无限分布滞后模型化为自回归模型，模型中除包括 X_t 外还有 Y_t 的一阶滞后变量 Y_{t-1}，仅有三个参数需要估计。由模型的变换也可以看出，解释变量之间的多重共线性也大大减弱了。

对于满足经典假定条件的无限分布滞后模型，可以证明经库伊克变换得到的库伊克模型存在自相关性和随机解释变量问题。即：

$$\begin{aligned}
\mathrm{Cov}(v_t, v_{t-1}) &= E(\mu_t - \lambda\mu_{t-1})(\mu_{t-1} - \lambda\mu_{t-2}) \\
&= E(\mu_t \mu_{t-1}) - \lambda E(\mu_t^2) - \lambda E(\mu_t \mu_{t-2}) + \lambda^2 E(\mu_{t-1} \mu_{t-2}) \\
&= -\lambda E(\mu_{t-1}^2) = -\lambda\sigma^2 \neq 0
\end{aligned}$$

$$\begin{aligned}
\mathrm{Cov}(Y_{t-1}, v_t) &= \mathrm{Cov}(Y_{t-1}, \mu_t - \lambda\mu_{t-1}) = \mathrm{Cov}(Y_{t-1}, \mu_t) - \lambda \mathrm{Cov}(Y_{t-1}, \mu_{t-1}) \\
&= -\lambda \mathrm{Cov}(Y_{t-1}, \mu_{t-1}) \neq 0
\end{aligned}$$

（二）自适应预期（adaptive expectation）模型

在实际经济活动中，经济活动的主体经常根据它们对某些经济变量未来走势的

“预期”来改变自己的决策行为。例如，当期居民消费水平的高低，在一定程度上取决于对未来收入水平的预期，即取决于预期的收入水平。某些经济变量的变化会或多或少地受到另一些经济变量预期值的影响。为了处理这种经济现象，我们可以将变量的预期值引入模型，建立“预期模型”，用其解释所研究的经济行为。预期模型最简单的情形是只包含一个预期解释变量的一元线性回归模型，即：

$$Y_t = \beta_0 + \beta_1 X_t^* + \mu_t$$

其中，Y_t 为被解释变量，X_t^* 为解释变量预期值，μ_t 为随机干扰项。

预期是对未来的判断，在大多数情况下，预期值是不可观测的。因此在回归分析中，需要对预期的形成机理作出某种假定。自适应预期假定就是这样一种假定，即假定：经济活动的主体会根据自己过去所做的预期偏离现实的程度，来修正它们以后每一时期的预期，使其更符合新的经济环境。这种预期调整过程叫作自适应调整过程，可以用数学形式表示为：

$$X_t^* = X_{t-1}^* + \gamma(X_t - X_{t-1}^*)$$

其中，参数 γ 为预期系数（coefficient of expectation)，在一般情况下，$0 \leqslant \gamma \leqslant 1$。如果上一期预期值偏高，即 $X_t - X_{t-1}^* < 0$，那么本期预期值就会自动降低；反之，如果上一期预期值偏低，即 $X_t - X_{t-1}^* > 0$，那么本期预期值就会自动升高。通常，将解释变量预期值满足自适应调整过程的预期模型 $Y_t = \beta_0 + \beta_1 X_t^* + \mu_t$ 称为自适应预期模型。

自适应过程 $X_t^* = X_{t-1}^* + \gamma(X_t - X_{t-1}^*)$，可以改写为：

$$X_t^* = \gamma X_t + (1-\gamma) X_{t-1}^*$$

此式表明本期预期值是本期实际值和上一期预期值的加权平均，权数分别为 γ 和 $1-\gamma$。

由此可以得到：

$$Y_t = \beta_0 + \beta_1[\gamma X_t + (1-\gamma) X_{t-1}^*] + \mu_t$$

再将该式滞后一个时期并乘以 $1-\gamma$，得到：

$$(1-\gamma)Y_{t-1} = (1-\gamma)\beta_0 + (1-\gamma)\beta_1 X_{t-1}^* + (1-\gamma)\mu_{t-1}$$

将上面两式相减并整理可得：

$$Y_t = \beta_0^* + \beta_1^* X_t + \beta_2^* Y_{t-1} + v_t$$

其中，$\beta_0^* = \gamma\beta_0$，$\beta_1^* = \gamma\beta_1$，$\beta_2^* = 1-\gamma$，$v_t = \mu_t - (1-\gamma)\mu_{t-1}$。

如果令 $\lambda = 1-\gamma$，则 $v_t = \mu_t - \lambda\mu_{t-1}$，与库伊克模型的随机扰动项完全一致。上述推导过程说明，自适应预期模型本质上是一个一阶自回归模型。我们可以对 $Y_t = \beta_0^* + \beta_1^* X_t + \beta_2^* Y_{t-1} + v_t$ 进行参数估计，从而得到估计值。

同样，对于满足经典假定条件下的自适应预期模型，其对应的一阶自回归模型也存在自相关性和随机解释变量问题，即：

$$\begin{aligned} \mathrm{Cov}(v_t, v_{t-1}) &= E(\mu_t - \lambda\mu_{t-1})(\mu_{t-1} - \lambda\mu_{t-2}) \\ &= E(\mu_t\mu_{t-1}) - \lambda E(\mu_t^2) - \lambda E(\mu_t\mu_{t-2}) + \lambda^2 E(\mu_{t-1}\mu_{t-2}) \end{aligned}$$

$$= -\lambda E(\mu_{t-1}^2) = -\lambda\sigma^2 \neq 0$$

$$\mathrm{Cov}(Y_{t-1}, v_t) = \mathrm{Cov}(Y_{t-1}, \mu_t - \lambda\mu_{t-1}) = \mathrm{Cov}(Y_{t-1}, \mu_t) - \lambda\mathrm{Cov}(Y_{t-1}, \mu_{t-1})$$

$$= -\lambda\mathrm{Cov}(Y_{t-1}, \mu_{t-1}) \neq 0$$

（三）局部调整（partial adjustment）模型

在实际经济活动中，还会遇到为了适应一个变量的变化，另一个变量有一个理想的最佳值与之对应的现象。例如，为了确保一国经济健康发展，中央银行必须保持一定的货币供应，对应于一定的经济总量水平，应该有一个理想的最佳货币供应量。也就是说，一个变量的现值影响另一个变量理想的最佳值。

度量变量之间这种关系的最简单的模型，可以表示为：

$$Y_t^* = \beta_0 + \beta_1 X_t + \mu_t$$

其中，Y_t^* 为被解释变量 Y_t 的理想最佳值，X_t 为解释变量的现值。在回归分析中，这里存在着与自适应预期模型同样的问题，即如何获取模型中的理想最佳值的问题，因此也需要对理想最佳值的形成机理作出某种假设，局部调整假设就是其中之一。局部调整假设认为，变量 Y_t 的实际变化仅仅是理想最佳变化的一部分，用数学形式表示为：

$$Y_t - Y_{t-1} = \delta(Y_t^* - Y_{t-1})$$

其中，δ 为调整系数，上式可改写为：

$$Y_t = \delta Y_t^* + (1-\delta)Y_{t-1}$$

从中可以看出，Y_t 是现期理想值和前期实际值的加权平均。δ 的值越高，调整过程越快。若 $\delta=1$，则 $Y_t=Y_t^*$，在一期内实现全调整；若 $\delta=0$，则根本不作调整。通常将满足局部调整假设模型 $Y_t^* = \beta_0 + \beta_1 X_t + \mu_t$，称为局部调整模型（partial adjustment model）。

对局部调整模型做调整可以得到：

$$Y_t = \beta_0\delta + \beta_1\delta X_t + (1-\delta)Y_{t-1} + \delta\mu_t$$

令 $\beta_0^* = \beta_0\delta$，$\beta_1^* = \beta_1\delta$，$\beta_2^* = 1-\delta$，$v_t = \delta\mu_t$，则上式可以写成：

$$Y_t = \beta_0^* + \beta_1^* X_t + \beta_2^* Y_{t-1} + v_t$$

这说明局部调整模型本质是也是一个一阶自回归模型。我们同样可以得到参数估计值。

若局部调整模型满足经典假定条件，则模型的随机扰动项 $v_t = \delta\mu_t$ 具有零均值、无自相关性和同方差性，而且

$$\mathrm{Cov}(Y_{t-1}, v_t) = \mathrm{Cov}(Y_{t-1}, \delta\mu_t) = \delta\mathrm{Cov}(Y_{t-1}, \mu_t) = 0$$

五、一阶自回归模型的估计

库伊克模型、自适应预期模型和局部调整模型，在模型结构上最终都可以表示为一阶自回归模型的形式，因此，对这三个模型的估计就转化为对一阶自回归模型的估计。但利用最小二乘法估计，一阶自回归模型：

$$Y_t = \alpha + \alpha_0 X_t + \beta_1 Y_{t-1} + v_t$$

主要会遇到两个问题：(1) 模型中含有随机解释变量 Y_{t-1} 很可能与随机扰动项 v_t 相关，使 OLS 估计成为有偏估计；(2) 模型很可能存在自相关性，这样 OLS 估计非有效。下面分别讨论不同情况下的估计问题。

（一）v_t 不存在自相关性

在局部调整模型中，由于 $v_t = \delta\mu_t$，如果 μ_t 不存在自相关性，则 v_t 也自然不存在自相关性。而且，因为 Y_{t-1} 依赖于 v_{t-1}，由于 v_t 与 v_{t-1} 互不相关，得到 Y_{t-1} 与 v_t 也是互不相关的。这样，局部调整模型满足经典假定条件，因此，仍然可以使用 OLS 估计模型。

（二）v_t 存在自相关性

在库伊克模型和自适应预期模型中，由于 $v_t = \mu_t - \lambda\mu_{t-1}$，这使得随机扰动项 v_t 存在一阶自相关性，而且 v_t 还与随机解释变量 Y_{t-1} 相关。此时，一般是设法先消除模型中随机解释变量与随机扰动项的相关问题，然后再利用广义差分法消除自相关性的影响。消除随机解释变量 Y_{t-1} 与随机干扰项 v_t 的相关性，可以采用工具变量法，以得到其参数的一致估计量。

关于随机扰动项是否存在自相关性的诊断，前面曾介绍过 DW 检验法，但这一检验法不适用于方程中含有滞后被解释变量 Y_{t-1} 的情形。在一阶自回归模型中，滞后被解释变量 Y_{t-1} 是随机变量，已有研究表明，如果用 DW 检验法，则 DW 统计量值总是趋近于 2，也就是说，在一阶自回归模型中，当随机扰动项 v_t 存在自相关性时，DW 检验却倾向于得出非自相关性的结论。为此，杜宾（Durbin）提出了一阶自相关的 h 统计量。

当随机扰动项一阶自相关时，杜宾将自相关系数 ρ 的估计值 $\hat{\rho}$ 用公式近似计算，即 $\hat{\rho} \approx 1 - \frac{1}{2}d$　其中 d 为 DW 统计量的值。

h 统计量的定义为：

$$h = \hat{\rho}\sqrt{\frac{n}{1 - nVar(\hat{\beta}_1)}} \approx \left(1 - \frac{1}{2}d\right)\sqrt{\frac{n}{1 - nVar(\hat{\beta}_1)}}$$

其中，n 是样本容量，$Var(\hat{\beta}_1)$ 为滞后被解释变量 Y_{t-1} 的回归系数的估计方差。

杜宾证明了在 $\rho = 0$ 的假定下，h 统计量的极限分布为标准正态分布。因此，在大样本情况下，可以用 h 统计量值判断随机扰动项 v_t 是否存在一阶自相关性。

另外，该检验法可适用于任意阶的自回归模型，但该检验是针对大样本的，用于小样本效果较差。

本章习题

1. 现在有连续多年的月度数据，为检验以下假设，请问需要引入多少个虚拟变量？

（1）把一年中所有月份都看成季节类别。

（2）只把2、4、6、8、10、12月看成季节类别。

2. 考虑以下回归模型：

$$Y_i = \beta_0 + \beta_1 X_i + \beta_2 D_{1i} + \beta_3 D_{2i} + \mu_i$$

其中，Y_i，X_i 分别表示MBA毕业生的年收入和工作年数

$$D_{1i} = \begin{cases} 1 & \text{如果是哈佛 MBA 毕业生} \\ 0 & \text{其他} \end{cases}$$

$$D_{2i} = \begin{cases} 1 & \text{如果是沃顿 MBA 毕业生} \\ 0 & \text{其他} \end{cases}$$

请回答以下问题：

（1）模型中各参数的符号应该为正还是负？

（2）请解释 β_2，β_3 的含义。

3. 导致随机解释变量模型参数的OLS估计量非一致的根本原因是什么？工具变量法对工具变量有什么要求？你如何评价这种方法？

4. 对分布滞后模型进行估计存在哪些困难？实际应用中如何处理这些困难？

5. 库伊克模型、自适应预期模型与局部调整模型有哪些共性和不同之处？模型估计会存在哪些困难？如何解决？

6. 用下列半对数模型（semi－log model）或线性对数模型（log－lin model）来表示小时工资模型：

$$\ln Y_i = \beta_0 + \beta_1 D_i + \mu_i$$

其中，Y 表示小时工资率（美元），D 表示性别的虚拟变量，即 $D=1$ 时，表示女性，$D=0$ 时，表示男性。

（1）请分别写出男性和女性工人的工资函数。

（2）假设工资模型根据某些数据的回归结果为：

$$\ln Y_i = 2.1763 - 0.2437 D_i$$
$$(72.29)\quad(-5.50)$$

请解释上述回归系数的经济含义。

7. 见下表，给出了1991—2011年中国货物进出口总额数据（单位：亿美元）。以2008年金融危机为转折点，试分析进出口总额时间序列的斜率是否有变化，其主要影响原因来自于进口总额还是出口总额。

1991—2011 年中国货物进出口总额数据　　单位：亿美元

年份	进出口总额（Trade）	出口总额（Export）	进口总额（Import）	差额	Time	D
1991	1357.0	719.1	637.9	81.2	1	0
1992	1655.3	849.4	805.9	43.4	2	0
1993	1957.0	917.4	1039.6	122.2	3	0
1994	2366.2	1210.1	1156.1	54.0	4	0
1995	2808.6	1487.8	1320.8	167.0	5	0
1996	2898.8	1510.5	1388.3	122.2	6	0
1997	3251.6	1827.9	1423.7	404.2	7	0
1998	3239.5	1837.1	1402.4	434.7	8	0
1999	3606.3	1949.3	1657.0	292.3	9	0
2000	4742.9	2492.0	2250.9	241.1	10	0
2001	5096.5	2661.0	2435.5	225.5	11	0
2002	6207.7	3256.0	2951.7	304.3	12	0
2003	8509.9	4382.3	4127.6	254.7	13	0
2004	11545.5	5933.3	5612.3	320.9	14	0
2005	14219.1	7619.5	6599.5	1020.0	15	0
2006	17604.4	9689.8	7914.6	1775.2	16	0
2007	21765.7	12204.6	9561.2	2643.4	17	0
2008	25632.6	14306.9	11325.7	2981.2	18	1
2009	22075.4	12016.1	10059.2	1956.9	19	1
2010	29740.0	15777.5	13962.4	1815.1	20	1
2011	36418.6	18983.8	17434.8	1549.0	21	1

资料来源：中国统计年鉴，2012. http：//www.stats.gov.cn/tjsj/ndsj/2012/indexch.htm.

8. 见下表，给出了 1959—2006 年美国人均消费支出（PPCE）和人均可支配收入（PPDI）数据。

（1）考虑库伊克模型：

$Y_T = (1-\lambda)\alpha + \beta_0 X_t + \lambda Y_{t-1}$

根据表中数据做 OLS 一阶自回归，并求短期乘数 β_0 和长期乘数 $\sum \beta_i$。

（2）对上述回归结果进行自相关性检验。

1959—2006 年美国 PPCE 和 PPDI（以 2000 年美元计算）　　单位：美元

年份	PPCE	PPDI	年份	PPCE	PPDI	年份	PPCE	PPDI
1959	8776	9685	1975	13320	15291	1991	18848	21109
1960	8837	9735	1976	13919	15738	1992	19208	21548
1961	8873	9901	1977	14364	16128	1993	19593	21493
1962	9170	10227	1978	14837	16704	1994	20082	21812
1963	9412	10455	1979	15030	16931	1995	20382	22153
1964	9839	11061	1980	14816	16940	1996	20835	22546
1965	10331	11594	1981	14879	17217	1997	21365	23065
1966	10793	12065	1982	14944	17418	1998	22183	24131
1967	10994	12457	1983	15656	17828	1999	23050	24564
1968	11510	12892	1984	16343	19011	2000	23860	25469
1969	11820	13163	1985	17040	19476	2001	24205	25687
1970	11955	13563	1986	17570	19906	2002	24612	26217
1971	12256	14001	1987	17994	20072	2003	25043	26535
1972	12868	14512	1988	18554	20740	2004	25711	27232
1973	13371	15345	1989	18898	21120	2005	26277	27436
1974	13148	15094	1990	19067	21281	2006	26828	28005

资料来源：Economic Report of the President. 2007. Table B－31. http// higerred. megraw hill. com/sites/ 0073375772/ hstudent－view0 /data－sets. html.

第九章 联立方程模型

◈ 本章要点

1. 了解联立方程模型的性质和特点。
2. 理解内生变量和外生变量、结构方程和行为方程、结构式模型和简化式模型、联立方程的偏倚等相关概念。
3. 掌握联立方程模型识别的阶条件和秩条件。
4. 掌握联立方程模型的 OLS、ILS、2SLS、3SLS 估计法的基本原理和方法。

第一节 联立方程模型的概念

一、联立方程模型及其特点

单一方程模型是用一个方程描述经济变量之间的单向因果关系，也就是若干解释变量的变化引起被解释变量变化。所以，它适用于单一经济现象的研究，揭示其中的单向因果关系。而现实中经济现象是错综复杂的，许多经济变量之间存在交错的双向或多向因果关系。例如，讨论消费与收入的关系，静止地看，显然是收入决定消费，但从社会再生产的动态过程来看，消费的水平和结构变化会导致生产规模和行业结构的调整变化，进而影响国民收入。因此，消费又决定收入。这里，消费与收入的关系是相互影响的，存在着双向的因果关系。

联立方程模型是指用若干个相互关联的单方程，同时去表示一个经济系统中经济变量相互联立依存性的模型，即用一个联立方程组去表示多个变量间互为因果的联立关系。联立方程模型中的每一个方程都描述了变量间的一个因果关系，所描述的经济系统中有多少个因果关系，联立方程模型中就对应有多少个方程。例如，简化的凯恩斯收入决定模型为：

消费方程：$C_t = \alpha_0 + \alpha_1 Y_t + \mu_{1t}$

投资方程：$I_t = \beta_0 + \beta_1 Y_t + \beta_2 Y_{t-1} + \mu_{2t}$

收入方程：$Y_t = C_t + I_t + G_t$

其中，Y_t，C_t，I_t，G_t 分别表示国内生产总值、居民消费总额、投资总额和政府支出。第一个方程表示 C_t 由 Y_t 决定，称为消费方程；第二个方程表示 I_t 由 Y_t 和 Y_{t-1} 共同决定，称为投资方程；第三个方程表示 Y_t 由 C_t，I_t，G_t 共同决定，称为收入方程，其在假定进出口平衡的条件下，是一个恒等式。这就是一个简单的描述宏观经济的联立方程计量经济学模型。

在模型中，国内生产总值 Y_t、居民消费总额 C_t 和投资总额 I_t 三者是相互影响的，并互为因果关系。无法用一个方程描述它们之间的关系。

总之，联立方程模型具有如下特点：

（1）联立方程模型是由若干个单一方程模型有机结合而成的。

（2）在联立方程模型中，可能同时包含随机方程和确定性方程，但必须含有随机方程。

（3）被解释变量和解释变量之间是单向的因果关系，有可能是互为因果，有的变量在某个方程为解释变量，而在另一个方程中可能为被解释变量，因此解释变量有可能是随机的不可控变量。

（4）解释变量可能与随机扰动项相关，即 $E(\boldsymbol{X}^T\boldsymbol{\mu}) \neq 0$，违背了经典假定。

二、联立方程模型中的变量分类

对于单一方程模型，由于变量之间只存在着单方向因果关系，因此被解释变量和解释变量的区分是十分清楚的。而在联立方程模型中，某些变量可能是一个方程中的解释变量，也可能是另一个方程中的被解释变量。如果将变量只是区分为解释变量和被解释变量，那么意义不大。为了更好地区分每个变量，同时也为了更好地说明每个变量的内在含义和作用，应对变量重新进行分类。

（一）内生变量（endogenous variable）

由模型系统决定其取值的变量，称为内生变量。内生变量受模型中其他变量的影响，也可能影响其他内生变量。即内生变量是某个方程中的被解释变量，同时可能又是某些方程中的解释变量。在单方程模型中，内生变量就是被解释变量。

内生变量一般受随机扰动项的影响，是随机变量，它与随机扰动项之间不是独立的。如果内生变量在某个方程中作为解释变量，则该方程就存在随机解释变量问题。

（二）外生变量（exogenous variable）

由模型系统以外的其他因素决定其取值的变量，称为外生变量。它表现为非随机变量，其值在模型求解之前就已经确定。外生变量影响模型中的其他变量，而不受其他变量的影响，因此只能在方程中作解释变量。在单方程模型中，外生变量就是解释变量。

外生变量不受模型系统内的随机扰动项影响，它与模型系统内的随机扰动项之间是独立的。

（三）前定变量（predetermined variable）

在联立方程模型中，有些变量本身是内生变量，但模型中可能出现了这些变量过去时期的滞后值，这些代表内生变量滞后值的变量称为滞后内生变量。在模型中，滞后内生变量的作用可视同于外生变量，并与外生变量一起称为前定变量，也称为先决变量。

由于外生变量是非随机变量，与模型中的随机扰动项不相关。如果随机扰动项不存在自相关，则滞后内生变量与随机扰动项也不存在自相关。因此，前定变量与模型中的随机扰动项是独立的。

联立方程模型必须是完整的。所谓完整即“方程个数＝内生变量个数”，否则联立方程模型是无法估计参数的。

三、联立方程模型中方程的类型

联立方程模型中的方程，按方程是否含有随机扰动项，可以分为以下两类：

（一）随机方程式（行为方程式）（behavior equation）

含有随机扰动项和未知参数的方程，称为随机方程。随机方程中的参数是需要估计的。

（二）非随机方程式（定义方程式）（definitional equation）

含有随机扰动项和未知参数的方程，称为非随机方程。非随机方程不需要估计参数。

由上面所列出的简化的凯恩斯收入决定模型，可以清楚地看到。联立方程模型中方程的分类。式中内生变量包括 C_t，I_t，Y_t， 外生变量为 G_t 和滞后内生变量 Y_{t-1}，也可以说是前定变量包括 G_t，Y_{t-1}。 因模型中包括三个内生变量，含有三个方程，所以该模型就构成了一个完整的联立方程模型。

当然，内生变量与外生变量的划分不是绝对的，随着新的行为方程的加入，外生变量可以转化为内生变量；随着行为方程的减少，内生变量也可以转化为外生变量。

消费方程和投资方程是随机方程式，收入方程是非随机方程式。

四、联立方程模型的偏倚性

联立方程模型通常存在这么一种情况：某些变量在一个方程中作为解释变量，而在另一个方程中作为被解释变量。因此，联立方程模型很可能违背经典假定。

例如上面的简化的凯恩斯收入决定模型，由第一个方程消费方程和第三个方程收入方程可以看出，变量 C_t 与变量 Y_t 有联系，并且变量 C_t 与随机扰动项 μ_{1t} 相关，因此变量 Y_t 也与随机扰动项 μ_{1t} 相关，而变量 Y_t 在第一个方程中作为解释变量，这就违背了随机变量与随机扰动项不相关的假定。

下面将第一个方程和第二个方程代入第三个方程，得：

$$Y_t = \alpha_0 + \alpha_1 Y_t + \mu_{1t} + \beta_0 + \beta_1 Y_t + \beta_2 Y_{t-1} + \mu_{2t} + G_t$$

整理后，得：

$$Y_t=\frac{\alpha_0+\beta_0}{1-\alpha_1-\beta_1}+\frac{\beta_2}{1-\alpha_1-\beta_1}Y_{t-1}+\frac{1}{1-\alpha_1-\beta_1}G_t+\frac{\mu_{1t}+\mu_{2t}}{1-\alpha_1-\beta_1}$$

可以清楚地看到，变量 Y_t 与 $\mu_{1t}+\mu_{2t}$ 相关，但在第一个方程中 Y_t 作为解释变量，这就违背了随机变量与随机扰动项应独立的假定。如果解释变量与随机扰动项相关，若用 OLS 法估计每个方程，则参数的估计值将是有偏的和不一致的。这种由于联立方程模型内生变量作为解释变量与随机扰动项相关、不独立，而引起的参数估计值是有偏且不一致，称为联立方程偏倚性。

联立方程偏倚性是联立方程模型固有的，所以一般情况下 OLS 法不适合估计联立方程模型。

第二节 联立方程模型的分类

一、结构式模型

根据经济理论和行为规律直接建立的、描述经济变量关系结构的联立方程模型，称为结构式模型（structural model）。结构式模型的每一个方程都叫作结构方程，各结构方程的系数称为结构系数或结构参数，它表示结构方程中的解释变量对被解释变量的直接影响的大小。所有的结构参数组成的矩阵，称为结构参数矩阵。

假设联立方程模型有 g 个内生变量 Y_1，Y_2，…，Y_g；k 个前定变量 X_1，X_2，…，X_k；这样由这 g 个方程构成的联立方程模型为完备结构式模型，它的一般表现形式可以表示为：

$$Y_{1t}=\alpha_{12}Y_{2t}+\cdots+\alpha_{1g}Y_{gt}+\beta_{11}X_{1t}+\cdots+\beta_{1k}X_{kt}+\mu_{1t}$$

$$Y_{2t}=\alpha_{21}Y_{1t}+\cdots+\alpha_{2g}Y_{gt}+\beta_{21}X_{1t}+\cdots+\beta_{2k}X_{kt}+\mu_{2t}$$

……

$$Y_{gt}=\alpha_{g2}Y_{1t}+\cdots+\alpha_{gg}Y_{g-1t}+\beta_{g1}X_{1t}+\cdots+\beta_{gk}X_{kt}+\mu_{gt}$$

方程组中，α_{ij}（$i=1$，2，…，g；$j=1$，2，…，g；$i\neq j$）为内生解释变量的结构参数，β_{ij}（$i=1$，2，…，g；$j=1$，2，…，k）为前定解释变量的结构参数，μ_{it}（$i=1$，2，…，g）为随机扰动项。

如果把结构式方程总的内生变量都移向到等式左边，则联立方程模型变为：

$$Y_{1t}-\alpha_{12}Y_{2t}+\cdots+\alpha_{1g}Y_{gt}=\beta_{11}X_{1t}+\cdots+\beta_{1k}X_{kt}+\mu_{1t}$$

$$Y_{2t}-\alpha_{21}Y_{1t}+\cdots+\alpha_{2g}Y_{gt}=\beta_{21}X_{1t}+\cdots+\beta_{2k}X_{kt}+\mu_{2t}$$

……

$$Y_{gt}-\alpha_{g2}Y_{1t}+\cdots+\alpha_{gg-1}Y_{g-1t}=\beta_{g1}X_{1t}+\cdots+\beta_{gk}X_{kt}+\mu_{gt}$$

令 $\boldsymbol{Y}=(Y_{1t},\ Y_{2t},\ \cdots,\ Y_{gt})^T$ $\quad\boldsymbol{X}=(X_{1t},\ X_{2t},\ \cdots,\ X_{gt})^T$ $\quad\boldsymbol{\mu}=(\mu_{1t},\ \mu_{2t},\ \cdots,\ \mu_{gt})^T$

$$B=\begin{Bmatrix}1 & -\alpha_{12} & \cdots & -\alpha_{1g}\\ -\alpha_{21} & 1 & \cdots & -\alpha_{1g}\\ \cdots & \cdots & \cdots & \cdots\\ -\alpha_{g1} & -\alpha_{g2} & \cdots & 1\end{Bmatrix}\qquad \Gamma=\begin{Bmatrix}\beta_{11} & \beta_{12} & \cdots & \beta_{1k}\\ \beta_{21} & \beta_{22} & \cdots & \beta_{2k}\\ \cdots & \cdots & \cdots & \cdots\\ \beta_{g1} & \beta_{g2} & \cdots & \beta_{gk}\end{Bmatrix}$$

则可以将联立方程模型写成矩阵形式：

$$\boldsymbol{BY}+\boldsymbol{\Gamma X}=\boldsymbol{\mu}\ \text{或者}\quad (\boldsymbol{B},\boldsymbol{\Gamma})\begin{pmatrix}Y\\ \boldsymbol{X}\end{pmatrix}=\boldsymbol{\mu}$$

其中，$\boldsymbol{Y}$ 为内生变量 Y_{it} 的向量；$\boldsymbol{X}$ 为前定变量 X_{it} 的向量；$\boldsymbol{\mu}$ 为随机扰动项 μ_{it} 的向量；$\boldsymbol{B}$ 为内生变量参数 α_{ij} 的矩阵；$\boldsymbol{\Gamma}$ 为前定变量参数 β_{ij} 的矩阵；($\boldsymbol{B}\quad\boldsymbol{\Gamma}$) 为结构参数矩阵。

上述简化的凯恩斯收入决定模型可以用结构式模型表示为：

$$C_t+0I_t-\alpha_1Y_t-\alpha_0+0Y_{t-1}+0G_t=\mu_{1t}$$

$$0C_t+I_t-\beta_1Y_t-\beta_0+\beta_2Y_{t-1}+0G_t=\mu_{2t}$$

$$-C_t-I_t+Y_t-0+0Y_{t-1}-G_t=0$$

$$\text{即}\begin{pmatrix}1 & 0 & -\alpha_1\\ 0 & 1 & -\beta_1\\ -1 & -1 & 1\end{pmatrix}\begin{pmatrix}C_t\\ I_t\\ Y_t\end{pmatrix}+\begin{pmatrix}-\alpha_0 & 0 & 0\\ -\beta_0 & -\beta_2 & 0\\ 0 & 0 & -1\end{pmatrix}\begin{pmatrix}1\\ Y_{t-1}\\ G_t\end{pmatrix}=\begin{pmatrix}\mu_{1t}\\ \mu_{2t}\\ 0\end{pmatrix}$$

其中，各个矩阵分别为：

$$\boldsymbol{Y}=\begin{pmatrix}C_t\\ I_t\\ Y_t\end{pmatrix},\ \boldsymbol{X}=\begin{pmatrix}1\\ Y_{t-1}\\ G_t\end{pmatrix},\ \boldsymbol{\mu}=\begin{pmatrix}\mu_{1t}\\ \mu_{2t}\\ 0\end{pmatrix},\ \boldsymbol{B}=\begin{pmatrix}1 & 0 & -\alpha_1\\ 0 & 1 & -\beta_1\\ -1 & -1 & 1\end{pmatrix},$$

$$\boldsymbol{\Gamma}=\begin{pmatrix}-\alpha_0 & 0 & 0\\ -\beta_0 & -\beta_2 & 0\\ 0 & 0 & -1\end{pmatrix}$$

结构式模型有如下特点：

（1）结构式模型直接描述了经济变量之间的结构关系，因此结构方程反映了内生变量直接受前定变量、其他内生变量和随机扰动项影响的因果关系。

（2）结构参数反映的是被解释变量受解释变量的直接影响程度，因此模型的经济意义明确。

（3）由于结构模型具有偏倚性问题，所以不能直接用 OLS 法求解模型的参数估计值。

（4）利用联立方程组进行预测，是根据前定变量的值来预测内生变量的未来值。由于在结构方程的右端出现了内生变量，所以无法进行预测。

二、简化式模型

将结构式模型中的每个内生变量都只表示成前定变量和随机扰动项的函数的模型，

称为简化式模型（orduced－form model）。

简化式模型的建立有两个实现的途径：一是直接写出模型的简化形式，在已知模型所包含的全部前定变量的条件下，将每个内生变量直接表示为前定变量和随机扰动项的函数；二是通过结构式模型导出简化式模型，通过代数运算，求解出结构式模型的内生变量，将每个内生变量用前定变量和随机扰动项的函数来表示。

对于结构式模型 $\boldsymbol{BY}+\boldsymbol{\Gamma X}=\boldsymbol{\mu}$ ，如果 $|\boldsymbol{B}|\neq 0$，则内生变量的参数矩阵 $\boldsymbol{B}$ 的逆矩阵 $\boldsymbol{B}^{-1}$ 存在，在结构式模型的两端同时左乘 $\boldsymbol{B}^{-1}$ ，得：

$$\boldsymbol{Y}+\boldsymbol{B}^{-1}\boldsymbol{\Gamma X}=\boldsymbol{B}^{-1}\boldsymbol{\mu}$$

移项后得到：

$$\boldsymbol{Y}=-\boldsymbol{B}^{-1}\boldsymbol{\Gamma X}+\boldsymbol{B}^{-1}\boldsymbol{\mu}$$

再令 $\boldsymbol{\Pi}=-\boldsymbol{B}^{-1}\boldsymbol{\Gamma X}$ ，$\boldsymbol{v}=\boldsymbol{B}^{-1}\boldsymbol{\mu}$ 则可以得到简化式模型的一般形式为：

$$\boldsymbol{Y}=\boldsymbol{\Pi X}+\boldsymbol{v}$$

其中，$\boldsymbol{\Pi}$ 为简化式模型的参数矩阵，简称简化式参数矩阵；$\boldsymbol{v}$ 为简化式模型的随机扰动项的向量。

从简化式模型可以看出，简化式参数矩阵 $\boldsymbol{\Pi}$ 是结构式模型参数 $\boldsymbol{B}$ 和 $\boldsymbol{\Gamma}$ 的函数，即 $\boldsymbol{\Pi}=-\boldsymbol{B}^{-1}\boldsymbol{\Gamma X}$ ， 这种关系就是简化式参数与结构式参数之间的参数关系体系。

我们也可以把简化的凯恩斯收入决定模型用简化式模型表示出来。（在此省略）

简化式模型有如下特点：

（1）简化式模型并不直接反映经济变量之间的关系，没有十分明确的经济含义，但简化式模型反映了前定变量对内生变量的总影响，其参数表现了前定变量对内生变量的影响乘数。

（2）简化式模型中，每一个方程的右端不再出现内生变量，它的解释变量均为前定变量。

（3）简化式模型中的前定变量与随机扰动项不相关，可以用 OLS 估计参数。

（4）在已知前定变量取值的条件下，可利用简化式模型参数的估计式直接对内生变量进行预测分析。

三、递归式模型（recursive model）

如果在一个联立方程模型中，第一个方程的内生变量 Y_1 只决定于前定变量，而无其他内生变量；第二个方程内生变量 Y_2 决定于前定变量和第一个内生变量 Y_1；第三个方程内生变量 Y_3 决定于前定变量和前两个内生变量 Y_1、Y_2……依此类推下去，最后一个方程内生变量 Y_g 决定于前定变量和 $g-1$ 个内生变量 Y_1，Y_2，…，Y_{g-1}， 也就是表示成前定变量和 $g-1$ 个内生变量 Y_1，Y_2，…，Y_{g-1} 的函数，那么这种联立方程模型称为递归式模型（recursive model）。

含有 g 个内生变量，k 个前定变量的递归式模型的一般形式为：

$$Y_{1t}=\beta_{11}X_{1t}+\beta_{12}X_{2t}+\cdots+\beta_{1k}X_{kt}+\mu_{1t}$$

$$Y_{2t}=\alpha_{21}Y_{1t}+\beta_{21}X_{1t}+\beta_{22}X_{2t}+\cdots+\beta_{2k}X_{kt}+\mu_{2t}$$
$$Y_{3t}=\alpha_{31}Y_{1t}+\alpha_{32}Y_{2t}+\beta_{31}X_{1t}+\beta_{32}X_{2t}+\cdots+\beta_{3k}X_{kt}+\mu_{3t}$$
……
$$Y_{gt}=\alpha_{g1}Y_{1t}+\alpha_{g2}Y_{2t}+\cdots+\alpha_{g(g-1)}Y_{(g-1)t}+\beta_{g1}X_{1t}+\beta_{g2}X_{2t}+\cdots+\beta_{gk}X_{gk}+\mu_{gt}$$

其中，内生变量的参数矩阵为：

$$\boldsymbol{B}=\begin{pmatrix}1 & 0 & \cdots & 0\\ -\alpha_{21} & 1 & \cdots & 0\\ \cdots & \cdots & \cdots & \cdots\\ -\alpha_{g1} & -\alpha_{g2} & \cdots & 1\end{pmatrix}$$

前定变量的系数矩阵为：

$$\Gamma=\begin{pmatrix}\beta_{11} & \beta_{12} & \cdots & \beta_{1k}\\ \beta_{21} & \beta_{22} & \cdots & \beta_{2k}\\ \cdots & \cdots & \cdots & \cdots\\ \beta_{g1} & \beta_{g2} & \cdots & \beta_{gk}\end{pmatrix}$$

可见，内生变量参数矩阵是一个下三角形，而前定变量参数矩阵与原结构型模型中的前定变量参数矩阵是相同的。

递归式模型与一般联立方程模型相比，有它的特殊性，它的特点是其随机扰动项应满足：$E(\mu_{1t},\ \mu_{2t})=E(\mu_{1t},\ \mu_{3t})=\cdots=E(\mu_{(g-1)t},\ \mu_{gt})=0$。

第三节　联立方程模型的识别

一、联立方程模型识别的概念

所谓识别，简言之，就是指是否能根据简化式模型参数估计值，得出结构模型参数的估计值。从对前面的讨论得知，简化式模型中的前定变量与随机扰动项不相关，从而避免了联立方程偏倚，因此对于简化式模型的参数估计值可以运用最小二乘估计来求得。联立方程模型的识别问题，就是能否从所估计的简化式模型的参数中求解出结构式方程的参数估计值。如果结构式参数能够从简化式中得到，那么就说明方程是可识别的；否则，方程就是不可识别的。只有联立方程模型中包含的所有方程均可识别，才称模型是可识别的。

二、联立方程模型的识别类型

利用简化式模型参数估计值和参数关系式求解结构参数估计值，可能存在三种情况，即有唯一解、有多个解、无解。这取决于结构模型和所分析的结构方程，据此可将联立方程模型的识别问题分为如下三类：

（一）不可识别（unrecognization）

如果结构式模型中某一方程参数的估计值不能够由简化式模型的参数估计值求出，则称该方程是不可识别的。

如果结构式模型中有任一随机方程式不可识别，则称该结构式模型是不可识别的。

例如，假定某种商品的供需均衡的结构式模型为：

$Y_t^d = \alpha_0 + \alpha_1 P_t + \mu_{1t}$

$Y_t^s = \beta_0 + \beta_1 P_t + \mu_{2t}$

$Y_t^d = Y_t^s = Y_t$

其中，Y_t^d，Y_t^s 分别是商品的需求量和供给量。方程一是需求方程，方程二是供给方程，而方程三是均衡条件。

由方程三均衡条件可以得到结构式模型的简化式模型为：

$P_t = \pi_0 + v_{1t}$

$Y_t = \pi_1 + v_{2t}$

其中，$\pi_0 = \dfrac{\beta_0 - \alpha_1}{\alpha_1 - \beta_1}$，$\pi_1 = \dfrac{\alpha_1\beta_0 - \alpha_0\beta_1}{\alpha_1 - \beta_1}$，$v_{1t} = \dfrac{\mu_{2t} - \mu_{1t}}{\alpha_1 - \beta_1}$，$v_{1t} = \dfrac{\alpha_1\mu_{2t} - \beta_1\mu_{1t}}{\alpha_1 - \beta_1}$。

上面的结构式模型共有四个参数：α_0，α_1，β_0，β_1，而简化式模型具有两个参数：π_0，π_1，我们无法通过两个简化式参数解出四个结构式参数。因此，结构式模型中的方程一和方程二均是不可识别的，从而该联立方程组模型也是不可识别的。

上述模型不能识别的原因，直观的理解就是需求方程和供给方程具有完全相同的统计形式，两个方程的解释变量都是价格 P，所不同的仅是各自方程相应参数所用的字母。因此，对于这两个除了字母不同之外，没有任何区别的方程，就不能断定所估计的方程是需求方程还是供给方程。

以上的分析使得我们可以从另外一个角度理解识别问题，即如果一个方程与模型中的其他方程具有相同的统计形式，则这个方程是不可识别的。也就是说，如果一个方程的统计形式在模型中不唯一，则这个方程不可识别。

（二）恰好识别（just identification）

如果结构式模型中某一方程参数可以通过简化式模型的参数估计值求出，并且求出的值是唯一的，则称该方程是恰好识别的。如果结构式模型中每个随机方程式都是恰好识别的，则称该结构式模型恰好识别。

例如，上面某种商品的供需均衡的结构式模型中的供给方程式引入外生变量价格的滞后值，即上一期的价格 P_{t-1}，这时结构式模型变为：

$Y_t^d = \alpha_0 + \alpha_1 P_t + \mu_t$

$Y_t^s = \beta_0 + \beta_1 P_t + \beta_2 P_{t-1} + \mu_{2t}$

$Y_t^d = Y_t^s = Y_t$

经化简得到简化式模型为：

$P_t = \pi_{11} + \pi_{12} P_{t-1} + v_{1t}$

$Y_t = \pi_{21} + \pi_{22} P_{t-1} + v_{2t}$

其中，$\pi_{11} = \dfrac{\beta_0 - \alpha_0}{\alpha_1 - \beta_1}$，$\pi_{12} = \dfrac{\beta_2}{\alpha_1 - \beta_1}$，$\pi_{21} = \dfrac{\alpha_1\beta_0 - \alpha_0\beta_1}{\alpha_1 - \beta_1}$，$\pi_{22} = \dfrac{\alpha_1\beta_2}{\alpha_1 - \beta_1}$，$v_{1t} = \dfrac{\mu_{2t} - \mu_{1t}}{\alpha_1 - \beta_1}$，$v_{2t} = \dfrac{\alpha_1\mu_{2t} - \beta_1\mu_{1t}}{\alpha_1 - \beta_1}$。

由于结构式模型中有五个结构参数：α_0，α_1，β_0，β_1，β_2，而简化式模型中的简化式参数仅有四个：π_{11}，π_{12}，π_{21}，π_{22}，因而模型不能识别。但是需求方程的参数 α_0，α_1 是可以被唯一解求出，即：

$$\alpha_0 = \pi_{21} - \alpha_1\pi_{11}，\ \alpha_1 = \frac{\pi_{22}}{\pi_{12}}$$

也就是说，需求方程是可以识别的，而供给方程却不能识别。

我们也可以从方程的统计形式上来理解识别问题。对于结构式模型中的 $Y_t^d = \alpha_0 + \alpha_1 P_t + \mu_{1t}$ 和 $Y_t^s = \beta_0 + \beta_1 P_t + \beta_2 P_{t-1} + \mu_{2t}$ 分别乘以 λ 和 $1-\lambda$，然后相加，于是得到两个方程的线性组合，再结合 $Y_t^d = Y_t^s = Y_t$ 便可得到：

$Y_t = \gamma_0 + \gamma_1 P_t + \gamma_2 P_{t-1} + \mu_t$

其中，$\gamma_0 = \lambda\alpha_0 + (1-\lambda)\beta_0$，$\gamma_1 = \lambda\alpha_1 + (1-\lambda)\beta_1$，$\gamma_2 = (1-\lambda)\beta_2$，$\mu_t = \lambda\mu_{1t} + (1-\lambda)\mu_{2t}$，$0 < \lambda \leqslant 1$。

可以清楚地看到，$Y_t = \gamma_0 + \gamma_1 P_t + \gamma_2 P_{t-1} + \mu_t$ 是需求方程和供给方程的线性组合，但它却与供给方程 $Y_t^s = \beta_0 + \beta_1 P_t + \beta_2 P_{t-1} + \mu_{2t}$ 有相同的统计形式。由于供给方程的统计形式不是唯一的，因此供给方程是不可识别的，而需求方程与之有不同的统计形式，因而需求方程是可以识别的。

这种分析给我们的一个启示：在供给方程中增加一个变量，需求方程的统计形式就是唯一的，即可以识别。因此，一个方程能否识别，依赖于模型中其他方程所包含的变量的个数。如果继续对模型补充信息，再引进前定变量，模型的识别状态会进一步变好。

例如，某种商品的供需均衡的结构式模型中的需求方程式中再引进一个新的外生变量消费者收入 I_t，则结构式模型为：

$Y_t^d = \alpha_0 + \alpha_1 P_t + \alpha_2 I_t + \mu_{1t}$

$Y_t^s = \beta_0 + \beta_1 P_t + \beta_2 P_{t-1} + \mu_{2t}$

$Y_t^d = Y_t^s = Y_t$

整理后，可得到简化式模型为：

$P_t = \pi_{11} + \pi_{12} I_t + \pi_{13} P_{t-1} + v_{1t}$

$Y_t = \pi_{21} + \pi_{22} I_t + \pi_{23} P_{t-1} + v_{2t}$

其中，$\pi_{11} = \dfrac{\beta_0 - \alpha_0}{\alpha_1 - \beta_1}$，$\pi_{12} = \dfrac{-\alpha_2}{\alpha_1 - \beta_1}$，$\pi_{13} = \dfrac{\beta_2}{\alpha_1 - \beta_1}$，$\pi_{21} = \dfrac{\alpha_1\beta_0 - \alpha_0\beta_1}{\alpha_1 - \beta_1}$，$\pi_{22} = \dfrac{-\alpha_2\beta_1}{\alpha_1 - \beta_1}$，$\pi_{23} = \dfrac{\alpha_1\beta_2}{\alpha_1 - \beta_1}$，$v_{1t} = \dfrac{\mu_{2t} - \mu_{1t}}{\alpha_1 - \beta_1}$，$v_{1t} = \dfrac{\alpha_1\mu_{2t} - \beta_1\mu_{1t}}{\alpha_1 - \beta_1}$。

通过对需求方程引进外生变量 I_t 以后，可以清楚地看到结构式模型有六个结构式参数：α_0，α_1，α_2，β_0，β_1，β_2，而简化式模型的简化式参数也正好是六个：π_{11}，π_{12}，π_{13}，π_{21}，π_{22}，π_{23}，所以结构式参数可以通过简化式参数唯一确定，因此，这个模型恰好识别。再者，需求方程和供给方程的线性组合方程为：

$$Y_t=\gamma_0+\gamma_1 P_t+\gamma_2 I_t+\gamma_3 P_{t-1}+\mu_t$$

我们可以清楚地看到线性组合方程与需求方程和供给方程的统计形式都是唯一的，从而也证明了需求函数和供给函数都是可识别的。

（三）过度识别（over identification）

如果结构式模型中某一方程参数可以通过简化式模型的参数估计值求出，但求出的值不唯一，则称该方程是过度识别。如果结构式模型中每个方程都是可识别的，则称该结构式模型可识别。可识别但又不是恰好识别的结构式模型，称为过度识别模型。

例如，还是上面所提到的某种商品的供需均衡的结构式模型，若在需求方程式中继续引进一个外生变量居民财产 R_t，这时模型为：

$$Y_t^d=\alpha_0+\alpha_1 P_t+\alpha_2 I_t+\alpha_3 R_t+\mu_{1t}$$

$$Y_t^s=\beta_0+\beta_1 P_t+\beta_2 P_{t-1}+\mu_{2t}$$

$$Y_t^d=Y_t^s=Y_t$$

整理后，可得化简式模型为：

$$P_t=\pi_{11}+\pi_{12} I_t+\pi_{13} R_t+\pi_{14} P_{t-1}+v_{1t}$$

$$Y_t=\pi_{21}+\pi_{22} I_t+\pi_{23} R_t+\pi_{24} P_{t-1}+v_{2t}$$

其中，$\pi_{11}=\dfrac{\beta_0-\alpha_0}{\alpha_1-\beta_1}$，$\pi_{12}=\dfrac{-\alpha_2}{\alpha_1-\beta_1}$，$\pi_{13}=\dfrac{-\alpha_3}{\alpha_1-\beta_1}$，$\pi_{14}=\dfrac{\beta_2}{\alpha_1-\beta_1}$，$\pi_{21}=\dfrac{\alpha_1\beta_0-\alpha_0\beta_1}{\alpha_1-\beta_1}$，$\pi_{22}=\dfrac{-\alpha_2\beta_1}{\alpha_1-\beta_1}$，$\pi_{23}=\dfrac{-\alpha_3\beta_1}{\alpha_1-\beta_1}$，$\pi_{24}=\dfrac{\alpha_1\beta_2}{\alpha_1-\beta_1}$，$v_{1t}=\dfrac{\mu_{2t}-\mu_{1t}}{\alpha_1-\beta_1}$，$v_{1t}=\dfrac{\alpha_1\mu_{2t}-\beta_1\mu_{1t}}{\alpha_1-\beta_1}$。

结构式模型有七个结构式参数：α_0，α_1，α_2，α_3，β_0，β_1，β_2，而简化式模型的简化式参数有八个：π_{11}，π_{12}，π_{13}，π_{14}，π_{21}，π_{22}，π_{23}，π_{24}，故结构参数的值不能唯一确定，所以存在过度识别的问题。

可以证明，需求方程 $Y_t^d=\alpha_0+\alpha_1 P_t+\alpha_2 I_t+\alpha_3 R_t+\mu_{1t}$ 的四个结构参数可以由下列关系式唯一确定，即 $\alpha_0=\pi_{21}-\alpha_1\pi_{11}$，$\alpha_1=\dfrac{\pi_{24}}{\pi_{14}}$，$\alpha_2=\pi_{22}-\alpha_1\pi_{12}$，$\alpha_3=\pi_{23}-\alpha_1\pi_{13}$，因此，需求方程式是恰好识别的，但供给方程式 $Y_t^s=\beta_0+\beta_1 P_t+\beta_2 P_{t-1}+\mu_{2t}$ 从简化式参数中可解出两组不同的结构参数值，如 $\beta_1=\dfrac{\pi_{22}}{\pi_{12}}$，同时又有 $\beta_1=\dfrac{\pi_{23}}{\pi_{13}}$，这两个比值不一定相等，$\beta_1$ 值不是唯一的。因此，供给函数可以识别，其属于过度识别。

三、联立方程模型的识别条件

我们知道，为了判断模型是否可以识别，可以先将结构式模型转换成简化式模型，然后再分析能否通过简化式参数得出结构式参数，这在理论上是可行的。但对于一个具体的结构式模型，从结构式转换成简化式的参数关系的推导太烦琐了，当结构模型包含方程的个数较多时，使用这些方法就非常麻烦。为此，我们将给出更好识别结构式模型的规则——识别条件。

（一）模型识别的阶条件（order condition）

模型识别的阶条件的基本思想是：一个结构式方程的识别取决于不包含在这个方程中，而包含在模型其他方程中变量的个数，可从这类变量个数去判断方程的识别性质。

如果模型中有 g 个方程，共有 g 个内生变量和 k 个前定变量；其中第 i 个方程包含 g_i 个内生变量和 k_i 个前定变量。模型识别的阶条件可以表述为：当模型的一个方程中不包含的变量（内生变量和前定变量）的总个数，大于或等于模型中内生变量总个数 g 减 1，即 $(g+k)-(g_i+k_i)\geqslant g-1$，则该方程可能识别。

可以证明：

（1）当 $(g+k)-(g_i+k_i)=g-1$ 时，称为阶条件成立，此时如果第 i 个结构方程可识别，则为恰好识别；

（2）当 $(g+k)-(g_i+k_i)>g-1$ 时，称为阶条件成立，此时如果第 i 个结构方程可识别，则为过度识别；

（3）当 $(g+k)-(g_i+k_i)<g-1$ 时，称为条件不成立，第 i 个结构方程一定不可识别。

例如，某种商品的供需均衡的结构式模型：

需求方程：$Y_t^d=\alpha_0+\alpha_1 P_t+\mu_{1t}$

供给方程：$Y_t^s=\beta_0+\beta_1 P_t+\beta_2 P_{t-1}+\mu_{2t}$

$$Y_t^d=Y_t^s=Y_t$$

其中，Y_t^d 为商品的需求量，Y_t^s 为商品的供给量，P_t 为商品的价格，这三个变量是内生变量，即 $g=3$，而只有一个前定变量 P_{t-1}，即 $k=1$。

对于第一个方程，$g_1=2$，$k_1=0$，则 $(g+k)-(g_i+k_i)=(3+1)-(2+0)=2=g-1=3-1$，因此需求方程可识别。

对于第二个方程，$g_1=2$，$k_1=1$，则 $(g+k)-(g_i+k_i)=(3+1)-(2+1)=1<g-1=3-1=2$，因此供给方程不可识别。这与前面分析的结果是一致的。

注意：模型识别的阶条件是联立方程模型中方程可识别的必要条件，并非充分条件。即如果阶条件不成立，则对应的结构式方程不可识别。而对于恰好识别和过度识别的判断，只有在模型可识别的情况下才有意义。

（二）模型识别的秩条件（rank condition）

联立方程模型识别的秩条件可以表述为：在有 g 个内生变量 g 个方程的完备联立方程模型中，当且仅当一个方程中不包含，但在其他方程包含的变量（不论是内生变量还是外生变量）的结构参数，至少能够构成一个非零的 $g-1$ 阶行列式时，该方程是可以识别的。或者表述为，当且仅当一个方程所排斥（不包含）的变量的参数矩阵的秩等于 $g-1$ 时，该方程可以识别。

秩条件识别有三种情况：

（1）当只有一个 $g-1$ 阶非零行列式时，该方程恰好识别；

（2）当不止一个 $g-1$ 阶非零行列式时，该方程过度识别；

（3）当不存在 $g-1$ 阶非零行列式时，该方程不可识别。

对于结构式模型中第 i 个方程，运用秩条件判别方程的识别性，步骤如下：

第一步，将结构式模型转变为标准形式，并写出其对应的结构参数矩阵（常数项引入虚拟变量，不包含在方程中的变量的参数取作 0）。

第二步，画去第 i 个结构方程对应系数所在的那一行。

第三步，画去第 i 个结构方程对应系数所在的那一行中非零系数所在的各列，余下该方程不包含的变量在其他方程中的系数，构成矩阵（$\boldsymbol{B}_0\boldsymbol{\Gamma}_0$）

第四步，算出矩阵（$\boldsymbol{B}_0\boldsymbol{\Gamma}_0$）的秩，如果其秩不等于 $g-1$，则第 i 个结构方程不可识别；如果其秩等于 $g-1$，则第 i 个结构方程可识别；再根据 $g-1$ 阶非零行列式个数，判断第 i 个结构方程是恰好识别，还是过度识别。

模型识别的秩条件是联立方程模型识别的一个充分必要条件，$rank(\boldsymbol{B}_0\boldsymbol{\Gamma}_0)=g-1$，称为秩条件成立，则对应的结构方程一定可识别；$rank(\boldsymbol{B}_0\boldsymbol{\Gamma}_0)\neq g-1$，称为秩条件不成立，则对应的结构方程一定不可识别。利用秩条件可以判别结构方程是否可识别，但不能确定是恰好识别，还是过度识别。

（三）模型识别的一般步骤和检验方法

模型识别的一般步骤和检验一般采用如下办法：由于模型识别的阶条件虽然简单，但此条件不是充分条件，只是必要条件；模型识别的秩条件是充分必要条件，但是识别程序过于烦琐。为了简化识别程序，提高识别的质量，可以将二者结合使用。具体步骤如下：首先检验阶条件，若阶条件不成立，则所讨论的结构方程不可识别；若阶条件成立，再用秩条件来检验。若秩条件不成立，则该结构方程不可识别；若秩条件成立，则结构方程可识别。此时若阶条件中取“＝”，结构方程是恰好识别的；若阶条件中取“＞”，结构方程是过度识别的。

模型的识别不是统计问题，而是模型的设定问题，因此，在设定模型时就应设法尽量保证模型的可识别性。一般来说，在设定联立方程模型时应遵循以下原则：在建立联立方程结构式模型时，要使新引入的方程中包含前面已引入的每一个方程都不包含的至少一个变量（内生变量或前定变量）；同时，要使前面已引入的每一个方程都包含至少一个新引入方程未包含的变量，并要互不相同。因为只有新引入的方程包含前面每一个方程都不包含的至少一个变量，才能保证不破坏前面已有方程的可识别性。而且，只有前面每一个方程都包含至少一个新引入方程未包含的变量，才能保证新引入的方程是可识别的。

第四节　联立方程模型的参数估计

一、联立方程模型参数估计方法的选择

联立方程模型在模型形式上有结构式和简化式之分，从模型的识别条件上又有恰好识别、过度识别和不可识别之分。由于模型的类型不同，建立模型的目的不同，所以模型的估计方法有多种选择。

从模型的研究目的来看，如果研究目的是做经济结构分析，验证某种经济理论，那么应着重关注的是模型的结构参数，应当力争尽可能准确地估计结构式模型的参数。如果研究目的是评价政策或论证某些经济政策的效应，则应力争准确估计简化式模型的参数，因为简化式参数正好能够反映"政策乘数"和"效果乘数"。如果研究目的只是做经济预测，要用预测期的外生变量值预测内生变量，那只需直接估计简化式模型的参数即可，因为简化式模型已表现了前定变量对各内生变量的影响。

此外，还应当考虑数据的可用性和计算方法的复杂性。对于可识别的联立方程模型，其结构参数的估计方法大体分为两类：一类是单方程估计方法（也称为有限信息法，LIM）；另一类是系统估计方法（也称为完全信息法，FIM）。

单方程估计方法是对联立方程模型中的每一个可识别方程逐一单独估计，最后获得整个模型的参数估计值。主要包括间接最小二乘法（ILS）、工具变量法（IV）、二阶段最小二乘法（2SLS）等。系统估计方法是在前面考虑模型中所有约束条件，如方程随机扰动项之间的相关性的情况下，同时确定各方程参数估计值。主要包括三阶段最小二乘法（3SLS）、似不相关回归法（SUR）等。

二、联立方程模型的参数估计方法

（一）普通最小二乘法

递归式模型的估计方法可以用 OLS 法。首先看递归式模型：

$$Y_{1t}=\beta_{11}X_{1t}+\beta_{12}X_{2t}+\cdots+\beta_{1k}X_{kt}+\mu_{1t}$$

$$Y_{2t}=\alpha_{21}Y_{1t}+\beta_{21}X_{1t}+\beta_{22}X_{2t}+\cdots+\beta_{2k}X_{kt}+\mu_{2t}$$

$$Y_{3t}=\alpha_{31}Y_{1t}+\alpha_{32}Y_{2t}+\beta_{31}X_{1t}+\beta_{32}X_{2t}+\cdots+\beta_{3k}X_{kt}+\mu_{3t}$$

……

$$Y_{gt}=\alpha_{g1}Y_{1t}+\alpha_{g2}Y_{2t}+\cdots+\alpha_{g(g-1)}Y_{(g-1)t}+\beta_{g1}X_{1t}+\beta_{g2}X_{2t}+\cdots+\beta_{gk}X_{kt}+\mu_{gt}$$

从第一个方程可以清楚地看到，方程等号右边只含有外生变量和随机扰动项，外生变量与随机扰动项不相关，符合经典线性回归模型的假定条件，所以可以用 OLS 估计参数。对于第二个方程，由于等号右边只含有一个内生变量 Y_{1t}，以及外生变量和随机扰动项，根据假定已知随机扰动项 μ_{1t} 和 μ_{2t} 不相关，所以 Y_{1t} 和 μ_{2t} 也不相关，对于 Y_{2t} 来说，Y_{1t} 是一个前定变量，因此可以用 OLS 估计第二个方程。依此类推，可以用

OLS 法估计递归式模型中的每一个方程。参数估计量具有无偏性和一致性。

简化式模型可以用 OLS 法估计参数。由于简化式模型一般是由结构式模型对应而来，每个方程只含有一个内生变量且为被解释变量，它是前定变量和随机扰动项的唯一函数，方程中解释变量都是前定变量，自然和随机扰动项无关。所以，运用 OLS 法得到的参数估计量为一致估计量。

（二）间接最小二乘法（method of indirect least squares，ILS）

将结构式模型转化为简化式模型，由于简化式模型中的每一个方程的右端只有前定变量，并且前定变量与随机扰动项不相关，所以可用最小二乘估计其参数。对某个结构方程而言，如果它是恰好识别的，则其待估计的结构参数是可以通过简化式参数来唯一确定的。显然，这种情况下可以先用 OLS 法估计简化式参数的估计值，然后再利用参数关系体系，就可得到该方程结构参数的估计值，称此估计方法为间接最小二乘法，简记 ILS。

1. 间接最小二乘法估计的步骤

第一步，先判断联立方程模型是否可以识别，若恰好识别，则进行下一步。

第二步，写出结构式模型对应的简化式模型，导出参数关系体系，使得在每一个方程中被解释变量为唯一的内生变量，而且仅仅是前定变量和随机扰动项的函数。

第三步，利用样本观测值对简化式模型中的每个简化方程应用最小二乘法求出简化参数的估计值。

第四步，将简化参数估计值代入参数关系体系，求出原始结构式系数的估计值。

2. 间接最小二乘法估计量的性质

注意：间接最小二乘法的运用有一定的假定条件。

首先，它适用于被估计的结构方程是恰好识别的；其次，简化式模型中的每一个方程都必须满足经典假定条件，以保证简化参数的最小二乘估计量具有无偏性和最小方差性；最后，简化式方程中的前定变量多重共线性程度不能太高，否则简化参数估计值的误差会传递到结构参数的估计值上。在上述条件下，可以证明，结构参数的间接最小二乘估计量具有这样的统计性质：

（1）简化式模型应用普通最小二乘法得到的参数估计量具有线性性、无偏性和有效性。

（2）结构方程的结构参数估计量在小样本下是有偏的，在大样本下是一致估计量。

（3）结构式参数并不是完全有效的，即一般不具有最小方差。

（三）工具变量法（IV 法）

对可识别的结构方程，如果存在内生变量作为解释变量，它与随机扰动项相关就不能直接应用最小二乘法估计参数。

工具变量（instrument variable）法的基本思想是利用合适的工具变量来代替结构式方程中作为解释变量的内生变量，以减少解释变量与随机扰动项的相关性，从而可以用 OLS 法来估计参数。

1. 运用工具变量法的步骤

第一步，选择合适的工具变量。选择合适的外生变量作为工具变量，代替结构方程中作为解释变量的内生变量。工具变量个数应与替代内生变量的个数相等。

第二步，求结构式参数的估计值。分别以每个解释变量和工具变量乘以结构方程两边，并对所有的样本观测值求和，其中工具变量与随机扰动项的乘积和为零（这由工具变量与随机扰动项不相关保证），从而得到方程个数与未知结构参数相同的一组线性方程组。解此方程组，可求得结构式参数的估计值。

例如，设联立方程模型中，被估计方程为：

$$Y=\alpha_1 Y_1+\alpha_2 Y_2+\beta_1 X_1+\mu$$

其中，Y_1，Y_2 作为解释变量的内生变量。

对于该方程，有两个作为解释变量的内生变量，以 X_1 作为自身的工具变量，选择 X_2，X_3 作为 Y_1，Y_2 的工具变量，并且保证工具变量与其所替代的内生变量高度相关，工具变量与随机扰动项不相关，即 $\mathrm{Cov}(X_2, \mu)=0$，$\mathrm{Cov}(X_3, \mu)=0$。

用 X_1，X_2，X_3 乘以被估计方程，并对样本观测值求和得：

$$\sum YX_1=\alpha_1\sum Y_1X_1+\alpha_2\sum Y_2X_1+\beta_2\sum X_1^2+\sum \mu X_1$$

$$\sum YX_2=\alpha_1\sum Y_1X_2+\alpha_2\sum Y_2X_2+\beta_2\sum X_1X_2+\sum \mu X_2$$

$$\sum YX_3=\alpha_1\sum Y_1X_3+\alpha_2\sum Y_2X_3+\beta_2\sum X_1X_3+\sum \mu X_3$$

因为 $E(\sum \mu X_1)=0$，$E(\sum \mu X_2)=0$，$E(\sum \mu X_3)=0$

即可得到正规方程组：

$$\sum YX_1=\alpha_1\sum Y_1X_1+\alpha_2\sum Y_2X_1+\beta_2\sum X_1^2$$

$$\sum YX_2=\alpha_1\sum Y_1X_2+\alpha_2\sum Y_2X_2+\beta_2\sum X_1X_2$$

$$\sum YX_3=\alpha_1\sum Y_1X_3+\alpha_2\sum Y_2X_3+\beta_2\sum X_1X_3$$

解此方程组，可以得到 α_1，α_2，β_1 的估计值 $\hat{\alpha}_1$，$\hat{\alpha}_2$，$\hat{\beta}_1$，这就是工具变量法的估计值。

2. 工具变量法的局限性

选择合适的工具变量具有局限性，如下：

(1) 工具变量法是恰好识别方程的一种有效参数估计方法，但是对于过度识别的方程，在应用上还是存在一些问题，可以从以下正规方程组的解的情况来分析。

第一，若被估计方程是恰好识别，由阶的条件 $k-k_i=g_i-1$ 可知，该方程中排斥的前定变量（可选为工具变量）的数目恰好等于方程组作为解释变量的内生变量数目。工具变量的选法唯一，正规方程组有唯一解，结构参数的 IV 估计也是唯一的。

第二，若被估计方程是过度识别，由阶的条件 $k-k_i>g_i-1$ 可知，由 $k-k_i$ 个前定变量中选择 g_i-1 个作为工具变量，可以有 $C_{k-k_i}^{g_i-1}$ 种不同的选法。由正规方程组可知，参数估计量与所选工具变量有关，不同的工具变量选择会使参数估计值不同，即

IV 估计不是唯一的。同时有 $k-k_i-(g_i-1)$ 个前定变量未被充分利用，信息损失。

（2）要找到既与某个内生变量相关，又与随机扰动项无关的前定变量，从实际经济意义上看是困难的。

联立方程模型中大多为过度识别方程。实际上直接用工具变量法对结构参数进行估计是不多见的。但工具变量法有助于理解其他比较好的经济计量方法，如下面介绍的二阶段最小二乘法。

（四）二阶段最小二乘法（two－stage least square，2SLS）

从对间接最小二乘法和工具变量法的介绍中可以清楚地看到，它们均不适用于过度识别的方程。但我们可以利用它们各自的长处，形成新的模型估计方法，也就是二阶段最小二乘法，这种方法把估计结构式参数的过程划分为两个阶段：即第一阶段就是用最小二乘法创造一组工具变量；第二阶段再用所得工具变量替换原结构方程式中右边的内生变量后，再用最小二乘法进行估计得出结构系数的估计值，故称其为二阶段最小二乘法，简称为 2SLS。

具体来说，它的两个阶段如下：

阶段一：先将结构方程式中所有内生解释变量，对模型中所有前定变量（即此时的工具变量）进行最小二乘法估计，求出内生解释变量的拟合值。

阶段二：再用结构方程式左边的被解释变量，对该结构方程式的内生解释变量的拟合值以及前定变量的观测值进行最小二乘法估计，所得回归系数即为二阶段最小二乘估计系数。

例如，设联立方程模型为：

$$Y_1=\alpha_1 Y_2+\beta_1 X_1+\beta_2 X_2+\mu_1$$

$$Y_2=\alpha_2 Y_1+\beta_3 X_3+\mu_2$$

其中，Y_1，Y_2 是内生变量，X_1，X_2，X_3 是外生变量。

运用阶条件和秩条件可知，第一个方程是恰好识别的，第二个方程是过度识别。

第一阶段，为了避免式 $Y_1=\alpha_1 Y_2+\beta_1 X_1+\beta_2 X_2+\mu_1$ 中 Y_1 与 μ_1 相关，我们首先用 Y_1 对模型中所有的前定变量回归，得

$$Y_1=\hat{\pi}_1 X_1+\hat{\pi}_2 X_2+\hat{\pi}_3 X_3+e$$

其中，e 为残差项。

$$\hat{Y}_1=\hat{\pi}_1 X_1+\hat{\pi}_2 X_2+\hat{\pi}_3 X_3$$

$$e=Y_1-\hat{Y}_1$$

这也就是说，随机变量 Y_1 由两部分构成：一部分是前定变量 X_1，X_2，X_3 的线性组合 $\hat{Y}_1$；另一部分是残差 e 。

第二阶段，将 $e=Y_1-\hat{Y}_1$ 代入 $Y_2=\alpha_2 Y_1+\beta_3 X_3+\mu_2$，可以得到：

$$Y_2=\alpha_2(\hat{Y}_1+e)+\beta_3 X_3+\mu_2=\alpha_2\hat{Y}_1+\beta_3 X_3+(\alpha_2 e+\mu_2)=\alpha_2\hat{Y}_1+\beta_3 X_3+\mu^*$$

由于 $\hat{Y}_1$ 与 μ^* 这两者是渐近不相关的（即在大样本条件下不相关），因此，可以用

OLS 得到 α_2，β_3 的一致估计量。

1. 运用 2SLS 的条件

运用二阶段最小二乘法需要注意以下几个条件：

（1）结构方程必须可以识别，不论是恰好识别，还是过度识别。

（2）结构方程中的随机干扰项要满足 OLS 的经典假定。

（3）结构方程中的所有前定变量不存在严重的多重共线性，而且与随机扰动项不相关。

（4）需要较大的样本容量 n，尤其是当模型包括很多前定变量（k 很大）时，如果 $n<k$，很难保证在第一阶段内正确求出内生变量的简化式估计。

（5）当第一阶段估计式的判断系数 R^2 值很低时，表明 $\hat{Y}_i$ 对 Y_i 代表性不强，利用 2SLS 法实际上是没有意义的。

2. 2SLS 估计量的特性

可以证明，二阶段最小二乘法估计量有如下特性：

（1）在小样本下，2SLS 法所得到的参数估计量是有偏的。

（2）在大样本下，2SLS 法所得到的参数估计量具有一致性。

（3）尽管 2SLS 法是针对过度识别而提出的，但对于恰好识别情况仍然可以使用，并且估计的结果与 ILS 法估计结果一致。但在过度识别条件下，用 2SLS 法只能提供每一个结构参数的唯一估计值，而用 ILS 法则能提供多个估计值。

2SLS 法较为简单，易于操作，当模型中结构方程较多时尤其方便。而且 2SLS 法在大样本下所得到的参数估计量具有一致性，对可以识别的模型都适用。所以，只要样本容量足够大，它是估计联立方程模型的一种常用方法。

（五）三阶段最小二乘法（three－stage least squares，3SLS）

对于单方程估计方法，在估计每一个结构方程时，并不考虑模型中其他结构方程的信息。系统估计方法正是针对单方程估计方法的局限性而提出来的，它将联立方程模型中的所有方程作为一个完整系统同时估计，从而利用了模型系统的全部信息，参数估计量的统计特性更加优良。但系统估计方法也有两个问题：一是计算过程十分复杂；二是估计误差具有传递性，如果某个方程的估计误差较大，将会影响到模型系统中的所有方程，而单方程估计方法不存在这个问题。下面将介绍一种常用的系统估计方法——三阶段最小二乘法。

三阶段最小二乘法是 Theil 和 Zellner 在 1962 年提出的一种完全信息法。它是 2SLS 的逻辑推广。其基本思想是首先利用二阶段最小二乘法估计模型中的每一个结构方程，然后再利用广义最小二乘法估计整个模型系统，故被称为三阶段最小二乘法，简称为 3SLS。

1. 3SLS 的具体步骤

第一步，利用 OLS 法估计结构方程中内生变量的简化式方程，并计算内生变量的估计值。

第二步，以内生变量的估计值替代每个结构方程解释变量中的内生变量，再利用 OLS 法估计变量替代后的结构方程，求得结构参数的 2SLS 估计值。

第三步，利用估计的结构式方程，计算某个方程残差向量 $e_i(i=1, 2, \cdots, g)$，进而得到误差项的方差—协方差矩阵的估计量为：

$$\hat{\boldsymbol{\Omega}} = \hat{\boldsymbol{\Sigma}} \otimes \boldsymbol{I}$$

其中，$\hat{\boldsymbol{\Sigma}} = (\hat{\sigma}_{ij})_{g \times g}$，并且

$$\hat{\sigma}_{ij} = \frac{\boldsymbol{e}_i^T \boldsymbol{e}_j}{\sqrt{(n-g_i+1-k_i)(n-g_j+1-k_j)}}$$

g_i，k_i 分别是第 i 个结构方程中的内生变量个数和前定变量个数；$\otimes$表示直积，即用符号后面的矩阵去乘以符号前面矩阵的每一个元素。由于联立方程模型各个方程的随机误差项之间很可能是同期相关的，即 σ_{ij} 不全为零，所以在估计出误差项的方差—协方差矩阵的估计量之后，可以用广义最小二乘法估计整个模型系统，得到结构参数 Δ 的 3SLS 估计量为$\hat{\boldsymbol{\Delta}}$，即

$$\hat{\boldsymbol{\Delta}} = (\hat{\boldsymbol{Z}}^T \hat{\boldsymbol{\Omega}}^{-1} \hat{\boldsymbol{Z}})^{-1} \hat{\boldsymbol{Z}}^T \hat{\boldsymbol{\Omega}}^{-1} \boldsymbol{Y} = [\hat{\boldsymbol{Z}}^T (\hat{\sum} \otimes \boldsymbol{I})^{-1} \hat{\boldsymbol{Z}}]^{-1} \hat{\boldsymbol{Z}}^T (\hat{\sum} \otimes \boldsymbol{I})^{-1} \boldsymbol{Y}$$

至此，完成了 3SLS 估计，同时得到所有方程的结构参数估计量。

2. 3SLS 估计量的性质

3SLS 估计量的统计性质主要有以下几个方面：

（1）如果联立方程模型是可识别的，并且非奇异，则 3SLS 估计量是一致性估计量，但也是有偏估计量。

（2）3SLS 估计量比 2SLS 估计量更有效。

（3）如果$\boldsymbol{\Sigma}$是对角阵，即模型系统中各个结构方程的随机扰动项之间互不相关，则 3SLS 估计量与 2SLS 估计量等价。这也表明，3SLS 方法的主要优点是估计参数时，考虑了模型系统中不同结构方程的随机扰动项之间的相关性。

三、联立方程模型的检验

联立方程模型中，其模型检验主要包括两个方面：单个结构式方程的检验和模型系统的检验。

（一）单个结构式方程的检验

单个结构式方程的检验就是指逐个地对随机结构式方程进行检验。其检验方法与单方程计量经济学模型的所有检验方法相同。因此，对单方程计量经济学模型的所有检验对于单个结构式方程都是适用的，而且也是必要的。它包括经济意义检验、统计检验、计量经济学检验和预测检验。

对于应用 OLS 法估计单个结构式方程的参数时，单方程的所有检验方法对于单个结构式方程完全是适用的，即二者方法相同。而对于应用 2SLS 等方法估计参数时，主要是经济意义检验、拟合效果检验、预测检验。

（二）模型系统的检验

模型系统的检验是在单个结构式方程检验之后进行的，主要是检验模型的拟合效果与预测性能精度。

1. 样本期拟合效果检验

当联立方程模型的结构参数被估计出来之后，将样本期的全部前定变量的实际观测值代入模型方程式，再求解该模型方程组，即得到了各内生变量的估计值。将估计值与实际观测值进行比较，以检验模型对样本观测值的拟合优度。常用的判断模型系统拟合优度的检验统计量为均方百分比误差（RMS）。

设 Y_{it} 为某个内生变量的观测值，$\hat{Y}_{it}$ 为其估计值，n 为样本容量，g 为模型中内生变量个数，对第 i 个内生变量的均方百分比误差的计算方法为：

$$RMS_i=\sqrt{\frac{\sum_{t=1}^{n}e_{it}^2}{n}} \qquad e_{it}=\frac{Y_{it}-\hat{Y}_{it}}{Y_{it}} \qquad (i=1,\ 2,\ \cdots,\ g)$$

RMS 具有较好的可操作性，应用普遍，对检验模型系统总体拟合效果较为有效。显然，RMS 越接近于 0，表明第 i 个内生变量的估计值与实际观测值拟合程度越高。但它没有一个判断标准用于判断模型系统的检验是否通过。一般来说，$RMS<5\%$ 时就是比较好的。在所有的内生变量中，$RMS<5\%$ 的变量数目占 70%以上，并且每个变量的 RMS 不大于 10%，则认为模型系统总体拟合效果较好。在实际应用中，这是一种最常使用的模型系统检验。

2. 预测性能检验

通常，建立联立方程模型需要较长的时间。因此当模型建成后，如果样本期之后的内生变量的实际观测值已经知道，这样就有条件对模型进行预测性能检验，可以计算预测值与实际值的相对误差（RE）。

设 Y_i 为第 i 个内生变量的实际观测值，$\hat{Y}_i$ 为第 i 个内生变量的预测值，g 为模型中内生变量个数，则误差的计算方法为：

$$RE_i=\frac{Y_i-\hat{Y}_i}{Y_i} \quad (i=1,\ 2,\ \cdots,\ g)$$

同样，对于预测性能检验也没有统一的判断标准。一般认为，当 RE 绝对值小于 5%时就是比较好的。在所有的内生变量中，若 RE 绝对值小于 5%的变量数目占 70%以上，并且每个变量的 RE 绝对值不大于 10%，则认为模型系统总体预测性能较好。

3. 方程间误差传递检验

一个总体结构清晰的联立方程模型，应该存在一些明显的关键路径，关键路径可以描述主要经济行为主体的经济活动过程。在关键路径上进行误差传递分析，可以检验总体模型的拟合效果与预测性能精度。

设关键路径上方程数目为 T，e_i 为第 i 个方程的误差，下列三个统计量可以用来衡量关键路径的拟合效果或预测性能精度，即

$$误差均值=\sum_{i=1}^{T}e_i/T$$

$$均方根误差 = \sqrt{\sum_{i=1}^{T} e_i^2 / T}$$

$$冯·诺依曼比 = \left[\sum_{i=1}^{T} (e_i - e_{i-1})^2 / \sum_{i=1}^{T} e_i^2 \right] \frac{T}{T-1}$$

误差均值应用较少,因为存在正、负相抵的问题,均方根误差和冯·诺依曼比应用较多,显然二者的值越小越好。其中又以冯·诺依曼比对误差传递程度的检验功能最强,如果误差在方程间没有传递,该比值为0。

4. 样本间误差传递检验

在联立方程模型中,由于经济系统的动态性,导致存在一定数量的滞后内生变量。由于滞后内生变量的存在,使得模型预测误差不仅在方程之间传递,而且在不同时间截面之内,即样本点之间也进行传递,所以对模型进行滚动预测检验是必要的。

设样本期为 n,当 $t=1$ 时,用所有前定变量观测值,求解得到内生变量的预测值 $\dot{Y}_1$;当 $t=2$ 时,将外生变量实际值与滞后内生变量的预测值 $\dot{Y}_1$ 代入模型,求解得到内生变量的预测值 $\dot{Y}_2$;如此逐期滚动预测,直至得到第 n 期内生变量的预测值 $\dot{Y}_n$;再求出该滚动预测值与实际观测值之间的误差。然后,将第 n 期所有前定变量观测值代入模型,求解得到内生变量的非滚动预测值 $\dot{Y}_n'$,并计算该非滚动预测值 $\dot{Y}_n'$ 与实际观测值的相对误差。比较两个误差的差异情况,就可以判断模型预测误差在不同时点之间的传递情况。由此可见,滚动预测检验是比较严格、有效的检验。

本章习题

1. 如果我们将"供给"Y_1 与"需求"Y_2 写成如下的联立方程的形式:

$Y_1 = \alpha_1 Y_2 + \beta_1 Z_1 + \mu_1$

$Y_1 = \alpha_2 Y_2 + \beta_2 Z_2 + \mu_2$

其中,Z_1,Z_2 为外生变量。

(1) 若 $\alpha_1 = 0$ 或 $\alpha_2 = 0$,解释为什么存在 Y_1 的简化式。若 $\alpha_1 \neq 0$,$\alpha_2 = 0$,写出 Y_2 的简化式。

(2) 若 $\alpha_1 \neq 0$,$\alpha_2 \neq 0$,且 $\alpha_1 \neq \alpha_2$,求 Y_1 的简化式。这时,Y_2 有简化式吗?

(3) 在"供给—需求"的模型中,$\alpha_1 \neq \alpha_2$ 的条件有可能满足吗?请解释。

2. 一个由两个方程组成的完备的理论模型的结构形式如下:

$P_t = \alpha_0 + \alpha_1 N_t + \alpha_2 S_t + \alpha_3 A_t + \mu_t$

$N_t = \beta_0 + \beta_1 P_t + \beta_2 M_t + v_t$

(1) 指出该联立模型中的内生变量与外生变量。

(2) 分析每一个方程是否为不可识别的,过度识别的或恰好识别的?

(3) 有与 μ_t 相关的解释变量吗?有与 v_t 相关的解释变量吗?

(4) 如果使用OLS方法估计 α,β 会发生什么情况?

(5) 可以使用 ILS 方法估计 α 吗? 如果可以，推导出估计值。对 β 回答同样的问题。

(6) 逐步解释如何在第二个方程中使用 2SLS 方法。

3. 为什么要建立联立方程计量经济学模型? 联立方程计量经济学模型适用于什么样的经济现象?

4. 某联立方程计量经济学模型有 3 个方程，3 个内生变量 (Y_1，Y_2，Y_3)，3 个外生变量 (X_1，X_2，X_3) 和样本观测值使用为 1 的虚变量 C，样本容量为 n。其中第 2 个方程 $Y_2=\alpha_0+\alpha_1 X_1+\alpha_2 Y_3+\alpha_3 X_3+\mu_2$ 为恰好识别的结构方程。

(1) 写出用 IV 法估计该方程参数的正规方程组。

(2) 用 ILS 方法估计该方程参数，也可以看成一种工具变量法，指出工具变量是如何选取的，并写出参数估计量的矩阵表达式。

(3) 用 2SLS 方法估计该方程参数，也可以看成一种工具变量法，指出 Y_3 的工具变量是什么，并写出参数估计量的矩阵表达式。

第十章　时间序列模型

◈ 本章要点

1. 熟悉随机过程及时间序列的概念与分类。

2. 掌握自回归模型、移动平均模型和自回归移动平均模型的识别、参数估计、诊断与预测方法。

3. 掌握如何识别时间序列的单整、协整检验以及误差修正模型的建立。

第一节　时间序列的基本概念

一、随机过程的定义

（一）随机过程

由随机变量组成的一个有序序列，或一个随机变量按照时间编排的集合。称为随机过程。记为 $\{X_t\}$ 或 X_t （$t=1, 2, \cdots$）。

（二）时间序列

随机过程的一次观测结果称为时间序列。记为 $\{X_t\}$ 或 X_t （$t=1, 2, \cdots$）。

随机过程或时间序列一般分为两类：一类是离散型的，另一类是连续型的。

（三）白噪声（音）(white noise)

若一个随机时间序列 $\{X_t\}$ 具有零均值、同方差，而且不存在系列相关性，即：$E(X_t)=0$，$\mathrm{Var}(X_t)=\sigma^2$，$\mathrm{Cov}(X_t, X_{t+k})=0$，$k\neq 0$，则称序列 $\{X_t\}$ 是一个白噪音或白噪声过程，即纯随机过程（purely random process）。如果序列 $\{X_t\}$ 是独立同分布的，则称之为严格白噪声（strictly white noise）。

二、平稳性的定义

（一）平稳随机过程

若一个随机时间序列 $\{X_t\}$ 满足下列条件：

$E(X_t)=\mu$

$\mathrm{Var}(X_t)=\sigma^2$

$\text{Cov}(X_t, X_{t+k})=0$，$k \neq 0$

则称该时间序列为弱平稳的（weakly stationary)，该随机过程称为弱平稳或协方差平稳（conariance stationary）随机过程。

用文字描述为：若一个随机过程的均值或方差在时间上保持不变，并且任何两个时期之间的协方差仅依赖于该两个时期间的距离或滞后期长度，而不依赖于计算这个协方差的实际时间，则称之为平稳随机过程。我们通常所讲的时间序列的平稳性就是泛指这种弱平稳过程。

实际上，平稳时间序列是指时间序列的统计特征不会随着时间的推移而发生变化。也就是说，生成变量时间序列数据的随机过程的统计特征不随时间变化而变化。

严格地讲，当时间序列 $\{X_t\}$ 的统计特征不随时间而变化，则称时间序列 $\{X_t\}$ 是平稳的。刚才定义了弱平稳，那么，当然还有严平稳的概念。

如果随机时间序列 $\{X_t\}$ 的联合概率分布随时间的推移而不变，则称该时间序列是严平稳的。即严平稳时间序列需要满足条件：

$P(X_t, X_{t+1}, \cdots, X_{t+k})=P(X_{t+s}, X_{t+1+s}, \cdots, X_{t+k+s})$

其中 k，m 为任意常数。

这样一来，如果一个时刻、时间序列按照上述定义不是平稳的，则称为非平稳（non－stationary）时间序列。

另外，我们可以清楚地看到，白噪声是一个平稳时间序列，是最简单的时间序列，白噪声序列在时间序列分析中具有非常重要的意义。

（二）随机游走模型（random walk model，RWM)

另一个简单的随机时间序列为：

$X_t=X_{t-1}+\mu_t$

其中 μ_t 为白噪声，称为随机游走模型。

在第六章，一阶线性自回归形式 AR（1)：$\mu_t=\rho\mu_{t-1}+\nu_t$ ，当 $\rho=1$ 时，即为完全一阶自相关，这正是随机游走。

显然，$X_t=X_0+\sum_{k}^{t}\mu_k$ 则：$E(X_t)=X_0$，$\text{Var}(X_t)=t\sigma^2$，这说明时间序列 $\{X_t\}$ 的方差与时间 t 有关，并随时间无限增大。因此，随机游走模型是一个非平稳的随机过程。

三、自协方差、自相关函数与偏自相关函数的定义

（一）自协方差

相隔 k 期的两个随机时间序列 $\{X_t\}$ 与 X_{t-k} 的协方差，即滞后 k 期的自协方差，定义为

$\text{Cov}(X_t, X_{t-k})=E[(X_t-\mu)(X_{t-k}-\mu)]=\gamma_k$

当 $k=0$ 时，即为时间序列 $\{X_t\}$ 的方差 $\text{Var}(X_t)=\sigma^2=\gamma_0$。

（二）自相关函数

由自相关系数 $\rho_k=\dfrac{\mathrm{Cov}(X_t,X_{t-k})}{\sqrt{\mathrm{Var}(X_t)}\sqrt{\mathrm{Var}(X_{t-k})}}$，因为 $\{X_t\}$ 是一个平稳过程，有 $\mathrm{Var}(X_t)=\mathrm{Var}(X_{t-k})=\sigma^2=\gamma_0$，则有

$$\rho_k=\frac{\mathrm{Cov}(X_t,X_{t-k})}{\sqrt{\mathrm{Var}(X_t)}\sqrt{\mathrm{Var}(X_{t-k})}}=\frac{\gamma_k}{\gamma_0}$$

当 $k=0$ 时，$\rho_0=1$，即自相关系数为 1。ρ_k 也称为自相关函数（autocorrelation function，ACF）。

实际上，我们只能计算出样本自相关函数（sample autocorrelation function，SACF）：

$$\hat{\rho}_k=\frac{\sum(X_t-\bar{X})(X_{t-k}-\bar{X})}{\sqrt{\sum(X_t-\bar{X})^2}\sqrt{\sum(X_{t-k}-\bar{X})^2}}=\frac{\hat{\gamma}_k}{\hat{\gamma}_0}$$

其中：$\hat{\gamma}_k=\dfrac{\sum(X_t-\bar{X})(X_{t-k}-\bar{X})}{n}$，$\hat{\gamma}_0=\dfrac{\sum(X_{t-k}-\bar{X})^2}{n}$，$k=0,1,2\cdots$，$\hat{\rho}_k$ 对 k 的描点图称为样本相关图（sample correlogram）。

（三）偏自相关函数

上面的自相关函数 ρ_k 是度量随机变量 X_t 与 X_{t+k} 之间的相关程度的，这种相关度量可能并不是“纯净的”。因为它可能受到随机变量 X_{t+1}，X_{t+2}，…，X_{t+k-1} 的影响，需要消除这些随机变量的影响，由此计算的相关系数称为随机变量 X_t 与 X_{t+k} 之间的相关的偏相关函数，记为 δ_{kk} 。

为了不失一般性，假定 $\{X_t\}$ 为平稳过程，

$$X_{t+k}=\delta_{k1}X_{t+k-1}+\delta_{k+2}X_{t+k-2}+\cdots+\delta_{kk}X_t+\mu_{t+k}$$

δ_{kk} 实际上是 X_t 的回归系数。为了得到该回归系数，两边同乘以 $X_{t+k+j}(j=1,2,\cdots,k)$ 并取期望，然后再除以 γ_0，得到：

$$\rho_1=\delta_{k1}\rho_0+\delta_{k2}\rho_1+\cdots+\delta_{kk}\rho_{t-1}$$

$$\rho_2=\delta_{k1}\rho_1+\delta_{k2}\rho_0+\cdots+\delta_{kk}\rho_{t-2}$$

…

$$\rho_k=\delta_{k1}\rho_{k-1}+\delta_{k2}\rho_{k-2}+\cdots+\delta_{kk}\rho_0$$

称此方程组为 Yule－Walker 方程。利用克莱姆法则可以得到：

$$\delta_{11}=\rho_1,\quad \delta_{22}=\frac{\begin{vmatrix}1&\rho_1\\\rho_1&\rho_2\end{vmatrix}}{\begin{vmatrix}1&\rho_1\\\rho_1&\rho_1\end{vmatrix}},\quad \delta_{33}=\frac{\begin{vmatrix}1&\rho_2&\rho_1\\\rho_1&1&\rho_1\\\rho_2&\rho_1&\rho_3\end{vmatrix}}{\begin{vmatrix}1&\rho_1&\rho_2\\\rho_1&1&\rho_1\\\rho_2&\rho_1&1\end{vmatrix}},\ \cdots$$

第二节　时间序列模型的分类

一、自回归模型

（一）自回归过程（模型）

如果一个线性随机过程表示为：$X_t=\varphi_1 X_{t-1}+\mu_t$，其中 μ_t 为白噪音，则称为一阶自回归过程（模型），即为 AR（1）。

一般地，如果线性随机过程：$X_t=\varphi_1 X_{t-1}+\varphi_2 X_{t-2}+\cdots+\varphi_m X_{t-m}+\mu_t$ 其中 μ_t 为白噪声，则称为 m 阶自回归过程（模型），即为 AR（m）。

（二）滞后算子

如果有 $LX_t=X_{t-1}$，则称 L 为一阶滞后算子。

如果有 $L^k X_t=X_{t-k}$，则称 L^k 为 k 阶滞后算子。

（三）自回归算子

对于一阶自回归过程 $X_t=\varphi_1 X_{t-1}+\mu_t$ 用滞后算子表示，可以得到：

$(1-\varphi_1 L)X_t=\mu_t$

对于 m 阶自回归过程 $X_t=\varphi_1 X_{t-1}+\varphi_2 X_{t-2}+\cdots+\varphi_m X_{t-m}+\mu_t$ 用滞后算子表示，可以得到：

$(1-\varphi_1 L-\varphi_2 L^2-\cdots-\varphi_m L^m)X_t=\Phi(L)X_t=\mu_t$

其中 $\Phi(L)=1-\varphi_1 L-\varphi_2 L^2-\cdots-\varphi_m L^m$ 称为自回归算子或自回归特征多项式。而 $\Phi(L)=1-\varphi_1 L-\varphi_2 L^2-\cdots-\varphi_m L^m=0$ 也称为自回归特征方程。

如果自回归特征方程 $\Phi(L)=0$ 的所有根的绝对值都大于 1，则这个过程是一个平稳过程。

对于一阶自回归过程的特征方程 $\Phi(L)=1-\varphi_1 L=0$ 的根的绝对值大于 1，则

$|L|>1$　也就是　$|1/\varphi_1|>1$　或　$|\varphi_1|<1$

$(1-\varphi_1 L)X_t=\mu_t$，则

$$X_t=(1-\varphi_1 L)^{-1}\mu_t=[1+\varphi_1 L+(\varphi_1 L)^2+\cdots]\mu_t=(\sum_{i=0}^{\infty}\varphi_1^i L^i)\mu_t$$

显然，若 $|\varphi_1|\geqslant 1$ 则 $(1-\varphi_1 L)^{-1}$ 发散，从而 $\{X_t\}$ 为非平稳随机过程。因此，$\{X_t\}$ 是平稳随机过程，必须满足 $|\varphi_1|<1$。

对于自回多项式 $\Phi(L)=1-\varphi_1 L-\varphi_2 L^2-\cdots-\varphi_m L^m$，它也可以分解为：

$$\begin{aligned}\Phi(L)&=1-\varphi_1 L-\varphi_2 L^2-\cdots-\varphi_m L^m\\&=(1-G_1 L)(1-G_2 L)\cdots(1-G_m L)\end{aligned}$$

其中：G_1^{-1}，G_2^{-1}，…，G_m^{-1} 是自回归特征方程 $\varphi(L)=0$ 的根。这样，有

$$X_t=(1-\varphi(L)^{-1}\mu_t=\varphi(L)^{-1}\mu_t=[\frac{k_1}{1-G_1 L}+\frac{k_2}{1-G_2 L}+\cdots+\frac{k_m}{1-G_m L}]\mu_t$$

其中，k_1，k_2，…，k_m 是待定常数，从而也可以这样表述为：AR（m）过程具有平稳性的条件是特征方程的全部根必须在单位圆（半径为 1）之外，即 $|1/G_i|>1$，（$i=1$，2，…，m）。

一阶自回归过程 AR（1）也可以表示为：

$$X_t=\mu_t+\varphi_1\mu_{t-1}+\varphi_1^2X_{t-2}=\mu_t+\varphi_1\mu_{t-1}+\varphi_1^2\mu_{t-2}+\varphi_1^3\mu_{t-3}+\cdots=\sum_{i=0}^{\infty}\varphi_1^i\mu_{t-i}$$

当 $|\varphi_1|<1$ 时，$\{X_t\}$ 是平稳的；当 $|\varphi_1|\geqslant 1$ 时，$\{X_t\}$ 为非平稳；当 $\varphi_1=1$ 时，$\{X_t\}$ 为随机游走过程。

二、移动平均模型

（一）移动平均过程（模型）

如果一个线性随机过程表示为：

$$X_t=\mu_t+\theta_1\mu_{t-1}+\theta_2\mu_{t-2}+\cdots+\theta_m\mu_{t-m}$$

其中 μ_t 为白噪声。

则称为 m 阶移动平均（moving average）过程（模型），记为 MA（m）。

（二）移动平均算子

对于 m 阶移动平均过程 MA（m），用滞后算子表示为：

$$X_t=(1+\theta_1L+\theta_2L^2+\cdots+\theta_mL^m)\mu_t=\Theta(L)\mu_t$$

其中 $\Theta(L)=1+\theta_1L+\theta_2L^2+\cdots+\theta_mL^m$ 称为移动平均算子或移动平均特征多项式。$\Theta(L)=1+\theta_1L+\theta_2L^2+\cdots+\theta_mL^m=0$ 称为移动平均特征方程。

移动平均过程具有可逆性的条件是特征方程 $\Theta(L)=1+\theta_1L+\theta_2L^2+\cdots+\theta_mL^m=0$ 的所有根的绝对值都大于 1。

可以证明，有限阶移动平均过程都是平稳的。

三、自回归移动平均过程（模型）

由自回归过程和移动平均过程共同构成的随机过程称为自回归移动平均过程（模型），记作 ARMA（m，n），一般表达式为：

$$X_t=\varphi_1X_{t-1}+\varphi_2X_{t-2}+\cdots+\varphi_mX_{t-m}+\mu_t+\theta_1\mu_{t-1}+\theta_2\mu_{t-2}+\cdots+\theta_n\mu_{t-n}$$

或　$$(1-\varphi_1L-\varphi_2L^2-\cdots-\varphi_mL^m)X_t=(1+\theta_1L+\theta_2L^2+\cdots+\theta_nL^n)\mu_t$$

也可以简化为：

$$\Phi(L)X_t=\Theta(L)\mu_t$$

其中，$\Phi(L)$ 和 $\Theta(L)$ 分别代表关于 L 的 m，n 阶特征多项式，也分别称之为自回归算子和移动平均算子。

可以证明，ARMA（m，n）的平稳性只依赖于其自回归部分，即 $\Phi(L)=0$ 的全部根的绝对值都大于 1；其可逆性则只依赖于移动平均部分，即 $\Theta(L)=0$ 的全部根的绝对值都大于 1。

四、单整自回归移动平均过程（模型）

（一）差分

前述已知 ARMA 过程（包括 AR 过程），如果特征方程 $\varphi(L)=0$ 的全部根取值在单位圆之外，则该过程是平稳的；如果若干个或全部根取值在单位圆之内或之上，则该过程是非平稳的。对于非平稳过程如何处理呢？下面将引入差分的概念。

用变量 X_t 的当期值减去其滞后值从而得到新序列的计算方法称为差分。若减数为滞后一期变量则称为一阶差分，若减数为滞后 k 期变量称为 k 阶差分。

一阶差分可以表示为：

$DX_t=X_t-X_{t-1}$

其中 D 称为一阶差分算子。（L 是一阶滞后算子）。

k 阶差分可以表示为：

$D^kX_t=X_t-X_{t-k}$

$DX_t=X_t-X_{t-1}=X_t-LX_t$

$D^kX_t=X_t-X_{t-k}=X_t-L^kX_t$

二阶差分可以表示为：

$D^2X_t=DDX_t=D(X_t-X_{t-1})=DX_t-DX_{t-1}=(X_t-X_{t-1})-(X_{t-1}-X_{t-2})=X_t-2X_{t-1}+X_{t-2}$

从中可以看出，滞后算子和差分算子可以直接参与运算。

前面所提到的平稳随机过程要求特征方程的若干根都在单位圆之外。而我们也把特征方程的若干单位根的值恰好在单位圆上的情况称为单位根，当然，该过程是非平稳的。但该过程的特点是经过相应次差分之后可以转化为一个平稳过程。虽然自然科学领域中的许多时间序列都是平稳的，但经济领域中多数宏观经济时间序列却都是非平稳的，即其均值与方差是随时间的变化而变化的。博克斯—詹金斯（Box—Jenkins）积数十年理论与实践的研究指出，时间序列的非平稳性是多种多样的，然而幸运的是经济时间序列常常具有某种特殊的齐次非平稳特征。对于一个非季节性经济时间序列，常常可以用含有一个或多个单位根的随机过程描述。

（二）单整自回归移动平均过程（模型）

假设一个随机过程含有 d 个单位根，则其经过 d 次差分之后可以变换成一个平稳的自回归移动平均过程。

如下模型：

$\Phi(L)D^dY_t=\Theta(L)\mu_t$

其中，D^dY_t 表示 Y_t 经过 d 次差分变为平稳过程，$\Phi(L)$ 表示平稳过程的自回归算子，$\Theta(L)$ 表示平稳过程的移动平均算子。

现在，令 $X_t=D^dY_t$，则上式就可表示为：

$\Phi(L)X_t=\Theta(L)\mu_t$

这说明 $\{X_t\}$ 经过 d 次差分之后，可用一个平稳的、可逆的 ARMA 过程 $\{X_t\}$ 表示。

随机过程 $\{Y_t\}$ 若经过 d 次差分之后可以变换为一个以 $\Phi(L)$ 为 m 阶自回归算子，$\Theta(L)$ 为 n 阶移动平均算子的平稳、可逆的随机过程，则称 $\{Y_t\}$ 为（m，d，n）阶单整自回归移动平均过程。记为 ARIMA（m，d，n）。ARIMA 过程也称为综合自回归移动平均过程或单整自回归移动平均过程。其中 $\Phi(L)D^d$ 称为广义自回归算子。

综上所述，我们可以把以上随机过程归纳如下：

ARIMA（m，n）过程：

$\Phi(L)D^dX_t=\Theta(L)\mu_t$

当 $d=0$，$m\neq 0$，$n=0$ 时，ARIMA（m，n）变成 AR（m），$\Phi(L)X_t=\mu_t$

当 $d=0$，$m=0$，$n\neq 0$ 时，ARIMA（m，n）变成 MA（n），$X_t=\Theta(L)\mu_t$

当 $d=0$，$m\neq 0$，$n\neq 0$ 时，ARIMA（m，n）变成 ARMA（m，n），$\Phi(L)X_t=\Theta(L)\mu_t$

第三节 随机时间序列的平稳性检验

建立随机时间序列模型，首先要对时间序列是否平稳进行识别，如果时间序列是非平稳的，由于它已经不具备平稳性时间序列的统计特征，我们已经介绍的计量经济技术将遇到极大的困难，而在实际工作中遇到的时间序列可能只有极少数属于平稳序列，如果把非平稳的时间序列当作平稳时间序列，实际上会破坏经典线性回归模型的基本假定，用这样的模型进行回归分析，得到的 t，F，R^2 统计量都是失效的，分析、检验和预测的结果是无效的，这对于计量回归分析的有效性有很大的影响。时间序列的平稳性是时间序列计量分析有效性的基础，因而有必要在建立模型之前先对有关的时间序列数据进行平稳性检验。而时间序列稳定性的判断一般可以利用图示法、自相关函数和单位根进行检验。本节将分别予以介绍。

一、利用散点图进行平稳性判断

利用散点图进行平稳性判断是最简单的一种平稳性检验方法。一般来说，一个平稳时间序列的时序图应该围绕某个常数上下波动，不能具有某种趋势。如果某个时序图呈现出明显的上升或下降趋势，则该序列是非平稳的。

其具体的做法，首先画出该时间序列的散点图，然后直观判断散点图上曲线是否为一条围绕其平均值上下波动的曲线，如果是，则该时间序列是一个平稳时间序列；如果不是，则该时间序列是一个非平稳时间序列。

如对于时间序列 $\{X_t\}$，如果各观测点在其均值水平直线上上下波动，如图 10－1（a）所示，则可认为该样本来自平稳序列 $\{X_t\}$；如果各观测点在不同的时间段具有不同的均值（如持续上升或持续下降），如图 10－1（b）所示，则可认为样本来自非平稳序列。

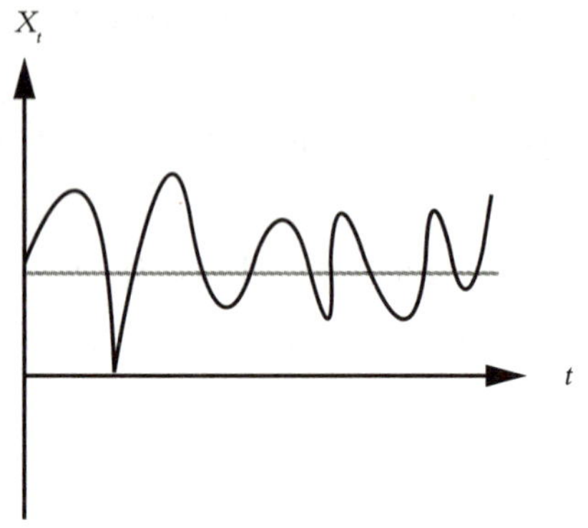

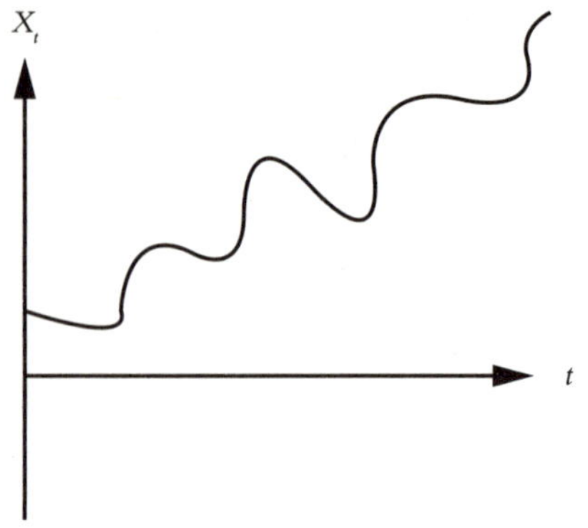

图 10－1

注意：这种方法简单直观，易于判断，但是精确度不高，所以在进行科学判断时，此种方法仅作为参考。

二、样本自相关函数检验

不同的时间序列具有不同形式的自相关函数，于是可以从时间序列的自相关函数形状分析中，来判断时间序列的平稳性。在实际应用中，采用样本自相关函数（ACF）来判断时间序列是否为平稳过程。

从自相关函数图来看，如果一个时间序列是平稳的，则一定呈现出短期记忆性质，或者说其自相关函数是迅速“拖尾”的；如果表现出缓慢收敛或者呈现出一个长长的尾巴，则表明其是非平稳的。对于非平稳时间序列，其偏自相关函数往往具备一步截尾特征。

所谓“拖尾”现象，实际就是指自相关函数为单调递减的或表现为衰减的正弦的形式。也就是说，如果一个时间序列是平稳的，则自相关函数是拖尾的，呈现衰减的正弦形式。如果一个时间序列是非平稳的，则自相关函数不具有拖尾现象。

由前面所述，我们已经知道样本自相关函数

$$\hat{\gamma}_k=\frac{\sum(X_t-\bar{X})(X_{t-k}-\bar{X})}{n}\quad(k=0,1,2,\cdots)$$

当 k 增大时，γ_k 迅速衰减，则认为该序列是平稳的；如果它衰减非常缓慢，则预示该序列为非平稳的。

自相关图检验的原理是：平稳时间序列过程的自协方差或由协方差计算的自相关系数应该很小，并且很快趋于 0，具有截尾或拖尾特征（截尾是指某一 k 之后的所有协方差、自相关函数都为 0；拖尾是指随着 k 的增大，协方差、自相关函数很快下降，且不断变小）。如图 10－2（a、b）所示。

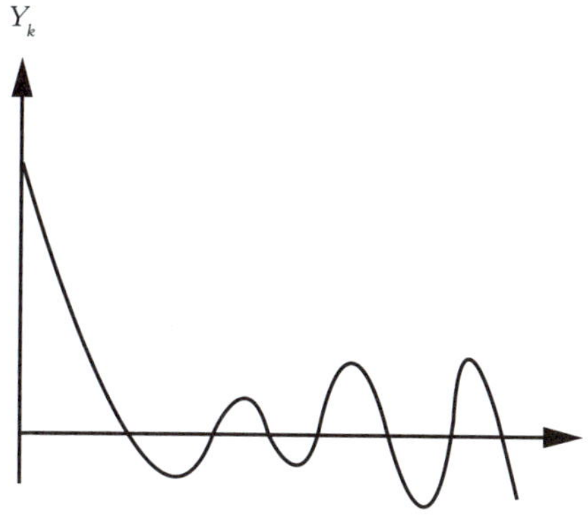

（a）平稳时间序列

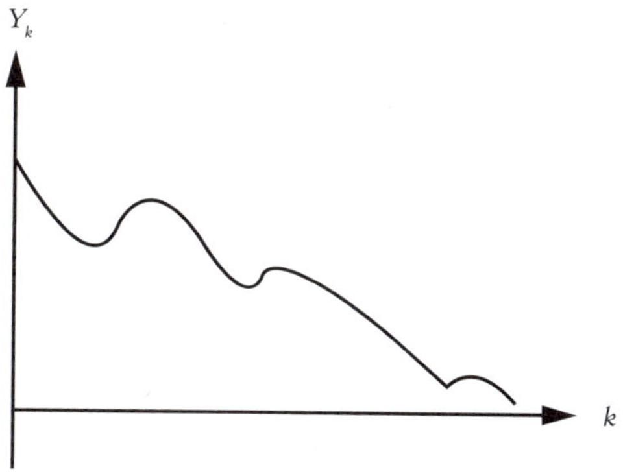

（b）非平稳时间序列

图 10—2　平稳时间序列与非平稳时间序列自相关函数图

确定样本自相关函数某一数值 γ_k 是否足够接近于 0 是非常有用的，因为它可以检验对应时间序列的自相关函数的真值是否为 0 的假设。巴特雷特（Bartet）曾证明，如果时间序列由白噪声过程生成，则对所有的 $k>0$，样本自相关函数近似地服从以 0 为均值，$\frac{1}{n}$ 为方差的正态分布，其中 n 为样本容量。也可检验对所有 $k>0$，自相关系数都为 0 的联合假设，这可以通过如下统计量进行。

$$Q=n(n+2)\sum_{k=1}^{p}\frac{r_k}{n-k}$$

该统计量近似地服从自由度为 p 的 x^2 分布（p 为滞后长度），n 为观测值的个数。因此，如果计算的 Q 大于显著性为 α 的临界值，则有 $1-\alpha$ 的把握拒绝所有 $r_k(k>0)$ 同时为 0 的假设。

另外有关 Dickey－Fuller 单位根检验（DF 检验）和扩展的 Dickey－Fuller 检验（ADF 检验）将在下面的第五节作详细介绍。

三、随机时间序列模型的识别

所谓随机时间序列模型的识别，就是对于一个平稳的随机时间序列，找出生成它的合适的随机过程或模型，即判断该时间序列是遵循一纯 AR（m）模型，还是 MA（n）模型或 ARMA（m，n）模型。所使用的工具主要是时间序列的自相关函数（autocorrelation function，ACF）及偏自相关函数（partial autocorrelation function，PACF）。

（一）AR（m）模型的识别

1. AR（m）模型的自相关函数

假定 AR（1）模型：

$Y_t = \varphi_1 Y_{t-1} + \mu_t$

两边同乘以 Y_{t-k}，得：

$Y_t Y_{t-k} = \varphi_1 Y_{t-1} Y_{t-k} + \mu_t Y_{t-k}$

两边同取期望，得：

$E(Y_t Y_{t-k}) = E(\varphi_1 Y_{t-1} Y_{t-k} + \mu_t Y_{t-k})$

则有：

$\gamma_k = \varphi_1 \gamma_{k-1}$

两边同除 γ_0，得：

$\rho_k = \varphi_1 \rho_{k-1} = \varphi_1 \varphi_1 \rho_{k-2} = \cdots = \varphi_1^k \rho_0$

因为 $\rho_0 = 1$，所以有：

$\rho_k = \varphi_1^k$

对于平稳序列有 $|\varphi_1| < 1$，因此，当 φ_1 为正，$k \to \infty$ 时，自相关函数呈指数衰减至零（过阻尼情形），这种现象称为拖尾或称 AR（1）有无穷记忆（infinite memory）；当 φ_1 为负时，自相关函数正负交错地指数衰减至零，见图 10－3 所示。

因为对于经济时间序列，φ_1 一般为正，所以第一种情形常见；指数衰减至零的表现形式说明随着时间间隔的加长，变量之间的关系变得越来越弱。

一般地，对于自回归 AR（m）模型：$Y_t = \varphi_1 Y_{t-1} + \varphi_2 Y_{t-2} + \cdots + \varphi_m Y_{t-m} + \mu_t$

假定 Y_t 的均值为零，若不为零，可中心化为 0，则自协方差函数为：

$$\gamma_k = \mathrm{Cov}(Y_t, Y_{t-k}) = E(Y_t Y_{t-k}) = E[Y_t(\varphi_1 Y_{t-k-1} + \varphi_2 Y_{t-k-2} + \cdots + \varphi_m Y_{t-k-m})]$$
$$= \varphi_1 \gamma_{k+1} + \varphi_2 \gamma_{k+2} + \cdots + \varphi_m \gamma_{k+m}$$

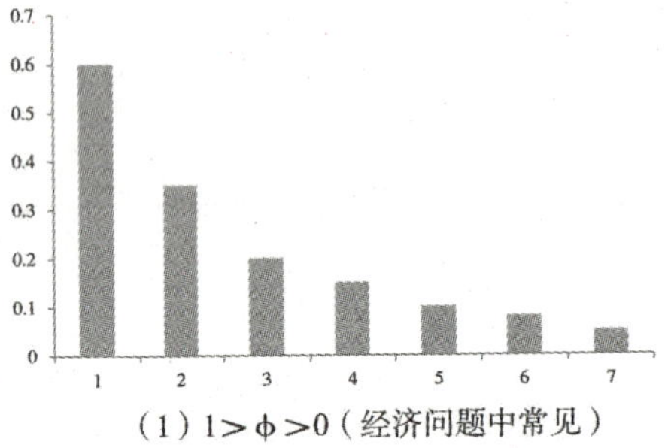

（1）1＞φ＞0（经济问题中常见）

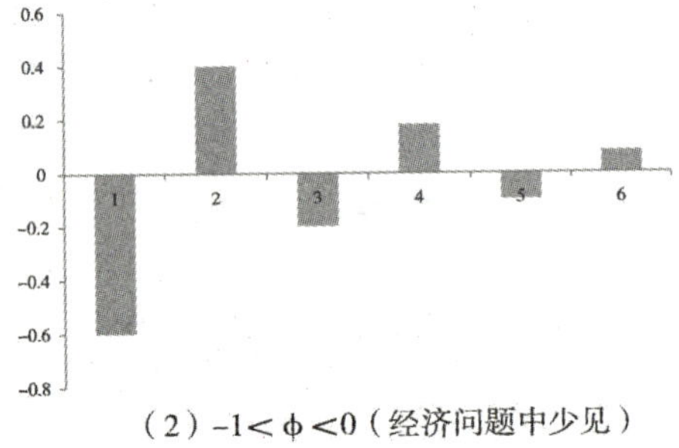

（2）-1＜φ＜0（经济问题中少见）

图 10－3　AR 模型的自相关函数图

从而自相关函数为：

$$\rho_k = \frac{\gamma_k}{\gamma_0} = \varphi_1 \rho_{k+1} + \varphi_2 \rho_{k+2} + \cdots + \varphi_m \rho_{k+m}$$

可见，无论 k 有多大，ρ_k 的计算均与其 1 到 m 阶滞后的自相关函数有关，因此呈拖尾状。通过 AR（m）是稳定的，则 $|\rho_k|$ 递减且趋于零。而且当特征方程 $\Phi(L)=0$ 的特征根的倒数 G_i 为实数时，自相关函数

$\rho_k=\frac{\gamma_k}{\gamma_0}=\varphi_1\rho_{k+1}+\varphi_2\rho_{k+2}+\cdots+\varphi_m\rho_{k+m}$ 中的 ρ_k 将随着 k 的增加而几何衰减至零，称为指数衰减。见图 10－2 所示。当特征方程 $\Phi(L)=0$ 的特征根的倒数 G_i 为一对共轭复数时，自相关函数。

$\rho_k=\frac{\gamma_k}{\gamma_0}=\varphi_1\rho_{k+1}+\varphi_2\rho_{k+2}+\cdots+\varphi_m\rho_{k+m}$ 中的 ρ_k 将按正弦振荡形式衰减随着 的增加而几何衰减至零，称为指数衰减。见图 10－2 所示。实际中的平稳自回归模型的自相关函数常是由指数衰减和正弦衰减两部分混合而成。

2. AR（m）模型的偏自相关函数

自相关函数（ACF（k））给出了 Y_t 与 Y_{t-1} 的总体相关性，但总体相关性可能掩盖了变量之间完全不同的隐含关系。例如，在 AR（1）模型中，Y_t 与 Y_{t-2} 间有相关性可能主要是由于它们各自与 Y_{t-1} 间的相关性带来的：

$\rho_2=\varphi^2=\rho_1^2=E(Y_tY_{t-1})E(Y_{t-1}Y_{t-2})$，即自相关函数中包含了这种所有的“间接”相关。与之相反，Y_{t-1} 与 Y_{t-k} 间的偏自相关函数（partial autocorrelation function，PACF）则是消除了中间变量 Y_{t-1}，Y_{t-2}，…，Y_{t-k+1} 带来的间接相关后的直接相关性，它是在已知序列值 Y_{t-1}，Y_{t-2}，…，Y_{t-k+1} 的条件下，Y_t 与 Y_{t-k} 间关系的度量。在 AR（1）中，从 Y_t 中去掉 Y_{t-1} 的影响，则只剩下随机扰动项 μ_t，显然它与 Y_{t-2} 无关，因此我们说 Y_t 与 Y_{t-2} 的偏自相关系数为零。

一般地，偏自相关函数是描述随机过程结构特征的另一种方法。若用 φ_{kj} 表示 k 阶自回归式中第 j 个回归系数，则 k 阶自回归模型表示为：

$$Y_t=\varphi_{k1}Y_{t-1}+\varphi_{k2}Y_{t-2}+\cdots+\varphi_{kk}Y_{t-k}+\mu_t$$

其中 φ_{kk} 是最后一个回归系数。若把 $k=1$，2，… 的一系列回归式 φ_{kk} 看作滞后期 k 的函数，则称 $\varphi_{kk}(k=1,2,\cdots)$ 为偏自相关函数。它由下式中的 φ_{11}，φ_{22}，…，φ_{kk} 组成。

$$Y_t=\varphi_{11}Y_{t-1}+\mu_t$$

$$Y_t=\varphi_{21}Y_{t-1}+\varphi_{22}Y_{t-2}+\mu_t$$

……

$$Y_t=\varphi_{k1}Y_{t-1}+\varphi_{k2}Y_{t-2}+\cdots+\varphi_{kk}Y_{t-k}+\mu_t$$

因偏自相关函数中每一个回归系数 φ_{kk} 恰好表示 Y_t 与 Y_{t-k} 在排除了其中间变量 Y_{t-1}，Y_{t-2}，…，Y_{t-k-1} 影响之后的相关系数：

$$Y_t-\varphi_{k1}Y_{t-1}-\varphi_{k2}Y_{t-2}-\cdots-\varphi_{kk-1}Y_{t-k+1}=\varphi_{kk}Y_{t-k}+\mu_t$$

所以偏自相关函数由此得名。

对于 AR（1）模型，$Y_t=\varphi_{11}Y_{t-1}+\mu_t$，当 $k=1$ 时，$\varphi_{11}\neq0$；当 $k>1$ 时，$\varphi_{1kk}=0$，所以 AR（1）模型的偏自相关函数特征是在 $k=1$ 出现峰值（$\varphi_{11}=\rho_1$），然后截尾。见图 10－4 所示。

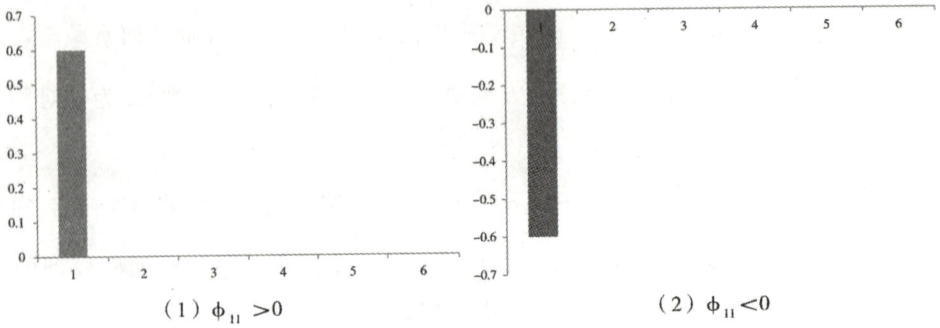

图 10－4　AR（1）**模型的偏自相关函数图**

对于 AR（m）模型，当 $k \leqslant m$ 时，$\varphi_{kk} \neq 0$；当 $k > m$ 时，$\varphi_{kk} = 0$。偏自相关函数在滞后期 m 之后有截尾特性，因此，可用此特征识别 AR（m）过程的阶数。

在实际识别时，由于样本偏自相关函数 $\dot{\varphi}_{kk}$ 是总体偏自相关函数 φ_{kk} 的一个估计，由于样本的随机性，当 $k > m$ 时，$\dot{\varphi}_{kk}$ 不会全为 0，而是在 0 上下波动。但可以证明，对于大样本来讲，如果自回归模型 AR（m）的阶数为 m，那么，但 $k > m$ 时，偏自相关函数 $\dot{\varphi}_{kk}$ 服从期望值为 0，方差为 $\frac{1}{n}$ 的渐近正态分布：$\dot{\varphi}_{kk} \sim N(0, \frac{1}{n})$。

式中 $\dot{\varphi}_{kk}$ 为样本容量。因此，要判断在 0.05 显著性水平下 $\dot{\varphi}_{kk}$ 是否为 0，只要考察 $\dot{\varphi}_{kk}$ 的数值是否落在下面的区间内：$\left[-\frac{1.96}{\sqrt{n}}, \frac{1.96}{\sqrt{n}}\right]$，如果落在这个区间内，则 φ_{kk} 不显著，即确定 $\varphi_{kk} = 0$；反之，则 φ_{kk} 显著，即确定 $\varphi_{kk} \neq 0$。这样就有 95%的把握判断原时间序列在 m 之后截尾。

（二）MA（n）模型的识别

1. MA（n）模型的自相关函数

MA（1）过程 $Y_t = \mu_t + \theta_1 \mu_{t-1}$，有：$\gamma_k = E(Y_t Y_{t-k}) = E[(\mu_t + \theta_1 \mu_{t-1})(\mu_{t-k} + \theta_1 \mu_{t-k-1})]$

当 $k = 0$ 时，$\gamma_0 = E(Y_t Y_t) = E[\mu_t^2 + 2\theta_1 \mu_t \mu_{t-1} + \theta_1^2 \mu_{t-1}^2] = (1 + \theta_1^2)\sigma^2$

当 $k = 1$ 时，$\gamma_1 = E(Y_t Y_{t-1}) = E(\mu_t \mu_{t-1} + \theta_1 \mu_{t-1}^2 + \theta_1 \mu_t \mu_{t-2} + \theta_1^2 \mu_{t-1} \mu_{t-2})$

$$= \theta_1 E(\mu_{t-2}^2) = \theta_1 \sigma^2$$

当 $k > 1$ 时，$\gamma_k = E(Y_t Y_{t-k}) = 0$

故：MA（1）模型的自相关函数为：

$$\rho_k = \frac{\gamma_k}{\gamma_0} = \begin{cases} \dfrac{\theta_1}{1 + \theta_1^2} & k = 1 \\ 0 & k > 1 \end{cases}$$

可见，MA（1）模型的自相关函数具有结尾特征，见图 10－5 所示。

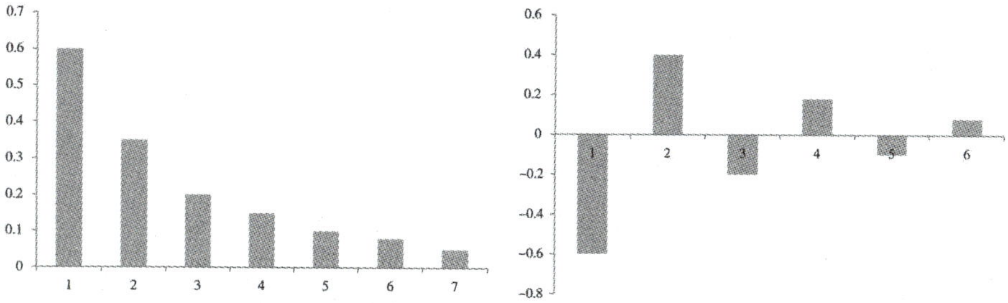

（1）1＞φ＞0（经济问题中常见）　（2）-1＜φ＜0（经济问题中少见）

图 10－5　MR（1）模型的自相关函数图

一般地，对 n 阶移动平均过程 MA（n）：

$$Y_t = \mu_t + \theta_1\mu_{t-1} + \theta_2\mu_{t-2} + \cdots + \theta_n\mu_{t-n}$$

其自协方差函数为：

$$\gamma_k = \begin{cases} \sigma^2(1+\theta_1^2+\theta_2^2+\cdots+\theta_n^2) & k=0 \\ \sigma^2(-\theta_k+\theta_1\theta_{k+1}+\cdots+\theta_{n-k}\theta_n) & 0 \leqslant k \leqslant n \\ 0 & k>n \end{cases}$$

自相关函数为：

$$\rho_k = \frac{\gamma_k}{\gamma_0} = \begin{cases} 1 & k=0 \\ \dfrac{(-\theta_k+\cdots+\theta_{n-k}\theta_n)}{(1+\theta_1^2+\cdots+\theta_n^2)} & 1 \leqslant k \leqslant n \\ 0 & k>n \end{cases}$$

由此可见，当 $k>n$ 时，Y_t 与 Y_{t-k} 不相关，因此，对于 MA（n）模型，自相关函数也具有结尾特征。当 $k>n$ 时，$\rho_k=0$ 是 MA（n）的一个特征。于是，可以根据自相关系数是否从某一点开始值为 0，判断时间序列是否为 MA（n）并确定 n 值。

2. MA（n）的偏自相关函数

MA（1）过程 $Y_t=\mu_t+\theta_1\mu_{t-1}$ 可以写成：$Y_t=(1+\theta_1 L)\mu_t$

当｜θ_1｜＜1 时，MA（1）过程可以变换为：

$$\mu_t=(1+\theta_1 L)^{-1}Y_t=(1-\theta_1 L+\theta_1^2L^2-\theta_1^3L^3+\cdots)Y_t$$

整理上式，可以看出，MA（1）过程等价地写成 μ_t 关于无穷序列 Y_t，Y_{t-1}，… 的线性组合的形式：$Y_t=\theta_1Y_{t-1}-\theta_1^2Y_{t-2}+\theta_1^3Y_{t-3}-\cdots+\mu_t$

这是一个无限阶的以几何衰减特征为权数的自回归过程，因此 MA（1）的偏自相关函数非截尾但却趋于零，即 MA（1）过程的偏自相关函数呈指数衰减特征。若 $\theta_1>0$，偏自相关函数呈交替改变符号式指数衰减；若 $\theta_1<0$，偏自相关函数呈负数的指数衰减。$Y_t=(1+\theta_1 L)$ 只有当｜θ｜＜1 时才有意义，否则意味着距 Y_t 越远的 Y 值，对 Y_t 的影响越大，显然不符合常理。

与 MA（1）相仿，任何一个可逆的 MA（n）过程都可以转成为一个无限阶的系数按几何递减的 AR 过程，所以可以验证 MA（n）过程的偏自相关函数是非截尾但趋于零的。说明 MA（n）过程的偏自相关函数呈缓慢衰减特征，所以，MA（n）模型的识别规则是：若随机时间序列的自相关函数截尾，即自 n 以后，$\rho_k = 0(k > n)$；而它的偏自相关函数是拖尾的，则此序列是移动平均 MA（n）序列。

在实际识别时，需要用样本自相关函数 $\gamma_k = \dfrac{\sum_{t=1}^{n-k}(Y_t - \bar{Y})(Y_{t+k} - \bar{Y})}{\sum_{t=1}^{n}(Y_t - \bar{Y})^2}$ 对总体自相关函数 ρ_k 进行估计。由于样本的随机性，当 $k > n$ 时，γ_k 不会全为 0，而是在 0 上下波动。但可以证明，当样本容量很大时，当 $k > n$ 时，γ_k 服从期望值为 0，方差为 $\dfrac{1}{n}$ 的渐近正态分布：$\gamma_k \sim N(0, \dfrac{1}{n})$。

式中 n 为样本容量。于是可以确定 MA（n）的阶数 n。其具体步骤为：

第一步，构建在 95%的置信区间 $\left[-\dfrac{1.96}{\sqrt{n}}, \dfrac{1.96}{\sqrt{n}}\right]$。

第二步，计算样本的各阶自相关系数 γ_k（$k=1, 2, \cdots$）。

第三步，考察 γ_k 是否落在这一区间内，如果 γ_k 落在此区间之外，表明 ρ_k 显著（即 $\rho_k \neq 0$），否则不显著（即 $\rho_k = 0$）。若 $k \leqslant n$ 时，ρ_k 皆显著；若 $k > n$ 时，ρ_k 皆不显著，则在 0.05 显著性水平下，产生样本的移动平均过程的阶数确定为 n。这样就有 95%的把握判断原时间序列在 n 之后截尾。

（三）ARMA（m，n）模型的识别

ARMA（m，n）模型的自相关函数，可以看做 MA（n）的自相关函数和 AR（m）的自相关函数的混合物。当 $m=0$ 时，它具有截尾性质；当 $n=0$ 时，它具有拖尾性质；当 m，n 都不为 0 时，它具有拖尾性质。

ARMA（m，n）模型的偏自相关函数也是无限延长的，其表现形式与 MA（n）过程的偏自相关函数相类似。根据模型中移动平均部分的阶数 n 以及参数 θ_i 的不同，偏自相关函数呈指数衰减和（或）正弦衰减混合形式。

从识别上看，通常，ARMA（m，n）过程的偏自相关函数（PACF）可能在 m 阶滞后前有几项明显的尖柱（spikes），但从 m 阶滞后项开始逐渐趋向于零；而它的自相关函数（ACF）则是在 n 阶滞后前有几项模型的尖柱，从 n 阶滞后项开始逐渐趋向于零。

四、ARMA（m，n）模型的参数估计*

ARMA（m，n）模型的参数估计有多种方法，主要有矩估计、条件极大似然估计和精确极大似然估计三种方法。在此主要介绍矩估计方法。

（一）AR（m）模型的矩估计

对于 AR（m）模型 $X_t = \varphi_1 X_{t-1} + \varphi_2 X_{t-2} + \cdots + \varphi_m X_{t-m} + \mu_t$，在方程两边同乘以 X_{t-j}，$0 \leqslant j \leqslant m$，有：

$$\gamma_0=\varphi_1\gamma_1+\varphi_2\gamma_2+\cdots+\varphi_m\gamma_m+\sigma^2$$
$$\rho_1=\varphi_1\rho_0+\varphi_2\rho_1+\cdots+\varphi_m\rho_{m-1}$$
$$\rho_2=\varphi_1\rho_1+\varphi_{k2}\rho_0+\cdots+\varphi_m\rho_{m-2}$$
……
$$\rho_m=\varphi_1\rho_{m-1}+\varphi_2\rho_{m-2}+\cdots+\varphi_m\rho_0$$

在方程两边可利用样本数据得到样本自相关函数 $\hat{\gamma}_i$，$\hat{\rho}_i$，$0\leqslant i\leqslant m$，估计克莱姆法则，从而可以得到 $\hat{\varphi}_1$，$\hat{\varphi}_2$，…，$\hat{\varphi}_m$。另外，还有 $\hat{\sigma}^2=\hat{\gamma}_0-\sum_{j=1}^{m}\hat{\gamma}_j$ 。

（二）MA（n）模型的矩估计

透过前面的分析，我们已经得到了 MA（m）模型的样本自相关函数，利用样本资料得到其估计，从而有

$$\hat{\gamma}_k=\begin{cases}(1+\theta_1^2+\theta_2^2+\cdots+\theta_n^2)\sigma^2 & k=0\\(\theta_k+\theta_1\theta_{k+1}+\theta_2\theta_{k+2}+\cdots+\theta_{n-k}\theta_n)\sigma^2 & 1\leqslant k\leqslant n\end{cases}$$

由 $n+1$ 个等式可以解出 $n+1$ 个未知参数 $\hat{\theta}_i$ 以及 $\hat{\sigma}^2$，由于其为非线性方程组，故一般可用迭代法求解。但对于低阶的模型可以直接求解。如 MA（1）模型参数的矩估计为：

$$\hat{\theta}=\frac{-1\pm\sqrt{1-4\hat{\rho}_1^2}}{2\hat{\rho}_1}\qquad \hat{\sigma}^2=\frac{\hat{\gamma}_0}{1+\hat{\theta}^2}$$

由于 $\hat{\theta}$ 有两个估计值，一般取满足可逆性的结果。

（三）ARMA（m，n）模型的矩估计

在 ARMA（m，n）模型中，共有 $m+n+1$ 个待估参数（φ_1，φ_2，…，φ_m，θ_1，θ_2，…，θ_n，σ^2），其估计一般分为两个步骤：首先利用类似 AR（m）得到 φ_1，φ_2，…，φ_m 的估计，其次构建新的序列，最后利用 MA（n）得到 θ_1，θ_2，…，θ_n，σ^2。当然，矩估计比较通俗易懂，但其精度不够高，往往作为其他方法，如极大似然估计的初始值来进行迭代使用。

五、ARMA 模型的诊断

（一）残差白噪声检验

我们现在已经完成了模型识别定阶和参数估计的工作，下面就需要对模型拟合的结构进行必要的检验。第一个检验就是残差是否为白噪声，检验的原假设是 μ_t 直至滞后期 m 不存在自相关性。即原假设和备择假设分别为：

$$H_0: \rho_1=\rho_2=\cdots=\rho_m=0,\ \forall m\geqslant 1$$
$$H_1: \exists\rho_k\neq 0,\ \forall m\geqslant 1,\ k\leqslant m$$

检验统计量是 Ljung－Box 给出的 LB 统计量：

$$LB=T(T+2)\sum_{k=1}^{m}\frac{\hat{\rho}_k^2}{T-k}\sim\chi^2(m)$$

如果拒绝原假设，表明残差中还含有待提取信息，应该重新拟合模型；否则，认为该模型拟合充分，作为候选模型进入下一轮检验。

白噪声检验有时也需要对原序列进行，以判断一个平稳的时间序列是否为白噪声过程。

（二）参数显著性检验

参数显著性检验，就是检验模型中每一个未知参数是否显著非为零，通过剔除一些不显著的参数从而使得模型变得更为简洁。在较大样本和白噪声服从正态分布假设下，对各个参数是否为零的检验可以用通常的 t 检验进行，在这里不再赘述。

（三）模型的定阶

在建立模型时，有时候会有好几个模型都通过上述的检验，这时需要采用信息量准则来确定模型的最优阶数，可以使用的信息量准则有 Akaike（1973）提出的 AIC 指标。

$$AIC = T\ln\hat{\sigma}^2 + 2k$$

其中，如果模型中不含有均值项则有 $k = m + n + 1$，如果含有均值项则有 $k = m + n + 2$。另一个指标为 BIC 或称为 SBC 准则，其计算公式为：

$$BIG = SBC = T\ln\hat{\sigma}^2 + k\ln T$$

其中，k 的含义同 AIC 指标中的解释相同。我们可以利用上述标准，选择一个最小指标对应的模型作为最终的候选模型。

六、模型的预测

（一）预测的一般公式与区间估计

通过前面的分析，我们建立了合适的模型，然而建立模型的最终目标是预测。所谓预测，就是利用时间序列现有的观测值来预测未来的值，包括点预测和区间预测。由于未来的不确定性，预测必然会产生误差，这就需要在一定的标准下给出预测公式，这个标准就是最小均方差预测准则（MSE）。

假设我们现在有直到时刻 t 的信息，即有

$$I_t = \{X_t,\ X_{t-1},\ X_{t-2},\ \cdots,\ \mu_1,\ \mu_{t-1},\ \mu_{t-2},\ \cdots\}$$

记在时刻 t 向前预测 l 步的结果为 $\hat{X}_t(l)$，而其真实值为 X_{t+1}，预测误差记为 $e_t(l)$，则由数理统计知识得到，在最小均方差预测准则下，有

$$\hat{X}_t(l) = E(X_{t+1} \mid I_t) \quad e_t(l) = X_{t+1} - E(X_{t+1} \mid I_t)$$

因此，当一个平稳模型可以表示为传递形式 $X_t = \mu_t + G_1\mu_{t-1} + G_2\mu_{t-2} + \cdots + G_l\mu_{t-1} + \cdots$ 时，则有

$$\hat{X}_t(l) = E(X_{t+1} \mid I_t) = G_l\mu_t + G_{l+1}\mu_{t-1} + \cdots$$

$$e_t(l) = X_{t+1} - E(X_{t+1} \mid I_t) = \mu_{t+1} + G_1\mu_{t+l-1} + G_2\mu_{t+l-2} + \cdots + G_{l-1}\mu_{t+1}$$

进一步假设 $\mu_t \sim N(0,\ \sigma^2)$，则有

$$\mathrm{Var}[e_t(l)] = (1 + G_1^2 + G_2^2 + \cdots + G_{l-1}^2)\sigma^2$$

从而得到区间预测估计公式为：

$\hat{X}_t(l)-U_{\frac{\alpha}{2}}\sqrt{\mathrm{Var}(e_t(l))}$，$\hat{X}_t(l)+U_{\frac{\alpha}{2}}\sqrt{\mathrm{Var}(e_t(l))}$

（二）三种模型的点预测和区间预测

1. AR（m）模型的预测

假设 AR（m）模型为

$X_t=c+\varphi_1X_{t-1}+\varphi_2X_{t-2}+\cdots+\varphi_mX_{t-m}+\mu_t$，则有

$$\hat{X}_t(l)=E(X_{t+1}\mid I_t)=c+\varphi_1X_t(l-1)+\varphi_2X_t(l-2)+\cdots+\varphi_mX_t(l-m)$$

其中，$\hat{X}_t(k)=\begin{cases}\hat{X}_t(k), & k>0\\ X_{t+k}, & k\leqslant 0\end{cases}$

2. MA（n）模型的预测

假设 MA（n）模型为

$X_t=v+\mu_t+\theta_1\mu_{t-1}+\theta_2\mu_{t-2}+\cdots+\theta_n\mu_{t-n}$，则有

$$\begin{cases}\hat{X}_t(l)=E(X_{t+l}\mid I_t)=v+\theta_1\mu_t+\theta_{l+1}\mu_{t-1}+\cdots+\theta_n\mu_{t+l-n}\\ e_t(l)=X_{t+l}-E(X_{t+l}\mid I_t)=\mu_{t+l}+\theta_1\mu_{t+l-1}+\cdots+\theta_{t-l}\mu_{t+1}, \quad l\leqslant n\\ \mathrm{Var}[e_t(l)]=(1+\theta_1^2+\theta_2^2+\cdots+\theta_{l-1}^2)\sigma^2\end{cases}$$

$$\begin{cases}\hat{X}_t(l)=E(X_{t+l}\mid I_t)=v\\ e_t(l)=X_{t+l}-E(X_{t+l}\mid I_t)=\mu_{t+l}+\theta_1\mu_{t+l-1}+\cdots+\theta_n\mu_{t+l-n}, \quad l>n\\ \mathrm{Var}[e_t(l)]=(1+\theta_1^2+\theta_2^2+\cdots+\theta_n^2)\sigma^2\end{cases}$$

从而当预测步长 $l>n$ 时，预测值始终为期望 v，预测误差的方差都相同。

3. ARMA（m，n）模型的预测

假设 ARMA（m，n）模型为 $X_t=c+\varphi_1X_{t-1}+\varphi_2X_{t-2}+\cdots+\varphi_mX_{t-m}+\mu_t+\mu_t+\theta_1\mu_{t-1}+\theta_2\mu_{t-2}+\cdots+\theta_n\mu_{t-n}$，则该模型有两部分构成，预测公式为：

$\hat{X}_t(l)=E(X_{t+l}\mid I_t)=c+\varphi_1\hat{X}_t(l-1)+\varphi_2\hat{X}_t(l-2)+\cdots+\varphi_m\hat{X}_t(l-m)+\theta_l\mu_t+\theta_{l+1}\mu_{t-1}+\cdots+\theta_n\mu_{t+l-n}\quad l\leqslant n$

$\hat{X}_t(l)=E(X_{t+l}\mid I_t)=c+\varphi_1\hat{X}_t(l-1)+\varphi_2\hat{X}_t(l-2)+\cdots+\varphi_m\hat{X}_t(l-m)\quad l>n$

其中，$\hat{X}_t(k)=\begin{cases}\hat{X}_t(k), & k>0\\ X_{t+k}, & k\leqslant 0\end{cases}$

第四节 向量自回归模型（VAR）*

一、VAR 模型的含义及其特点

20 世纪六七十年代联立方程模型在计量经济学的运用中占有重要地位，但由于联立方程模型具有自身的缺陷，使得联立方程模型并没有准确预测 20 世纪 70 年代的石油危机给世界经济带来的巨大冲击。1980 年，Sims 提出了向量自回归模型（vector autoregressive model，VAR）。VAR 模型采用多方程联立的形式，但与联立方程模型需要区分内生变量和外生变量不同的是，VAR 模型假定在模型中的变量全部为内生变量，内生变量对模型的全部内生变量的滞后项进行回归，从而估计全部内生变量的动态关系。由于 VAR 模型在预测方面的精度远高于联立方程模型，加之估计方法较联立方程模型简单等优势，所以自 VAR 模型诞生以来，它逐渐取代了联立方程模型，在实际运用中占有重要地位。

首先，分析最简单的双变量 VAR 模型。假设国内生产总值（Y_t）与货币供应量（X_t）之间的关系可以用下式来表述：

$$\begin{cases} Y_t = \alpha_1 + \pi_{11} Y_{t-1} + \pi_{12} X_{t-1} + \mu_{1t} \\ X_t = \alpha_2 + \pi_{21} Y_{t-1} + \pi_{22} X_{t-1} + \mu_{2t} \end{cases}$$

其中，μ_{1t}，$\mu_{2t} \sim$ i. i. d. $N(0, \sigma^2)$，$\mathrm{Cov}(\mu_{1t}, \mu_{2t}) = 0$。随机扰动项 μ_{1t}，μ_{2t} 在 VAR 术语中称为新息（innovation）。上式用矩阵可以表示为：

$$\begin{pmatrix} Y_t \\ X_t \end{pmatrix} = \begin{pmatrix} \alpha_1 \\ \alpha_2 \end{pmatrix} + \begin{pmatrix} \pi_{11} & \pi_{12} \\ \pi_{21} & \pi_{22} \end{pmatrix} \begin{pmatrix} Y_{t-1} \\ X_{t-1} \end{pmatrix} + \begin{pmatrix} \mu_{1t} \\ \mu_{2t} \end{pmatrix}$$

令 $\begin{pmatrix} Y_t \\ X_t \end{pmatrix} = \boldsymbol{Y_t}$，$\begin{pmatrix} \alpha_1 \\ \alpha_2 \end{pmatrix} = \boldsymbol{\alpha}$，$\begin{pmatrix} \pi_{11} & \pi_{12} \\ \pi_{21} & \pi_{22} \end{pmatrix} = \boldsymbol{\Pi}_1$，$\begin{pmatrix} Y_{t-1} \\ X_{t-1} \end{pmatrix} = \boldsymbol{Y_{t-1}}$，$\begin{pmatrix} \mu_{1t} \\ \mu_{2t} \end{pmatrix} = \boldsymbol{\mu_t}$

$$\boldsymbol{Y_t} = \boldsymbol{\alpha} + \boldsymbol{\Pi}_1 \boldsymbol{Y_{t-1}} + \boldsymbol{\mu_t}$$

该式称为一阶向量自回归模型，记为 VAR（1）。所谓“自回归”，是因为模型的右端出现被解释变量的滞后项，而“向量”是因为模型涉及两个或两个以上的变量，不同于前述的单个变量的 AR（m）模型。

更一般地，若有 n 个内生变量并滞后 m 期，即

$$\boldsymbol{Y_t} = \begin{pmatrix} Y_{1t} \\ Y_{2t} \\ \vdots \\ Y_{nt} \end{pmatrix}, \boldsymbol{Y_{t-1}} = \begin{pmatrix} Y_{1t-1} \\ Y_{2t-1} \\ \vdots \\ Y_{nt-1} \end{pmatrix}, \cdots, \boldsymbol{Y_{t-m}} = \begin{pmatrix} Y_{1t-m} \\ Y_{2t-m} \\ \vdots \\ Y_{nt-m} \end{pmatrix}$$

其中，$\boldsymbol{Y_t}$，$\boldsymbol{Y_{t-1}}$，$\cdots$，$\boldsymbol{Y_{t-m}}$ 表示 n 个不同的内生变量，这 n 个变量的 VAR(m) 模型为：

$$\boldsymbol{Y_t} = \boldsymbol{\alpha} + \boldsymbol{\Pi}_1 \boldsymbol{Y_{t-1}} + \boldsymbol{\Pi}_2 \boldsymbol{Y_{t-2}} + \cdots + \boldsymbol{\Pi}_m \boldsymbol{Y_{t-m}} + \boldsymbol{\mu_t}$$

该式称为 n 元 m 阶向量自回归模型，n 元是指系统有 n 个内生变量，m 阶是指自回归的阶数。其中的 $\mathbf{\Pi}_j$ 为 n 行 n 列的系数矩阵，$j=1, 2, \cdots, n$。

需要说明的是，Sims 认为 VAR 模型中的全部变量都是内生变量，但也有学者认为具有单向因果关系的变量，也可以作为外生变量加入 VAR 模型。

从 VAR 模型的定义可以看出，其主要的特点包括以下几个方面：

（1）VAR 模型不以严格的经济理论为依据，对变量不施加任何协整限制，因而上述的 VAR 模型也称之为非限制性向量自回归模型（unrestricted VAR，UVAR）。

（2）VAR 模型的解释变量中不包括任何当期变量。如果包含当期变量，就是所谓结构性向量自回归模型（structural VAR，SVAR）所分析的问题。

（3）非限制性 VAR 模型在预测方面具有优势，特别是样本外的近期预测。因为在 VAR 模型中的解释变量不含有当期变量，这种模型用于样本外一期预测的优点是不必对解释变量在预测期内的取值做任何预测。有大量的研究发现，VAR 模型在预测效果方面比联立方程模型更好。

（4）VAR 模型包含较多的待估参数，比如一个包含两个变量的 VAR（2）模型，其最大滞后期 $k=2$，则有 $kn^2=2\times 2^2=8$ 个参数需要估计。当样本容量较小时，多数参数的估计量误差较大，加之 VAR 模型不以严格的经济理论为依据，所以对于模型的参数估计值，通常并不分析其经济意义。

（5）一般而言，VAR 模型是针对平稳数据的模型，在建立 VAR 模型之前，可对数据进行平稳性检验，检验方法可以按照 AR（m）的平稳性进行检验。

二、VAR 模型滞后期的选择

建立 VAR 模型一个重要的问题就是如何正确地确定滞后期 k 。一方面，如果 k 值过大，会导致自由度较小，直接影响 VAR 模型参数估计量的有效性；另一方面，如果 k 值太小，误差项的自相关会很严重，并导致参数的非一致性估计。因此在 VAR 模型中适当增加滞后变量的个数，可以消除误差项中存在的自相关。现有的确定滞后阶数的方法主要包括似然比（LR）法、信息准则法等。

（一）确定滞后阶数的赤池信息准则

$$AIC=\log(\sum_{t=1}^{T}e_t^2/T)+\frac{2k}{T}$$

其中，e_t^2 表示残差，T 表示样本容量，k 表示最大滞后期。选择最佳 k 值的原则是使 AIC 的值达到最小。

（二）确定滞后阶数的施瓦茨准则

$$SC=\log(\sum_{t=1}^{T}e_t^2/T)+\frac{k\log T}{T}$$

其中，e_t^2 表示残差，T 表示样本容量，k 表示最大滞后期。选择最佳 k 值的原则是使 SC 的值达到最小。SC 准则也可以称为贝叶斯信息准则（Bayes information criterion，BIC）。

三、VAR 模型的估计

因 VAR 模型的每个方程中只包含内生变量及其滞后项，它们与扰动项 $\mu_{it}(i=1, 2, \cdots, n)$ 是渐近不相关的，所以可以用常规的 OLS 依次估计每一个方程，得到参数的一致估计量。即使扰动项有同期相关，OLS 估计仍然是适用的。而且，在 VAR 模型中，各变量的滞后直接出现在模型之中，由此并不严格要求具有导致扰动项序列不相关的假设。

四、VAR 模型的脉冲响应函数

VAR 模型不是建立在经济理论基础之上的，是一种乏理论（theoretic）的模型，无须对变量作任何先验性的约束。因此，在分析 VAR 模型时，往往不分析一个变量的变化对另一个变量的影响，而是分析当一个误差（脉冲）项发生变化，也就是模型受到某种冲击时对系统的动态影响，这种分析方法称为脉冲响应函数（impulse response function，IRF）分析法。

脉冲响应函数描述的是随机扰动项一个标准差大小的冲击对内生变量的当初期值和未来值所产生的影响，在此仅作描述性说明。

五、VAR 模型的方差分解

脉冲响应函数描述的是 VAR 模型中的来自一个内生变量的冲击对其他内生变量的影响。而方差分解（variance decomposition）描述的是来自 VAR 模型中每个变量的冲击强度（方差）占某个变量总的变化（也用方差来度量）的比，故称之为方差分解。由于 VAR 模型的方差分解的数学描述比较复杂，我们只简单地介绍其基本思想。我们已经知道，AR 模型可以转换为 MA 模型，而 MA 模型实际上是白噪音的组合，沿着这个思路，VAR 模型也可以转换为 VMA 模型，其中的每一个方程都是所有随机信息的组合，因此，VAR 模型中每一个变量的方差就是这些信息的方差的“有限期”的和，将每一个变量的方差作为分母，将这个变量的信息的方差（即这个变量的信息的方差的“有限期”的和）作为分子，由此构成方差分解，称为方差相对贡献度。

第五节　非平稳时间序列模型

对于时间序列模型前面所阐述的内容都是假定数据是平稳的，那么，实际经济中的数据有可能是非平稳的，如何检验时间序列数据的非平稳性？如果我们面对的是非平稳的数据，那么原有的基于平稳数据而建立的分析方法是否适用，如果不适用，应该采取什么办法呢？下面将系统阐述非平稳性的概念、估计与检验方法。

一、非平稳数据序列与单位根过程

平稳的时间序列数据是指它的某些基本的统计性质不随时间而改变。与之相反，如果一个时间序列的均值或方差随时间而变化，那么，这个时间序列数据就是非平稳的时间序列数据。规范的定义如下：

如果随机时间序列 $\{X_t\}$ 是平稳的，那么

(1) X_t 的均值不随时间变化，即 $E(X_t)=\mu$；

(2) X_t 的方差不随时间变化，即 $\mathrm{Var}(X_t)=\sigma^2$；

(3) 任何两期的 X_t 与 X_{t-k} 之间的协方差仅依赖于这两期间隔的距离或滞后长度（k），而不依赖于其他变量（对所有的 k），即 X_t 与 X_{t-k} 的协方差为：

$$\gamma_k=E[(X_t-\mu)(X_{t-k}-\mu)]$$

如果上述一个或几个性质不满足，则称随机时间序列 $\{X_t\}$ 是非平稳的。如果一个序列是非平稳的序列，常常称这一序列具有非平稳性。

经济中有些变量表现出非平稳性是由于它随时间变化而很快地增加或下降，还有许多时间序列数据的非平稳性就像是“随机游走”。所谓时间序列的随机游走（random walk）即指下一期的值等于当期的值加上随机误差项。一个随机游走是非平稳的，因为它的运动是不确定的，时而向上游动，时而向下游动，没有内在的稳定性，也不趋于任何形式的长期均值。我们把随机游走划分为带漂移的随机游走和不带漂移的随机游走。

为了更好地理解非平稳性和随机游走的关系，假设 Y_t 由一阶自回归过程所生成：

$$Y_t=\gamma Y_{t-1}+\mu_t$$

其中，$E(\mu_t)=0$　$\mathrm{Var}(\mu_t)=\sigma^2$ 即满足所有经典假设的误差项。通过对该方程的简单迭代，并设定初始值 Y_0，可以发现：当 $|\gamma|<1$ 时，Y_t 的均值将随着样本数量的不断变大，逐渐趋近于 0，即 Y_t 为平稳的。类似地，也能看出当 $|\gamma|>1$ 时，Y_t 的方差将连续增大，这就违反了平稳性的定义，使得 Y_t 是非平稳的。更重要的，如果 $|\gamma|=1$ 时，将其代入上面方程即可得到：

$$Y_t=Y_0+\sum_{i=1}^{t}\mu_i$$

经过反复迭代，即得：

$$Y_t=Y_0+\sum_{i=1}^{t}\mu_t$$

由此可得：

$$E(Y_t)=Y_0 \text{ 而 } \mathrm{Var}(Y_t)=t\sigma^2$$

所以，我们可以看到，时间序列 Y_t 是非平稳的。再由 $Y_t=Y_0+\sum_{i=1}^{t}\mu_t$ 进一步得到：Y_t 中包含有以往所有时期的随机误差项 μ_t 的值，因此，Y_t 中积累了随机趋势。

由于随机游走方程 $Y_t = Y_{t=1} + \mu_t$ 可以看成一个自回归模型，其对应特征多项式的特征根正好在单位圆上，故 Y_t 又称为单位根过程。

方程 $Y_t = Y_{t-1} + \mu_t$ 中没有截距项（这里称为漂移项）和时间趋势项，若在方程中分别加上漂移项和时间趋势项，则可得到另外两种随机游走方程：

$Y_t = \delta + Y_{t-1} + \mu_t$

$Y_t = \delta + \beta t + Y_{t-1} + \mu_t$

这样上述两个方程分别称为带漂移项的单位根过程和带漂移项和随机趋势的单位根过程。

二、趋势平稳和差分平稳过程

下面来研究带漂移项和随机趋势的单位根过程，模型如下：

$Y_t = \beta_0 + \beta_1 t + \beta_2 Y_t + \mu_t$

其中，μ_t 为满足经典假设的随机误差项，t 为随机趋势变量。针对这一模型，我们分别考虑如下不同情形。

（一）若 $\beta_0 = 0$，$\beta_1 = 0$，$\beta_2 = 1$，则可以得到 $Y_t = Y_{t-1} + \mu_t$

该模型是一个不带漂移项和时间趋势项的随机游走，因此，是非平稳的单位根过程，对其取差分的形式，得到：

$\Delta Y_t = (Y_t - Y_{t-1}) = \beta_0 + \mu_t$

由于随机误差项 μ_t 是平稳的，因此，差分 ΔY_t 是平稳的。换言之，一个不带漂移项的随机游走是一个差分平稳过程。

（二）若 $\beta_0 \neq 0$，$\beta_1 = 0$，$\beta_2 = 1$，则可以得到 $Y_t = \beta_0 + Y_{t-1} + \mu_t$

该模型是一个带漂移项的随机游走过程，对其取差分的形式，得到：

$\Delta Y_t = (Y_t - Y_{t-1}) = \beta_0 + \mu_t$

这意味着时间序列 Y_t 的变化（ ΔY_t ）除了受 β_0 的影响外，还受到随机误差项 μ_t 的影响，并且，Y_t 将把以前时期的 μ_t 值积累起来，随机误差项对 Y_t 的这种积累效应称为随机趋势。另外，变量 ΔY_t 的均值、方差和协方差都符合平稳性的定义，说明对由 $Y_t = \beta_0 + Y_{t-1} + \mu_t$ 所生成的时间序列 Y_t 取一阶差分便可消除其非平稳性。因此，带漂移项的单位根过程也是差分平稳过程。

（三）若 $\beta_0 \neq 0$，$\beta_1 \neq 0$，$\beta_2 = 0$，则可以得到 $Y_t = \beta_0 + \beta_1 t + \mu_t$

该模型所生成的数据，其均值不是常数而是时间的函数，但其方差恒定。一旦知道了 β_0，β_1 的值，就可以准确预测 Y_t 的均值。而 Y_t 的均值就构成 Y_t 的趋势，即我们可以准确预测 Y_t 的趋势。一旦从 Y_t 中减去其均值，所得到的序列就是平稳的。因此，由 $Y_t = \beta_0 + \beta_1 t + \mu_t$ 生成的 Y_t 称为趋势平稳过程。这种除去确定性趋势的过程称为除趋势。

（四）若 $\beta_0 \neq 0$，$\beta_1 \neq 0$，$\beta_2 = 1$，则可以得到 $Y_t = \beta_0 + \beta_1 t + \mu_t$

该模型是带漂移项和随机趋势的随机游走过程。将其取差分的形式，得到：

$\Delta Y_t = \beta_0 + \beta_1 t + \mu_t$

可以看出，ΔY_t 含有时间趋势，因此 ΔY_t 的均值随时间而变化，ΔY_t 是非平稳的。要使 ΔY_t 变成平稳的，需要对其进行除趋势处理。也就是说，ΔY_t 才是趋势平稳过程。

综上可知，不带漂移项和随机趋势的随机游走时间序列 Y_t ，经过一阶差分后变成为平稳的，因此，称不带漂移项的随机游走为一阶单整序列，记为 $Y_t \sim I(1)$。类似地，如果一个时间序列只有经过 d 次差分才能变成平稳的时间序列，则称之为 d 阶单整序列，并记为 $Y_t \sim I(d)$ ；反之，如果一个序列不需要差分就为平稳的，则称之为 0 阶单整序列，记为 $Y_t \sim I(0)$ 。

三、趋势平稳的检验方法

上述分析表明，仅从数据表面的变动特征，我们往往难以区分时间序列数据究竟是趋势平稳过程还是带漂移项的差分平稳过程。我们需要构建检验方法，在实际研究中的一种简单的区分趋势平稳和差分平稳的方法，就是从数据中去除其所含有的确定性部分，然后检验其剩余部分是单位根过程还是平稳过程。如果剩余部分是单位根过程，则说明该数据本身是差分平稳，否则该数据就是趋势平稳过程。例如，对如下模型作回归：

$Y_t = \beta_0 + \beta_1 t + \mu_t$

得到回归残差项 $\tilde{e}_t = Y_t - \hat{\beta}_0 - \hat{\beta}_1 t$ ，再检验 $\tilde{e}_t$ 的平稳性，基于检验结果判断 Y_t 是否趋势平稳。具体的单位根检验方法如下。

四、单位根检验

（一）DF 检验

数据的非平稳性可能归因于一个确定性随机趋势，也可能源自于数据生成过程中的随机游走，也许两者兼而有之，区分非平稳数据的这两种特征非常重要。例如宏观经济学家可能会对这样的问题非常感兴趣：由全球金融危机导致我们经济的衰退，是对我国 GDP 产生持久性影响，还是仅给我国经济增长带来暂时性经济下滑？而这种经济滑坡所带来的产出损失将由随后的经济复苏所弥补，如果我国的 GDP 是单位根过程，则金融危机对 GDP 的冲击将被累积起来。对 GDP 的影响将是持久性的。Nelson，Plosser（1982）等人认为很多经济时间序列都由单位根而不是由确定性随机趋势来更好地近似描述。因此，近期广受欢迎的一种非平稳性检验就是所谓的单位根检验。下面对此进行系统介绍。

上面我们介绍过一阶自回归过程所生成：

$Y_t = \gamma Y_{t-1} + \mu_t$

其中，$E(\mu_t)=0$　$\mathrm{Var}(\mu_t)=\sigma^2$ 即满足所有经典假设的误差项。通过对该方程的简单迭代，并设定初始值 $Y_0=0$，当 $|\gamma|<1$ 时，那么，Y_t 是平稳的。当 $|\gamma|>1$ 时，那么，Y_t 趋于以更快的速度持续性增长，Y_t 是非平稳的，Y_t 也称为分散过程。当 $|\gamma|=1$

时，Y_t 是非平稳的且被称为单位根过程。由于时间序列的平稳性和单位根是我们关注的重点，因此有意义的工作是估计方程 $Y_t = \gamma Y_{t-1} + \mu_t$，并确定是否有 $|\gamma| < 1$，从而判断 Y_t 是否是平稳的，这就是 DF（Dickey－Fuller，简称 DF 或迪克—福勒）单位根检验的工作原理。

其具体做法是：

首先，在 $Y_t = \gamma Y_{t-1} + \mu_t$ 两边同时减去 Y_{t-1}，得到：

$$Y_t - Y_{t-1} = \gamma Y_{t-1} - Y_{t-1} + \mu_t = (\gamma - 1)Y_{t-1} + \mu_t$$

令 $\Delta Y_t = Y_t - Y_{t-1}$，于是，我们就得到了 DF 检验的最简单表达式：$\Delta Y_t = \delta Y_{t-1} + \mu_t$。这里 $\delta = \gamma - 1$，因此，检验 Y_t 是否为单位根过程就转而检验原假设 $H_0: \delta = 0$，若 $\delta = 0$，则 $\gamma = 1$，Y_t 为一个单位根过程；若 $\delta < 0$，则 $\gamma < 1$，Y_t 就是平稳的。于是我们构造原假设 $H_0: \delta = 0$，备择假设 $H_1: \delta < 0$。现在的问题是：如何检验 $\Delta Y_t = \delta Y_{t-1} + \mu_t$ 的原假设是否成立了。简单的想法就是，使用 OLS 估计模型 $\Delta Y_t = \delta Y_{t-1} + \mu_t$，基于估计结果，对回归系数 δ 使用通常的 t 统计量检验原假设是否成立。然而，不幸的是，在原假设 H_0：$\delta = 0$ 下，估计的 Y_{t-1} 的回归系数 δ 的 t 统计量即使在大样本下也不服从 t 分布，因此，使用通常的 t 检验无法检验原假设是否成立。

幸运的是，在原假设 $H_1: \delta < 0$ 下，迪克和福勒证明了模型 $\Delta Y_t = \delta Y_{t-1} + \mu_t$ 中的回归系数 δ 的通常 t 型统计量的极限分布形式，为了与平稳数据情形下的 t 检验相区别，我们将模型 $\Delta Y_t = \delta Y_{t-1} + \mu_t$ 中的系数 δ 的通常 t 型统计量称为 τ 统计量。迪克和福勒使用蒙特卡罗仿真实验计算了 τ 统计量极限分布的临界值，但迪克和福勒计算的数据有限，麦金农（Mackinnon）计算了更为全面的极限分布临界值表，现有常用的计量经济软件包都包含有麦金农计算的临界值表。

前面我们已经知道了，随机游走时间序列可能是不含漂移项的纯随机游走，也可能是含有漂移项的随机游走，还可能是含有漂移项和随机趋势的随机游走。与这三种形式相对应，我们可以分别设定三种不同的 DF 检验形式：

$$\Delta Y_t = \delta Y_{t-1} + \mu_t$$

$$\Delta Y_t = \beta_0 + \delta Y_{t-1} + \mu_t$$

$$\Delta Y_t = \beta_0 + \beta_1 t + \delta Y_{t-1} + \mu_t$$

不论我们采用哪种形式的 DF 检验，判断法则都是基于 δ 的估计，如果 δ 显著地异于 0，我们就可以拒绝非平稳这个虚拟原假设；如果 δ 不是显著地异于 0，我们就不能拒绝非平稳这个虚拟原假设。

（二）ADF 检验

以上所介绍的不同形式的 DF 检验方程和不同方程设定形式的临界值都是在随机误差项不存在序列相关的前提假设下推导出来的。但在实际应用中，时间序列数据一般具有不同程度的相关性，因此假定误差项不相关是一个很强的条件，弱化这一条件能够提高检验结果的准确性。如果考虑随机误差项存在序列相关性，对 DF 检验方程的设定形式必须进行相应修正。调整的方式可以通过将 ΔY_t 若干阶差分的滞后项作为 DF 检验方程中的解释变量，这种情形的 DF 检验被称为扩展的 DF 检验，简称为 ADF 检验。

对应的三种不同形式的 ADF 检验为：

$$\Delta Y_t = \delta Y_{t-1} + \alpha_i \sum_{i=1}^{p} \Delta Y_{t-i} + \mu_t$$

$$\Delta Y_t = \beta_0 + \delta Y_{t-1} + \alpha_i \sum_{i=1}^{p} \Delta Y_{t-i} + \mu_t$$

$$\Delta Y_t = \beta_0 + \beta_1 t + \delta Y_{t-1} + \alpha_i \sum_{i=1}^{p} \Delta Y_{t-i} + \mu_t$$

在每一种设定中，所包含的滞后差分项通常由实证研究决定，包含足够多的滞后项的思想就是使 ADF 检验式中的误差项 μ_t 没有序列相关性。在 ADF 检验中，仍然是检验 $\delta=0$，同 DF 检验一样。

由于实际研究中的绝大多数时间序列数据具有不同程度的相关性，因而，ADF 检验是实证研究的主要工具。但是，确保研究结论的准确性还取决于两个问题：其一是滞后阶的合理确定，其二是选取哪一个设定形式作为 ADF 检验模型。对于这些问题可在今后的学习中解决。

五、ARMA 模型

我们在前面已经研究过了时间序列数据的 ARMA 模型，在介绍 ARMA 模型时，我们曾经要求数据是平稳的。但实际经济问题中的时间序列数据很可能是非平稳的单位根过程。对于非平稳单位根过程的数据，我们如何使用 ARMA 模型来考察其动态性？一种简单的方法就是：

首先，对单位根变量进行差分，使之变为平稳数据；其次，对差分后的平稳数据再使用 ARMA 模型进行分析。

六、协整和误差修正模型

（一）协整的概念

为理解协整的概念，我们以经济中均衡的含义为切入点进行阐述。经济学中的均衡是指对于由 n 个变量 X_1，X_2，…，X_n 组成的系统，若对于反映这些变量之间关系的函数 $F(\cdot)$，有 $f(X_1, X_2, \cdots, X_n)=0$ 成立，则称这个系统处于均衡状态。例如，在某种商品的需求、供给和价格组成的系统中，若某一时期，商品的供给和需求相等，则此时系统达到了均衡。然而，经济系统可能受到各方面的冲击，这些冲击将破坏经济系统的均衡。例如，对于农产品的估计、需求和价格组成的系统，由于受到天气等外在冲击的影响，供给可能偏离需求，从而破坏了系统的均衡，导致 $f(X_1, X_2, \cdots, X_n)\neq 0$。现在的问题是：长期来看，由于受到外在冲击，致使经济系统偏离均衡，转向非均衡，那么，这种非均衡是继续维持下去，还是经过一段时间调整，再次回到均衡状态？如前面农产品例子，当外在冲击导致农产品的供给偏离需求，形成非均衡时，价格机制将调节供给和需求，使之重新恢复均衡，这种均衡具有长期稳定性，也就是说，对于农产品的供给、需求和价格所组成的系统，尽管短期来看，它们可能偏离均衡，但长期它们具有均衡性，而经济系统中的价格机制正是调节均衡的内在动力。

上述对经济系统均衡的说明就构成协整的经济理论背景，但要注意的是，二者并不能等同。为了系统阐述协整的概念及含义，我们从最熟悉的货币需求函数着手讨论。经济理论认为，个人持有的名义货币数量，取决于实际收入、物价水平与利率，因此，用计量经济学模型所表述的货币需求方程可以写为：

$$m_t=\beta_0+\beta_1 p_t+\beta_2 y_t+\beta_3 r_t+\mu_t$$

其中，m_t 为货币需求，p_t 为物价水平，y_t 为实际收入，r_t 为利息率。

在货币市场均衡的假定下，货币需求等于货币供给，因此 $\mu_t=0$，但在现实中，常常是 $\mu_t\neq 0$，这就意味着货币市场偏离均衡。进一步地，如果 μ_t 是一个随机游走（单位根过程），就意味着 μ_t 含有随机趋势，则货币需求方程中的随机误差项将会被累积，导致对货币市场均衡的偏离不能消除。反之，如果 μ_t 是平稳过程且均值为 0，则对货币市场均衡的偏离很快就会消除。因此，货币需求理论的一个关键的假设就是序列 μ_t 是平稳过程。

下面将货币需求方程变形为：

$$\mu_t=m_t-\beta_0-\beta_1 p_t-\beta_2 y_t-\beta_3 r_t$$

我们所面对的货币供给、实际 GDP、物价水平和利率都为非平稳的 $I(1)$ 过程。因为货币市场均衡，所以 μ_t 必须是平稳的，这就意味着模型 $\mu_t=m_t-\beta_0-\beta_1 p_t-\beta_2 y_t-\beta_3 r_t$ 右边 $I(1)$ 变量的线性组合是平稳的。由此我们可以得到协整和误差修正模型。

Engel 和 Granger（1987）提出了如下的协整定义：

对于随机向量 $\boldsymbol{X_t}=(X_{1t},\ X_{2t},\ \cdots,\ X_{mt})^T$，如果满足：

（1）$\boldsymbol{X_t}$ 是 $I(1)$ 单位根变向量，即 $\boldsymbol{X_t}$ 中每一个分量都是单位根过程；

（2）存在一个 $n\times 1$ 阶列向量 $\boldsymbol{\beta}$ $(\beta\neq 0)$，使得 $\boldsymbol{\beta^T X_t}\sim I(0)$，也就是说，存在一组不全为零的常数 $\boldsymbol{\beta}$，使得线性组合 $\boldsymbol{\beta^T X_t}$ 是平稳的，则称非平稳变量 $\boldsymbol{X_{1t}}$，$\boldsymbol{X_{2t}}$，…，$\boldsymbol{X_{mt}}$ 存在协整关系，向量 $\boldsymbol{\beta}$ 称为协整向量。

在货币需求模型中，如果货币供给、物价水平、实际收入和利率都是 $I(1)$，并且线性组合 $\mu_t=m_t-\beta_0-\beta_1 p_t-\beta_2 y_t-\beta_3 r_t$ 是平稳的，则变量间存在协整关系。用数学符号表示为：向量 $X_t=(m_t,\ 1,\ p_t,\ y_t,\ r_t)^T$，协整向量 $\boldsymbol{\beta}=(1,\ -\beta_0,\ -\beta_1,\ -\beta_2,\ -\beta_3)$，有 $\beta^T X_t=\mu_t\sim I(0)$，所以货币需求函数中的货币供给、物价水平、实际收入和利率是协整的，其中 μ_t 称为协整误差。

基于上述对协整的定义，实践中一种简单的检验协整是否存在的方法就是，首先检验模型中的变量是否是 $I(0)$，其次，再检验残差是否是 $I(0)$，这正是 Engel 和 Granger 提出的两步检验法的思想，简称为 EG 检验。

（二）协整检验——EG 两步检验法

假设有两个变量 Y_t 和 X_t，它们都是单位根过程（$I(1)$），要确定它们之间是否存在协整关系，可分为如下三步：

第一步，确认变量是否为单位根过程。如果两个变量是平稳的，就没有必要进行协整分析，因为标准时间序列的其他方法适用于平稳序列。

第二步，估计协整关系。如果变量 Y_t，X_t 都是 $I(1)$，则用如下模型：

$Y_t = \beta_0 + \beta_1 X_t + \mu_t$

如果变量是协整的，则由 OLS 估计得到的 β_0，β_1 具有超一致性，也就是说，协整模型中用 OLS 估计的 β_0，β_1 的收敛速度要比平稳变量情况下 OLS 估计结果收敛得更快。

第三步，检验协整关系。为实现协整关系的检验，用 $\tilde{e}_t$ 表示模型 $Y_t = \beta_0 + \beta_1 X_t + \mu_t$ 的 OLS 估计的残差。如果 $\tilde{e}_t$ 是平稳的，则单位根变量 Y_t，X_t 具有协整关系，否则，就不存在协整，判断 $\tilde{e}_t$ 是否平稳的简单方法就是使用 ADF 检验。其检验的形式如下：

$$\Delta\tilde{e}_t = \delta\tilde{e}_{t-1} + \alpha_i \sum_{i=1}^{p} \Delta\tilde{e}_{t-i} + \mu_t$$

如果残差 $\tilde{e}_t$ 没有自相关，则上述 ADF 检验中不应含有 $\Delta\tilde{e}_t$ 的滞后项，此时的 ADF 检验称为 EG 检验；如果残差 $\tilde{e}_t$ 有自相关，就应该含有 $\Delta\tilde{e}_t$ 的滞后项，此时的 ADF 检验称为增广的 EG 检验或 AEG 检验。

在 EG 检验或 AEG 检验中，若 $\delta=0$，则 $\tilde{e}_t$ 为单位根过程；若 $\delta<0$，则 $\tilde{e}_t$ 为平稳过程。检验 δ 是否为零的统计量的构造与通常的 t 统计量相同，也与通常的 ADF 检验中的 τ 统计量相同。现在的问题是：在实际应用中，残差 $\tilde{e}_t$ 是 OLS 估计的残差，研究中并不知道真实的误差 e_t。使用 OLS 估计回归模型 $Y_t = \beta_1 X_t + \mu_t$，是通过使残差平方和最小而得到的 β_0，β_1 的估计结果。因为尽可能让残差平方和最小，所以，通过寻找模型 $Y_t = \beta_0 + \beta_1 X_t + \mu_t$ 的平稳误差过程而获得 β_0，β_1 的估计结果的处理方法被破坏了。因此，基于 OLS 估计的残差，检验 δ 是否显著为 0 的检验程序一定隐含着这样一个事实：当 β_0，β_1 预先已知，并且用其构造真实的残差序列 $\{e_t\}$ 时，使用普通的 DF（或 ADF）检验残差的平稳性应该是合适的，但如果使用 OLS 估计的残差，并使用 DF（或 ADF）检验其平稳性可能就不合适了。换言之，当我们使用 OLS 估计的残差 $\tilde{e}_t$ 时，EG 或 AEG 统计量的渐近分布不仅不同于正态分布，也不同于 DF 或 ADF 分布，Mackinnon（1991）给出了不同情形下 EG 检验或 AEG 检验统计量的临界值。如表 10—1 所示。

表 10—1　　EG（AEG）协整检验临界值表

K	模型形式	显著性水平	φ_∞（K）	φ_1（K）	φ_2（K）
1	无漂移项，无趋势项	0.01	−2.5658	−1.960	−10.04
		0.05	−1.9393	−0.398	0.0
		0.10	−1.6156	−0.181	0.0
1	有漂移项，无趋势项	0.01	−3.4336	−5.999	−29.25
		0.05	−2.8612	−2.738	−8.36
		0.10	−2.5671	−1.438	−4.48
1	有漂移项，有趋势项	0.01	−3.9638	−8.353	−47.44
		0.05	−3.4126	−4.039	−17.83
		0.10	−3.1279	−2.418	−7.58
2	有漂移项，无趋势项	0.01	−3.9001	−10.534	−30.03
		0.05	−3.3377	−5.967	−8.98
		0.10	−3.0462	−4.069	−5.73
2	有漂移项，有趋势项	0.01	−4.3266	−15.531	−34.03
		0.05	−3.7809	−9.421	−15.06
		0.10	−3.4959	−7.203	−4.01
3	有漂移项，无趋势项	0.01	−4.2981	−13.790	−46.37
		0.05	−3.7429	−8.352	−13.41
		0.10	−3.4518	−6.241	−2.79
3	有漂移项，有趋势项	0.01	−4.6676	−18.492	−49.35
		0.05	−4.1193	−12.24	−13.13
		0.10	−3.8344	−9.188	−4.85
4	有漂移项，无趋势项	0.01	−4.6493	−17.188	−59.20
		0.05	−4.100	−10.745	−21.57
		0.10	−3.8110	−8.317	−5.19
4	有漂移项，有趋势项	0.01	−4.9695	−22.504	−50.22
		0.05	−4.4294	−14.501	−19.54
		0.10	−4.1474	−11.165	−9.88
5	有漂移项，无趋势项	0.01	−4.9587	−22.140	−37.29
		0.05	−4.4185	−13.641	−21.16
		0.10	−4.1327	−10.638	−5.48
5	有漂移项，有趋势项	0.01	−5.2497	−26.606	−49.56
		0.05	−4.7154	−17.432	−16.50
		0.10	−4.4345	−13.654	−5.77

续表

K	模型形式	显著性水平	φ_∞（K）	φ_1（K）	φ_2（K）
6	有漂移项，无趋势项	0.01	−5.2400	−26.278	−41.65
		0.05	−4.7048	−17.120	−11.17
		0.10	−4.4242	−13.347	0.0
6	有漂移项，有趋势项	0.01	−5.5127	−30.735	−52.50
		0.05	−4.9767	−20.883	−9.05
		0.10	−4.6999	−16.445	0.0

资料来源：Mackinnon（1991）。特别注意：表中所说的模型形式是指协整方程的设定形式。

Mackinnon 的临界值 C_p 的计算方法为：

$$C_p(K)=\Psi_\infty(K)+\Psi_1(K)T^{-1}+\Psi_2(K)T^{-2}$$

该式称为响应面函数，其中 Ψ_∞ 为渐近临界值的估计，Ψ_1，Ψ_2 为系数，p 为检验显著性水平，T 为时间序列样本容量，K 为回归模型中变量的个数（指解释变量和因变量的总数）。如果 $K=1$，检验的对象只有一个变量，协整检验就退化为单整检验；$K\geqslant 2$ 对应的是协整检验。

（三）误差修正模型（error correct model，ECM）

如果使用 EG 或 AEG 检验证实了若干个单位根变量存在协整关系，则意味着这些变量存在长期均衡，但在短期中，各变量不可能永久停留在长期均衡上，而是可能会偏离长期均衡，且围绕均衡波动。由于协整关系的存在，变量一旦偏离均衡又将会逐步恢复到长期均衡。例如，利率期限结构理论指出长期利率和短期利率之间存在一个长期均衡关系，如果长期利率和短期利率之间的差距（称为利率差）相对于长期均衡过大，则长期利率或短期利率将会调节，逐步消除这种过大的差距。

这种向长期均衡的动态调节过程就是误差修正模型所要阐述的内容。

假定长期利率 r_{1t} 和短期利率 r_{2t} 都是 $I(1)$，它们的协整关系为：

$$r_{1t}=\beta_0+\beta_1 r_{2t}+\mu_t$$

则用于利率期限结构的简单误差修正模型为：

$$\Delta r_{1t}=\alpha_{10}-\alpha_{11}\mu_{t-1}+\nu_{1t}$$

$$\Delta r_{2t}=\alpha_{20}-\alpha_{21}\mu_{t-1}+\nu_{2t}$$

其中，ν_{1t}，ν_{2t} 是随机误差项，α_{11}，α_{21} 称为调节系数，$\alpha_{11}>0$，μ_{t-1} 为协整方程中的协整残差，即 $\mu_{t-1}=\gamma_{1t-1}-\beta_0-\beta_1\gamma_{2t-1}$，因此 μ_{t-1} 为上期长期利率对均衡的偏离，如果 μ_{t-1} 为正，表明上期的长期利率向上偏离均衡，因为 $\alpha_{11}>0$，所以 $-\alpha_{11}\mu_{t-1}$ 为负，意味着调节参数将迫使长期利率 r_{1t} 下降，使之向均衡靠拢；如果 μ_{t-1} 为负，表明上期的长期利率相对均衡值过小，向下偏离均衡，此时 $-\alpha_{11}\mu_{t-1}$ 为正，意味着调节参数将迫使长期利率 r_{1t} 上升，使之向均衡靠拢；也可以同样说明第二个误差修正模型 $\Delta r_{2t}=\alpha_{20}+\alpha_{21}\mu_{t-1}+\nu_{2t}$ 中调节参数 α_{21} 的作用。进一步地，较大的 α_{11} 或 α_{21}，表明长期利率

r_{1t} 和短期利率 r_{2t} 向长期均衡调节的速度比较快；反之，较小的 α_{11} 或 α_{21} ，表明长期利率 r_{1t} 和短期利率 r_{2t} 向长期均衡调节的速度比较慢。

由 Granger 表述定理，一个完备误差修正模型可以写成：

$$\Delta r_{1t} = \alpha_{10} - \alpha_{11}\mu_{t-1} + \sum_{i=1}^{p}\theta_{1i}\Delta r_{1t-i} + \sum_{i=1}^{p}\theta_{1i}\Delta r_{2t-i} + \nu_{1t}$$

$$\Delta r_{2t} = \alpha_{20} - \alpha_{21}\mu_{t-1} + \sum_{i=1}^{p}\vartheta_{1i}\Delta r_{1t-i} + \sum_{i=1}^{p}\vartheta_{1i}\Delta r_{2t-i} + \nu_{2t}$$

在上述误差修正模型中，要求所有变量都是平稳的，这就意味着协整关系中的变量必是非平稳的 $I(1)$ 过程。正是由于误差修正模型中所有变量都是平稳的，所以可以使用 OLS 实现对误差修正模型的估计，并使用通常的统计量进行假设检验。

下面将上述内容扩展至协整方程中包括 k 个变量的情形。

如果向量 $X_t = (x_{1t}, x_{2t}, \cdots, x_{kt})^T$ 为 $I(1)$ ，且存在协整关系 $\beta^T X_t \sim I(0)$ ，则向量 X_t 有一个误差修正模型表达式：

$$\Delta X_t = \alpha_0 + \alpha_1(\beta^T X_{t-1}) + \pi_1 \Delta X_{t-1} + \pi_2 \Delta X_{t-2} + \cdots + \pi_p \Delta X_{t-p} + \mu_t$$

这里，α_0 是 $k\times 1$ 的截距项，α_1 是 $k\times 1$ 的调节参数向量，β 是 $k\times 1$ 的协整向量（这里假定只有一个协整向量，多个协整向量的情形不做讨论），π_i 是 $k\times k$ 的系数矩阵，μ_t 是 $k\times 1$ 向量。此误差修正模型也称为向量误差修正模型（vector error correct model, VECM）。当然，对 VECM 模型的估计、检验与解释类似于 ECM 模型。

本章习题

1. 求 MA（3）模型的自协方差和自相关函数。

2. 一个 AR（2）随机过程：$X_t = 0.1X_{t-1} + 0.06X_{t-2} + \mu_t$ ，该过程是否是平稳过程？

3. 已知 ARMA（1，1）模型为：$X_t = 0.5X_{t-1} + \mu_t - 0.25\mu_{t-1}$ ，其中 $\mu_t \sim N(0, \sigma_\mu^2)$ ，求其自协方差函数与自相关函数。

4. 已知某 AR（1）模型为：$X_t - 10 = 0.3(X_{t-1} - 10) + \mu_t$ ，其中 $\mu_t \sim N(0, 3^2)$ ，并已知最近 2 期的值为 $X_{t-1} = 10.1$，$X_t = 9.6$，求 X_{t+1} ，X_{t+2} ，X_{t+3} 的点估计与 95% 的区间估计结果。

5. 如何根据自相关函数和偏相关函数初步判断某个平稳数据过程为 AR，MA，ARMA?

6. 中国改革开放以来，财政收入受税收的影响越来越大。下表给出了 1978—2002 年中国财政收入 Y_t 与税收 X_t 的相关数据。请用样本相关图及单位根方法，判断 Y_t ，X_t 以及 $\ln Y_t$ ，$\ln X_t$ 的平稳性。

1978—2002 年中国财政收入 Y_t 与税收 X_t 的相关数据　　单位：亿元

年份	Y_t	X_t	年份	Y_t	X_t
1978	1132.26	519.28	1991	3149.48	2990.17
1979	1146.38	537.82	1992	3483.37	3296.91
1980	1159.53	571.70	1993	4348.95	4255.30
1981	1175.79	629.89	1994	5218.10	5126.90
1982	1212.33	700.02	1995	6242.20	6038.00
1983	1366.95	775.59	1996	7407.99	6090.82
1984	1642.86	947.35	1997	8651.14	8234.04
1985	2004.82	2040.79	1998	9875.95	9262.80
1986	2122.01	2090.73	1999	11444.08	10682.58
1987	2199.35	2140.36	2000	13395.23	12581.51
1988	2357.24	2390.47	2001	16386.04	15301.38
1989	2664.90	2727.40	2002	18903.64	17636.45
1990	2937.10	2821.86			

附录　检验用表

附表 1　标准正态分布函数表 $\left(\Phi(x)=\frac{1}{\sqrt{2\pi}}\int_{-\infty}^{x} e^{-\frac{t^2}{2}}dt\right)$

x \ α	0.00	0.01	0.02	0.03	0.04	0.05	0.06	0.07	0.08	0.09
0.0	0.5000	0.5040	0.5080	0.5120	0.5160	0.5199	0.5239	0.5279	0.5319	0.5359
0.1	0.5398	0.5438	0.5478	0.5517	0.5557	0.5596	0.5636	0.5675	0.5714	0.5753
0.2	0.5793	0.5832	0.5871	0.5910	0.5948	0.5987	0.6026	0.6064	0.6103	0.6141
0.3	0.6179	0.6217	0.6255	0.6293	0.6331	0.6368	0.6406	0.6443	0.6480	0.6517
0.4	0.6554	0.6591	0.6628	0.6664	0.6700	0.6736	0.6772	0.6808	0.6844	0.6879
0.5	0.6915	0.6950	0.6985	0.7019	0.7054	0.7088	0.7123	0.7157	0.7190	0.7224
0.6	0.7257	0.7291	0.7324	0.7357	0.7389	0.7422	0.7454	0.7486	0.7517	0.7549
0.7	0.7580	0.7611	0.7642	0.7673	0.7704	0.7734	0.7764	0.7794	0.7823	0.7852
0.8	0.7881	0.7910	0.7939	0.7967	0.7995	0.8023	0.8051	0.8078	0.8106	0.8133
0.9	0.8159	0.8186	0.8212	0.8238	0.8264	0.8289	0.8315	0.8340	0.8365	0.8389
1.0	0.8413	0.8438	0.8461	0.8485	0.8508	0.8531	0.8554	0.8577	0.8599	0.8621
1.1	0.8643	0.8665	0.8686	0.8708	0.8729	0.8749	0.8770	0.8790	0.8810	0.8830
1.2	0.8849	0.8869	0.8888	0.8907	0.8925	0.8944	0.8962	0.8980	0.8997	0.9015
1.3	0.9032	0.9049	0.9066	0.9082	0.9099	0.9115	0.9131	0.9147	0.9162	0.9177
1.4	0.9192	0.9207	0.9222	0.9236	0.9251	0.9265	0.9279	0.9292	0.9306	0.9319
1.5	0.9332	0.9345	0.9357	0.9370	0.9382	0.9394	0.9406	0.9418	0.9429	0.9441
1.6	0.9452	0.9463	0.9474	0.9484	0.9495	0.9505	0.9515	0.9525	0.9535	0.9545
1.7	0.9554	0.9564	0.9573	0.9582	0.9591	0.9599	0.9608	0.9616	0.9625	0.9633
1.8	0.9641	0.9649	0.9656	0.9664	0.9671	0.9678	0.9686	0.9693	0.9699	0.9706
1.9	0.9713	0.9719	0.9726	0.9732	0.9738	0.9744	0.9750	0.9756	0.9761	0.9767
2.0	0.9772	0.9778	0.9783	0.9788	0.9793	0.9798	0.9803	0.9808	0.9812	0.9817
2.1	0.9821	0.9826	0.9830	0.9834	0.9838	0.9842	0.9846	0.9850	0.9854	0.9857
2.2	0.9861	0.9864	0.9868	0.9871	0.9875	0.9878	0.9881	0.9884	0.9887	0.9890
2.3	0.9893	0.9896	0.9898	0.9901	0.9904	0.9906	0.9909	0.9911	0.9913	0.9916
2.4	0.9918	0.9920	0.9922	0.9925	0.9927	0.9929	0.9931	0.9932	0.9934	0.9936

续表

α / x	0.00	0.01	0.02	0.03	0.04	0.05	0.06	0.07	0.08	0.09
2.5	0.9938	0.9940	0.9941	0.9943	0.9945	0.9946	0.9948	0.9949	0.9951	0.9952
2.6	0.9953	0.9955	0.9956	0.9957	0.9959	0.9960	0.9961	0.9962	0.9963	0.9964
2.7	0.9965	0.9966	0.9967	0.9968	0.9969	0.9970	0.9971	0.9972	0.9973	0.9974
2.8	0.9974	0.9975	0.9976	0.9977	0.9977	0.9978	0.9979	0.9979	0.9980	0.9981
2.9	0.9981	0.9982	0.9982	0.9983	0.9984	0.9984	0.9985	0.9985	0.9986	0.9986
3.0	0.9987	0.9987	0.9987	0.9988	0.9988	0.9989	0.9989	0.9989	0.9990	0.9990
3.1	0.9990	0.9991	0.9991	0.9991	0.9992	0.9992	0.9992	0.9992	0.9993	0.9993
3.2	0.9993	0.9993	0.9994	0.9994	0.9994	0.9994	0.9994	0.9995	0.9995	0.9995
3.3	0.9995	0.9995	0.9995	0.9996	0.9996	0.9996	0.9996	0.9996	0.9996	0.9997
3.4	0.9997	0.9997	0.9997	0.9997	0.9997	0.9997	0.9997	0.9997	0.9997	0.9998
3.5	0.9998	0.9998	0.9998	0.9998	0.9998	0.9998	0.9998	0.9998	0.9998	0.9998
3.6	0.9998	0.9998	0.9999	0.9999	0.9999	0.9999	0.9999	0.9999	0.9999	0.9999
3.7	0.9999	0.9999	0.9999	0.9999	0.9999	0.9999	0.9999	0.9999	0.9999	0.9999
3.8	0.9999	0.9999	0.9999	0.9999	0.9999	0.9999	0.9999	0.9999	0.9999	0.9999
3.9	1.0000	1.0000	1.0000	1.0000	1.0000	1.0000	1.0000	1.0000	1.0000	1.0000

附表 2 χ^2 分布上侧分位数表 ($P\{\chi^2(n) > \chi^2_\alpha(n)\} = \alpha$)

n \ α	0.995	0.99	0.975	0.95	0.90	0.75	0.50	0.25	0.10	0.05	0.025	0.01	0.005
1	0.00004	0.00016	0.001	0.004	0.016	0.102	0.455	1.323	2.706	3.841	5.024	6.635	7.879
2	0.010	0.020	0.051	0.103	0.211	0.575	1.386	2.773	4.605	5.991	7.378	9.210	10.597
3	0.072	0.115	0.216	0.352	0.584	1.213	2.366	4.108	6.251	7.815	9.348	11.345	12.838
4	0.207	0.297	0.484	0.711	1.064	1.923	3.357	5.385	7.779	9.488	11.143	13.277	14.860
5	0.412	0.554	0.831	1.145	1.610	2.675	4.351	6.626	9.236	11.070	12.833	15.086	16.750
6	0.676	0.872	1.237	1.635	2.204	3.455	5.348	7.841	10.645	12.592	14.449	16.812	18.548
7	0.989	1.239	1.690	2.167	2.833	4.255	6.346	9.037	12.017	14.067	16.013	18.475	20.278
8	1.344	1.646	2.180	2.733	3.490	5.071	7.344	10.219	13.362	15.507	17.535	20.090	21.955
9	1.735	2.088	2.700	3.325	4.168	5.899	8.343	11.389	14.684	16.919	19.023	21.666	23.589
10	2.156	2.558	3.247	3.940	4.865	6.737	9.342	12.549	15.987	18.307	20.483	23.209	25.188
11	2.603	3.053	3.816	4.575	5.578	7.584	10.341	13.701	17.275	19.675	21.920	24.725	26.757
12	3.074	3.571	4.404	5.226	6.304	8.438	11.340	14.845	18.549	21.026	23.337	26.217	28.300
13	3.565	4.107	5.009	5.892	7.042	9.299	12.340	15.984	19.812	22.362	24.736	27.688	29.819
14	4.075	4.660	5.629	6.571	7.790	10.165	13.339	17.117	21.064	23.685	26.119	29.141	31.319
15	4.601	5.229	6.262	7.261	8.547	11.037	14.339	18.245	22.307	24.996	27.488	30.578	32.801
16	5.142	5.812	6.908	7.962	9.312	11.912	15.338	19.369	23.542	26.296	28.845	32.000	34.267
17	5.697	6.408	7.564	8.672	10.085	12.792	16.338	20.489	24.769	27.587	30.191	33.409	35.718
18	6.265	7.015	8.231	9.390	10.865	13.675	17.338	21.605	25.989	28.869	31.526	34.805	37.156
19	6.844	7.633	8.907	10.117	11.651	14.562	18.338	22.718	27.204	30.144	32.852	36.191	38.582
20	7.434	8.260	9.591	10.851	12.443	15.452	19.337	23.828	28.412	31.410	34.170	37.566	39.997

续表

n \ α	0.995	0.99	0.975	0.95	0.90	0.75	0.50	0.25	0.10	0.05	0.025	0.01	0.005
21	8.034	8.897	10.283	11.591	13.240	16.344	20.337	24.935	29.615	32.671	35.479	38.932	41.401
22	8.643	9.542	10.982	12.338	14.041	17.240	21.337	26.039	30.813	33.924	36.781	40.289	42.796
23	9.260	10.196	11.689	13.091	14.848	18.137	22.337	27.141	32.007	35.172	38.076	41.638	44.181
24	9.886	10.856	12.401	13.848	15.659	19.037	23.337	28.241	33.196	36.415	39.364	42.980	45.559
25	10.520	11.524	13.120	14.611	16.473	19.939	24.337	29.339	34.382	37.652	40.646	44.314	46.928
26	11.160	12.198	13.844	15.379	17.292	20.843	25.336	30.435	35.563	38.885	41.923	45.642	48.290
27	11.808	12.879	14.573	16.151	18.114	21.749	26.336	31.528	36.741	40.113	43.195	46.963	49.645
28	12.461	13.565	15.308	16.928	18.939	22.657	27.336	32.620	37.916	41.337	44.461	48.278	50.993
29	13.121	14.256	16.047	17.708	19.768	23.567	28.336	33.711	39.087	42.557	45.722	49.588	52.336
30	13.787	14.953	16.791	18.493	20.599	24.478	29.336	34.800	40.256	43.773	46.979	50.892	53.672
31	14.458	15.655	17.539	19.281	21.434	25.390	30.336	35.887	41.422	44.985	48.232	52.191	55.003
32	15.134	16.362	18.291	20.072	22.271	26.304	31.336	36.973	42.585	46.194	49.480	53.486	56.328
33	15.815	17.074	19.047	20.867	23.110	27.219	32.336	38.058	43.745	47.400	50.725	54.776	57.648
34	16.501	17.789	19.806	21.664	23.952	28.136	33.336	39.141	44.903	48.602	51.966	56.061	58.964
35	17.192	18.509	20.569	22.465	24.797	29.054	34.336	40.223	46.059	49.802	53.203	57.342	60.275
36	17.887	19.233	21.336	23.269	25.643	29.973	35.336	41.304	47.212	50.998	54.437	58.619	61.581
37	18.586	19.960	22.106	24.075	26.492	30.893	36.336	42.383	48.363	52.192	55.668	59.893	62.883
38	19.289	20.691	22.878	24.884	27.343	31.815	37.335	43.462	49.513	53.384	56.896	61.162	64.181
39	19.996	21.426	23.654	25.695	28.196	32.737	38.335	44.539	50.660	54.572	58.120	62.428	65.476
40	20.707	22.164	24.433	26.509	29.051	33.660	39.335	45.616	51.805	55.758	59.342	63.691	66.766

续表

n \ α	0.995	0.99	0.975	0.95	0.90	0.75	0.50	0.25	0.10	0.05	0.025	0.01	0.005
41	21.421	22.906	25.215	27.326	29.907	34.585	40.335	46.692	52.949	56.942	60.561	64.950	68.053
42	22.138	23.650	25.999	28.144	30.765	35.510	41.335	47.766	54.090	58.124	61.777	66.206	69.336
43	22.859	24.398	26.785	28.965	31.625	36.436	42.335	48.840	55.230	59.304	62.990	67.459	70.616
44	23.584	25.148	27.575	29.787	32.487	37.363	43.335	49.913	56.369	60.481	64.201	68.710	71.893
45	24.311	25.901	28.366	30.612	33.350	38.291	44.335	50.985	57.505	61.656	65.410	69.957	73.166
46	25.041	26.657	29.160	31.439	34.215	39.220	45.335	52.056	58.641	62.830	66.617	71.201	74.437
47	25.775	27.416	29.956	32.268	35.081	40.149	46.335	53.127	59.774	64.001	67.821	72.443	75.704
48	26.511	28.177	30.755	33.098	35.949	41.079	47.335	54.196	60.907	65.171	69.023	73.683	76.969
49	27.249	28.941	31.555	33.930	36.818	42.010	48.335	55.265	62.038	66.339	70.222	74.919	78.231
50	27.991	29.707	32.357	34.764	37.689	42.942	49.335	56.334	63.167	67.505	71.420	76.154	79.490

附表 3 t 分布上侧分位数表 $(P\{t(n) > t_{\alpha}(n)\} = \alpha)$

n \ α	0.20	0.15	0.10	0.05	0.025	0.01	0.005
1	1.376	1.963	3.078	6.314	12.706	31.821	63.656
2	1.061	1.386	1.886	2.92	4.303	6.965	9.925
3	0.978	1.25	1.638	2.353	3.182	4.541	5.841
4	0.941	1.19	1.533	2.132	2.776	3.747	4.604
5	0.92	1.156	1.476	2.015	2.571	3.365	4.032
6	0.906	1.134	1.44	1.943	2.447	3.143	3.707
7	0.896	1.119	1.415	1.895	2.365	2.998	3.499
8	0.889	1.108	1.397	1.86	2.306	2.896	3.355
9	0.883	1.1	1.383	1.833	2.262	2.821	3.25
10	0.879	1.093	1.372	1.812	2.228	2.764	3.169
11	0.876	1.088	1.363	1.796	2.201	2.718	3.106
12	0.873	1.083	1.356	1.782	2.179	2.681	3.055
13	0.87	1.079	1.35	1.771	2.16	2.65	3.012
14	0.868	1.076	1.345	1.761	2.145	2.624	2.977
15	0.866	1.074	1.341	1.753	2.131	2.602	2.947
16	0.865	1.071	1.337	1.746	2.12	2.583	2.921
17	0.863	1.069	1.333	1.74	2.11	2.567	2.898
18	0.862	1.067	1.33	1.734	2.101	2.552	2.878
19	0.861	1.066	1.328	1.729	2.093	2.539	2.861
20	0.86	1.064	1.325	1.725	2.086	2.528	2.845
21	0.859	1.063	1.323	1.721	2.08	2.518	2.831
22	0.858	1.061	1.321	1.717	2.074	2.508	2.819
23	0.858	1.06	1.319	1.714	2.069	2.5	2.807
24	0.857	1.059	1.318	1.711	2.064	2.492	2.797
25	0.856	1.058	1.316	1.708	2.06	2.485	2.787
26	0.856	1.058	1.315	1.706	2.056	2.479	2.779
27	0.855	1.057	1.314	1.703	2.052	2.473	2.771
28	0.855	1.056	1.313	1.701	2.048	2.467	2.763
29	0.854	1.055	1.311	1.699	2.045	2.462	2.756
30	0.854	1.055	1.31	1.697	2.042	2.457	2.75
31	0.8535	1.0541	1.3095	1.6955	2.0395	2.453	2.7441
32	0.8531	1.0536	1.3086	1.6939	2.037	2.449	2.7385
33	0.8527	1.0531	1.3078	1.6924	2.0345	2.445	2.7333
34	0.8524	1.0526	1.307	1.6909	2.0323	2.441	2.7284

续表

α / n	0.20	0.15	0.10	0.05	0.025	0.01	0.005
35	0.8521	1.0521	1.3062	1.6896	2.0301	2.438	2.7239
36	0.8518	1.0516	1.3055	1.6883	2.0281	2.434	2.7195
37	0.8515	1.0512	1.3049	1.6871	2.0262	2.431	2.7155
38	0.8512	1.0508	1.3042	1.686	2.0244	2.428	2.7116
39	0.851	1.0504	1.3037	1.6849	2.0227	2.426	2.7079
40	0.8507	1.0501	1.303	1.684	2.021	2.423	2.704
60	0.8477	1.0455	1.296	1.671	2.000	2.390	2.660
120	0.8446	1.0409	1.289	1.658	1.98	2.358	2.617
∞	0.8416	1.0364	1.282	1.645	1.96	2.326	2.576

附表 4 F 分布上侧分位数表 （R $F(n_1, n_2) > F_\alpha(n_1, n_2)$ ＝α）

$\alpha=0.10$

n_2 \ n_1	1	2	3	4	5	6	7	8	9	10	12	15	20	24	30	40	60	120	∞
1	39.86	49.50	53.59	55.83	57.24	58.20	58.91	59.44	59.86	60.19	60.71	61.22	61.74	62.00	62.26	62.53	62.79	63.06	63.33
2	8.53	9.00	9.16	9.24	9.29	9.33	9.35	9.37	9.38	9.39	9.41	9.42	9.44	9.45	9.46	9.47	9.47	9.48	9.49
3	5.54	5.46	5.39	5.34	5.31	5.28	5.27	5.25	5.24	5.23	5.22	5.20	5.18	5.18	5.17	5.16	5.15	5.14	5.13
4	4.54	4.32	4.19	4.11	4.05	4.01	3.98	3.95	3.94	3.92	3.90	3.87	3.84	3.83	3.82	3.80	3.79	3.78	4.76
5	4.06	3.78	3.62	3.52	3.45	3.40	3.37	3.34	3.32	3.30	3.27	3.24	3.21	3.19	3.17	3.16	3.14	3.12	3.10
6	3.78	3.46	3.29	3.18	3.11	3.05	3.01	2.98	2.96	2.94	2.90	2.87	2.84	2.82	2.80	2.78	2.76	2.74	2.72
7	3.59	3.26	3.07	2.96	2.88	2.83	2.78	2.75	2.72	2.70	2.67	2.63	2.59	2.58	2.56	2.54	2.51	2.49	2.47
8	3.46	3.11	2.92	2.81	2.73	2.67	2.62	2.59	2.56	2.54	2.50	2.46	2.42	2.40	2.38	2.36	2.34	2.32	2.29
9	3.36	3.01	2.81	2.69	2.61	2.55	2.51	2.47	2.44	2.42	2.38	2.34	2.30	2.28	2.25	2.23	2.21	2.18	2.16
10	3.29	2.92	2.73	2.61	2.52	2.46	2.41	2.38	2.35	2.32	2.28	2.24	2.20	2.18	2.16	2.13	2.11	2.08	2.06
11	3.23	2.86	2.66	2.54	2.45	2.39	2.34	2.30	2.27	2.25	2.21	2.17	2.12	2.10	2.08	2.05	2.03	2.00	1.97
12	3.18	2.81	2.61	2.48	2.39	2.33	2.28	2.24	2.21	2.19	2.15	2.10	2.06	2.04	2.01	1.99	1.96	1.93	1.90
13	3.14	2.76	2.56	2.43	2.35	2.28	2.23	2.20	2.16	2.14	2.10	2.05	2.01	1.98	1.96	1.93	1.90	1.88	1.85
14	3.10	2.73	2.52	2.39	2.31	2.24	2.19	2.15	2.12	2.10	2.05	2.01	1.96	1.94	1.91	1.89	1.86	1.83	1.80
15	3.07	2.70	2.49	2.36	2.27	2.21	2.16	2.12	2.09	2.06	2.02	1.97	1.92	1.90	1.87	1.85	1.82	1.79	1.76
16	3.05	2.67	2.46	2.33	2.24	2.18	2.13	2.09	2.06	2.03	1.99	1.94	1.89	1.87	1.84	1.81	1.78	1.75	1.72
17	3.03	2.64	2.44	2.31	2.22	2.15	2.10	2.06	2.03	2.00	1.96	1.91	1.86	1.84	1.81	1.78	1.75	1.72	1.69
18	3.01	2.62	2.42	2.29	2.20	2.13	2.08	2.04	2.00	1.98	1.93	1.89	1.84	1.81	1.78	1.75	1.72	1.69	1.66
19	2.99	2.61	2.40	2.27	2.18	2.11	2.06	2.02	1.98	1.96	1.91	1.86	1.81	1.79	1.76	1.73	1.70	1.67	1.63
20	2.97	2.59	2.38	2.25	2.16	2.09	2.04	2.00	1.96	1.94	1.89	1.84	1.79	1.77	1.74	1.71	1.68	1.64	1.61

续表

n_2 \ n_1	1	2	3	4	5	6	7	8	9	10	12	15	20	24	30	40	60	120	∞
21	2.96	2.57	2.36	2.23	2.14	2.08	2.02	1.98	1.95	1.92	1.87	1.83	1.78	1.75	1.72	1.69	1.66	1.62	1.59
22	2.95	2.56	2.35	2.22	2.13	2.06	2.01	1.97	1.93	1.90	1.86	1.81	1.76	1.73	1.70	1.67	1.64	1.60	1.57
23	2.94	2.55	2.34	2.21	2.11	2.05	1.99	1.95	1.92	1.89	1.84	1.80	1.74	1.72	1.69	1.66	1.62	1.59	1.55
24	2.93	2.54	2.33	2.19	2.10	2.04	1.98	1.94	1.91	1.88	1.83	1.78	1.73	1.70	1.67	1.64	1.61	1.57	1.53
25	2.92	2.53	2.32	2.18	2.09	2.02	1.97	1.93	1.89	1.87	1.82	1.77	1.72	1.69	1.66	1.63	1.59	1.56	1.52
26	2.91	2.52	2.31	2.17	2.08	2.01	1.96	1.92	1.88	1.86	1.81	1.76	1.71	1.68	1.65	1.61	1.58	1.54	1.50
27	2.90	2.51	2.30	2.17	2.07	2.00	1.95	1.91	1.87	1.85	1.80	1.75	1.70	1.67	1.64	1.60	1.57	1.53	1.49
28	2.89	2.50	2.29	2.16	2.06	2.00	1.94	1.90	1.87	1.84	1.79	1.74	1.69	1.66	1.63	1.59	1.56	1.52	1.48
29	2.89	2.50	2.28	2.15	2.06	1.99	1.93	1.89	1.86	1.83	1.78	1.73	1.68	1.65	1.62	1.58	1.55	1.51	1.47
30	2.88	2.49	2.28	2.14	2.05	1.98	1.93	1.88	1.85	1.82	1.77	1.72	1.67	1.64	1.61	1.57	1.54	1.50	1.46
40	2.84	2.44	2.23	2.09	2.00	1.93	1.87	1.83	1.79	1.76	1.71	1.66	1.61	1.57	1.54	1.51	1.47	1.42	1.38
60	2.79	2.39	2.18	2.04	1.95	1.87	1.82	1.77	1.74	1.71	1.66	1.60	1.54	1.51	1.48	1.44	1.40	1.35	1.29
120	2.75	2.35	2.13	1.99	1.90	1.82	1.77	1.72	1.68	1.65	1.60	1.55	1.48	1.45	1.41	1.37	1.32	1.26	1.19
∞	2.71	2.30	2.08	1.94	1.85	1.77	1.72	1.67	1.63	1.60	1.55	1.49	1.42	1.38	1.34	1.30	1.24	1.17	1.00

$\alpha=0.05$

n_2 \ n_1	1	2	3	4	5	6	7	8	9	10	12	15	20	24	30	40	60	120	∞
1	161.4	199.5	215.7	224.6	230.2	234.0	236.8	238.9	240.5	241.9	243.9	245.9	248.0	249.1	250.1	251.1	252.2	253.3	254.3
2	18.51	19.00	19.16	19.25	19.30	19.33	19.35	19.37	19.38	19.40	19.41	19.43	19.45	19.45	19.46	19.47	19.48	19.49	19.50
3	10.13	9.55	9.28	9.12	9.01	8.94	8.89	8.85	8.81	8.79	8.74	8.70	8.66	8.64	8.62	8.59	8.57	8.55	8.53
4	7.71	6.94	6.59	6.39	6.26	6.16	6.09	6.04	6.00	5.96	5.91	5.86	5.80	5.77	5.75	5.72	5.69	5.66	5.63

续表

n_2 \ n_1	1	2	3	4	5	6	7	8	9	10	12	15	20	24	30	40	60	120	∞
5	6.61	5.79	5.41	5.19	5.05	4.95	4.88	4.82	4.77	4.74	4.68	4.62	4.56	4.53	4.50	4.46	4.43	4.40	4.36
6	5.99	5.14	4.76	4.53	4.39	4.28	4.21	4.15	4.10	4.06	4.00	3.94	3.87	3.84	3.81	3.77	3.74	3.70	3.67
7	5.59	4.74	4.35	4.12	3.97	3.87	3.79	3.73	3.68	3.64	3.57	3.51	3.44	3.41	3.38	3.34	3.30	3.27	3.23
8	5.32	4.46	4.07	3.84	3.69	3.58	3.50	3.44	3.39	3.35	3.28	3.22	3.15	3.12	3.08	3.04	3.01	2.97	2.93
9	5.12	4.26	3.86	3.63	3.48	3.37	3.29	3.23	3.18	3.14	3.07	3.01	2.94	2.90	2.86	2.83	2.79	2.75	2.71
10	4.96	4.10	3.71	3.48	3.33	3.22	3.14	3.07	3.02	2.98	2.91	2.85	2.77	2.74	2.70	2.66	2.62	2.58	2.54
11	4.84	3.98	3.59	3.36	3.20	3.09	3.01	2.95	2.90	2.85	2.79	2.72	2.65	2.61	2.57	2.53	2.49	2.45	2.40
12	4.75	3.89	3.49	3.26	3.11	3.00	2.91	2.85	2.80	2.75	2.69	2.62	2.54	2.51	2.47	2.43	2.38	2.34	2.30
13	4.67	3.81	3.41	3.18	3.03	2.92	2.83	2.77	2.71	2.67	2.60	2.53	2.46	2.42	2.38	2.34	2.30	2.25	2.21
14	4.60	3.74	3.34	3.11	2.96	2.85	2.76	2.70	2.65	2.60	2.53	2.46	2.39	2.35	2.31	2.27	2.22	2.18	2.13
15	4.54	3.68	3.29	3.06	2.90	2.79	2.71	2.64	2.59	2.54	2.48	2.40	2.33	2.29	2.25	2.20	2.16	2.11	2.07
16	4.49	3.63	3.24	3.01	2.85	2.74	2.66	2.59	2.54	2.49	2.42	2.35	2.28	2.24	2.19	2.15	2.11	2.06	2.01
17	4.45	3.59	3.20	2.96	2.81	2.70	2.61	2.55	2.49	2.45	2.38	2.31	2.23	2.19	2.15	2.10	2.06	2.01	1.96
18	4.41	3.55	3.16	2.93	2.77	2.66	2.58	2.51	2.46	2.41	2.34	2.27	2.19	2.15	2.11	2.06	2.02	1.97	1.92
19	4.38	3.52	3.13	2.90	2.74	2.63	2.54	2.48	2.42	2.38	2.31	2.23	2.16	2.11	2.07	2.03	1.98	1.93	1.88
20	4.35	3.49	3.10	2.87	2.71	2.60	2.51	2.45	2.39	2.35	2.28	2.20	2.12	2.08	2.04	1.99	1.95	1.90	1.84
21	4.32	3.47	3.07	2.84	2.68	2.57	2.49	2.42	2.37	2.32	2.25	2.18	2.10	2.05	2.01	1.96	1.92	1.87	1.81
22	4.30	3.44	3.05	2.82	2.66	2.55	2.46	2.40	2.34	2.30	2.23	2.15	2.07	2.03	1.98	1.94	1.89	1.84	1.78
23	4.28	3.42	3.03	2.80	2.64	2.53	2.44	2.37	2.32	2.27	2.20	2.13	2.05	2.01	1.96	1.91	1.86	1.81	1.76
24	4.26	3.40	3.01	2.78	2.62	2.51	2.42	2.36	2.30	2.25	2.18	2.11	2.03	1.98	1.94	1.89	1.84	1.79	1.73
25	4.24	3.39	2.99	2.76	2.60	2.49	2.40	2.34	2.28	2.24	2.16	2.09	2.01	1.96	1.92	1.87	1.82	1.77	1.71

续表

n_2 \ n_1	1	2	3	4	5	6	7	8	9	10	12	15	20	24	30	40	60	120	∞
26	4.23	3.37	2.98	2.74	2.59	2.47	2.39	2.32	2.27	2.22	2.15	2.07	1.99	1.95	1.90	1.85	1.80	1.75	1.69
27	4.21	3.35	2.96	2.73	2.57	2.46	2.37	2.31	2.25	2.20	2.13	2.06	1.97	1.93	1.88	1.84	1.79	1.73	1.67
28	4.20	3.34	2.95	2.71	2.56	2.45	2.36	2.29	2.24	2.19	2.12	2.04	1.96	1.91	1.87	1.82	1.77	1.71	1.65
29	4.18	3.33	2.93	2.70	2.55	2.43	2.35	2.28	2.22	2.18	2.10	2.03	1.94	1.90	1.85	1.81	1.75	1.70	1.64
30	4.17	3.32	2.92	2.69	2.53	2.42	2.33	2.27	2.21	2.16	2.09	2.01	1.93	1.89	1.84	1.79	1.74	1.68	1.62
40	4.08	3.23	2.84	2.61	2.45	2.34	2.25	2.18	2.12	2.08	2.00	1.92	1.84	1.79	1.74	1.69	1.64	1.58	1.51
60	4.00	3.15	2.76	2.53	2.37	2.25	2.17	2.10	2.04	1.99	1.92	1.84	1.75	1.70	1.65	1.59	1.53	1.47	1.39
120	3.92	3.07	2.68	2.45	2.29	2.18	2.09	2.02	1.96	1.91	1.83	1.75	1.66	1.61	1.55	1.50	1.43	1.35	1.25
∞	3.84	3.00	2.60	2.37	2.21	2.10	2.01	1.94	1.88	1.83	1.75	1.67	1.57	1.52	1.46	1.39	1.32	1.22	1.00

$\alpha=0.025$

n_2 \ n_1	1	2	3	4	5	6	7	8	9	10	12	15	20	24	30	40	60	120	∞
1	647.8	799.5	864.2	899.6	921.8	937.1	948.2	956.7	963.3	968.6	976.7	984.9	993.1	997.2	1001	1006	1010	1014	1018
2	38.51	39.00	39.17	39.25	39.30	39.33	39.36	39.37	39.39	39.40	39.41	39.43	39.45	39.46	39.46	39.47	39.48	39.49	39.50
3	17.44	16.04	15.44	15.10	14.88	14.73	14.62	14.54	14.47	14.42	14.34	14.25	14.17	14.12	14.08	14.04	13.99	13.95	13.90
4	12.22	10.65	9.98	9.60	9.36	9.20	9.07	8.98	8.90	8.84	8.75	8.66	8.56	8.51	8.46	8.41	8.36	8.31	8.26
5	10.01	8.43	7.76	7.39	7.15	6.98	6.85	6.76	6.68	6.62	6.52	6.43	6.33	6.28	6.23	6.18	6.12	6.07	6.02
6	8.81	7.26	6.60	6.23	5.99	5.82	5.70	5.60	5.52	5.46	5.37	5.27	5.17	5.12	5.07	5.01	4.96	4.90	4.85
7	8.07	6.54	5.89	5.52	5.29	5.12	4.99	4.90	4.82	4.76	4.67	4.57	4.47	4.41	4.36	4.31	4.25	4.20	4.14
8	7.57	6.06	5.42	5.05	4.82	4.65	4.53	4.43	4.36	4.30	4.20	4.10	4.00	3.95	3.89	3.84	3.78	3.73	3.67
9	7.21	5.71	5.08	4.72	4.48	4.32	4.20	4.10	4.03	3.96	3.87	3.77	3.67	3.61	3.56	3.51	3.45	3.39	3.33

续表

n_2 \ n_1	1	2	3	4	5	6	7	8	9	10	12	15	20	24	30	40	60	120	∞
10	6.94	5.46	4.83	4.47	4.24	4.07	3.95	3.85	3.78	3.72	3.62	3.52	3.42	3.37	3.31	3.26	3.20	3.14	3.08
11	6.72	5.26	4.63	4.28	4.04	3.88	3.76	3.66	3.59	3.53	3.43	3.33	3.23	3.17	3.12	3.06	3.00	2.94	2.88
12	6.55	5.10	4.47	4.12	3.89	3.73	3.61	3.51	3.44	3.37	3.28	3.18	3.07	3.02	2.96	2.91	2.85	2.79	2.72
13	6.41	4.97	4.35	4.00	3.77	3.60	3.48	3.39	3.31	3.25	3.15	3.05	2.95	2.89	2.84	2.78	2.72	2.66	2.60
14	6.30	4.86	4.24	3.89	3.66	3.50	3.38	3.29	3.21	3.15	3.05	2.95	2.84	2.79	2.73	2.67	2.61	2.55	2.49
15	6.20	4.77	4.15	3.80	3.58	3.41	3.29	3.20	3.12	3.06	2.96	2.86	2.76	2.70	2.64	2.59	2.52	2.46	2.40
16	6.12	4.69	4.08	3.73	3.50	3.34	3.22	3.12	3.05	2.99	2.89	2.79	2.68	2.63	2.57	2.51	2.45	2.38	2.32
17	6.04	4.62	4.01	3.66	3.44	3.28	3.16	3.06	2.98	2.92	2.82	2.72	2.62	2.56	2.50	2.44	2.38	2.32	2.25
18	5.98	4.56	3.95	3.61	3.38	3.22	3.10	3.01	2.93	2.87	2.77	2.67	2.56	2.50	2.44	2.38	2.32	2.26	2.19
19	5.92	4.51	3.90	3.56	3.33	3.17	3.05	2.96	2.88	2.82	2.72	2.62	2.51	2.45	2.39	2.33	2.27	2.20	2.13
20	5.87	4.46	3.86	3.51	3.29	3.13	3.01	2.91	2.84	2.77	2.68	2.57	2.46	2.41	2.35	2.29	2.22	2.16	2.09
21	5.83	4.42	3.82	3.48	3.25	3.09	2.97	2.87	2.80	2.73	2.64	2.53	2.42	2.37	2.31	2.25	2.18	2.11	2.04
22	5.79	4.38	3.78	3.44	3.22	3.05	2.93	2.84	2.76	2.70	2.60	2.50	2.39	2.33	2.27	2.21	2.14	2.08	2.00
23	5.75	4.35	3.75	3.41	3.18	3.02	2.90	2.81	2.73	2.67	2.57	2.47	2.36	2.30	2.24	2.18	2.11	2.04	1.97
24	5.72	4.32	3.72	3.38	3.15	2.99	2.87	2.78	2.70	2.64	2.54	2.44	2.33	2.27	2.21	2.15	2.08	2.01	1.94
25	5.69	4.29	3.69	3.35	3.13	2.97	2.85	2.75	2.68	2.61	2.51	2.41	2.30	2.24	2.18	2.12	2.05	1.98	1.91
26	5.66	4.27	3.67	3.33	3.10	2.94	2.82	2.73	2.65	2.59	2.49	2.39	2.28	2.22	2.16	2.09	2.03	1.95	1.88
27	5.63	4.24	3.65	3.31	3.08	2.92	2.80	2.71	2.63	2.57	2.47	2.36	2.25	2.19	2.13	2.07	2.00	1.93	1.85
28	5.61	4.22	3.63	3.29	3.06	2.90	2.78	2.69	2.61	2.55	2.45	2.34	2.23	2.17	2.11	2.05	1.98	1.91	1.83
29	5.59	4.20	3.61	3.27	3.04	2.88	2.76	2.67	2.59	2.53	2.43	2.32	2.21	2.15	2.09	2.03	1.96	1.89	1.81
30	5.57	4.18	3.59	3.25	3.03	2.87	2.75	2.65	2.57	2.51	2.41	2.31	2.20	2.14	2.07	2.01	1.94	1.87	1.79

续表

n_2 \ n_1	1	2	3	4	5	6	7	8	9	10	12	15	20	24	30	40	60	120	∞
40	5.42	4.05	3.46	3.13	2.90	2.74	2.62	2.53	2.45	2.39	2.29	2.18	2.07	2.01	1.94	1.88	1.80	1.72	1.64
60	5.29	3.93	3.34	3.01	2.79	2.63	2.51	2.41	2.33	2.27	2.17	2.06	1.94	1.88	1.82	1.74	1.67	1.58	1.48
120	5.15	3.80	3.23	2.89	2.67	2.52	2.39	2.30	2.22	2.16	2.05	1.94	1.82	1.76	1.69	1.61	1.53	1.43	1.31
∞	5.02	3.69	3.12	2.79	2.57	2.41	2.29	2.19	2.11	2.05	1.94	1.83	1.71	1.64	1.57	1.48	1.39	1.27	1.00

$\alpha=0.01$

n_2 \ n_1	1	2	3	4	5	6	7	8	9	10	12	15	20	24	30	40	60	120	∞
1	4052	4999	5403	5625	5764	5859	5928	5981	6022	6056	6106	6157	6209	6235	6261	6287	6313	6339	6366
2	98.50	99.00	99.17	99.25	99.30	99.33	99.36	99.37	99.39	99.40	99.42	99.43	99.45	99.46	99.47	99.47	99.48	99.49	99.50
3	34.12	30.82	29.46	28.71	28.24	27.91	27.67	27.49	27.35	27.23	27.05	26.87	26.69	26.60	26.50	26.41	26.32	26.22	26.13
4	21.20	18.00	16.69	15.98	15.52	15.21	14.98	14.80	14.66	14.55	14.37	14.20	14.02	13.93	13.84	13.75	13.65	13.56	13.46
5	16.26	13.27	12.06	11.39	10.97	10.67	10.46	10.29	10.16	10.05	9.89	9.72	9.55	9.47	9.38	9.29	9.20	9.11	9.02
6	13.75	10.92	9.78	9.15	8.75	8.47	8.26	8.10	7.98	7.87	7.72	7.56	7.40	7.31	7.23	7.14	7.06	6.97	6.88
7	12.25	9.55	8.45	7.85	7.46	7.19	6.99	6.84	6.72	6.62	6.47	6.31	6.16	6.07	5.99	5.91	5.82	5.74	5.65
8	11.26	8.65	7.59	7.01	6.63	6.37	6.18	6.03	5.91	5.81	5.67	5.52	5.36	5.28	5.20	5.12	5.03	4.95	4.86
9	10.56	8.02	6.99	6.42	6.06	5.80	5.61	5.47	5.35	5.26	5.11	4.96	4.81	4.73	4.65	4.57	4.48	4.40	4.31
10	10.04	7.56	6.55	5.99	5.64	5.39	5.20	5.06	4.94	4.85	4.71	4.56	4.41	4.33	4.25	4.17	4.08	4.00	3.91
11	9.65	7.21	6.22	5.67	5.32	5.07	4.89	4.74	4.63	4.54	4.40	4.25	4.10	4.02	3.94	3.86	3.78	3.69	3.60
12	9.33	6.93	5.95	5.41	5.06	4.82	4.64	4.50	4.39	4.30	4.16	4.01	3.86	3.78	3.70	3.62	3.54	3.45	3.36
13	9.07	6.70	5.74	5.21	4.86	4.62	4.44	4.30	4.19	4.10	3.96	3.82	3.66	3.59	3.51	3.43	3.34	3.25	3.17
14	8.86	6.51	5.56	5.04	4.69	4.46	4.28	4.14	4.03	3.94	3.80	3.66	3.51	3.43	3.35	3.27	3.18	3.09	3.00

续表

n_2 \ n_1	1	2	3	4	5	6	7	8	9	10	12	15	20	24	30	40	60	120	∞
15	8.68	6.36	5.42	4.89	4.56	4.32	4.14	4.00	3.89	3.80	3.67	3.52	3.37	3.29	3.21	3.13	3.05	2.96	2.87
16	8.53	6.23	5.29	4.77	4.44	4.20	4.03	3.89	3.78	3.69	3.55	3.41	3.26	3.18	3.10	3.02	2.93	2.84	2.75
17	8.40	6.11	5.18	4.67	4.34	4.10	3.93	3.79	3.68	3.59	3.46	3.31	3.16	3.08	3.00	2.92	2.83	2.75	2.65
18	8.29	6.01	5.09	4.58	4.25	4.01	3.84	3.71	3.60	3.51	3.37	3.23	3.08	3.00	2.92	2.84	2.75	2.66	2.57
19	8.18	5.93	5.01	4.50	4.17	3.94	3.77	3.63	3.52	3.43	3.30	3.15	3.00	2.92	2.84	2.76	2.67	2.58	2.49
20	8.10	5.85	4.94	4.43	4.10	3.87	3.70	3.56	3.46	3.37	3.23	3.09	2.94	2.86	2.78	2.69	2.61	2.52	2.42
21	8.02	5.78	4.87	4.37	4.04	3.81	3.64	3.51	3.40	3.31	3.17	3.03	2.88	2.80	2.72	2.64	2.55	2.46	2.36
22	7.95	5.72	4.82	4.31	3.99	3.76	3.59	3.45	3.35	3.26	3.12	2.98	2.83	2.75	2.67	2.58	2.50	2.40	2.31
23	7.88	5.66	4.76	4.26	3.94	3.71	3.54	3.41	3.30	3.21	3.07	2.93	2.78	2.70	2.62	2.54	2.45	2.35	2.26
24	7.82	5.61	4.72	4.22	3.90	3.67	3.50	3.36	3.26	3.17	3.03	2.89	2.74	2.66	2.58	2.49	2.40	2.31	2.21
25	7.77	5.57	4.68	4.18	3.85	3.63	3.46	3.32	3.22	3.13	2.99	2.85	2.70	2.62	2.54	2.45	2.36	2.27	2.17
26	7.72	5.53	4.64	4.14	3.82	3.59	3.42	3.29	3.18	3.09	2.96	2.81	2.66	2.58	2.50	2.42	2.33	2.23	2.13
27	7.68	5.49	4.60	4.11	3.78	3.56	3.39	3.26	3.15	3.06	2.93	2.78	2.63	2.55	2.47	2.38	2.29	2.20	2.10
28	7.64	5.45	4.57	4.07	3.75	3.53	3.36	3.23	3.12	3.03	2.90	2.75	2.60	2.52	2.44	2.35	2.26	2.17	2.06
29	7.60	5.42	4.54	4.04	3.73	3.50	3.33	3.20	3.09	3.00	2.87	2.73	2.57	2.49	2.41	2.33	2.23	2.14	2.03
30	7.56	5.39	4.51	4.02	3.70	3.47	3.30	3.17	3.07	2.98	2.84	2.70	2.55	2.47	2.39	2.30	2.21	2.11	2.01
40	7.31	5.18	4.31	3.83	3.51	3.29	3.12	2.99	2.89	2.80	2.66	2.52	2.37	2.29	2.20	2.11	2.02	1.92	1.80
60	7.08	4.98	4.13	3.65	3.34	3.12	2.95	2.82	2.72	2.63	2.50	2.35	2.20	2.12	2.03	1.94	1.84	1.73	1.60
120	6.85	4.79	3.95	3.48	3.17	2.96	2.79	2.66	2.56	2.47	2.34	2.19	2.03	1.95	1.86	1.76	1.66	1.53	1.38
∞	6.63	4.61	3.78	3.32	3.02	2.80	2.64	2.51	2.41	2.32	2.18	2.04	1.88	1.79	1.70	1.59	1.47	1.32	1.00

$\alpha=0.005$

n_2 \ n_1	1	2	3	4	5	6	7	8	9	10	12	15	20	24	30	40	60	120	∞
1	16211	20000	21615	22500	23056	23437	23715	23925	24091	24224	24426	24630	24836	24940	25044	25148	25253	25359	25463
2	198.5	199.0	199.2	199.2	199.3	199.3	199.4	199.4	199.4	199.4	199.4	199.4	199.4	199.5	199.5	199.5	199.5	199.5	199.5
3	55.55	49.80	47.47	46.19	45.39	44.84	44.43	44.13	43.88	43.69	43.39	43.08	42.78	42.62	42.47	42.31	42.15	41.99	41.83
4	31.33	26.28	24.26	23.15	22.46	21.97	21.62	21.35	21.14	20.97	20.70	20.44	20.17	20.03	19.89	19.75	19.61	19.47	19.32
5	22.78	18.31	16.53	15.56	14.94	14.51	14.20	13.96	13.77	13.62	13.38	13.15	12.90	12.78	12.66	12.53	12.40	12.27	12.14
6	18.63	14.54	12.92	12.03	11.46	11.07	10.79	10.57	10.39	10.25	10.03	9.81	9.59	9.47	9.36	9.24	9.12	9.00	8.88
7	16.24	12.40	10.88	10.05	9.52	9.16	8.89	8.68	8.51	8.38	8.18	7.97	7.75	7.64	7.53	7.42	7.31	7.19	7.08
8	14.69	11.04	9.60	8.81	8.30	7.95	7.69	7.50	7.34	7.21	7.01	6.81	6.61	6.50	6.40	6.29	6.18	6.06	5.95
9	13.61	10.11	8.72	7.96	7.47	7.13	6.88	6.69	6.54	6.42	6.23	6.03	5.83	5.73	5.62	5.52	5.41	5.30	5.19
10	12.83	9.43	8.08	7.34	6.87	6.54	6.30	6.12	5.97	5.85	5.66	5.47	5.27	5.17	5.07	4.97	4.86	4.75	4.64
11	12.23	8.91	7.60	6.88	6.42	6.10	5.86	5.68	5.54	5.42	5.24	5.05	4.86	4.76	4.65	4.55	4.45	4.34	4.23
12	11.75	8.51	7.23	6.52	6.07	5.76	5.52	5.35	5.20	5.09	4.91	4.72	4.53	4.43	4.33	4.23	4.12	4.01	3.90
13	11.37	8.19	6.93	6.23	5.79	5.48	5.25	5.08	4.94	4.82	4.64	4.46	4.27	4.17	4.07	3.97	3.87	3.76	3.65
14	11.06	7.92	6.68	6.00	5.56	5.26	5.03	4.86	4.72	4.60	4.43	4.25	4.06	3.96	3.86	3.76	3.66	3.55	3.44
15	10.80	7.70	6.48	5.80	5.37	5.07	4.85	4.67	4.54	4.42	4.25	4.07	3.88	3.79	3.69	3.58	3.48	3.37	3.26
16	10.58	7.51	6.30	5.64	5.21	4.91	4.69	4.52	4.38	4.27	4.10	3.92	3.73	3.64	3.54	3.44	3.33	3.22	3.11
17	10.38	7.35	6.16	5.50	5.07	4.78	4.56	4.39	4.25	4.14	3.97	3.79	3.61	3.51	3.41	3.31	3.21	3.10	2.98
18	10.22	7.21	6.03	5.37	4.96	4.66	4.44	4.28	4.14	4.03	3.86	3.68	3.50	3.40	3.30	3.20	3.10	2.99	2.87
19	10.07	7.09	5.92	5.27	4.85	4.56	4.34	4.18	4.04	3.93	3.76	3.59	3.40	3.31	3.21	3.11	3.00	2.89	2.78
20	9.94	6.99	5.82	5.17	4.76	4.47	4.26	4.09	3.96	3.85	3.68	3.50	3.32	3.22	3.12	3.02	2.92	2.81	2.69
21	9.83	6.89	5.73	5.09	4.68	4.39	4.18	4.01	3.88	3.77	3.60	3.43	3.24	3.15	3.05	2.95	2.84	2.73	2.61
22	9.73	6.81	5.65	5.02	4.61	4.32	4.11	3.94	3.81	3.70	3.54	3.36	3.18	3.08	2.98	2.88	2.77	2.66	2.55

续表

n_2 \ n_1	1	2	3	4	5	6	7	8	9	10	12	15	20	24	30	40	60	120	∞
23	9.63	6.73	5.58	4.95	4.54	4.26	4.05	3.88	3.75	3.64	3.47	3.30	3.12	3.02	2.92	2.82	2.71	2.60	2.48
24	9.55	6.66	5.52	4.89	4.49	4.20	3.99	3.83	3.69	3.59	3.42	3.25	3.06	2.97	2.87	2.77	2.66	2.55	2.43
25	9.48	6.60	5.46	4.84	4.43	4.15	3.94	3.78	3.64	3.54	3.37	3.20	3.01	2.92	2.82	2.72	2.61	2.50	2.38
26	9.41	6.54	5.41	4.79	4.38	4.10	3.89	3.73	3.60	3.49	3.33	3.15	2.97	2.87	2.77	2.67	2.56	2.45	2.33
27	9.34	6.49	5.36	4.74	4.34	4.06	3.85	3.69	3.56	3.45	3.28	3.11	2.93	2.83	2.73	2.63	2.52	2.41	2.29
28	9.28	6.44	5.32	4.70	4.30	4.02	3.81	3.65	3.52	3.41	3.25	3.07	2.89	2.79	2.69	2.59	2.48	2.37	2.25
29	9.23	6.40	5.28	4.66	4.26	3.98	3.77	3.61	3.48	3.38	3.21	3.04	2.86	2.76	2.66	2.56	2.45	2.33	2.21
30	9.18	6.35	5.24	4.62	4.23	3.95	3.74	3.58	3.45	3.34	3.18	3.01	2.82	2.73	2.63	2.52	2.42	2.30	2.18
40	8.83	6.07	4.98	4.37	3.99	3.71	3.51	3.35	3.22	3.12	2.95	2.78	2.60	2.50	2.40	2.30	2.18	2.06	1.93
60	8.49	5.79	4.73	4.14	3.76	3.49	3.29	3.13	3.01	2.90	2.74	2.57	2.39	2.29	2.19	2.08	1.96	1.83	1.69
120	8.18	5.54	4.50	3.92	3.55	3.28	3.09	2.93	2.81	2.71	2.54	2.37	2.19	2.09	1.98	1.87	1.75	1.61	1.43
∞	7.88	5.30	4.28	3.72	3.35	3.09	2.90	2.74	2.62	2.52	2.36	2.19	2.00	1.90	1.79	1.67	1.53	1.36	1.00

$\alpha=0.001$

n_2 \ n_1	1	2	3	4	5	6	7	8	9	10	12	15	20	24	30	40	60	120	∞
1	405284	500000	540379	562500	576405	585937	592873	598144	602284	605621	610668	615764	620908	623497	626099	628712	631337	633972	636588
2	998.5	999.0	999.2	999.2	999.3	999.3	999.4	999.4	999.4	999.4	999.4	999.4	999.4	999.5	999.5	999.5	999.5	999.5	999.5
3	167.0	148.5	141.1	137.1	134.6	132.8	131.6	130.6	129.9	129.2	128.3	127.4	126.4	125.9	125.4	125.0	124.5	124.0	123.5
4	74.14	61.25	56.18	53.44	51.71	50.53	49.66	49.00	48.47	48.05	47.41	46.76	46.10	45.77	45.43	45.09	44.75	44.40	44.05
5	47.18	37.12	33.20	31.09	29.75	28.83	28.16	27.65	27.24	26.92	26.42	25.91	25.39	25.13	24.87	24.60	24.33	24.06	23.79
6	35.51	27.00	23.70	21.92	20.80	20.03	19.46	19.03	18.69	18.41	17.99	17.56	17.12	16.90	16.67	16.44	16.21	15.98	15.75

续表

n_2 \ n_1	1	2	3	4	5	6	7	8	9	10	12	15	20	24	30	40	60	120	∞
7	29.25	21.69	18.77	17.20	16.21	15.52	15.02	14.63	14.33	14.08	13.71	13.32	12.93	12.73	12.53	12.33	12.12	11.91	11.70
8	25.41	18.49	15.83	14.39	13.48	12.86	12.40	12.05	11.77	11.54	11.19	10.84	10.48	10.30	10.11	9.92	9.73	9.53	9.33
9	22.86	16.39	13.90	12.56	11.71	11.13	10.70	10.37	10.11	9.89	9.57	9.24	8.90	8.72	8.55	8.37	8.19	8.00	7.81
10	21.04	14.91	12.55	11.28	10.48	9.93	9.52	9.20	8.96	8.75	8.45	8.13	7.80	7.64	7.47	7.30	7.12	6.94	6.76
11	19.69	13.81	11.56	10.35	9.58	9.05	8.66	8.35	8.12	7.92	7.63	7.32	7.01	6.85	6.68	6.52	6.35	6.18	6.00
12	18.64	12.97	10.80	9.63	8.89	8.38	8.00	7.71	7.48	7.29	7.00	6.71	6.40	6.25	6.09	5.93	5.76	5.59	5.42
13	17.82	12.31	10.21	9.07	8.35	7.86	7.49	7.21	6.98	6.80	6.52	6.23	5.93	5.78	5.63	5.47	5.30	5.14	4.97
14	17.14	11.78	9.73	8.62	7.92	7.44	7.08	6.80	6.58	6.40	6.13	5.85	5.56	5.41	5.25	5.10	4.94	4.77	4.60
15	16.59	11.34	9.34	8.25	7.57	7.09	6.74	6.47	6.26	6.08	5.81	5.54	5.25	5.10	4.95	4.80	4.64	4.47	4.31
16	16.12	10.97	9.01	7.94	7.27	6.80	6.46	6.19	5.98	5.81	5.55	5.27	4.99	4.85	4.70	4.54	4.39	4.23	4.06
17	15.72	10.66	8.73	7.68	7.02	6.56	6.22	5.96	5.75	5.58	5.32	5.05	4.78	4.63	4.48	4.33	4.18	4.02	3.85
18	15.38	10.39	8.49	7.46	6.81	6.35	6.02	5.76	5.56	5.39	5.13	4.87	4.59	4.45	4.30	4.15	4.00	3.84	3.67
19	15.08	10.16	8.28	7.27	6.62	6.18	5.85	5.59	5.39	5.22	4.97	4.70	4.43	4.29	4.14	3.99	3.84	3.68	3.51
20	14.82	9.95	8.10	7.10	6.46	6.02	5.69	5.44	5.24	5.08	4.82	4.56	4.29	4.15	4.00	3.86	3.70	3.54	3.38
21	14.59	9.77	7.94	6.95	6.32	5.88	5.56	5.31	5.11	4.95	4.70	4.44	4.17	4.03	3.88	3.74	3.58	3.42	3.26
22	14.38	9.61	7.80	6.81	6.19	5.76	5.44	5.19	4.99	4.83	4.58	4.33	4.06	3.92	3.78	3.63	3.48	3.32	3.15
23	14.20	9.47	7.67	6.70	6.08	5.65	5.33	5.09	4.89	4.73	4.48	4.23	3.96	3.82	3.68	3.53	3.38	3.22	3.05
24	14.03	9.34	7.55	6.59	5.98	5.55	5.23	4.99	4.80	4.64	4.39	4.14	3.87	3.74	3.59	3.45	3.29	3.14	2.97
25	13.88	9.22	7.45	6.49	5.89	5.46	5.15	4.91	4.71	4.56	4.31	4.06	3.79	3.66	3.52	3.37	3.22	3.06	2.89
26	13.74	9.12	7.36	6.41	5.80	5.38	5.07	4.83	4.64	4.48	4.24	3.99	3.72	3.59	3.44	3.30	3.15	2.99	2.82
27	13.61	9.02	7.27	6.33	5.73	5.31	5.00	4.76	4.57	4.41	4.17	3.92	3.66	3.52	3.38	3.23	3.08	2.92	2.75

续表

n_2 \ n_1	1	2	3	4	5	6	7	8	9	10	12	15	20	24	30	40	60	120	∞
28	13.50	8.93	7.19	6.25	5.66	5.24	4.93	4.69	4.50	4.35	4.11	3.86	3.60	3.46	3.32	3.18	3.02	2.86	2.69
29	13.39	8.85	7.12	6.19	5.59	5.18	4.87	4.64	4.45	4.29	4.05	3.80	3.54	3.41	3.27	3.12	2.97	2.81	2.64
30	13.29	8.77	7.05	6.12	5.53	5.12	4.82	4.58	4.39	4.24	4.00	3.75	3.49	3.36	3.22	3.07	2.92	2.76	2.59
40	12.61	8.25	6.59	5.70	5.13	4.73	4.44	4.21	4.02	3.87	3.64	3.40	3.14	3.01	2.87	2.73	2.57	2.41	2.23
60	11.97	7.77	6.17	5.31	4.76	4.37	4.09	3.86	3.69	3.54	3.32	3.08	2.83	2.69	2.55	2.41	2.25	2.08	1.89
120	11.38	7.32	5.79	4.95	4.42	4.04	3.77	3.55	3.38	3.24	3.02	2.78	2.53	2.40	2.26	2.11	1.95	1.77	1.54
∞	10.83	6.91	5.42	4.62	4.10	3.74	3.47	3.27	3.10	2.96	2.74	2.51	2.27	2.13	1.99	1.84	1.66	1.45	1.00

附表 5　DW 检验临界值表　$(\alpha=0.05)$

T	$k=1$		$k=2$		$k=3$		$k=4$		$k=5$	
	d_L	d_U	d_L	d_U	d_L	d_U	d_L	d_U	d_L	d_U
15	1.08	1.36	0.95	1.54	0.82	1.75	0.69	1.97	0.56	2.21
16	1.10	1.37	0.98	1.54	0.86	1.73	0.74	1.93	0.62	2.15
17	1.13	1.38	1.02	1.54	0.90	1.71	0.78	1.90	0.67	2.10
18	1.16	1.39	1.05	1.53	0.93	1.69	0.82	1.87	0.71	2.06
19	1.18	1.40	1.08	1.53	1.97	1.68	0.86	1.85	0.75	2.02
20	1.20	1.41	1.10	1.54	1.00	1.68	0.90	1.83	0.79	1.99
21	1.22	1.42	1.13	1.54	1.03	1.67	0.93	1.81	0.83	1.96
22	1.24	1.43	1.15	1.54	1.05	1.66	0.96	1.80	0.86	1.94
23	1.26	1.44	1.17	1.54	1.08	1.66	0.99	1.79	0.90	1.92
24	1.27	1.45	1.19	1.55	1.10	1.66	1.01	1.78	0.93	1.90
25	1.29	1.45	1.21	1.55	1.12	1.66	1.04	1.77	0.95	1.89
26	1.30	1.46	1.22	1.55	1.14	1.65	1.06	1.76	0.98	1.88
27	1.32	1.47	1.24	1.56	1.16	1.65	1.08	1.76	1.01	1.86
28	1.33	1.48	1.26	1.56	1.18	1.65	1.10	1.75	1.03	1.85
29	1.34	1.48	1.27	1.56	1.20	1.65	1.12	1.74	1.05	1.84
30	1.35	1.49	1.28	1.57	1.21	1.65	1.14	1.74	1.07	1.83
31	1.36	1.50	1.30	1.57	1.23	1.65	1.16	1.74	1.09	1.83
32	1.37	1.50	1.31	1.57	1.24	1.65	1.18	1.73	1.11	1.82
33	1.38	1.51	1.32	1.58	1.26	1.65	1.19	1.73	1.13	1.81
34	1.39	1.51	1.33	1.58	1.27	1.65	1.21	1.73	1.15	1.81
35	1.40	1.52	1.34	1.58	1.28	1.65	1.22	1.73	1.16	1.80
36	1.41	1.52	1.35	1.59	1.29	1.65	1.24	1.73	1.18	1.80
37	1.42	1.53	1.36	1.59	1.31	1.66	1.25	1.72	1.19	1.80
38	1.43	1.54	1.37	1.59	1.32	1.66	1.26	1.72	1.21	1.79
39	1.43	1.54	1.38	1.60	1.33	1.66	1.27	1.72	1.22	1.79
40	1.44	1.54	1.39	1.60	1.34	1.66	1.29	1.72	1.23	1.79
45	1.48	1.57	1.43	1.62	1.38	1.67	1.34	1.72	1.29	1.78
50	1.50	1.59	1.46	1.63	1.42	1.67	1.38	1.72	1.34	1.77
55	1.53	1.60	1.49	1.64	1.45	1.68	1.41	1.72	1.38	1.77
60	1.55	1.62	1.51	1.65	1.48	1.69	1.44	1.73	1.41	1.77
65	1.57	1.63	1.54	1.66	1.50	1.70	1.47	1.73	1.44	1.77
70	1.58	1.64	1.55	1.67	1.52	1.70	1.49	1.74	1.46	1.77
75	1.60	1.65	1.57	1.68	1.54	1.71	1.51	1.74	1.49	1.77
80	1.61	1.66	1.59	1.69	1.56	1.72	1.53	1.74	1.51	1.77

续表

T	$k=1$		$k=2$		$k=3$		$k=4$		$k=5$	
	d_L	d_U	d_L	d_U	d_L	d_U	d_L	d_U	d_L	d_U
85	1.62	1.67	1.60	1.70	1.57	1.72	1.55	1.75	1.52	1.77
90	1.63	1.68	1.61	1.70	1.59	1.73	1.57	1.75	1.54	1.78
95	1.64	1.69	1.62	1.71	1.60	1.73	1.58	1.75	1.56	1.78
100	1.65	1.69	1.63	1.72	1.61	1.74	1.59	1.76	1.57	1.78

注：1. α 表示检验水平，T 表示样本容量，k 表示回归模型中解释变量个数（不包括常数项）。

2. d_U 和 d_L 分别表示 DW 检验上临界值和下临界值。

3. 摘自 Dubrin—Watson (1951)。

附表 6　等级相关系数检验表

Upper Critical Values of Spearman's Rank Correlation Coefficient R_s

Note: In the table below, the critical values give significance levels as close as possible to but not exceeding the nominal α.

	Nominal α					
n	0.10	0.05	0.025	0.01	0.005	0.001
4	1.000	1.000	—	—	—	—
5	0.800	0.900	1.000	1.000	—	—
6	0.657	0.829	0.886	0.943	1.000	—
7	0.571	0.714	0.786	0.893	0.929	1.000
8	0.524	0.643	0.738	0.833	0.881	0.952
9	0.483	0.600	0.700	0.783	0.833	0.917
10	0.455	0.564	0.648	0.745	0.794	0.879
11	0.427	0.536	0.618	0.709	0.755	0.845
12	0.406	0.503	0.587	0.678	0.727	0.818
13	0.385	0.484	0.560	0.648	0.703	0.791
14	0.367	0.464	0.538	0.626	0.679	0.771
15	0.354	0.446	0.521	0.604	0.654	0.750
16	0.341	0.429	0.503	0.582	0.635	0.729
17	0.328	0.414	0.488	0.566	0.618	0.711
18	0.317	0.401	0.472	0.550	0.600	0.692
19	0.309	0.391	0.460	0.535	0.584	0.675
20	0.299	0.380	0.447	0.522	0.570	0.662
21	0.292	0.370	0.436	0.509	0.556	0.647
22	0.284	0.361	0.425	0.497	0.544	0.633
23	0.278	0.353	0.416	0.486	0.532	0.621
24	0.271	0.344	0.407	0.476	0.521	0.609
25	0.265	0.337	0.398	0.466	0.511	0.597
26	0.259	0.331	0.390	0.457	0.501	0.586
27	0.255	0.324	0.383	0.449	0.492	0.576
28	0.250	0.318	0.375	0.441	0.483	0.567
29	0.245	0.312	0.368	0.433	0.475	0.558
30	0.240	0.306	0.362	0.425	0.467	0.549
31	0.236	0.301	0.356	0.419	0.459	0.540
32	0.232	0.296	0.350	0.412	0.452	0.532
33	0.229	0.291	0.345	0.405	0.446	0.525
34	0.225	0.287	0.340	0.400	0.439	0.517

续表

	Nominal α					
n	0.10	0.05	0.025	0.01	0.005	0.001
35	0.222	0.283	0.335	0.394	0.433	0.510
36	0.219	0.279	0.330	0.388	0.427	0.503
37	0.215	0.275	0.325	0.383	0.421	0.497
38	0.212	0.271	0.321	0.378	0.415	0.491
39	0.210	0.267	0.317	0.373	0.410	0.485
40	0.207	0.264	0.313	0.368	0.405	0.479
41	0.204	0.261	0.309	0.364	0.400	0.473
42	0.202	0.257	0.305	0.359	0.396	0.468
43	0.199	0.254	0.301	0.355	0.391	0.462
44	0.197	0.251	0.298	0.351	0.386	0.457
45	0.194	0.248	0.294	0.347	0.382	0.452
46	0.192	0.246	0.291	0.343	0.378	0.448
47	0.190	0.243	0.288	0.340	0.374	0.443
48	0.188	0.240	0.285	0.336	0.370	0.439
49	0.186	0.238	0.282	0.333	0.366	0.434
50	0.184	0.235	0.279	0.329	0.363	0.430
51	0.182	0.233	0.276	0.326	0.359	0.426
52	0.180	0.231	0.274	0.323	0.356	0.422
53	0.179	0.228	0.271	0.320	0.352	0.418
54	0.177	0.226	0.268	0.317	0.349	0.414
55	0.175	0.224	0.266	0.314	0.346	0.411
56	0.174	0.222	0.264	0.311	0.343	0.407
57	0.172	0.220	0.261	0.308	0.340	0.404
58	0.171	0.218	0.259	0.306	0.337	0.400
59	0.169	0.216	0.257	0.303	0.334	0.397
60	0.168	0.214	0.255	0.301	0.331	0.394

附表 7 协整检验临界值表

N	模型形式	α	ϕ_{∞}	$s.e.$	ϕ_1	ϕ_2
1	无常数项，无趋势项	0.01	−2.5658	−0.0023	−1.96	−10.04
		0.05	−1.9393	−0.0008	−0.398	0
		0.1	−1.6156	−0.0007	−0.181	0
1	常数项，无趋势项	0.01	−3.4336	−0.0024	−5.999	−29.25
		0.05	−2.8621	−0.0011	−2.738	−8.36
		0.1	−2.5671	−0.0009	−1.438	−4.48
1	常数项，趋势项	0.01	−3.9638	−0.0019	−8.353	−47.44
		0.05	−3.4126	−0.0012	−4.039	−17.83
		0.1	−3.1279	−0.0009	−2.418	−7.58
2	常数项，无趋势项	0.01	−3.9001	−0.0022	−10.534	−30.03
		0.05	−3.3377	−0.0012	−5.967	−8.98
		0.1	−3.0462	−0.0009	−4.069	−5.73
2	常数项，趋势项	0.01	−4.3266	−0.0022	−15.531	−34.03
		0.05	−3.7809	−0.0013	−9.421	−15.06
		0.1	−3.4959	−0.0009	−7.203	−4.01
3	常数项，无趋势项	0.01	−4.2981	−0.0023	−13.79	−46.37
		0.05	−3.7429	−0.0012	−8.352	−13.41
		0.1	−3.4518	−0.001	−6.241	−2.79
3	常数项，无趋势项	0.01	−4.6676	−0.0022	−18.492	−49.35
		0.05	−4.1193	−0.0011	−12.024	−13.13
		0.1	−3.8344	−0.0009	−9.188	−4.85
4	常数项，无趋势项	0.01	−4.6493	−0.0023	−17.188	−59.2
		0.05	−4.1	−0.0012	−10.745	−21.57
		0.1	−3.811	−0.0009	−8.317	−5.19
4	常数项，趋势项	0.01	−4.9695	−0.0021	−22.504	−50.22
		0.05	−4.4294	−0.0012	−14.501	−19.54
		0.1	−4.1474	−0.001	−11.165	−9.88
5	常数项，无趋势项	0.01	−4.9587	−0.0026	−22.14	−37.29
		0.05	−4.4185	−0.0013	−13.641	−21.16
		0.1	−4.1327	−0.0009	−10.638	−5.48
5	常数项，趋势项	0.01	−5.2497	−0.0024	−26.606	−49.56
		0.05	−4.7154	−0.0013	−17.432	−16.5
		0.1	−4.4345	−0.001	−13.654	−5.77

续表

N	模型形式	α	ϕ_∞	$s.e.$	ϕ_1	ϕ_2
6	常数项，无趋势项	0.01	−5.24	−0.0029	−26.278	−41.65
		0.05	−4.7048	−0.0018	−17.12	−11.17
		0.1	−4.4242	−0.001	−13.347	0
6	常数项，趋势项	0.01	−5.5127	−0.0033	−30.735	−52.5
		0.05	−4.9767	−0.0017	−20.883	−9.05
		0.1	−4.6999	−0.0011	−16.445	0

1）临界值计算公式是 $C(\alpha)=\phi_\infty+\phi_1 T^{-1}+\phi_2 T^{-2}$，其中 T 表示样本容量

2）N 表示协整回归公式中所含变量个数，α 是显著性水平

3）摘自 Mackinnon（1991）

参考文献

［1］古扎拉蒂．计量经济学（第三版）［M］．林少宫译．北京：中国人民大学出版社，2000.

［2］古扎拉蒂．计量经济学基础（第五版）［M］．费剑平译．北京：中国人民大学出版社，2011.

［3］伍德里奇．计量经济学导论：现代观点［M］．费剑平，林相森译．北京：中国人民大学出版社，2003.

［4］张晓峒．计量经济学基础（第四版）［M］．天津：南开大学出版社，2014.

［5］李子奈．计量经济学（第二版）［M］．北京：高等教育出版社，2005.

［6］庞皓．计量经济学（第三版）［M］．北京：科学出版社，2014.

［7］王维国．计量经济学［M］．辽宁：东北财经大学出版社，2002.

［8］王文博．计量经济学［M］．西安：西安交通大学出版社，2004.

［9］陶长琪．计量经济学［M］．辽宁：东北财经大学出版社，2011.

［10］于俊年．计量经济学［M］．北京：对外经贸大学出版社，2007.

［11］王少平，万伦来．计量经济学理论与应用［M］．合肥：合肥工业大学出版社，2008.

［12］熊义杰．计量经济学教程（第二版）［M］．北京：国防工业出版社，2009.

［13］张龙．计量经济学［M］．北京：北京交通大学出版社，2010.

［14］赵卫亚．计量经济学［M］．上海：上海财经大学出版社，2003.

［15］杨讷华．计量经济学［M］．北京：经济管理出版社，2008.

［16］盛骤，谢式千，潘承毅．概率论与数理统计［M］．北京：高等教育出版社，2010.

［17］王少平，杨继生，欧阳志刚．计量经济学［M］．北京：高等教育出版社，2011.

［18］童光荣．计量经济学［M］．武汉：武汉大学出版社，2006.

［19］周兆平．计量经济学基础［M］．北京：对外经贸大学出版社，2014.

［20］李庆华．计量经济学［M］．北京：中国经济出版社，2005.9.